国学经典文库

图文珍藏版

读破春秋大智者 造就今生大智慧

鬼谷子全书

刘凯·主编

鬼谷子全書

线装书局

图书在版编目（CIP）数据

鬼谷子全书：全4册/刘凯主编.--北京：线装
书局，2013.1
ISBN 978-7-5120-0791-8

Ⅰ.①鬼… Ⅱ.①刘… Ⅲ.①纵横家 Ⅳ.①B228

中国版本图书馆CIP数据核字（2012）第279916号

鬼谷子全书

主　　编：刘　凯
责任编辑：高晓彬
封面设计：博雅圣轩藏书馆 Boyashengxuan Cangshuguan
出版发行：线装书局
地　　址：北京市西城区鼓楼西大街41号（100009）
　　　　　电话：010-64045283
　　　　　网址：www.xzhbc.com
印　　刷：北京德富泰印务有限公司
字　　数：1360千字
开　　本：710×1040毫米　1/16
印　　张：112
彩　　插：8
版　　次：2013年1月第1版第1次印刷
印　　数：1-3000套
书　　号：ISBN 978-7-5120-0791-8

ISBN 978-7-5120-0791-8

9 787512 007918 >

定　　价：598.00元（全四册）

纵横家鼻祖——鬼谷子

　　鬼谷子，名王诩，又名王禅，是历史上极富神秘色彩的传奇人物，春秋时人。常入云梦山采药修道。因隐居清溪之鬼谷，故自称鬼谷先生。春秋战国时期著名的思想家、谋略家、兵家、教育家，是纵横家的鼻祖，被誉为千古奇人，长于持身养性，精于心理揣摩，深明刚柔之势，通晓纵横捭阖之术，独具通天之智。他的弟子有兵家：孙膑、庞涓；纵横家：苏秦、张仪。其著作有《鬼谷子》及《本经阴符七术》，《鬼谷子》侧重于权谋策略及言谈辩论技巧，而《本经阴符七术》则集中于养神蓄锐之道，用以修心修身。

云梦山

　　云梦山在河南省淇县西部，为国家4A级景区。是以战国军事文化为特色的历史文化类人文风景旅游区。因是战国古军庠纵横家鼻祖鬼谷子王禅隐居授徒之地，所以又被中国人民解放军军事科学院确定为"中国古代军事思想研究基地"，像孙膑、庞涓、苏秦、张仪、毛遂等古人名人志士，皆由此出山。

云梦山内鬼谷子塑像

　　这一尊高3.5米的塑像，就是鬼谷子王禅，他一手握竹简，一手放背后，好像在为弟子授书讲课，两侧的对联"心向鬼谷，通臆测、权谋，解世上情故，身居云梦，精揣摩、术数，晓天下事缘"说的是鬼谷先生虽身居深山，由于他精通揣摩、术数、臆测、权谋之道，所以能够通晓天下大事，了解世上情缘，这幅对联是对鬼谷子才智的高度赞誉。

鬼谷子弟子——苏秦

苏秦，战国时期的洛阳人，是与张仪齐名的纵横家。苏秦最为辉煌的时候是劝说六国国君联合，堪称辞令之精彩者。于是身佩六国相印，进军秦国，后被秦国击溃。

鬼谷子弟子——毛遂

毛遂，战国时期薛国人，年轻时游赵国，居平原君处三年未得展露锋芒。他自荐出使楚国，促成楚、赵合纵，声威大振，并获得了"三寸之舌，强于百万之师"的美誉。

鬼谷子弟子——孙膑

孙膑，战国时期军事家，曾与庞涓为同窗，因受庞涓迫害遭受膑刑，身体残疾，后投奔齐国，辅佐齐国大将田忌两次击败庞涓，取得了桂陵之战和马陵之战的胜利，奠定了齐国的霸业。

鬼谷子弟子——庞涓

庞涓，战国时期魏国大将，"围魏救赵"的桂陵之战，成为历史上的著名战例，此后迎战援救韩国的齐军，中了孙膑的增兵减灶之计而冒进，"马陵之战"遭到齐军伏兵攻击，兵败自杀。

鬼谷子弟子——商鞅

　　商鞅，先秦法家代表人物。商鞅在秦执政约二十年，秦国大治，史称"商鞅变法"，并使秦国长期凌驾于山东六国之上，为后来秦国统一六国奠定了基础。

鬼谷子弟子——李斯

　　李斯，秦朝丞相，著名的政治家、文学家和书法家，协助秦始皇帝统一天下。秦统一之后，参与制定了法律，统一车轨、文字、度量衡制度，后为赵高所忌，腰斩于市。

鬼谷子弟子——乐毅

　　乐毅，战国后期杰出的军事家，拜燕上将军，受封昌国君，辅佐燕昭王振兴燕国，公元前284年，他统帅燕国等五国联军攻打齐国，连下70余城，创造了中国古代战争史上以弱胜强的经典战例。

鬼谷子弟子——李牧

　　李牧，战国时期赵国将领，与白起、王翦、廉颇并称"战国四大名将"。战功显赫，生平未尝一败仗。前229年，赵王听信谗言夺取了李牧的兵权，不久后将李牧杀害，3个月后赵国即灭亡。

毛遂洞

　　毛遂洞，是一天然洞窟，洞顶由钟乳石构成，洞前的建筑为明初所建。毛遂，有胆略，善言辩，是我国历史上有名的外交家，看到门口这幅对联是明代留下来的"活人妙术千秋重，济世良丹万古扬"，就是后人赞扬毛遂济世救人的功德，从这幅对联上可以看出毛遂还是一位医学家。

孙膑洞

　　孙膑洞，也叫洗尘洞，共有六根石柱子支撑，每一根柱子上都写有一幅对联，都是赞扬鬼谷子的学问的，洞也为一天然洞窟，而石门、石柱、楹联都是明代留下的。"道讲刑名勋垂渤海，胸罗兵甲气镇风云"和里边的对联"会众英勘乱天下，扫群魔旋转乾坤"，这两幅对联都是对孙膑功勋和学术的高度赞述。

鬼谷井

鬼谷井是鬼谷子为怀念其母而凿，此井可以洞察天气的变化，井水上涨，天阴有雨，井水下降，无雨天晴，因此这口井又叫"水底洞天"，后人又称这口井为"转运井"。

鬼谷洞

鬼谷洞是当年鬼谷子讲学洞府，是一自然溶洞，冬暖夏凉，在洞穴的门口处有一处石刻，相传在洞口的石碑下，有一只龙王的儿子，向里有一块石头，叫试心石。

鬼谷祠

鬼谷祠，是明朝时期当地乡绅为纪念鬼谷子诞辰两千年所创建，后毁于战火，现为原址重建。传说他曾在此隐居并讲学授徒，培养出了孙膑、庞涓、苏秦、张仪等一批影响中国历史的得意弟子。

鬼谷祠壁画

鬼谷祠壁画全长66米，书体汉隶，建筑材料选用秦砖汉瓦，整个建筑造型古朴典雅，集中体现了鬼谷仙师生平所著三卷二十三篇，计8368个字，是弘扬齐文化极其珍贵的文献资料。

前　言

　　鬼谷子,名王诩,又名王禅,春秋战国时期著名的思想家、谋略家、兵家、教育家,是纵横家的鼻祖,是中国历史上一位极具神秘色彩的人物,被誉为千古奇人,长于持身养性,精于心理揣摩,深明刚柔之势,通晓纵横捭阖之术,独具通天之智。因其常入云梦山采药修道,隐居清溪之鬼谷,故自称鬼谷先生。两千多年来,兵法家尊他为圣人,纵横家尊他为始祖,算命占卜的尊他为祖师爷,道教则将他与老子同列,尊为王禅老祖。

　　鬼谷子精通数学星纬、兵学韬略、游学势理、养性舍身及纵横术,创建了中国古代第一座军事学校——“战国军校”。被中国人民解放军军事科学院确定为“中国古代军事思想研究基地”,培养出苏秦、张仪、孙膑、庞涓、毛遂等著名的政治家、军事家。其代表作就是被称为千古奇书的《鬼谷子》。纵观春秋战国这个诸侯争霸征战不休的时代,鬼谷子坐镇深山,弟子们征伐天下、翻云覆雨……？他们纵横天下的权谋从何而来？他们制服别人的诀窍究竟在哪里？他们了悟人心的本领来自哪里？一言以蔽之,都是来源于这部奇书——《鬼谷子》。

　　《鬼谷子》是一部集纵横家、兵家、道家、仙家、阴阳家等思想于一体的纵横家著作。其书立论高深幽玄,文字奇古神秘,代表了战国游说之士的理论、策略和手段,是纵横捭阖术的经验总结,是中华民族智慧的结晶,历来享有“智慧禁果、旷世奇书”之称。

　　战国时代的纵横策士们,游说君主、取得宠信、建功立业、以博得更大的权力和利益,靠的都是立身处世的计谋和权术。《鬼谷子》强调“处世贵智”,要求策士们善于思考,勤于思考,凭借自己的智慧在社会上立足,倡导在社会上立身处世要运用“诡智”,以对付别人,保护自己。鬼谷子的“诡智”谋略教导人们,对于强大的对手,如果一时不能将他制服,就要设法利用智谋使之由强转弱,使他的斗志逐渐懈怠,体力逐渐消耗,并失去依靠。而我方则要在暗地里积蓄力量,借助一切可以借助的资源,使用一切可以使用的手段,变被动为主动。一旦时机成熟了,就可轻而易举地将蒙在鼓里的对手整倒,就像熟透了的果子一样,轻轻一碰就掉了下来。当今社会也是一样,要想在所处的工作、生活圈子里站住脚,立稳身,进而有所成就,有所作为,你就必须熟悉并使用鬼谷子的各类谋略,用以防范小人的陷害打击,以使你成为所处"圈子"中的佼佼者。正如再锐利的武器它本身也没有善恶之分一样,鬼谷子的谋略并不是"小人"的专利,而是每一个想以智谋打开人生局面者的"秘密武器"。

读破春秋大智者,造就今生大智慧。《鬼谷子》的智慧也就是一部"驭人兵法",其纵横捭阖的奇谋秘术,其高妙的权术谋略与处世智慧,及蕴含其中的广泛的应用价值,值得人们深入挖掘和探究,为此,我们精心编写了这套《鬼谷子全书》。本套丛书版式新颖,设计精美,配以大量古朴生动的图片,彻底打破了古典著作的沉闷风格,加之轻松幽默而又不失庄重的智谋案例,读来有举重若轻、酣畅淋漓的感觉。严密的逻辑结构,精辟的谋略案例及评析,融知识性、哲理性、故事性、趣味性于一体的特点,使本套丛书对您感悟《鬼谷子》的博大精深,增长智谋和才干,大有裨益。

目　录

国学经典文库

鬼谷子全书

目录

图文珍藏版

1

国学经典文库

鬼谷子全书

目录

图文珍藏版

国学经典文库

鬼谷子全书

目录

图文珍藏版

3

国学经典文库

鬼谷子全书

目 录

图文珍藏版

国学经典文库

鬼谷子全书

目　录

图文珍藏版

第一篇　鬼谷子传

第一章　出生魏国，少年多识

公元前 403 年，韩、赵、魏三家分晋，春秋时代的最后一抹余华被消磨殆尽，战国兼并的硝烟就此开始弥漫。

晋国被分之后，魏国得到了横跨今之山西及河南、河北的大量土地。魏文侯本就是个具有雄才大略的君主，得此中原大地更是如虎添翼，于是率先实行变法改革，大举兴国之事。

鬼谷子就出生在诸侯争霸时期，战国七雄中的第一强国——魏国。

鬼谷子，姓王，名诩，后因隐居于泰山脚下的鬼儿峪（即鬼谷）而被尊称为鬼谷先生。

鬼谷子

公元前 390 年，人到中年的魏国大夫王错喜得贵子，便请来一位相师给儿子看相。相师出言："非常相，非常事，非常得，非常失。"王错问相师何意？相师道："此子相貌非常，必成非常之事；主人早年无子，40 方得，故谓非常之得；非常之得，便为过喜；喜之太过，必有大失，此谓中和。"

王诩 3 岁时，其母因病不治而亡，这便是相师所说的大得之后的大失吧。自此，王错便更加爱怜这幼年丧母的儿子。

王错是魏国重臣，经常伴君左右，因此练就了一套巧妙的进退之策，而且经常请大臣们到府中谈诗论文、商议国政，共同研讨敬上驭下的计策。幼时的王诩经受父亲的熏陶，自少年时代起就对政治勾斗、智谋权术兴趣颇浓。

一天，王错又邀请同朝的官员把酒议事，这次的焦点是一个叫吴起的人，王诩听出父亲与此人政见不和。

待宾客离去之后,王诩问父亲:"吴起何许人也?"

父亲说道:"吴起乃卫国的富家子弟,爱好兵法,曾跟曾参学习儒术。此人无情无义,不忠不孝,为人飞扬跋扈,盛气凌人。若留在魏国,必生祸患。"

聪明的王诩看出父亲对吴起成见很深。后来,王诩逐渐得知,吴起是一个通晓兵法的军事奇才。魏文侯见吴起文才武略,便用他协助李悝变法。吴起加大变法力度,威胁到一些世袭贵族大夫的利益,所以才会引起王错等人的排挤。

公元前385年,魏文侯、李悝相继辞世,魏武侯选任新相,谁知选中的恰恰是吴起认为无德无能的商文。商文得到王错等人的支持,夺取了相权。自此,吴起与王错之间的派别之争愈加白热化。

王诩当时年纪虽小,但对于这些政事却是十分关注,他明白父亲与吴起已经没有化干戈为玉帛的可能,他们的分歧永远也难以弥合了。

15岁之前的王诩,就是在这样的政治纵横、权势之争下成长。此时的他已经不再是懵懂无知的少年,不管天文地理、占卜星象,他都已经涉猎其中,其中最感兴趣的是当时儒家承传的《周易》,因而事物阴阳变化、五行交替的道理他都烂熟于心,并试着用这些道理察人谈吐,为人卜卦。《巫咸星经》《春秋》《黄帝内经》《孙子兵法》这些书籍中的知识他也化为己用,不断充实自己的学识涵养,尤其在谋略权术方面最为精深。以他当时的学识,早已不仅仅是同龄人的佼佼者,甚至连他博学的父亲有时也自叹弗如了。于是王错提笔给在洛邑的妹妹写了一封信。就这样刚满15岁的王诩,带着对未知世界的无限向往,踏上了洛邑求学之路。

第二章　洛邑求学,游历各国

此时的周王朝江河日下,但洛邑毕竟是天子之都,亭台楼阁,雕栏玉砌,俨然一派盛世浮华的景象。

王诩见到姑姑后,跪拜行礼。姑姑扶起,唤过儿子司马缝与王诩相见之后,领他们来到正房说话。王诩的姑丈司马鸣在太学任师氏之职,待公差结束之后方与王诩相见。

姑丈问王诩:"表侄为何要来洛邑求学?"

王诩回道:"当今诸侯争雄,天下分裂,我想学干政之术,以己之智为圣明的君主出谋划策。家父政务繁忙，烦劳姑丈引导。”

姑丈叹道："表侄志向远大，实在难能可贵啊！这样吧，从明日起，你就同你表弟一起到太学学习。"

次日，王诩便同表弟来到太学，开始了正式的求学生涯。姑丈见王诩有向学之心，就在太学里为他请了三个老师：精于天道的太史皓，通晓兵法的司马武，擅长说辞的行人强。太史皓首先令王诩记住二十八宿，再为他讲解天人相应的道理；司马武则令王诩熟读《孙子兵法》，待他明白了用兵谋略，便在空地上画出两军对垒的排兵布阵图，教他研习兵法；行人强把自己全部的游说经验和修习方法都传授给了他。

入洛邑的第三年起，王诩开始学习时政，了解各国地理。他仔细阅读了王朝柱下史所藏的资料，初步掌握了争战各国的自然条件、风土人情和当时的战略局势。

此时的魏国，政局开始动荡不安，吴起在王错等人的排挤下，前往楚国。

听到这些消息，王诩说："吴起是天下不可多得的英才，圣明的君主都能用人之长，制人之短。由此而言，武侯不及文侯豁达开明。"

司马武见王诩如此洞晓世事，便将《金版六驭》交给王诩，说道："此书是姜尚一生兵法的总结记录，我受之于先师，今日传于你。望你仔细揣摩研读，定可助你取公卿之位。"

自得此书，王诩夜夜挑灯苦读。书中微言大义、精辟的见解和无穷的妙法，令王诩如痴如醉。书中云："善战者，不待张军。善除患者，理于未生。善胜敌者，胜于无形。上战无与战。"读到这里，王诩不由赞叹道："不战而胜，真善之善者也。"

后来，王诩始终随身带着它游历各国，之后又传给了得意弟子苏秦。

公元前370年，王诩回到了魏国。不久，武侯的两个儿子莹和公仲缓为争太子位而内讧，韩、赵两国乘机举兵攻魏。因两国产生分歧，魏君得以幸免于难。但魏与韩、赵之间自此产生嫌隙。王错也因挑动公子莹内乱而遭魏君贬谪。不得已，王错只好再次送走王诩，让他到楚国谋事。

楚国在春秋时就已是五霸之一，境内有江、汉、淮和云梦大泽等水利之便，又有江汉平原等肥土沃野，物产资源极为丰富。西周时因受犬戎之乱，一部分人携带大量史书典籍逃到楚国，中原文化与楚文化相互融合，相互影响，使楚文化独树一帜，道家学派即在此发源。

王诩自离开魏国，一路上风餐露宿，策马扬鞭，终于来到楚国都城郢。在打探了楚国的政局之后，便化身卜卦之人，凭自己多年所学，又懂得天文地理，做来得心应手。他一面为人占卜，一面借机观察世风民情，揣摩世人心理，为自己的学术积累基础。

但是占卜并非常事，没过多久，王诩便隐身洞庭湖边，日日思索，对老子清静无为的思想心领神会。他认为虽楚国疆域辽阔，鱼米丰足，只可惜，楚肃王昏庸无道，奸佞横行，不宜久留。

正当王诩萌生去意时，传来父亲离魏奔韩的消息。王诩心念父亲的安危，几经辗转，来到了韩国。

第三章　求取功名，成就大业

在韩国见到了阔别数年的父亲，王诩跪倒于地，泪洒前襟。当夜，父子二人月下把酒，畅叙别后之情。

几日之后，王错便带着王诩拜见韩国的名流贤士，到各地了解风土民情，并让他拜在邓析子后人邓玉门下，专习辩论之术。邓玉对王诩的领悟力极为欣赏，在邓玉的悉心教导下，王诩学问大长，辩术无人能及。

正当王诩一心求学之际，韩国金公主患病，四处求医未见好转。王诩得父命，为金公主看病。因对医术略有研究，王诩很快找到公主的病因，使金公主病情大为好转。但此时父亲并未提及与公主的婚配之事。

一天，王诩又来宫中，拜见韩侯，韩侯问道："听说，你四处游学，见多识广，将来有何打算？"

王诩忙答道："在下年少无知，只想乘机多学些治世道理，以便在乱世间立身求存。有朝一日，能尽己所学，为人所用。"

韩侯说："寡人有意将你召入宫中做事，你有何打算？"

王诩赶忙跪拜道："谢君上厚恩，在下愿为君上效劳！"

次日，王诩与父亲商议此事。王错听了很高兴，他真心希望儿子留在韩国，陪伴自己安度余生。王诩看着父亲日渐苍老的面容，想自己数年来未在父亲身边尽孝，当下决定留在韩国。

不久，在程好为的撮合下，王诩与金公主结成秦晋之好。韩侯大摆喜筵，为二人完婚。自此，王诩步入了求取功名、成就大业的重要时期。

此后，王诩多次随外相出使各国，并把每次治交经过都记录下来，积累了上百卷外交说辞和智谋策略，成为韩国外交的经典之作，君臣同僚争相传阅。此后，王诩的外交才能日渐显露，他分析了战国的基本形势，初步确立了强国合纵、弱国连横的斗争策略，奠定了纵横学术的基础。

正因为王诩此间经常在列国间奔波，司空大夫的二公子庞喜乘机进入了金公主的生活。

这年秋天，秦国借口楚、韩联合对已形成威胁，出兵伐韩，形势骤然紧张。韩侯急派王诩出使魏国和齐国，请兵解围。王诩走后，庞喜与金公主频频幽会，并与金公主计议，欲乘机除掉王诩，取而代之。王错听闻传言后，无计可施，老体难以承担此等大辱，病重在床，只希望王诩早日归来。

王诩辗转各国，游说大获成功，魏、齐、楚三国都愿助韩抗秦。回到国内，禀报韩侯，韩侯大喜，重赏王诩。

凯旋而归的王诩，万万没想到，离家月余，后院失火，父亲病倒，劫难接踵而至。一气之下，竟然也病倒在床。程好为前去探望王诩，将实情一一告知，并提醒说："最近庞喜与公主行动诡秘，其中必有阴谋，千万要提防他人陷害。"几日后，王错溘然长逝。

庞喜见时机已到，假装探视王诩，打算与金公主合谋，毒死王诩。因王诩早有准备，阴谋未逞。

王诩已认清事态，只盼及早逃离韩国，以免遭不测。次日清晨，王诩便准备车马，离韩国而去，经魏国来到了宋国，投奔父亲生前好友——宋国的高欣大夫。

高欣热情接待，寒暄之后，王诩便将父亲病逝和自己在韩国的遭遇详细告知。高欣听后喟叹不已，并让王诩放心在宋国居住。

王诩本是好学之人，再加上在韩国的磨炼，又虚心向高大夫求教，修养更是高了一层。不久，高大夫发现王诩谈吐不凡，学识广博，见解独到，便引领他去见宋君。宋君见了王诩，问道："高大夫在寡人面前称颂你的才能，我来问你，我国曾为春秋大国，如今各国纷争不断，群雄并起，皆欲吞灭宋国而称霸天下。你可有良策助我宋国复兴？"

王诩对此早已胸有成竹，说道："齐、楚、燕、赵、韩、魏、秦乃当今七强，尤以西秦、东齐为最强。正所谓投鼠忌器也。任何一国要想吞并宋国，必然会受到其余各国的遏制。以在下之见，君上宜与邻国修善，与远国结交，派人贿赂各国权臣,为他们在宋国开辟封地,修行宫。这样,君上就可立于不败之地。"

宋君听完,当日正式任命王诩为外相,主持外交事宜。

齐国一直想谋取宋国,苦无良机。齐侯听说王诩很有才能,便派能辩之士淳于髡前往招揽。

淳于髡到达宋国后,身着便服,只身来到王诩门前,对门卫说:"请通报外相,说有故友前来拜见。"

王诩没想到淳于髡来访,赶忙将他迎进房内。宾主落座后,王诩道:"先生此次轻车简从,微服私访,有何见教?"

淳于髡道:"不瞒您说,我这次来,不为公事,只为先生而来,想请先生为齐国献力。"

王诩说:"我从韩国来到宋国,事出有因。且宋君待我不薄,岂可舍既得之利,而求不实之功?"

淳于髡加强攻势,说道:"先生既非宋人,留在宋国,正如飞龙缚足,岂能高翔苍穹?我真为先生感到惋惜啊!以敝人之愚见,先生的风格,怕不会久居一地,老死终生吧?"

王诩想了想,说:"先生暂且回去,成与不成,三日便知。"

淳于髡走后,王诩思来想去,仔细斟酌,最终决定舍宋国而去,成就大业。三日后,王诩化装成普通百姓,急奔齐国。正当宋君为王诩的突然消失而愁眉不展之际,齐侯、淳于髡及众文武大臣正列队迎接王诩的到来。

此时的齐国,名流荟萃,人才济济,争鸣论辩之风正盛。王诩当然不甘屈居他人之下,凭着多年才识的积累,不断完善其纵横学说,逐渐形成了独立的纵横学派,在诸子百家中占据一席之地。

在王诩的大力辅佐下,短短几年的时间里,齐国势力大增。王诩的名气也随之大增,终于被宋君听说,极为震惊,决定利用高欣劝回王诩,并让高欣立下军令状,劝不回王诩,便以死谢罪。高欣不敢怠慢,快马加鞭赶往齐国。

到达齐国后,先是按礼节拜见齐侯,自然不得好脸色。无奈,他只好转而向王诩哀告道:"若不能劝你回去,我将被判死罪,全家也要受株连!因此,要么你回去,要么我死,二者必居其一!"

王诩没想到事态如此严重,心中不免踌躇。

高欣见王诩犯难,知道他不忍心连累自己,便道:"我劝贤侄走为上。临行前宋君叮嘱,若劝你不回,则劝你离齐。只要你不留在齐国,我便可以免除死罪。"

看来,天意安排王诩一生漂泊不定,那他只能顺乎天意,退出世俗纷争,隐遁山林。

王诩遂亲笔修书一封,请高欣转交宋君。

在不久后的一个深夜,王诩离开齐国,去往何处,无人知晓。

第四章　山谷隐居,著书授徒

其实,王诩并没走远,而是到一个当地人称之为"鬼儿峪"的山谷隐居。因此地多为坟地,乃鬼魂所居,故有此称。

平日,这个山沟人迹罕至,没有了世俗的喧嚣和尘世的纷争,王诩心无旁骛,一心研究他的纵横学术。后来附近的人便以土语称他作"鬼儿峪先生"。后来传扬出去,在外地人的雅言中就变成了"鬼谷先生"。

鬼谷先生为了传扬自己的学术,开始收徒讲学。因此地距离齐国不远,所以这个消息很快传到齐国。齐侯派淳于髡前往泰山探查。

淳于髡历经辗转,终于找到了鬼谷先生的住处。由于常年素食淡饭,王诩的须、发、眉渐渐变得如霜雪一般。两人相见后,淳于髡竟没认出鬼谷先生就是王诩,而鬼谷先生一眼便认出了淳于髡,忙将他让进石屋,刚一开口,淳于髡便认出此人正是王诩。寒暄一阵,淳于髡说明来意。

鬼谷先生道:"我已尝尽世间险恶,再无心参与人间勾斗,决意做山野之人,隐居山林,安度余生。恕我不能随先生下山回齐,即请转达对齐君的谢意。"并将隐居的原因告知淳于髡。

淳于髡也是明理之人,并不强求,只是令随从将赠品取出献上。

鬼谷先生拒不接受,转身递过两本书卷,淳于髡接过书卷一看,一为《纵说》,一为《横说》。

时光如水,转眼又是几年。这期间,又有各国众多年轻后生前来求学,大小不等,身份各异。鬼谷先生根据他们的学识和经验,分类指导,因材施教,安排他们修习不同的课业。每当有人上山,鬼谷先生就让他们讲述各国形势的发展情况,从中了解最新的信息,丰富讲授的内容。

某日,有个弟子把几人领进来见鬼谷先生。几个年轻人向鬼谷先生拜过之后,其中一个说:"先生,我们几个都是从临淄城来的。在齐国,先生的大名无人不知,我们几个曾随淳于髡先生学习,是他推荐我们到您这儿来求教的,请您收下我们几个徒弟吧。"此人便是陈轸。

鬼谷先生谦虚地说:"淳于髡先生才学在我之上,我不过徒有虚名而已。即日起,你们就在这山上住下来,就算是我的徒弟了。"

陈轸三人立即跪倒在地,行拜师之礼。

礼毕,鬼谷先生说:"乱世多凶险,非有心之人,不能有作为。"

陈轸说:"全凭先生指教。"

鬼谷先生以弟子年龄,给他们排了行序。

吃过午饭,略事休息,先生就给弟子们授课。

经过一段时期的学习和训练,鬼谷先生对众弟子说:"想必你们都已基本掌握世情,这是你们实施游说的基础。游说的基础之二是掌握人情,即将世人分门类,分等,了解不同人的心性脾气,然后顺应人们的心性品操去分别对待他们,使用捭阖之术,或开导启发他,或压抑控制他,或放手纵容他,然后暗中谋划,促使他按照我们的意图行事,这样就可以实现我们的目的。这些方法请弟子们务必熟记之,不然,知事不明,知人不准,便必然遭祸。"

在众弟子中,陈轸是最具悟性的一个,也是最勤奋的一个,深得师傅喜爱。数年之后,有一些急于求成的要下山出仕,陈轸却留了下来,继续求学。鬼谷先生对此不以为意,任由他们去留。

此后,鬼谷先生继续向陈轸传授纵横之术,权谋之说,论辩之学。一日,鬼谷先生对陈轸说道:"如今各国都在招贤纳士,正是你下山谋事的天赐良机。你可择日下山,求取功名!"

陈轸听师傅所言,想到多年的师徒之情,涕泣俱下地说:"师傅对弟子恩重如山,就让弟子多陪伴先生些时日吧!"

陈轸执意要留,鬼谷先生劝说无用,只好同意。

又过了数月,鬼谷先生再次催促陈轸下山。临行时对他说:"成事在天,谋事在人。天下之计,概无定势,一切须应变设计。初侍人主,务要谨言慎行。你要走了,师傅无金玉相送,只送你一卷《阴符经》,时常阅览,定有收益。趁天气尚早,快快下山去吧!"

陈轸知道自己下山的时机已到,便与鬼谷先生依依惜别。

陈轸走后,天下形势急剧变化,诸侯国之间战争迭起,一些有志青年,为求取功名,四处拜师求学,鬼谷学术经弟子们的传播,影响日隆。张仪、苏秦等人,后来都成了纵横大师,声名显赫,威震当世。

鬼谷先生依旧在山上过着清静无为的隐居生活,下山弟子中只有张仪、苏秦曾上山探望,其他弟子,虽有书信传来,再未有人上山。

数年后,鬼谷先生寿终泰山,时年 75 岁,后人皆称其为纵横祖师。

第二篇　鬼谷子考

第一章　鬼谷子其人

两千多年前,一个隐居在鬼谷的人,传授他的知识,教出苏秦、张仪、孙膑、庞涓等一些才智之士,各为其主,在战国七雄争霸战中,叱咤一时,留传万世。

此后,风云变幻,时移势转。从纵横学派的鼻祖,逐渐变成精通天文地理占卜神算的先知,然后又被认为是神仙。有人崇敬他奥妙深邃的学说,有人把他贬得一文不值。不信其学说的人认为后人伪造其书;相信的人认为传抄千年,或有错漏,原书必定是真。

这本在中国朝野悄悄流传二千多年的《鬼谷子》,真的是鬼谷先生的著述吗? 苏秦、张仪、孙膑、庞涓都是他的学生吗? 注解出自陶弘景吗? 他是先知吗? 神仙吗? 他的学说值得我们研究吗?

一、文献中的鬼谷子

(一)战国时代的隐士

鬼谷子的名字,最初是出现在司马迁的《史记》:"苏秦者,东周洛阳人也。东事师于齐,而习之于鬼谷先生。"(《苏秦列传》,卷六十九)

接着,《张仪列传》也记载:"张仪者,魏人也。始尝与苏秦俱事鬼谷先生学术,苏秦自以不及张仪。"(《史记》,卷七十)

《史记》是汉武帝时代太史令司马迁的著作,被认为是可靠的正史,因此,鬼谷子是司马迁认定确有其人,因而在正史中提及。这也是后人可以引用的最坚强的证据。

苏秦张仪在战国末年以提倡合纵连横相对抗而闻名天下,受人评议的机会较大。鬼谷子并未涉入七国争战,只是一介隐士,被先秦典籍归类为纵横家。

(二)汉代的纵横家

到了汉代,鬼谷子的名字不但出现在《史记》官方正史记载中,学者们也提及鬼谷子,以及他的著作,并予以引用。

汉成帝时(公元前32—前7年),刘向(公元前77—前6年)搜集古代事例,编成《说苑》,其中卷十一《善说篇》引用鬼谷子曰:“人之不善而能矫之者,难矣。说之不行,言之不从者,其辨之不明也。既明而不行者,持之不固也。既固而不行者,未中其心之所善也。辨之、明之、持之、固之,又中其人之所善,其言神而珍,白而分,能入于人之心,如此而说不行者,天下未尝闻也。”

这是最早引用鬼谷子言辞的例证,比司马迁(公元前145—前86年)首次提到鬼谷子,估计还晚约七八十年。可惜刘向没有标明是引自《鬼谷子》一书,还是鬼谷子亲口说,而被人引用的话。由于现在流传的《鬼谷子》并无这一段话,实情如何有待考证。

与刘向大约同时的扬雄(公元前53—公元18年),在其所著《法言·渊骞篇》提到,或问:“仪秦学乎鬼谷术,而习乎纵横言,安中国者各十余年,是夫?”曰:“诈人也。圣人恶诸。”扬雄虽然不喜欢纵横术,但却认定鬼谷子传授给苏秦张仪的是纵横学。

东汉初年,王充(公元27—107?)《论衡·答佞篇》记载,传曰:“苏秦、张仪纵横习之鬼谷先生。掘地为坑,曰:下说令我泣出,则耐分人君之地。苏秦下说,鬼谷先生泣下沾襟。”《论衡·明雩篇》也说:“苏秦张仪悲说坑中,鬼谷先生泣下沾襟。”王充此说应有所本,或者是根据传说,如其一开始所引“传曰”。

东汉末年,灵帝(公元168—189)、献帝(公元190—220)在位期间,应劭编撰《风俗通义》,后来,裴骃《史记集解》引用《风俗通义》所载:“鬼谷先生,六国时纵横家。”来为《史记·苏秦列传》作注证。

从司马迁、刘向、扬雄、王充、应劭等五人的著作,可以发现:

1.鬼谷子确有其人。

2.苏秦张仪曾向鬼谷先生学纵横术。

3.汉代学者视鬼谷子为纵横家的始祖。

4.刘向已引用《鬼谷子》言辞;王充则描述鬼谷先生与苏秦张仪掘地为坑,以演练说服技巧。

（三）魏晋南北朝传说神奇

有关鬼谷先生与苏秦张仪的故事，在魏晋南北朝（公元221—589）二百多年期间，渐富神秘色彩，这从当时的著作中可以看出来。

晋朝精通术数的郭璞（公元276—324），曾游览"鬼谷洞"，并作诗纪念。这首"游仙诗鬼谷洞作"的原文是：

> 青溪千余仞，中有一道士。
>
> 云生梁栋间，风出窗户里。
>
> 借问此何谁？云是鬼谷子。
>
> 翘迹企颍阳，临河思洗耳。
>
> 阊阖西南来，潜波涣鳞起。
>
> 灵妃顾我笑，粲然启玉齿。
>
> 蹇修时不存，要之将谁使。

可见晋时民间对鬼谷子已有许多传说，才会吸引郭璞去参访鬼谷洞，并作诗纪念。至于鬼谷洞在何处，将另外讨论。

东晋孝武帝太元七年（公元382年，淝水之战前一年），前秦苻坚请教精通预言的王嘉关于南征的运气，王嘉答以"未央"，苻坚未悟，果于翌年（癸未年）出兵，败于淝水。王嘉搜集伏羲以来异事，撰成《拾遗记》（梁朝萧绮搜检残遗编录成书），其中一段记载鬼谷先生与苏秦张仪的事迹，转载如下，让读者了解南北朝时对鬼谷先生传说的神仙色彩。

"苏秦张仪二人同志好学，迭剪发而鬻之，以相养，或佣力写书，非圣人之言不读。遇见坟典，行途无所题记，以墨书掌及股里，夜还而写之，折竹为简。二人每假食于路，剥树皮编以为书帙，以盛天下良书。尝息大树之下，假息而寐，有一先生问：'二子何勤苦也。'仪秦又问之：'子何国人？'答曰：'吾生于归谷，亦云鬼谷。鬼者，归也。'又云：'归者，谷名也。'乃谓其术，教以千世出俗之辩，即探胸内，得贰卷说书，言辅时之事。《古史考》（蜀汉谯周著，公元201—270）云：（此二卷即）《鬼谷子》也。鬼归相近也。"

比王嘉略晚，而早于萧绮的南朝刘宋时代袁淑（公元408—453），写了一篇《真隐传》，记述鬼谷先生劝告苏秦张仪急流勇退的故事：

"鬼谷先生，不知何许人也，隐居韬智，居鬼谷山，因以为称。苏秦张仪师之，遂立功名。先生遗书责之曰：'若二君，岂不见河边之树乎？仆御折其枝，波浪荡其根。上无径尺之阴，身被数尺之痕。此木岂与天地有仇怨？所居然也。子不见嵩岱之松柏，华霍之檀桐乎？上枝干于青云，下根通于三泉，千秋万岁不受斧斤之患，此木岂与天地有骨肉哉？盖所居然也。'"

对于鬼谷先生隐居的地方，似乎从晋朝以来，已有多种说法。刘宋时代裴骃作《史记集解》，引用东晋时代徐广（公元352—425）的话说："徐广曰，颍川阳城有鬼谷，盖是其人所居，因为号。"

唐朝司马贞作《史记索隐》则说："鬼谷，地名也。扶风池阳、颍川阳城，并有鬼谷墟。盖是其人所居，因为号。又乐一注《鬼谷子》书云：苏秦欲神秘其道，故假名鬼谷。"究竟鬼谷在何处，且待另行讨论。

鬼谷子的事迹，似乎在南北朝时有相当的流传。梁元帝所著《金楼子·箴戒篇》甚至将鬼谷子与秦始皇牵扯在一起。书中所载"秦始皇闻鬼谷先生言，因遣徐福人海求玉蔬金菜，并一寸椹"，似乎已将鬼谷先生神秘化了。

不过，梁朝刘勰《文心雕龙·诸子篇》论及鬼谷先生时并未加以神化，只是说："申商刀锯以制理，鬼谷唇吻以策勋。"又说："鬼谷眇眇，每环奥义，情辨以泽。"似乎刘勰读过《鬼谷子》一书，所以批评此书高远、深奥。

从以上的资料，可以看出魏晋南北朝时期，传说中的鬼谷子已蒙上一层神秘面纱，充满道家清静无为的思想，而且已经逐渐神仙化了。这些传说，到了唐宋时代也更加精彩。

（四）唐宋时代的神仙

唐朝末年的杜光庭，撰写《录异记》及《仙传拾遗》均提到鬼谷子。

《仙传拾遗》记载："鬼谷子，晋平公（公元前557—前532）时人（与周景王、齐景公、楚灵王、鲁昭公同时），隐居鬼谷，因为其号。先生姓王名利，亦居青溪山中。苏秦张仪从之学纵横之术。二子欲驰骛诸侯之国，以智诈相倾夺，不可化以至道。夫至道玄微，非下才得造次而传。先生痛其道废绝，数对苏张涕泣，然终不能悟。苏张学成别去，先生与一履，化为犬，北引二子即日到秦矣。先生凝神守一，朴而不露，在人间数百岁，后不知所之。"

《录异记》所载故事，和袁淑《真隐传》略有重复。它说：

鬼谷先生者，古之真仙也。云姓王氏，自轩辕之代，历于商周，随老君西化流沙，洎周末复还中国，居汉滨鬼谷山。受道弟子百余人，惟张仪苏秦不羡神仙，好纵横之术。

时王纲颓弛,诸侯相征,凌弱暴寡,干戈云扰,二子得志,肆唇吻于战国之中,或遇或否,或屯或泰,以辩谲相高,争名贪禄,无复云林之志。

先生遗仪秦书曰:"二君足下,功名赫赫,但春到秋不得久茂,日既将尽,时既将老。君不见河边之树乎?仆御折其枝,波浪激其根。此木非与天下人有仇怨,所居者然也。子不见嵩岱松柏,华霍之树,上叶凌青云,下根通三泉。上有玄狐黑猿,下有豹隐龙潜,千秋万岁,不逢斤斧之患。此木非与天下人有骨血,盖所居者然也。今二子好云路之

杜光庭

荣,慕长久之功,轻乔松之永延,贵一夕之浮爵。痛焉悲夫,二君!痛焉悲夫,二君!"

仪秦答书曰:"先生秉德含弘,饥必啖芝英,渴必饮玉浆。道与神灵齐,明与三光同,不忘赐书,戒以贪味。仪以不敏,名闻不昭,入秦匡霸,欲翼时君,刺以河边,喻以深山,虽素空暗,诚衔斯旨。仪等曰:伟哉先生,玄览遐鉴,兴亡皎然。二子不能抑志退身,甘蓼虫之乐,栖竹苇之巢,自掇泯灭,悲夫痛哉!"

到了宋朝,鬼谷子的传说更多了。北宋太宗太平兴国二年(公元977),李昉奉旨编撰的《太平御览》《太平广记》都提到鬼谷子的故事。《太平御览》卷四六三所载略同于王充《论衡·答佞篇》所说的"悲说坑中"的故事,而《太平广记》则将鬼谷子列为神仙。

《太平御览·礼仪部》记载:"周有豪士,居鬼谷,号为鬼谷先生。苏秦张仪往见之,先生曰:吾将为二子陈言至道,子其斋戒,择日而学。后仪秦斋戒而往。"

《太平御览》卷四六三记载:"苏秦初与张仪俱事鬼谷先生。十一年,皆通六艺,经营百家之言。鬼谷先生弟子五百余人,为之土窟窖深二丈。先生曰:有能独下说窖中,使我泣出者,则能分人主之地。苏秦下说窖中,鬼谷先生泣下沾衿。次,张仪下说窖中,亦泣。先生曰:苏秦词说与张仪一体也。"

《太平广记·神仙》卷四记载鬼谷子事迹,引自杜光庭《仙传拾遗》,于"在

人间数百岁,后不知所之"之后,还有一段故事:"秦皇时,大宛中多枉死者横道。有鸟御草以覆死人面,遂活。有司上闻,始皇遣使斋草以问(鬼谷)先生。先生曰:巨海之中有十洲,曰祖洲、瀛洲、玄洲、炎洲、长洲、元洲、流洲、光生洲、凤鳞洲、聚窟洲。此草是祖洲不死草也,生在琼田中,亦名养神芝,其叶似菰,不丛生,一株可活千人耳。"接着,卷四又记载徐福的故事,也提到秦始皇派人持不死草去问北郭鬼谷先生的事。

《太平广记》卷一五〇引用《感定录》记述唐肃宗与鬼谷子的故事:

"天宝十四载,李泌三月三日自洛乘驴归别墅,从者未至,路旁有车门,而驴径入,不可制。遇其家人,各将乘驴马群出之次,泌因相问,遂并入室。邀泌入,既坐,又见妻子出罗拜。泌莫测之,疑是妖魅,问姓窦。潜令仆者问邻人,知实姓窦;泌问其由,答曰:'窦廷芬。'且请宿,续言之。势不可免,泌遂宿,然甚惧。

"廷芬乃言曰:'中桥有筮者胡芦生,神之久矣,昨因筮告某曰:不出三年,当有赤族之祸,须觅黄中君方免。问如何觅黄中君,曰问鬼谷子。又问安得鬼谷子,言公姓名是也。宜三月三日,全家出城觅之。不见,必籍死无疑。若见,但举家悉出哀祈,则必免矣。适全家方出访觅,而卒遇公,乃天济其举族命也。'

"供侍备至。明日请去,且言归颍阳庄,廷芬坚留之,使人往颍阳,为致所切,取季父报而还。如此住十余日,方得归。自此献遗不绝。

"及禄山乱,肃宗收西京,将还秦,收陕府,获刺史窦廷芬,肃宗令诛之而籍其家,又以玄宗外家而事贼,固囚诛戮。泌因具其事,且请使人问之,令其手疏验之。肃宗乃遣使,使回,具如泌说。

"肃宗大惊,遽命赦之。因问黄中君鬼谷子何也。廷芬亦云不知,而胡芦生已卒,肃宗深感其事,因曰:'天下之事,皆前定矣。'"

从这个故事看来,显然鬼谷子已成唐宋人眼中的神仙,能救天下苍生。这应与唐宋时代民间流传鬼谷子术数著作有关。唐宋以后,鬼谷子的神秘色彩已定型,也成为明代小说《东周列国志》中的人物,故事来源即是以上的传说。

二、鬼谷子遗迹

(一)地方府志中的鬼谷遗迹

鬼谷子隐居的鬼谷,究竟在哪里? 古人注解《史记》有不同的说法:

1.颍川阳城

裴骃《史记集解》引晋朝徐广："颍州阳城有鬼谷,盖是其人所居,因为号。"

阳城在今河南省登封市东南四十里。《古今图书集成·职方典》记载,登封市城北有鬼谷,传说是鬼谷子学仙处。而附近的洛阳,有两处苏秦的遗迹,一处是在城南十里"周太平庄",明朝万历年间有人于土中挖得石碑,上载苏家故事,被认为是苏秦故里。另一处是在拓福寺,"洛阳旧有仁和里,后魏尚书高显业居此,每夜见赤光行堂前,掘地得黄金百镒,铭曰:苏秦家金,得者为善,造功德。显业遂造此寺,世谓此乃苏秦故宅焉。"

2.扶风池阳

司马贞《史记索隐》:"鬼谷,地名也。扶风池阳、颍川阳城,并有鬼谷墟,盖是其人所居,因为号。"

扶风池阳,古属西安府,今陕西省泾阳县西北,《史记》秦昭王弟封泾阳君,即是此地,战国时属秦,似与传说中的"北郭鬼谷先生"有些相关。难道是秦始皇统一天下后,鬼谷子也迁到咸阳附近?

不过,泾阳县并无鬼谷子的遗迹,反而是在邻近的韩城市(春秋时为韩梁二国之地)有鬼谷。《隋书·地理志》韩城,下注:"开皇十八年置,有关官、有梁山、有鬼谷。"此处的鬼谷,大概只是地名吧,附近并无任何与鬼谷子有关的遗迹流传下来。鬼谷子遗迹最多的地方是在湖北省当阳市青溪山。

3.临沮县青溪山

安陆府在春秋战国时属于楚地,临沮县青溪山现属湖北省当阳市。《安陆府志》记载,当阳县有云梦山:"与青溪连,上有三石,高丈余,方广,如之名曰钟鼓石,分列左右,其上可容数坐。石纹如棋枰,传为鬼谷子手谈处。又传诸葛屯兵处。"

游学洞,在当阳市南五十里,即鬼谷子与苏秦张仪游学处。

鬼谷洞,在青溪山,有石室,鬼谷子与苏秦张仪讲《易经》之处,旁有法琳洞。

晋朝郭璞曾游青溪鬼谷洞,并作"游仙诗鬼谷洞作",即是当阳市鬼谷洞。

唐朝李涉《题青溪鬼谷先生旧居》说:"翠壁开天池,青崖列云树,水容不可状,沓若清河雾。常闻先生教,指示秦仪路,二子才不同,逞词过尺度。偶因从吏役,远到冥栖处,松月想旧山,烟霞了如故。未遑炼金鼎,日觉容光暮,万虑随境生,何由返真素。寂寞天籁息,清回鸟声曙,回首望重重,无期挹风驭。"这里所称的鬼谷先生旧居,应是鬼谷洞吧。

《安陆府志》说:鬼谷子姓王名诩,西周人,受道于老君(老子),居远安,尝入云梦山,采药服之,颜如童子。苏秦张仪受业三年,辞去。鬼谷子曰:二足下功名赫赫,但春华至秋,不得久茂,今好朝露之荣,忽长久之功,轻乔松之永延,贵一旦之浮爵。夫女爱不极席,男欢不毕轮,痛哉。后不知所终。

4.浙江鄞县(今鄞州区)

鄞县古属宁波府,春秋时属于越,战国时属楚。

《宁波府志》记载:周鬼谷子姓王名诩,西周人,受道于老君,入云梦山采药,服之,颜如童。居青溪之鬼谷,因以为号。常游鄞,太白山南水帘洞有祠,倚山临水,幽深阒寂,人迹罕到,真神仙之宅也。晋郭璞有诗云:"青溪千余仞,中有一道士,云生梁栋间,风吹窗牖里。借问此何谁? 云是鬼谷子。"祠存阳堂乡。

宁波府东三十里,有鬼谷子祠。祠前有黑水池,相传是鬼谷子洗砚处。行祠一在府东太白山南水帘洞,洞幽深阒寂,人迹罕到。

(二)鬼谷子可能在多处地方住过

从以上四处地方志书的记载看,鬼谷最可能的地方是在湖北当阳市。但是,萧登福注《鬼谷子》则说,"当以扶风池阳之说为确"。他引用《史记·甘茂列传》苏代说秦王:"甘茂,非常士也,其居于秦,累世重矣。自殽塞及至鬼谷,其地形险易皆明知之。彼以齐约韩魏,反以图秦,非秦之利也。"

司马贞《史记索隐》说:"鬼谷,在关内云阳是也。"裴骃《史记集解》引徐广云:在阳城。

不过,接着苏代又对秦王说:"王不若重其势,厚其禄以迎之,使彼来,则置之鬼谷,终身勿出。"张守节《史记正义》在此注曰:"刘伯庄云,此鬼谷,关内云阳,非阳城者也。按阳城鬼谷,时属韩,秦不得言置之。"

阳城在河南登封市。云阳在唐朝改为池阳,战国时属秦,即今陕西泾阳县西北。司马贞不知何处是真的鬼谷,所以说:"扶风池阳、颍川阳城,并有鬼谷墟。"苏代也没说,此鬼谷即是鬼谷子隐居之处。泾阳县在秦都咸阳北方不远处,如果唐朝杜光庭《仙传拾遗》说"秦始皇遣使持仙草去问北郭鬼谷先生"是有所根据的话,那么,北郭是否可解释为咸阳北方的鬼谷? 我们似可从这些论述中获得一些可能的结论:

1.鬼谷子确有其人,隐居的地方名为"鬼谷",可能曾在三个地方隐居,他自己都将它命名为鬼谷;也可能只有一个地方是当时的鬼谷,其他两地则为后人附会。

2.鬼谷子如真是楚国人,则似乎以隐居在楚境湖北当阳之鬼谷较为合理。如果他曾追随老子学习,似有可能在靠近洛阳和嵩山的河南登封市鬼谷隐居。

3.地方志书对鬼谷子事迹的记载,代表对他的承认。而记载最多的是湖北当阳的《安陆府志》,似乎当阳市对鬼谷子最为认同。而泾阳县反而没有提及任何鬼谷子有关的事迹或遗迹,是否代表泾阳县人士对鬼谷子不认同?

三、《鬼谷子》一书的疑问

(一)《鬼谷子》是鬼谷子写的吗?

对于《鬼谷子》这本书,有几种说法:

1.是鬼谷子当年传授给苏秦张仪的纵横学,流传至今,虽然经过后人编校补正,大体仍存原貌。

2.是苏秦写的,假托鬼谷子之名而已。

3.古人伪造的,并非战国时代的作品,更不是鬼谷子作的。

兹将以上三种说法依年代分述如下:

最早引用《鬼谷子》内容的是西汉成帝时代的刘向,他所编撰的《说苑·善说篇》引用鬼谷子的话:"人之不善而能矫之者,难矣……"(见本章壹之二《汉代的纵横家》)显示刘向应已看过汉代宫廷藏书中有鬼谷子的言论著述,只是未指出书名。

南北朝刘宋时代裴骃《史记集解》:"《鬼谷子》有《揣摩篇》。"唐朝司马贞《史记索隐》引王劭曰:"《揣情》《摩意》,是《鬼谷》之二章名,非为一篇也。"隋唐以来的《鬼谷子》确实是将《揣情》《摩意》分为两篇,则裴骃应已见过《鬼谷子》。

再往前推,东汉初年班固等撰述的《汉书·艺文志》记载,秦始皇曾烧毁诸子百家的文章,汉武帝时搜集诸子传说等书,藏诸宫内秘府,后经校正编辑,刘歆继其父刘向之志,总览群书编成《七略》,概述诸子百家之书,其中有《苏子三十一篇》。由此可见,刘向编《说苑》时引用《鬼谷子》之言,刘歆编书却只有《苏子三十一篇》,刘歆曾被指责乱删改古籍,引起今古文之争,可能将《鬼谷子》与《战国策》苏秦言论合编成《苏子》三十一篇,也可能略而不提《鬼谷子》。

正史中最早记载《鬼谷子》三卷的是唐朝长孙无忌编撰的《隋书》,其中《经籍志》说:《鬼谷子》三卷,皇甫谧注。《鬼谷子》三卷,乐一注(一说是乐台注)。也就是说,有两个版本,注解者不同。

后晋刘昫(公元887—946)编撰《旧唐书》,卷四七《经籍志》说:唐时有《鬼谷子》二卷,苏秦撰。又三卷,乐台撰。(《古今图书集成·氏族典》引《万姓统谱》:唐朝乐台著《鬼谷子》二卷)又三卷,尹知章注。

宋朝欧阳修(公元905—1072)撰《新唐书》,《艺文志》有关《鬼谷子》目录与《旧唐书》同,只是乐台撰,改为注。但又注明"尹知章不著录",是否尹注《鬼谷子》到宋朝已不登录在书籍目录上了?

元朝脱脱等人撰修《宋史》,经籍记载简略,《艺文志》只提到《鬼谷子》三卷,未提注者。事实上,唐宋两代是《鬼谷子》最受争论的时代。

(二)古今学者考证

1.乐台认系苏秦所作

唐朝司马贞《史记索隐》说:"乐台注《鬼谷子》书云:苏秦欲神秘其道,故假名鬼谷。"

2.长孙无忌(公元?—659)撰《隋书》,其《经籍志》说,《鬼谷子》三卷,晋皇甫谧注,鬼谷子,周世隐于鬼谷。另有乐一(乐台)注《鬼谷子》三卷。

长孙无忌生存年代早于司马贞。司马贞是开元年间(公元713—741)的润州别驾,而长孙无忌去世时是公元659年。他们都看到乐台注的《鬼谷子》,但长孙无忌并未相信乐台的说法,因此没有在《隋书》中引用。

3.柳宗元认系后世伪托

唐朝柳宗元(公元773—819)《鬼谷子辨》认为:"汉时刘向、班固录书无《鬼谷子》。《鬼谷子》后出而险盭峭薄,恐其妄言乱世难信……尤者,晚乃益出七术,怪谬异甚,不可考校。"

其实,刘向编撰《说苑·善说篇》已引用鬼谷子之言,但柳宗元从卫道的观点,认为是后世所伪造假托,不可取。

4.马总引用乐台序言

唐朝末年马总编撰《意林》,也是引用乐台注之序言,说是苏秦假托鬼谷子之名。可见乐台注解的《鬼谷子》对当时影响很大,晋朝皇甫谧及唐朝尹知章注解的书,反而未受重视。

5.晁公武认系鬼谷子传授秦仪之书

宋朝晁公武《读书志》说:"《鬼谷子》三卷,鬼谷先生撰。按《史记》战国时隐居颍川阳城之鬼谷,因以自号。长于养性治身,苏秦张仪师之,受纵横之事。尹知章叙(王应麟《汉书艺文志考证》引晁公武《读书志》云尹知章叙)谓此书即授秦仪者。《捭阖》之术十三章,《本经》《持枢》《中经》三篇,梁陶弘景注。"(《马氏通考经籍志》引《读书志》此下有:《隋志》以为苏秦书,《唐志》以为尹知章注,未知孰是。)

其实,《隋书》并没有说是苏秦书(那是乐台说的),《唐书》则是把"苏秦撰""乐台注""尹知章注"三书并列。

6.胡应麟认系东汉人伪托

明朝胡应麟《笔丛》谓《隋书》有《苏秦》三十一篇、《张仪》十篇,必东汉人本二书之言荟萃为此,而托于鬼谷,若子虚、亡是之属。(《四库提要》)

7.宋濂认系鬼谷子作

明朝宋濂《诸子辨》说,《鬼谷子》三卷,鬼谷子撰。

8.钱穆认系东汉后晚出伪书

近人钱穆《先秦诸子系年·鬼谷子辨》指出:"苏秦语见史记国策者,均后人伪造,并多与代、厉相混,此盖由后世策士附托,亦未必出代厉之手也。"又说:"……而《鬼谷子》则犹为东汉后晚出伪书,不得谓今《鬼谷子》即出汉志苏子三十一篇。"

从以上资料可以发现:

1.乐台注《鬼谷子》序言认为出于苏秦伪托,而乐台的说法并无确实证据,只是个人猜测之辞。

2.乐台的看法受到司马贞、马总以及刘昫《旧唐书》、欧阳修《新唐书》的引用。

3.唐宋也有人认为应系出自鬼谷子。长孙无忌《隋书》并未认同乐台的看法,因此未引用。尹知章注叙认为此书《鬼谷子》即授于苏秦张仪者。明朝宋濂则直说鬼谷子撰。

4.唐朝柳宗元认系后世伪造假托,宋朝高似孙《子略》,明朝胡应麟及民国钱穆均认为是东汉人或之后伪造之书。

5.萧登福认为:"我们如据史籍来加以探讨,则不难推知《鬼谷子》一书在先秦之世已有了,同时此书系鬼谷子或其门人所撰。"(萧注,十三页)

司马迁《史记·苏秦列传》并未记载苏秦有任何著作，班固《汉书·艺文志》则说，汉时有《苏子》三十一篇，目前《战国策》内与苏秦或其兄弟苏代、苏厉有关的有三十篇，而《玉函山房辑佚书目》所载《苏子》一卷，内容采自《史记》《战国策》共计十七则。因此，笔者怀疑《汉书》所载"苏子三十一篇"，即辑自《战国策》，而非《鬼谷子》三卷。

唐朝张守节《史记正义》引述梁朝阮孝绪撰《七录》内有《苏秦书》，乐台注云："秦欲神秘其道，故假名鬼谷也。"

阮孝绪所指《苏秦书》，疑即《汉书》所载"苏子三十一篇"，而与乐台的注解无关。《隋书·经籍志》所载《鬼谷子》三卷，乐一注（应为乐台注）。《旧唐书》则说《鬼谷子》二卷，苏秦撰。又三卷，乐台撰。可见《鬼谷子》与《苏秦书》不同，《旧唐书》应不至于把苏秦的言论集也当成《鬼谷子》。

错在张守节引用《七录》内有《苏秦书》，又把唐朝乐台注《鬼谷子》的怀疑之词剪接去注解《苏秦书》。后人又一再沿用乐台的怀疑之词，遂以为《鬼谷子》三卷系苏秦撰写，而假名鬼谷。因此，《鬼谷子》应该不是苏秦假借鬼谷子的名字写的。

（四）《鬼谷子》是谁编辑的？

春秋战国诸子百家著作在秦始皇三十四年惨遭焚烧，至汉朝初年，散乱各地，断简残篇，损失惨重。

汉武帝即位那年，建元元年（公元前140）冬十月，接受丞相卫绾建议，各地荐举的贤良方正直言极谏之士，有的专研申商、韩非、苏秦、张仪之言论，可能乱政，遂罢申商、韩非、苏秦、张仪之言。（《武帝本纪》）

汉武帝元朔五年（公元前124），诏令建藏书之策，置写书之官，下及诸子传说，皆充秘府。（《汉书·艺文志》）可能纵横家的言论著述，都在此时进入内府。

汉成帝时，刘向奉命校读诸子、诗赋，任宏校兵书，尹咸校数术，每校完一书，刘向即条例篇目，摘述要旨，呈给成帝阅读。所以，刘向应该校读过鬼谷子的著作，并引用于《说苑·善说篇》。

刘向去世后，其子刘歆继续校读，总览群书，将书目编为《七略》，包含六艺、诸子、诗赋、兵书、数术、方技及辑略七部分。班固编撰《汉书·艺文志》摘列书目,其中包括《苏子》三十一篇、《张子》十篇等纵横家十二人、一百零七篇。但不知为何没有《鬼谷子》,究竟是包含在《苏子》三十一篇(前已论述似与《战国策》三十篇苏子言论有关),或排斥未列,或已遗失,年代久远,难以考证。

后汉安帝、顺帝,均曾诏令校订诸子百家言论。魏晋南北朝时,老庄学说再度盛行,《鬼谷子》也在此时受到注意,注解者有晋朝皇甫谧、梁朝陶弘景、唐朝乐台、尹知章,现在只有陶注《鬼谷子》流传下来。

由于诸子著作在汉初已是断简残编,历经多次校正重编,到宋朝李昉等人编《太平御览》《太平广记》时,已经历多次编校,但仍引用《鬼谷子》许多章节文句。唐朝马总《意林》也引用甚多,这些文句多与现传陶注本相同,反倒是刘向《说苑》引用的一段,现已失传。

《鬼谷子》在清初又历经校勘,辗转传抄,增订校补甚多,字句恐有出入,恐怕已非战国时真面目了。

(五)陶弘景注解《鬼谷子》吗?

陶弘景注《鬼谷子》,最早出现于宋朝王应麟《玉海》引《中兴书目》:"《鬼谷子》三卷,周时高士,无乡里族姓名字,以其所隐,自号鬼谷先生,苏秦张仪事之,授以《捭阖》,下至《符言》等十有两篇,及《转圆》《本经》《持枢》《中经》等篇,亦以告仪秦者也。一本始末皆东晋陶弘景注,一本《捭阖》《反应》《内揵》《抵巇》四篇,不详何人训释,中下二卷与弘景所注同。"(嘉庆秦雕本《鬼谷子篇目考》)

《隋书》《旧唐书》《新唐书》都没有陶注本,宋朝才出现陶注本和另一不知名者的注本。《宋史·艺文志》记载有《鬼谷子》三卷,但未说明谁做谁注。宋朝晁公武《读书志》、郑樵《通志》、王应麟《汉书艺文志考证》均提到皇甫谧、乐台、尹知章、陶弘景注解《鬼谷子》。

宋朝马端临《文献通考》证明宋朝已经开始怀疑当时流传的《鬼谷子》,究竟是陶注还是尹注?《文献通考》引晁公武《读书志》说:"梁陶弘景注,《隋书》以为《苏秦书》,《唐志》以为尹知章注,未知孰是?"

宋朝陈振孙《书录解题》卷十也说:"《隋书》有皇甫谧、乐台二家注。今本称陶弘景注。"可见宋时流行的是陶注本。

嘉庆本《鬼谷子》秦恩复序指出,"贞白(陶弘景)生于萧梁,书乃晚出,读者不无然疑。同年海宁周耕崖孝廉(周广业)以注中多避唐讳,断为是尹,非陶。词颇博辩,然意凭虚臆言,绝无佐证。"(参考周广业考证,在嘉庆本附录)

陶注本是怎么流传下来的呢?唐宋之间数百年,皇甫谧、尹知章、乐台三家注本均先后失传,到宋朝却只有陶注本。陶弘景精通道家学说,著述多以养生、神道之类为主(事见《南史》),是否道家人士附会,将《鬼谷子》也假托改为陶注?

《鬼谷子》陶注本的流传,有道藏本和抄本两条管道。陶注本《鬼谷子》后来被收录在道藏(《明史·艺文志》道藏未列《鬼谷子》),清朝乾隆五十四年己酉(公元 1789),秦恩复根据孙渊如在华阴岳庙读道藏所抄录的《鬼谷子》予以刊行(此本称为乾隆江都秦氏刊本)。同样根据道藏本影印刊行的有台湾艺文印书馆。另有蓝格传抄道藏本,原书现藏台北"中央图书馆"。

根据宋本传抄的有钱遵王藏本,后由鲍绿饮购得,称为述古堂本。乾隆五十九年甲寅,卢文弨有机会看到钱遵王旧本(即述古堂本),而用来对照己酉秦刊本,并校对补正《内揵篇》正文注文脱漏的四百十二字。这本经过一再校勘的《鬼谷子》于嘉庆十年刊行,即是嘉庆秦氏刊本。台北广文书局影印刊行,是目前最完善的刊本,本书据此版本解读。

明朝蓝格抄本,原为苏州文氏所藏,嘉靖乙巳三月九日校毕,台北世界书局影印原抄本刊行。本书也是经过卢抱经(文弨)校阅,并经严元照重校,以手抄本形式刊行。

由以上资料来看,陶注本《鬼谷子》不一定是陶弘景注的,但也无明确证据可以证明是尹知章注的。

四、《鬼谷子》《邓析子》《管子》《庄子》与《太公六韬》

《鬼谷子》与《邓析子·转辞篇》有五处雷同。《管子·九守篇》与《鬼谷子·符言篇》几乎完全相同,而《太公六韬·大礼篇》也有类似的内容。

《鬼谷子》之《转丸》《胠乱》两篇均已遗失,嘉庆秦氏刊本注明:"或有取庄周《胠箧》而充次第者(唐赵蕤《长短经·反经篇》)。按鬼谷之书崇尚计谋,祖述圣智。而庄周《胠箧》乃以圣人为大盗之资,圣法为桀蹠之失,乱天下者圣人之由也。"两者立论完全不同,因此,《庄子·胠箧篇》应非《鬼谷子》所遗失之《胠乱篇》。

　　至于《鬼谷子》内容为何会与《邓析子》《管子》《太公六韬·大礼篇》雷同，可能有下列原因：

　　1.《太公六韬》最早出，姜太公是殷纣与周文王、武王时代的人物（约公元前1111年，武王克殷前后），管子是春秋齐桓公时代的人，而庄子生卒年代（约公元前365—290），比孙膑（公元前380—320）稍晚，似比鬼谷子更晚。（以上年代据钱穆《先秦诸子系年》。）因此，可能皆出自《太公六韬》。春秋战国时代能接受教育的，应为士大夫较多。

　　2.《邓析子》经近人钱穆考证，应为战国晚期桓团辩者之徒所伪托。梁启超则认为是唐宋后人所伪托。因此，《邓析子》应是杂凑诸子书之作。

　　3.古代并无著作权的观念，《鬼谷子》引用《太公六韬》及《管子》之警句篇章作为《符言篇》是有可能的。

五、鬼谷子其他著作

　　据宋朝郑樵《通志》记载，鬼谷子其他著作还有：

　　1.《关令尹喜内传》一卷

　　2.《鬼谷先生还丹歌》一卷

　　3.《鬼谷先生占气》一卷

　　4.《周易玄悟髓诀》一卷

　　5.《鬼谷先生射覆歌》一卷

　　6.《鬼谷先生五命》一卷

　　7.《鬼谷先生观气色出相图》一卷

　　另外，《黄帝阴符经》内有鬼谷先生注三条。

　　以上这些书可能出自后人伪造，也可能是鬼谷子的著述，年代久远，史料残缺，难以考证。但这却可看出魏晋南北朝以来，已将鬼谷子看成精通占卜相命和道家学说的神仙异人。

六、《鬼谷子》的评价

　　1.元冀甚贤鬼谷子。柳宗元认为要无可取，"晚乃益出七术，怪谬异甚，不可考校。其言益奇，而道益狭，使人狙狂失守，而易于陷坠。"（柳宗元《鬼谷子辨》）

2.来鹄认为，"鬼谷子昔教人诡绐激讦揣测憸滑之术，悉备于章旨。六国时得之者惟仪秦而已。如捭阖飞箝，实今之常态。"（晁公武《读书志》）

3.高似孙《子略》："《鬼谷子》书，其智谋，其数术，其变谲，其辞谈，盖出于战国诸人之表。夫一辟一阖，易之神也。一翕一张，老氏之几也。鬼谷之术，往往有得于阖辟翕张之外，神而明之，益至于自放溃裂而不可御。予尝观诸阴符矣，穷天之用，贼人之私，而阴谋诡秘，有金匮韬略之所不可该者，而鬼谷尽得而泄之，其亦一代之雄乎！"

4.刘氏泾曰："老之翕张，儒之阖辟，其与鬼谷往来如环。鬼幽而显著也，谷扣而应者也。藏幽露显，一扣一应，信如其名哉。"（宋王应麟《汉书艺文志考证》）

5.明朝宋濂《诸子辨》："大抵其书皆捭阖、钩箝、揣摩之术……是皆小夫蛇鼠之智，家用之则家亡，国用之则国偾，天下用之则失天下，学士大夫宜唾弃不道。"

6.明朝胡应麟《四部正讹》："《鬼谷》，纵横之书也。余读之，浅而陋矣。"

7.清朝秦恩复说："今观其书，抉摘幽隐，反覆变幻。苏秦得其绪余，即掉舌为纵约长，真纵横家之祖也。"（嘉庆刊本序）

8.清朝卢文弨："《鬼谷子》，小人之书也。凡其捭阖、钩箝之术，只可施于暗君耳。其意欲探厥意指之所向，从而巧变其说以要结之，使得亲悦于我，胶固而不可离。千古奸邪之愚弄其主者，莫不如是，彼岂待教之而后知，学之而后能哉？"（嘉庆刊本跋）

由以上资料看来，唐宋以来，对《鬼谷子》的价值评论可分为两派，一派认为甚有价值，如元冀、高似孙、刘氏泾、来鹄、秦恩复。而认为浅陋或小人术的有柳宗元、宋濂、胡应麟、卢文弨等。

《鬼谷子》这本书有什么价值，让两千年来的学者议论纷纷？

唐朝柳宗元批评他妄言乱世，使人狙狂失守，容易堕入陷阱。高似孙却称赞得不得了，说他是一代之雄，把阴谋韬略都泄露了。儒家一向主张以仁义道德治天下，纵横家主张以合宜的策略方法说服人主解决问题。后人立场信仰不同，对鬼谷子的评价自然悬殊。

以现代的眼光来看，鬼谷子提倡的是：灵活适当的成功发展策略，可用于修身、齐家、治国、平天下，也可以用在内政外交、经济政治、兵学战略、国家发展。精炼的理论原则，任你运用。

生在乱世,要成功、要避祸、要发展,趋吉避凶、生存发展,都有赖于运用智慧,了解情势,提出策略,说服他人,共臻成功。这就是鬼谷子学说的基本原则。

我们究竟要如何看待这本书呢?自汉朝以来,有那么多人研究、引用过《鬼谷子》,使它能流传下来,它的价值是实用性还是学术性,端看个人需要。如能从中悟出道理,进而运用于外交与谈判、说服等实际工作,使得争论与歧见,都能经由谈判说服来解决,减少争战,则未尝不是一本好书。如果我们能够进而将其理论,运用在做人做事的原则上,追求成功而能避祸,经国治世而能为民造福,此应是《鬼谷子》原始作者的真心意,也是研究者应有的信念。

第二章　鬼谷子学说

《鬼谷子》全书分为《捭阖》《反应》《内揵》《抵巇》《飞箝》《忤合》《揣》《摩》《权》《谋》《决》《符言》《转丸》《胠乱》《本经阴符七术》《持枢》《中经》等十七篇,其中《转丸》《胠乱》两篇已佚失。

《鬼谷子》是一本经世治国的奇书,相传是战国时代奇人鬼谷子隐居在鬼谷时所做的,曾用以传授苏秦、张仪等人,促成战国后期的合纵连横大对抗。此书可能在辗转传抄过程中,受到有意或无意的修改。但也有人认为是战国以后的人所伪作。不论是修订或伪作,都无法否定这本书的学术价值。

这本书可供政府管理者参考,也可供有志于经世治国、力求发展的贤能之士参考。

为使读者对鬼谷子学说有一个完整的了解,以下将首先概述《鬼谷子》尚存的十五篇的重要内容。

一、捭阖:通天晓地之道

天地有开阖,人也有动静。人世间的一切吉凶悔吝,命运转变,都出于谈说的恰当与否。一言兴邦,一言丧邦,古代先例,斑斑可考。

捭是开,阖是闭。开口策动,是为了解实情或提出谋略;静默不语,是为了测试反应,了解实情。捭阖反复运用,可以知情,可以揣意,而后可以献谋决策,趋吉避凶。

想要了解主政者的意向,或主政者想了解部属的立场,贤能之士想提出解决问题的策略,主政者想要了解计划的可行性等,都可以运用谈说的捭阖方法来试探、来知情。

捭阖的方法是:以阴阳试之,随其嗜欲以见其志意,微排其所言而捭反之,欲捭贵周,欲阖贵密。

二、反应:听言观察之道

听人谈话,不论是否赞成,听者必有反应,也许是极为称是,也许是勃然大怒,有时候也可能面露欣喜,有时候也会故作镇静,喜怒不形于色。不论如何,只要仔细观察,缜密思考,一定可以发现对方的反应。即使是喜怒不形于色,也是一种反应。

要知道对方的反应,有六项原则:

1.反复:反以知古,复以知今。

2.象比:言有象征,事有比拟。

3.钓语:以无形求有声,钓出真意。

4.善变:变鬼神以得其情。

5.反辞:欲张反敛,欲高反下。

6.先定:主动、镇定、正心。

三、内揵:亲近取信之道

为什么主政者容易接受亲信部属的建言,而对于疏远人士的忠言常常视为芒刺? 为何曾立大功的人常常会成为主政者畏惧的对象? 功高震主?

如何获得主政者的信任? 如何建言而无祸? 三项原则可供参考:

1.知情:以暗中观察、分析的方法来推测对方的个性、好恶、需求。

2.循顺:顺应时势、顺应对方的需求而提出计划。

3.善变:在建言或计划执行中,依对方的反应,适度修改言辞策略的内容,使它符合事实的需要。如果对方怀疑,拒不接受,也要想好退路,避凶趋吉。

四、抵巇:治乱权变之道

天地间任何大变动都有迹可循,地震、天灾、战争、人祸,事先都有预兆,只

·鬼谷子考·

图文珍藏版

是"当局者迷"罢了。

如何抵住裂隙？消弭危机的方法有五种原则：

1.隙始有兆,可抵而塞之。

2.可抵而却之。

3.可抵而息之。

4.可抵而匿之。

5.可抵而得之。

归纳上述五项原则,实际上只有"抵而塞之"和"抵而得之"两种。鬼谷子说："五帝之政,抵而塞之;三王之事,抵而得之。"以现代政治观念来说,即是体制内改革和体制外改革。

知识分子是时代的良心,人民的代言人,所以,鬼谷子说："圣人者,天地之使也。世无可抵,则深隐而待时;时有可抵,则为之谋。"

五、飞箝:用人箝制之道

建言者或主政者如何用言辞或动作勾钓出对方的实际心意,再运用各种方法箝制、收服对方,为我所用,即是本篇探讨的主题。

飞箝之道在知情、得心、箝制。

知情是"审其意,知其所好恶,乃就说其所重"。

得心是投其所好,施以恩惠。

箝制是"量能立势以钩之,或伺候见间而箝之",使对方感激归顺,为我所用。

六、忤合:改变向背之道

不论是天下大治,还是群雄并起,都会遇到背反趋合、献策求治的事,这就产生了忤合的问题。

忤合之道,有四项原则：

1.审时度势,因事制宜。

2.利害得失,决定忤合。

3.度才量能,与之为主。

4.顺应天命,归之不疑。

改变现状必须审慎,顺应天命,才能趋吉避凶。

七、揣:揣测知情之道

揣,是揣度实情,充分了解有关的资讯,作为判断情势、进行决策的参考。
揣情量权的技巧有三:
1.时机的选择。
2.问其所亲,搜集旁证。
3.运用征兆,掌握先机。
鬼谷子说:"古之善用天下者,必量天下之权,而揣诸侯之情。"现代资讯流通快速,数量极丰,但要辨别资讯之是否可用,仍须经过揣情量权的阶段,才能避免误判情势。

八、摩:摩意神明之道

揣情量权之后,如何测得真情实意,作为采取行动的参考,就是揣摩的功夫。善于揣情摩意、导引决策的人,能够达到"主事日成而人不知,主兵日胜而人不畏"的地步,民众视之有如神明。
摩的原则有四:
1.试探:微摩之以其所欲,测而探之,内符必应。
2.合情:情合者听。符合对方的需要,符合情势环境的需要,均是合情。
3.道数时相偶:政策合乎天道,方法顾及气数,时机也要互相配合,才会容易成功。
4.阴匿:谋阴成阳,塞卯匿端,成事无患。

九、权:辨言权衡之道

权,是权衡情势需要,选择适当言辞,进行建言献策,谈判说服。
言辞权变的原则是:
1.有取有予。
2.扬长避短。
3.察言观色。

4.精则用之,利则行之。

5.针对对方人格特征而选择用辞。

6.辞贵奇。

十、谋:进谋献计之道

计谋的目的在解决问题、避凶趋吉。本篇探讨的是如何建言献策,如何行使计谋。

献计有四个步骤和方法:

1.得其所因。

2.审得其情。

3.策立三仪。

4.提出奇计。

这就是鬼谷子所说的:"凡谋有道,必得其所因,以求其情;审得其情,乃立三仪。三仪者,曰上、曰中、曰下,参以立焉,以生奇。"

十一、决:决策成事之道

决,就是下决定,做决定。

决策的主要原则是有利、无害、趋吉避凶。

下列五种状况,如认为有利,即可做决定:

1.危而美名:虽有危险,但可获得好名声。

2.不用费力而易成:惠而不费,顺水推舟,乐观其成。

3.用力犯勤苦,不得已而为之:虽劳苦,却不得不做。

4.去患:去除祸患。

5.从福:趋福避祸。

如果还无法决定,那就得看天意、地利、人和如何,再作决定了。

十二、符言:主政清明之道

符言,是符应可验之箴言。本篇条例九则箴言,论述为政之道。

1.主政贵静(主位)。

2.兼听则明(主明)。

3.积德修政(主德)。

4.赏罚分明(主赏)。

5.敬慎天道(主问)。

6.因势循理(主因)。

7.凡事周密(主周)。

8.恭敬治理(主恭)。

9.名实相符(主名)。

十三、本经阴符七术:成功发展七原则

本篇探讨的是主政者或说者如何将谋略付诸实现,以求生存发展的方法,包括盛神、养志、实意、分威、散势、转圆、损兑七原则。

盛神就是使精神旺盛,思虑畅达,体悟天地万物运行的道理。思虑集中,可以判断虚实,了解因果需求,通晓人心。

养志,是培养浩然正气,坚定意志。养志要从安定心意开始,心定而后能安。安、定、静、虑,而后才能有所得。

实意,乃是精练心思谋虑,然后才能想出好计谋。实意是静虑,神志集中,分析情势环境及各种因素,计谋才会周密。

分威,是自然地或有意地散发出威望能力,使人信服。但也要注意内敛深潜,切忌躁进。

散势,即是显现气势,慑服他人,待机而发,好比鸷鸟翱翔在天,选定时机与目标,然后全力突击。

转圆,是说行事处世,要效法天道运行,顺势而为,运转圆融,变化无穷。世事多变,策略也要善于应变。

损兑,是得失祸福的计虑。该损则损,该得则得。损亦有道,损民利君则不宜,自损益民则天下受惠,己亦受益。权衡得失的主要原则是顺势而为,善用计谋,趋吉避凶。

十四、持枢:顺势运行之道

体会天地运行之道,春生、夏长、秋收、冬藏,顺应自然,不可逆天行事,不可

违逆天意民意。纵使民智未开,不能了解贤能之士的先见之明,也不宜强迫民意接受,只能用心导引,化解民怨。

时机尚未成熟,不宜骤变。逆之者,虽成必败。形势机运已经成熟,处理不恰当,也会丧失良机。只有掌握关键时机,顺势而为,才能转圆趋福,国泰民安。

十五、中经:收揽人心之道

本篇探讨的是争取人心的方法,要使人感念恩德,衷心为我所用。

攻心之道,在于普施恩德,也就是振穷救急,避免失言,慎重处理去职之事,诚恳关怀他人,争取人心。

经世治国,争取民心,攻心为上。

十六、鬼谷子学说中心思想

鬼谷子学说以说服、献计、成事、无患为中心思想,依据现存的十五篇文章,可归纳出下列的中心思想:

正心、诚意、修身、治国、平天下。

达成目标的生存发展七原则是:盛神、养志、实意、分威、散势、转圆、损兑。(《本经阴符七术》)

处世治事要持枢顺势。(《持枢篇》)

经世治国,攻心为上。(《中经》)

运用捭阖,探知人心。(《捭阖篇》)

听言观色,钓出实情。(《反应篇》)

运用技巧,获取信任。(《内揵篇》)

察知微兆,运用裂隙,抵而塞之,或抵而得之。(《抵巇篇》)

言辞钩箝,知悉真意实情,抓住人心。(《飞箝篇》)

扶正去邪,顺应天意民心,审慎辨明,归之不疑。(《忤合篇》)

揣情量权,推断实情,因利献策。(《揣篇》)

揣摩人心,顺应合理之志意,情合者听。主事日成而人不知,主兵日胜而人不畏,成事而无患。(《摩篇》)

针对个性情况,选择合适的言辞与策略,达成奇言奇策的效果。(《权篇》)

得其所因,以求其情。审得其情,乃立三策,因事而定计。天地之化,在高

与深。圣人之道,在隐与匿。(《谋篇》)

去患、从福、美名、不用费力而易成者,可则决之。(《决篇》)

主政之道在于贵静、兼听、积德修政、赏罚分明、敬慎天道、因势循理、凡事周密、恭敬治理、名实相符。(《符言篇》)

第三章　鬼谷子的说服谈判策略

战国时代纵横家鼻祖鬼谷子的学术理论,历经两千多年,到科技发达、文明昌盛的二十一世纪,还能适用吗?

《史记》记载,在战国末年提倡合纵围堵政策的苏秦、提倡连横分化政策的张仪、率领齐兵打败魏将庞涓的孙膑,相传都是鬼谷子的门徒。显然,鬼谷子的纵横学说曾经在历史上发挥作用。

一、纵横学派的主流思想

孙膑

纵横学派发展的结果,成为后来奉君命出使四方、折冲樽俎的外交家。因此,鬼谷子学说也是以说服谈判为主流思想,同时论述了为人处世、经世治国、兵学战略的原则。

如果相信实证是检验学说价值的法则,那么,我们不妨以历史事实来做验证。

《鬼谷子》全书以说服谈判的艺术为论述的焦点,从探测真情、了解事实,确认需求好恶、揣情摩意到提出建言、选择计谋、促成决策,都是一系列有计划的论述说服谈判的法则。这些理论和现代传播说服谈判理论比较起来,确有相似相通之处。(请参考方鹏程著《鬼谷子:说服谈判的艺术》)

在整个说服谈判的过程中,资讯的搜集、研判、推断是非常重要的,这是"知己知彼"的功夫。经由正确的敌情研判或情势推演,才能正确地拟定对策。

二、苏秦、张仪的合纵与连横

根据《史记》记载,苏秦最初是游说秦惠文王采取连横政策,使秦国能分别与六国加强邦交,促使六国事秦。但是,时机不对,一方面是当时秦王才即位,刚刚诛杀了变法图强的商鞅,对于辩士仍存忌讳;另一方面是秦国尚未感受到六国的威胁,反而是强秦足以威胁六国。所以,苏秦搞得灰头土脸,狼狈不堪地回到家中,老婆不理他,嫂嫂也不烧饭给他吃,连父母也不跟他说话。这种情况激使苏秦翻箱倒箧,找出一本《太公阴符》的书(也许是《鬼谷子》或《太公六韬》),于是日夜伏诵揣摩,一年后揣摩完成。

捭阖、反应、内揵、飞箝、揣、摩,是任何时候都可以运用的测情探实技巧,目的在搜集资讯,了解对方真正的意图,然后才能正确地对应。苏秦在"简练以为揣摩"的时候,已经推测了当时诸侯的权势大小与需求方向,知道可以从哪里下手了。所以,他说:"此真可以说当世之君矣!"(《战国策》)

六国之中,燕的实力最弱,夹在六国之间,最需要靠集体安全组织来保护,所以,苏秦首先说服燕文侯与赵王组织军事联盟以自保,接着又说服赵肃侯领导合纵集团以成霸业。对于处在强秦之旁的韩、魏,则说以参加围堵合纵可以抗秦,必无强秦之患。对南方的强权楚国,则说以合纵可称霸。显然苏秦是针对各国的实际需求而提出不同的策略和说辞,既威胁又利诱。

张仪则提出相反的对策来说服秦王。根据《史记》和《战国策》的记载,苏秦推动合纵围堵政策初步成功后,激励张仪入秦为内应,避免秦王破坏合纵联盟的筹组。苏秦和张仪同是鬼谷子的门生,张仪初入秦,虽未向秦王献计以连横破合纵,但秦惠文王却派犀首诱骗齐魏一起伐赵,以致合纵联盟在第二年(公元前332年)首次遭到破坏。十年后,张仪相魏,才开始说服魏王事秦,展开推动连横政策。

获得人主信任后,才有利于建言献策。苏秦激励张仪入秦为内应,虽没把握张仪会发挥功能,但从策略上来说,就是"内揵"的功夫。张仪如果在秦推动连横,势必使六国更觉得有合纵联盟的必要性;如果张仪没有推动连横,则合纵政策也可以维持下去。

张仪相魏,也是"内揵",所以他利用相魏期间,游说魏王事秦。不过,魏王不接受,秦兵伐魏,导致公元前318年五国共击秦(齐未参加)不胜而还。这时苏秦在齐任客卿,次年在齐遇刺死亡。

　　张仪在公元前311年成功地说服楚怀王同意连横事秦,于是,打铁趁热,继续说服韩、齐、赵、燕也加入连横,一年之内组成秦与六国的友好联盟。当时,六国是畏惧秦惠文王的武力威胁,不得不同意参加连横集团。张仪游说成功,正要回秦,适逢秦惠文王去世,消息传来,六国纷纷改变政策,恢复合纵联盟。这就是形势与时机的问题。鬼谷子说:"损兑者,机危之决也,事有适然,物有成败,机危之动,不可不察。"(《本经阴符七术》"损兑法灵著")

　　内外形势互相影响,导致政策修正。政策修正又改变内外形势,造成另一种情势。掌握机危之势,可以达成目标,但也会促成另一种变化。得失吉凶之间,必须事先考量。

　　说服谈判是达成政策目标的方法之一,实力则是说服谈判成功的后盾。燕国实力不足,然而,运用合纵联盟的集体安全机制,也可以在相当时期内达成自保的目的。强秦以武力为后盾,最终说服六国连横事秦。

三、说服谈判前的评估

　　成功的说服谈判,牵涉到谈判者的个人修养、资讯收集,对手的条件、对方的策略研判、我方的策略拟订,谈判前的准备、谈判过程中的应对、谈判后的处理和谈判文宣运用等等,非常复杂。

　　说服谈判前,首先要考虑的基本问题有:

　　1.双方的谈判目标是什么? 差距有多大?

　　2.对方的开价是否合理? 可能有多大的让步空间? 底线如何?

　　3.我方的条件是什么? 有无优势? 有无让步空间? 底线如何?

　　4.我方民意是否会接受对方的折中条件? 是否会同意我方让步后的条件?

　　5.达成协议后,对我方利弊得失如何? 对方的利弊得失如何?

　　6.有必要达成协议吗? 还是尚有拖延时间以争取更好条件的空间?

　　7.拒绝谈判的利弊得失如何? 如何拒绝谈判而能嫁祸于对方?

　　8.我方何人适合代表参与谈判? 能力和条件与对方代表相比如何?

　　9.谈判的地点、时机、气氛是否恰当?

　　10.如何运用大众传播媒介,来向对方说明我方立场、释放讯息、争取最大的支持和利益?

四、如何知情与揣摩

如何搜集资讯，了解实情，揣摩双方形势、需求、谋略、底线？

《捭阖篇》说："审定有无，与其虚实，随其嗜欲以见其志意。微排其所言而捭反之，以求其实，贵得其指。阖而捭之，以求其利。或开而示之，或阖而闭之。开而示之者，同其情也。阖而闭之者，异其诚也。"

现代资讯流通迅速，对方的言论可以透过传播媒介迅速取得。不论对方是否针对议题发言，我方均可从对方的新闻谈话中获得许多资讯，作为了解对方立场的参考。如有不明，我方也可以透过新闻谈话，予以赞同或反驳，促使对方再作说明。这就是"随其嗜欲以见其志意。微排其所言而捭反之，以求其实"。

对方如果找个借口拒绝谈判，原因很多。可能是对方在制造压力，可能是措手不及，也可能是对方内部发生问题，或者是对方在争取更好的条件。

谈判要有耐心，拒绝谈判是"兵家常事"，不必介意，耐心地磨，继续试探，自然可以发现对方拒谈的真正原因。其实，不谈判，也是一种谈判。

《捭阖篇》说："捭阖之道，以阴阳试之。"文攻武吓，即是以阴阳试之，因为"文攻武吓"是威胁对方如不接受我方条件，就会天诛地灭，不得超生。如果对方害怕，就会提出让步的条件或跪地求饶。如果对方不怕，可改为诱之以利，许诺一些可实现或不见得会实现的条件，来了解对方的反应。能够坚持"富贵不能淫，威武不能屈，贫贱不能移"的人，其实还是很多的。

现代国家的说服谈判，都是高手过招，双方都是杰出人物在斗智，一般民众不了解内情，可能会看得眼花缭乱。当双方在斗"志"不谈判时，可能有些民众会催促政府赶快谈判，于是，政府顺应民意，借新闻谈话放出我方主张尽速恢复谈判的讯息。对方如果仍然沉迷在"文攻武吓"，民众就会怪罪对方了。

"文攻武吓"也是一种反应，可能有好多原因。或许是对方决策机制僵硬，一时无法推出新的反应；也许是对方坚持用威胁的方式来制造谈判的压力，企图"以战逼和"；也许是在试看，看另一方会不会提出更好的条件。这种未谈判先喊话的阶段，说穿了是在了解对方的需求与立场，也是一种正式谈判前的非正式高空谈判。《反应篇》说："故善反听者，乃变鬼神以得其情。"有时候是"欲闻其声，反默；欲张，反敛；欲高，反下；欲取，反与"。

要并吞对方，有时候反而可能会先给对方一些好处。例如，答应一些很好的条件,但却可能在协议条文中留下伏笔,作为日后翻脸不认账的借口。鬼谷子不是教你要诈,而是希望你小心防范,不要被坑。

对方要拉你上谈判桌,先承诺把主要争议搁置不谈,等到你上了谈判桌,然后伺机或制造借口,推翻先前的共识。如果此计得逞,可以得寸进尺;如果不得逞,也没损失。

不过,这要看对方的实力和谈判习惯如何,不可贸然运用。如果对方很强大、很火爆、很精明,此招还是少用为妙。否则,对方也会有奇计反弹,来个顺水推舟,将计就计,"逃之夭夭",或提出"战国七雄论""吴蜀魏三国论",那可得再费口舌,重新布局了。

《捭阖篇》说:"以阳动者,德相生也。以阴静者,形相成也。"其实,最好的方法还是"攻心为上",以诚感动对方。这就是鬼谷子所说的"圣人所贵道,微妙者诚,以其可以转危为安,救亡使存也"(《中经》)。

谈判前,为什么要这么麻烦?还要大费力气地"脸红脖子粗"?因为要"捭阖以见其情,反听以见其实"。除了要搜集对方立场、反应、底线等资讯外,也在寻找下手插针之处。《抵巇篇》说:"自天地之合离终始,必有巇隙,不可不察也。察之以捭阖。能用此道,圣人也。"

五、抵巇是寻找弱点,见缝插针

谈判前,是察看地形、观天象、沙盘推演、运筹帷幄的阶段,要寻找对方的弱点,找出可以讨价还价的地方和杀价的办法。天地都有裂隙了,何况是凡人的俗事?如果你已经看出对方的弱点,请你暂时不要说出来。

正式的谈判好比大戏上演,在众人面前照着剧本唱,可能会稍微修改词句,但不太可能有太大的让步,除非政策已经确定。第一回合多数是各自表达立场,差距可能很大。然后各自班师回国,再去邀集圣贤之士修改剧本,有时候应变策略会多于"十八套剧本"。

接下来的攻防战你来我往,压力很大,能智取就智取,能少让就少让。有时候要提高价码,以对方的利益为讨论主题,人为鱼肉,我来操刀。要有"你的就是我的,我的还是我的"的观念,杀到最后,故意让一大步,还是回到原点,却要故意对记者说已经让步很多了,对方却不让步,得了便宜还要卖乖。

谈判可能是漫长的过程,也可能一翻两瞪眼,一言不合,谈判破裂,鸣金收兵。

六、顺势而为与逆势操作

谈判是双方计谋的比较,斗智斗计又斗体力。《谋篇》说:"计谋之用,公不如私,私不如结。结,比而无隙者也。"这就是为什么谈判代表白天忙着在谈判桌上争锋斗嘴,晚上还要对记者"吹风"作新闻简报,还要设宴和对方谈判代表"煮酒论英雄",有时候要设法把对方灌醉,因为对方都不必自己开车,喝醉了回去好睡觉。自己要保持清醒,回到旅馆后还要继续研拟谈判对策,还要向记者作简报,大批记者等着挖新闻呢。

谈判的得失成败,应以对国家、人民的利害为衡量。为了更长远的利益,有时候不得不牺牲一点目前的利益,但应争取在其他方面获得弥补。如果牵涉到国家主权或大多数人民的利益,那就必须很小心处理了。

不谈判,现存利益虽不会立即损失,但是,形势的转变与时间的拖延,是否会对我方产生不利的变化,却必须详加考虑。时机如不对,也不必勉强,等到时机成熟,自然会有变化。《本经阴符七术》说:"损兑者,机危之决也。事有适然,物有成败,机危之动,不可不察。"

当形势转变,顺之有利、逆之有害时,谈判者也应注意民意及形势的改变,配合决策,拟订谈判策略。能够转危为安者,是为上策。导致转安为危者,是为下策。

形势是可以导引转化的。顺势导引比较容易,逆势操作比较难。古时候善于运用智慧者,常能顺水推舟,转变形势,好比在高山上打开堤防,让大水俯冲而下,转动山谷中原先无法移动的大石,经此大水俯冲,不得不动,这是形势造成的。水力发电即是这种原理的运用。

善于谈判者,也会运用他人的力量来创造形势,迫使对方不得不接受谈判的条件。而善于反制者,也会运用民意与外力,来反制谈判,争取最有利于我方的条件。这就是《谋篇》所说的:"事贵制人,不贵见制于人。制人者,握权也。见制于人者,制命也。"善于谈判者,不可不争夺主控权。

第四章　鬼谷子经世治国的策略

　　《鬼谷子》全书十五篇,其中《符言篇》是针对主政者而提出的经世治国箴言,其他的政治思想,则散布各篇。《中经》是谈论主政者如何争取民心。《本经阴符七术》谈的是主政者个人的修养之道。

一、主政者的箴言

　　《符言篇》列述九则箴言,中心思想与儒家的政治主张类似,从主政、主明、主德、主赏、主问、主因、主周、主恭、主名九个角度来说明经世治国之道。
　　1.主政贵静
　　鬼谷子认为,治国应以安民为先,天下安定,民心稳定,人民不受政府苛政的干扰,自然能够专心发展事业,民富国富,民强国强,天下自然太平。对外政策以睦邻为原则,如有他国对我挑衅、造成威胁,也应诚意化解,不为对方的挑战所动,只是暗中防备,充实力量,运用外交,静待对方转变或瓦解。对文攻武吓不予回应,避免直接冲突,是让对方尽量使坏,使各国诸侯都看清楚对方霸道所带来的威胁,自然就会引起反制了。
　　《论语·公冶长篇》记载,孔子称赞子产:"有君子之道四焉! 其行己也恭,其事上也敬,其养民也惠,其使民也义。"使民以义,即是不扰民,就是主政以静。
　　2.兼听则明
　　主政者必须目明、耳聪、心智,不为部属所蒙蔽。以天下人的耳目作为主政者的耳目,则民意反应最真实。所以,古代人民可以向君王进言,主政者也会派人搜集民意。现代传播工具发达,民意的表达非常方便。如果主政者不能以天下人的利益来考量,决策就会有偏失。舆论代表各方利益和各方看法,主政者必须参酌比较,多方思考。在传播制度受到限制的地方,主政者更必须设法了解民意反应,不宜被近臣蒙蔽,天灾虽然是大自然变化的正常现象,为政者也不能忽视天灾对施政得失的心理影响。
　　所以,鬼谷子说:"以天下之目视者,则无不见;以天下之耳听者,则无不闻;以天下之心思虑者,则无不知。"
　　3.积德修政

自古忠贞贤能之士,均力劝主政者修身、诚心,以正道实施仁政、德政,自然政治清明,近悦远来。

积德是以宽容的心,包容各种意见,以大公无私的态度接纳雅言忠告。唐太宗的"贞观之治",是历史上德政的典范。

主政者不必全力排拒异议,民主政治的特色,就是各种不同的意见可以并陈,以供主政者多方思考,择优办理。

《符言篇》论主德所提到的原则,和姜太公告诉周文王的道理相同,可推断《符言篇》的立论来源应与《太公六韬·大礼篇》有关。

4.赏罚分明

主政者要有诚信公正的言行。奖赏部属以诚信为原则,刑罚则必须公正无私。赏罚都要做到正确无偏,才能取信于天下。

民主政治的司法制度以独立行使职权为原则,目的在避免政治干扰,确保公正执法。主政者在施政时的赏罚,也要诚信公正。

赏罚分明与《中经篇》所说的争取人心,并无相悖。《中经篇》提到的"却言",是诚心防止部属亲信有严重失言,防范在先。争取人心的方法就是施恩、积德。赏罚分明不是苛政式的锱铢必较、滥赏滥罚。

《论语》说,"宽则得众,信则民任焉。敏则有功,公则说(悦)"(《尧曰篇》)。这也就是鬼谷子说的"用赏贵信,用刑贵正"。

5.敬慎天道

主政者要注意什么?"一曰天之,二曰地之,三曰人之。四方上下,左右前后,荧惑之处安在。"

鬼谷子认为,主政者要关心天时、地利、人和,还要关心灾难之星在何处。

古时候主政者要顺着天时行事,春耕、夏长、秋收、冬藏,使民以时。如有天候异常,干旱或雨水过多,主政者必须修德去感动天地,以求恢复正常。(其实也是要感动人民,以求天下安定。)

今天民智已开,祈雨等动作看起来不太科学,有人祈雨也无妨。"人工造雨"或可说是"祈雨"的进一步科学化行动,造成了当然好,造雨不成大家也没话说。地震成灾,主政者也必须立即行动,救灾与重建并行,以虔敬之心处理灾变,将损害减低到最小的程度。民众会分辨主政者是否真心诚意在做事。敬慎民意就是敬慎天道,诚心诚意,政通人和。

荧惑,是火星的别名,主灾难。主政者关心荧惑之星在哪里,就表示主政者诚敬地在处理防备灾难。虽然荧惑之星或天灾预测,不见得真的会指示灾难所在,不过,却能促使主政者提高警觉,预先做好防止灾难发生的工作,例如,检查是否有危险教室,公共使用的大厦是否符合安全规定,地质变化是否可能造成灾害等。

古代的说法必有其时代背景,要用今天的角度去解读,不宜一概斥之为迷信。现代地震的事前观测研究有其科学根据,"百年大地震"的传说已经流传很久了,事前的灾难防范,或可使灾害减低到最小,主政者必须多多关心。

6.因势循理

主政者应注意各级官员执政的善恶,"为善者,君与之赏;为非者,君与之罚"。

各级官员处理政事的好坏,会牵动民心的向背,尤其是在民主社会,任何一位官员的严重过失或无意的疏失,都可能引起民怨,不可不慎。主政者必须随时考察,审慎因应,公正处理。因循民意,以大多数人民的利益为重,兼顾少数人的利益,是民主政治的精神。施政获得多数人民的支持,政权自然稳固,传之久远。

姜太公对周文王说:"凡用赏者贵信,用罚者贵必。赏信罚必于耳目之所闻见,则不闻见者莫不阴化矣。夫诚畅于天地,通于神明,而况于人乎?"(《太公六韬·赏罚篇》)

7.凡事周密

主政者思虑要周密.做事也要周密,否则必有疏失,导致民怨。

鬼谷子显然相当重视民意。古代士大夫与民众接触最多,最了解民间疾苦。士大夫如不对主政者反映真正的民情,而主政者又无其他通路可了解民意,则必受蒙蔽,施政也会有偏失。所以儒家孔孟学说均强调民意的重要。

《符言篇》论主周:"人主不可不周。人主不周,则群臣生乱,家于其无常也。内外不通,安知所开。开必不善,不见原也。"意见不能流通,则不知民怨。施政判断不正确,乃是未见民意的趋向。主政者不可不兼顾臣民的意见,一旦思虑不周,可能导致天下大乱。防民之口,甚于防川。只可疏导,不可围堵。舆论媒体受管制的地方,主政者尤应注意了解真实民意。

《阴符经》说:"天发杀机,龙蛇起陆。人发杀机,天地反覆。"宜三思。

8.恭敬治理

主政者必须审慎治理,恭敬执政。如果没有诚挚之心,必将荒废国事,大权旁落,受人操控。

恭敬治国的原则在充分了解民情,了解真实情况,洞悉善恶,公正清明。

民主政治虽然倾向于分层负责,主政者仍应张大眼睛,拉长耳朵,经常与民众接触。听取民意,但不随口答应,要慎重研究后才正式做决策。不受奸邪势力的操控,施政才能公正无私。这就是鬼谷子说的:"一曰长目,二曰飞耳,三曰树明。明知千里之外,隐微之中,是谓洞天下奸,莫不暗变。"(《符言篇》)

民众有急难,国家有重大天灾,都要迅速处理。《中经篇》所说的"振穷趋急",是主政者的责任,也是争取民心的机会。但是,要顾虑到灾民的感受,使他们感恩,而不是引起灾民的反感。部属一时的失言,引起民怨,责任会归咎于主政者。

9.名实相符

主政者认真做事,爱护民众,民意自然会有相对的回应。

民主社会施政也要兼顾文宣,目的是让民众知道政府做了什么事,摊开在阳光下,让民众来评论施政得失。民意调查是了解民众对施政满意程度的方式之一,舆论批评和民众直接表达意见,都是现代社会了解民意的方法。

选举是施政的检验。名实相符,确实认真施政,照顾民众的主政者,必受民众爱戴。

这也就是鬼谷子说的:"循名而为实,安而完。名实相生,反相为情。故曰:名当则生于实,实生于理,理生于名实之德,德生于和,和生于当。"(《符言篇》)

二、施政决策的策略

1.揣情量权,知己知彼

鬼谷子说:"古之善用天下者,必量天下之权,而揣诸侯之情。量权不审,不知强弱轻重之称。揣情不审,不知隐匿变化之动静。"(《揣篇》)

主政者要有国际观,要了解各国的国情和天下大势。量权应了解些什么?举凡国家领土大小、人民多少、谋士多寡、国家财富多少、人民富裕情形如何、地形险要或平坦、国家发展策略战略谁好谁差、主政者与内阁官员的亲疏关系如何、阁员能力贤或不肖、谋士智囊团的智慧能力如何、天时祸福对谁有利、诸侯或各国之间的邦交情况如何、百姓支持的程度如何,都要了解。

古时候天下情势已经错综复杂了,今天国际关系更是息息相关、瞬息万变。

政府分工细密,学术专业各有所长,施政者必须获得专业人士的支持与建议,才能做出正确的决策。

《鬼谷子》全书从《捭阖篇》到《中经篇》,都可供现代执政者参考。从搜集资讯,了解实情、趋向、双方优劣点,揣摩量权到提出策略、战略,做决策,都有一贯的理论可供采择,读者不妨细细钻研。

揣情量权、知己知彼的原则在捭阖、反应、内揵、飞箝、揣、摩、权。了解他我实力实情,将有助于断定虚实心意,拟定对策。

2.提出计划

鬼谷子说:"凡谋有道,必得其所因,以求其情;审得其情,乃立三仪。三仪者,曰上、曰中、曰下,参以立焉,以生奇。"(《谋篇》)

提出计划谋略以前,要先了解事情的原因、来龙去脉和有关的情况。然后根据原因、实力、情况,拟订上策、中策、下策三个计划,分析其利弊得失。照道理说,上策就是最有利的策略,但有时候为了某种考虑,决策者对利弊得失的看法,会与建言者所想的不一样,所以选择的策略也会不同。部属或智囊团的责任在分析利弊得失,从大多数人的利益去考量,并提出三种可行的策略计划,以供决策。

如果决策者不采行上策,建言者是否要据理力争?这得看决策者的智慧能力、考量重点,以及对建言者的信任程度如何而定。比干对纣王的忠谏,绝对是出于忠君爱民的一片赤忱,可惜纣王沉迷于酒色逸乐,不听劝谏,反而杀害忠良。因为比干的建议不符合纣王的心意。韩信征服齐地之后,要求刘邦封他为"假齐王",刘邦大怒,韩信岂可要求册立为王?正要发作,张良立刻踢了刘邦一脚,刘邦会意。张良考量的是先利用韩信稳住齐地,将来可以前后夹攻项羽。因为刘邦雄才大略,对张良的建议也能接受,所以假戏真做,封韩信为"真齐王"。环境时机不同,主公的个性智慧不同,决策的考量也不同,建言者的下场也不同。

现代主政者的教育程度较高,行政官员签拟的计划,大多会拟出最可行的方案,长官如不同意,可重新再拟。重大计划则会提出多项方案,分析利弊得失,以供长官决策时参考。

3.决策原则

决策的原则,当然是以利为主,儒家则强调义重于利。不过,天下大事很难有百利而无一害,祸福相倚,有利有弊,必须权衡的是:利大于弊,或弊大于利。

·鬼谷子考·

图文珍藏版

鬼谷子说:"王公大人之事也,危而美名者,可则决之;不用费力而易成者,可则决之;用力犯勤苦,然不得已而为之者,可则决之;去患者,可则决之:从福者,可则决之。"(《决篇》)

归纳鬼谷子的五项"可则决之"原则,包括去患、从福、易成、不得不及略有危险。现代的国家大事,千头万绪,举凡内政、外交、国防、经济、财政、教育、环保、卫生、交通等等,动辄与国家人民的利害息息相关,稍一不慎。即可能造成难以估计的损害。因此,决策的原则应该考虑:

(1)是否对人民有利? 如何避免对人民的权益造成困扰或损害?

(2)对国家有利或有害? 如何避凶趋吉?

(3)国家利益与人民利益是否相冲突? 以哪一种利益为优先考量? 两者能否得兼?

(4)利与义何者优先考量? 可否兼得?

(5)利大于弊? 或弊大于利?

(6)长远之利? 或先利后弊、先弊后利?

(7)对执政的考量如何? 是否以国家人民的利益为主要考量? 还是以义为考量,不惜放弃执政的机会或地位? 或者是放手一搏,不论得失、不管一切?

(8)能否避免摊牌? 能否拖延待决,等候最好的时机再作决定?

(9)能否转圆,以和为贵,获得双赢?

(10)必也正名乎? 名称比事实重要吗? 有可能正名吗? 可否重实质而暂不计较名义?

民主政治考虑的是以民为主,民心就是选票。得民心者得天下。尚未实施民选制度的地方,贤明的主政者所考虑必定也是人民与国家的利益吧。民心安定,国家才能稳定发展,得民心才能得天下。雄才大略之士,鼓动风潮,也是要争取民意支持,才能取得政权。但是,如果不知节制,而将人民带向战争的旋涡,最后必遭人民唾弃。

第五章　鬼谷子的兵学策略

鬼谷子虽然没有明言应如何拟订兵学战略或国家发展战略,但是,从《鬼谷子》全书十五篇中,可以归纳出四项大战略:

(一)和平立国

（二）维持均势

（三）稳定发展

（四）顺势强国

在战术方面,则可归纳出下列六项原则:

（一）自立自强

（二）巩固国防

（三）攻心为上

（四）避免决战

（五）待机而动

（六）趋吉避凶

以下将从大战略与战术的角度来分析国家发展策略:

一、大战略

大战略是国家发展的最高原则,所有的国防、外交、内政、经济、文化等发展方向,均应在此最高原则下密切配合,同步发展。

任何国家的发展,都是由小而大,从稳定中求发展,最后趁机强大,持盈保泰。国家发展四大战略依序是:

1.和平立国

鬼谷子说:"主事日成而人不知,主兵日胜而人不畏。"(《摩篇》)

《符言篇》说:"安徐正静,其被节先肉。善与而不静,虚心平意以待倾损。"

安徐正静,是主政者以安民、渐进、公正为治国原则,力求天下太平,使人民能在安定的环境中发展事业,获得繁荣。如果以和平的态度善待他国,却仍然未获善意回应,主政者必须以和平为念,以人民为念,运用善意的外交去转圆,运用和平的方法去处理,等待对方改变政策,和平相处。

国家发展之道,不宜使他国感受到威胁。国家富强如对区域和平有利,可以带动邻国追求共同的利益,则这种强大富足是他国所欢迎的。如果国家强盛之后,成为他国生存的威胁,必将遭到抵制。

姜太公在渭水之滨,初次与周文王见面,轻描淡写地说:"曼曼绵绵,其聚必散。嘿嘿昧昧,其光必远。"(《太公六韬·文师篇》)

外表茂盛蓬勃,四处攻城掠地,其实很容易府库空虚,烟消云散。默默耕耘,不动声色地发展,他们的亮光总是会日久天长。周文王体会了姜太公的策略,悄悄地在周原发展,不与商纣起冲突,等到三分天下有其二了,还没有发动攻势。最后选择了最有把握的时机,才在天下诸侯拥戴下,一战成功。得民心者,必得天下。

姜太公辅佐周文王、周武王完成推翻殷商王朝,统一天下,并奠定了周朝立国八百年的基础,确实做到了《太公六韬》的战略原则,也就是鬼谷子所说的:"主事日成而人不知,主兵日胜而人不畏也。"(《摩篇》)

主事日成,就是积德,人民安居乐业,没有感到任何动荡与不安,在不知不觉中人民获得了好处。主兵日胜,是稳健地和平发展,不争不战而胜,人民在心悦诚服中归顺,不觉得有战争的威胁。这就是和平立国的大战略。

2.维持均势

强国运用国际均势以维护本身的强国地位,并用以防止其他强国扩大势力范围。弱国也运用国际均势以保护自己,以免被强国并吞,甚至趁机兴起,扩展力量。这是古今中外不变的生存法则。

春秋五霸,运用本国的强盛力量,号令诸侯,协助周天子安定天下。战国七雄互相结盟,对抗威胁,六国合纵抗秦与连横事秦,就是维持均势的运用。

当17世纪欧洲仍然受制于神圣罗马帝国哈布斯王朝的统治时,法国黎塞留枢机主教(Cardinal de Richelieu)开始运用分化和战争的方式,使神圣罗马帝国陷入三十年宗教战争。当参战国打得精疲力竭时,法国才宣布参战,从中获利,扩大势力范围。在1648年战争结束时,中欧已残破不堪,法国却趁势兴起。

黎塞留的国家至上和均势原则,此后成为法国的外交政策,并将普鲁士的日耳曼的统一运动延后达两百年。(请参考基辛格著《大外交》)

普鲁士的"铁血宰相"俾斯麦(Otto von Bismarck)则利用战争与均势原则,争取到英国与俄罗斯的支持,在1863年利用丹麦宣布兼并邻近两个公国希勒维格、霍尔斯坦(Shleswig-Holstein)的机会,先拉拢奥地利一起对丹麦宣战,提高了普鲁士的地位。接着,在1866年,俾斯麦宣称支持法国占领比利时,诱使法国对普鲁士的发展保持中立后,乃借机发动普奥战争,速战速决。战胜奥国后,俾斯麦以宽大的和解取得奥国的感激,作为日后普奥合作的基础。普奥战争之后,普鲁士成为美因河以北的北日耳曼邦联盟主。

俾斯麦的第三步是在1870年利用西班牙王位继承事件激怒法国,诱使法国走向战争。这时欧洲国家在俾斯麦的外交运作下,都已采取不干涉的态度。

普鲁士也在日耳曼诸邦的协助之下，迅速获得决定性的胜利。1871年1月18日，在法国巴黎凡尔赛宫，普鲁士正式宣布德国统一。（请参考钮先钟著《西方战略思想史》）

日耳曼诸邦的统一，是普鲁士结合日耳曼诸邦的意愿与力量，共同击退外来的阻力，运用均势外交和战争的两手策略来达成的。德国在第二次世界大战后，被战胜国分裂为东德与西德。历经45年之后，于1990年底完成第二次的统一。

国际均势促成了德国的分裂与统一。俾斯麦和西德总理科尔（Helmut Kohl），都善于运用外交和民意，以宽大的外交手腕结合了国内外的力量，而不是以武力威胁自己的同胞，这是俾斯麦和科尔成功的原因。秦始皇运用威胁利诱和武力，虽然勉强统一天下，然而，不到十五年（公元前221—前207年），天下已沸腾，秦王朝崩溃了。

基辛格说："均势体系不能避免危机或战争。但如能妥善安排，其作用可使一国宰制他国的能力及发生冲突的规模受到限制。它所追求的是稳定、缓和多于和平。"（基辛格《大外交》，上册第七页）

鬼谷子说："古之善背向者，乃协四海，包诸侯忤合之地而化转之，然后求合。"（《忤合篇》）。先求均势外交，然后寻求化转结合，是鬼谷子的战略原则。

3.稳定发展

小国致力发展成中等强国，或中等强国致力发展为一等强国，均以稳定发展为原则，切勿引起强国的忌讳或干预，更不宜对他国产生明显的威胁，否则必定失败。

日耳曼诸邦在俾斯麦的外交均势与战争两手策略并用下，完成了统一。但是，统一后的德国，在俾斯麦的主导下，却成为维护欧洲和平的主要力量。从1871年德国统一起，到1890年俾斯麦下台，德国以强大实力为后盾，化解欧洲的冲突与危机，维护欧洲和平达20年。虽然俾斯麦的目的在使德国稳定成长，运用均势换取和平发展的环境，但是，对欧洲和平却有重大的贡献。

结盟是为了寻求集体安全。但是，势均力敌的两极集体安全体系，也可能在有意或失误的情况下擦枪走火，引发集体战争。俾斯麦组成德奥意同盟，罗马尼亚和塞尔维亚也曾加入。但为了平衡，他又促成了英奥意组成地中海同盟，以防止法国并吞摩洛哥，扩张势力。

然而，机运是会改变的。德皇威廉一世去世后，他的29岁的孙子继位为威廉二世。新任的主政者和俾斯麦因政策冲突,导致俾斯麦于1890年3月被免职,威廉二世亲掌外交政策,致力扩张,对邻国产生威胁,在欧洲引发两极对抗。紧绷的情势终于在塞尔维亚人刺杀奥地利王子斐迪南之后,爆发了第一次世界大战,德国和奥匈帝国战败了。

由此可见,稳定而不产生威胁的发展,是国家生存发展的大战略。鬼谷子说:"先王之道,阴。言有之曰:天地之化,在高与深。圣人之制道,在隐与匿。"(《谋篇》)

主事日成而人不知,主兵日胜而人不畏,就是稳定发展的策略。

4.顺势强国

国家富强,是经由努力经营、累积国本、强化国力,逐步由小而大地发展起来的。

罗马帝国是从台伯河边的小城发展起来的。法国,是从巴黎塞纳河当中的西堤岛沿着左岸发展的。美国,是东部十三州组成邦联,打败英国后逐步扩展而来的。

周朝统治天下数百年,当初不过是陕西周原岐山附近的一个部族。周文王一度被纣王拘禁,靠着臣服的策略和进献美女以示无异心而得脱难。此后,周文王接受姜太公的策略,稳定发展,顺势扩张,发展成为陕西地方的强权,并争取到大多数诸侯的支持才一战推翻殷商,建立周王朝。

秦帝国最初也发迹于陕西,不与诸侯来往。秦穆公虽已称雄,但未当诸侯盟主。自秦穆公十八传至秦孝公变法图强,逐渐参与春秋战国时代的争霸,成为战国七雄之一。再历经将近一百五十年的经营发展,秦始皇才于公元前221年一统天下。

战乱时代,各国追求的是生存与发展。国际间扶持某国,必定是出于战略均势的考量,主政者应把握机会顺势而行。18世纪时,法国企图独霸欧洲,因此,英俄等国支持普鲁士逐步完成德国统一。统一后的德国,在俾斯麦主导外交下,尽力维护欧洲的和平,使英法俄奥均未感受到德国的立即威胁。然而,威廉二世主政下的德国,却逐步走向独霸欧洲的不归路,导致英法俄联盟在第一次世界大战打败德国。战后,希特勒趁机崛起,再度席卷欧洲,引发第二次世界大战,美英俄同盟击败纳粹德国,并且瓜分占领德国,分别成立东德与西德,直到1990年才在国际均势的运作下再度统一。同一个德国,在顺势与逆势的操作下,产生了截然不同的结果。

鬼谷子说:"人君亦有天枢,生养成藏,亦不可干而逆之。逆之者,虽盛必衰。此天道人君之大纲也。"(《持枢篇》)

当天下纷错,上无明主,公侯无道德之时,诸侯相抵,不可胜数。鬼谷子认为:"当此之时,能抵为右。"(《抵巇篇》)

顺势转圆是成事之道。所以,鬼谷子说:"故善损兑者,譬若决水于千仞之堤,转圆石于万仞之溪。而能行此者,形势不得不然也。"(《本经阴符七术》)

二、战术

在大战略的指导原则下,国家发展的战术层次,应力求自立自强、巩固国防、攻心为上、避免决战、待机而动、趋吉避凶。

1.自立自强

自立自强是国家生存发展的必备条件与立国精神。许多国家都是在受到列强欺凌之后,对国际政治的适应法则有了觉悟,因而开始发愤图强、自立自强。西方炮舰打开了日本的门户,激发了明治维新,使日本走上亚洲强国之路。如果日本采取与俾斯麦相同的和平均势政策,或许发展结果会有所不同。

2.巩固国防

国防也是国家生存发展的必备条件。没有国防或国防力量不足,都无法阻止外国的侵略。小国更需要防卫战略的国防实力,用来保护自己,并结合强国,组成集体安全体系,以增强自己的实力,避免遭到攻伐。

3.攻心为上

攻伐的方法有文伐、武伐。姜太公对周文王所提的文伐有十二种,主要是争取对方和己方君臣的心,也就是心战。小国争强之道,必须在完全掌握天下民心动向之后,才可发动武攻。大兵一发,不可收拾,所以必须慎重。《孙子·谋攻篇》说:"故上兵伐谋,其次伐交,其次伐兵。"《鬼谷子·忤合篇》也讨论到向背之道,他说:"古之善背向者,乃协四海,包诸侯忤合之地而化转之,然后求合。"

4.避免决战

避免决战是为了保存实力,等待时机。德国战略家克劳塞维兹(Carl von Clausewitz)的《战争论》(On War)认为,决战和大规模的会战,足以毁灭敌方的军力,才能获得大规模的成功。法国拿破仑时代的战略家约米尼(Antoine

Henri Jomini)的著作《战争艺术概论》(Summary of the Art of War),除了主张在会战中集中兵力击败对方外,还指出战争艺术也包括战略、战术、后勤、工程、外交关系。因此,除非有把握,否则应设法避免决战。

5.待机而动

心战与拖延摊牌的策略,可以为自己争取更多的时间。大国对付小国的决战,目的在速战速决。而小国对付大国之道,则是拖延待变,争取时间,避免决战,等待时机,壮大自己。所以鬼谷子说:"世无可抵,则深隐而待时。时有可抵,则为之谋。可以上合,可以检下,能因能循,为天地守神。"(《抵巇篇》)

6.趋吉避凶

趋吉避凶,人之所欲,国家也是如此。小国更应珍惜已有的成就,避开战争,才能逐步发展,有朝一日,天下有变,机会来临,得民者昌,获民心者得天下。

第六章　鬼谷子的为人处世策略

灵活运用鬼谷子的学说,可当作为人处世的箴言,不论是修身养性、谈恋爱、与人相处,乃至发展事业,都有可观之处。

归纳鬼谷子十五篇的言谈,条列出下列十项原则,作为读者们为人处世、谈情说爱、发展事业的努力方向:

(一)修身养性

(二)善言善昕

(三)精于揣摩

(四)足智多谋

(五)善于决策

(六)争取人心

(七)逐步发展

(八)趋吉避凶

(九)待机而起

(十)攀登高峰

如果读者认为这十项原则还不够明确,那么,以下的说明可以使你获得进一步的了解。

一、修身养性

为人处世要修身养性，好像是老生常谈，有些惹人厌烦。两千多年前孔老夫子等儒家先贤提倡的"正心、诚意、修身、齐家、治国、平天下"一套大道理，不知到了21世纪是否还适用。

现在不妨看看也是两千多年前的纵横学派始祖鬼谷子的另一套修身养性理论：《本经阴符七术》。

《本经阴符七术》指的是：盛神法五龙、养志法灵龟、实意法腾蛇、分威法伏熊、散势法鸷鸟、转圆法猛兽、损兑法灵蓍。

1.养精蓄锐效法神龙

人要有充沛的精力和精神，才能思虑精明。神龙是传说中吉祥富贵的象征，吸纳天地精气，翻云吐雾。鬼谷子不是要大家去变成龙，而是要大家锻炼身心，体会天地运行的道理，养精蓄锐，身手矫健好比一条活龙。有了健康的身体和充沛的精神，才能做人、做事、谈恋爱。

2.培养志气效法灵龟

鬼谷子要大家学习"乌龟"的哪一点？动作慢吞吞？不急不躁？还是效法"龟兔赛跑"的精神？

能够被称为"灵龟"的，必定是历经千年以上的灾难磨炼而还能够生存下来的，才叫"灵龟"，否则只是乌龟。

龟的寿命很长，可以生存几百年，甚至传说可活千年以上。平常很少看见它们怒目相视，拔剑而斗。遇到危机，因为走得慢，所以先把头尾和四肢缩到硬壳里面，任你千呼万唤，大丈夫说不出来就不出来。这样才能避祸长生。

不论立定志向还是培养志气，都必须心平气和，不因外界的诱惑阻挠而改变心志。很多人从小立定志向，终身不改其志。有些人犹豫不知方向，一边求学一边寻找未来的方向。不论是早早立志或迟迟定向，都需要长期的动心忍性，心平气和，追求未来的发展。

谈恋爱也是一样，不必因一时的挫折而翻脸，反而要心平气和地检讨原因，重拟对策。长期奋斗固然好，如果对方无意结连理，则另谋发展也是可行之道。

脾气暴躁最容易误事。没有人愿意长期忍受暴跳如雷的臭脾气。心平气和地说理，是许多成功者的基本条件。所以要去体会"灵龟"的处世之道。中国古代兵法提到"风、林、火、山",其中所谓"山",就是"不动如山",也就是"灵龟"的处世风格。

3.充实意念效法螣蛇

螣蛇是传说中的神蛇,专心一意时可以兴起云雾,遨游苍穹。所以,《荀子·劝学篇》说:"螣蛇无足而飞,梧鼠五技而穷。"

螣蛇

鬼谷子不是要我们学习腾云驾雾,而是要我们思虑集中,广泛思考,寻求各种可能的问题与策略,这样才会思虑周密,意念深远。所以鬼谷子说:"心安静,则神策生。虑深远,则计谋成。"

为人处世最怕的是仓皇失措。有些人心里一紧张,就不知所措。有些人遇到危机,还很镇静,所以能想出化解危机的方法。

谈恋爱也是一样,看到心中向往的白马王子或白雪公主,更要心思安静,思虑集中地想出一些恰当的话来说,才能表现出色,赢得芳心关爱。

心术纯正,则态度自然,思虑周密。心术歪邪,则会表现出言辞闪烁,态度仓皇,这是心理的自然反应。与人接触,要注意观察对方的举止言行,推测其心术是否纯正,以免遇人不淑,赔了夫人又折兵。

要训练观察能力,本身要先培养心闲气定、意念专注的功夫。这也就是《大学》所说的、梁山伯祝英台在同窗念书时所唱的:"知止而后有定,定而后能静,静而后能安,安而后能虑,虑而后能得。"

4.奋发威力效法伏熊

荒山野地遇到熊,要如何处理？其实,熊遇到人,也会被人吓一跳,不会马上展开攻击。它也要先观察四周的安危,对方实力如何？是否打得过对方？有无必要去挑战对方？挑战的结果是吉是凶？如果熊认为人有敌意且出击有胜算,熊会若无其事地沉潜观察对方的弱点和破绽,然后出其不意,展开突袭追击。

人也是一样,要观察熊的动静。有的人说遇到熊要装死,据说熊不吃死人。有的说要赶快爬树,因为熊太笨重不爬树。还有人说要拔腿就跑。

其实,人要学熊一样的镇定。人本身要散发出威严,严肃镇静地面对危机,观察对方的动静,不轻易出手,不随便招惹对方,等看出对方的破绽和弱点,才决定应对之策。熊的力量比人大(除非是小熊),人若与熊展开肉搏战,铁定要吃亏。若无足够的攻防力量,最好是"三十六计走为上策",设法悄悄地离开。或者是在对峙下,等候对方离开。

谈恋爱的时候,可得小心了。现代男女多半是看对了眼,才开始往来。有些是网络上认识后才择时见面。初次见面好比遇到熊,要先冷静观察对方,是否合适,是否安全,再考虑对策,可别贸然突袭,否则必难全身而退。如果抱着"与熊共舞"玩玩看的心理,那只有请你"小心珍重"了。

5.散势出击效法鸷鸟

老鹰在天空盘旋,寻找可能擒获的猎物。猪狗都太大了,抓不起来。小鸡小鸭小鱼都可以用脚掌握。看好了目标,等待最有利的时机,从高空俯冲顺势而下,抓住猎物,扬长而去,这是鸷鸟展现威力的做法。

人们在说服活动的时候,要学鸷鸟出击,抓住重点,趁机趁势说服。在争取职位、兼并企业的时候,也是如此。

势,是势力、时势。在最恰当的时机,运用内外形势力量采取行动,就是散势。老鹰的眼睛是锐利有神的,代表身体状况良好。老眼昏花的鸷鸟可能把石头看成小鸡,俯冲下来,撞得满头包。俯冲而下,是择定时机,利用冲力和地心引力,加强自己的力量,以达到擒获猎物的目的。所以,鸷鸟的绝招在精神专注,待机而动,顺势而为。这就是鬼谷子说的:"散势者,神之使也,用之必循间而动。"

谈情说爱也是如此吧。从轻恋、温恋到热恋,从认识、交往、恋爱到紧要关头,都是互相观察调适的阶段。一旦时机成熟,老鹰俯冲而下,跪地求婚,小鸡答应了,当然成就一段良缘。反过来说,如果男生像小鸡,女生像老鹰,也不是没有。这时,小鸡在地上以逸待劳地观察,认为老鹰很壮观,可以长相厮守,变成小鸡抓老鹰,也未尝不是一对"绝配"。主要的关键原则在于观察、待机、趁势。

6.变通转圆效法猛兽

观察山林旷野的猛兽,例如狮狼虎豹,在追逐猎物时,可以长时间地穷追不舍,也可以俯耳屏息,骤然扑上,有时候是追赶跑跳碰,把猎物吓个半死,好像这些野兽都能运用计谋去擒获猎物一样,或进或退,或追或放,运用自如,转圆有方。

所以,鬼谷子说:"转圆者,无穷之计也。"要产生无穷之计谋,必须接受无穷的历练。狮狼虎豹从小在山林旷野与大自然搏斗,知道如何去猎取不同的资源,如何因应不同的危机。转圆成功,可能是福,也可能是祸,必须多方思考,推断祸福,灵活运作,趋吉避凶。

温室里的花卉,在呵护下长大,比较不了解大自然的无情风雨,必须设法增加历练。但是,这种历练并不是要大家去最危险的地方自我挑战应付的能力,而是强调不怕困难,在成长过程中可以坦然接受各种逆境的考验,然后才能体会人生的冷暖无常,磨炼出无穷的应对智慧。

经过考验的爱情更可贵,无风无雨的爱情可能要更小心应对。鬼谷子不是教大家去学做猛兽,而是希望大家学习猛兽变通转圆的功夫,适应环境,增加历练,增长智慧,善于提出对策,化解危机,达成目标。

所以,鬼谷子说:"天地无极,人事无穷,各以成其类。见其计谋,必知其吉凶成败之所终。"

7.吉凶损兑效法灵蓍

人生处世,有变动就有吉凶、祸福、得失。变动不一定来自我方,别人的变动也会关系到我方的得失。人的关系网络互相牵连,因此导致互相影响。这就是"人在家中坐,福从天上来"的道理。

人在面对变动的时候,常常会考虑一个问题:究竟是得还是失?是吉是凶?是祸是福?如果认为有利,就会去做,否则就会停止。可是,如何断定吉凶、得失、祸福呢?这种推断得失的思考过程,要靠细心的观察。下决定的时候,即是"机危之决",也就是"损兑"的判断。

任何事情的演变,都有迹象、脉络可寻。有些人很细心地搜集资讯,观察变化,因此能够及早推断事情演变的可能方向。有些人粗心大意,不太注意周遭环境的演变,因此显得后知后觉。

判定得失的基本原则是:对我方及有关的各方都有利的,属于上策。对他我各方都不利者,属于下策。利他而不利我者,或是利我而不利他者,所谓"鱼与熊掌不可得兼"的情况时,必须仔细思考可能的结果,以及下决策的基本原则。大部分的人都会选择"利我而不利他",其后果如何,请三思。

《易经》的基本观念是"祸福相倚",祸中有福,福中有祸,因为事情会变化。古人在面临变动时,常常占卜以问吉凶。灵蓍是一种多枝节的草,可以用来当作占卜计数用的签枝。灵蓍分算所得出的现象,就是八卦的天、泽、火、雷、风、水、山、地。根据这些大自然的现象，可以推演出人事的变化与吉凶。所以说，损兑法灵蓍。

其实，精通《易经》道理的人，不必占卜，只要根据现象和一些已有的线索，即可推断未来可能的变化。这就是"沙盘推演"。

就业之前，先了解这项工作待遇如何，职位如何，有无发展机会，有无危险性等因素。如果有利，当然可以接受。如果搞不好会身败名裂的事，还是小心为妙。谈恋爱也是一样，先观察对方的个性如何，是否相处得来？容貌是其次，未来的相处与发展潜力，可列为优先考虑，占卜是别人说出你的处境，或替你做决定。自己观察推断才能掌握自己的命运，占卜只能作为下决定的参考。

二、善言善听

人类一切活动的进行，都靠语言或动作（非语言）来表达，这种表达意念的行为称为"传播"。

君臣、师徒、亲子、夫妻、朋友之间，以及各种关系之间意念的沟通，行为的反应，都是传播的结果。如果你听得懂情人一句暗示的话或暗示的表情（不论是有意或无意的暗示），你就可以决定要求婚或放弃或继续交往下去。一言兴邦，一言丧邦。有时候因为误解对方一句话，导致冲突，两败俱伤，这种事例多得不胜枚举。

要怎样讲，怎样听，才是正确的？鬼谷子《捭阖篇》教你运用各种方法去试探对方的真意和实情，是属于"善言"的技巧。《反应篇》教你如何听人家说话，如何去推断话中的真正含意。这是"善听"。

鬼谷子说，捭，是开口，阖，是闭嘴。在谈话中想要了解对方的实力、虚实、真意，可先听他怎么说，顺着他所喜欢的主题谈下去。有时候故意反驳几句，以刺激他说明理由，了解真相。有时候默不作声，促使他继续讲下去。因为他不晓得"默不作声"是表示反对或赞同，势必会继续提出他的看法。如果他也不说话了，可能是没诚意，也可能是以为我方不同意。因此，可以再撩拨几句，导引他再说下去，直到我方已了解对方的意念为止。这就是鬼谷子所说的："审定有无，与其虚实，随其嗜欲，以见其志意。微排其所言而捭反之，以求其实，贵得其指。阖而捭之，以求其利。或开而示之，或阖而闭之。开而示之者，同其情也。阖而闭之者，异其诚也。"（《捭阖篇》）

听言之道,在反复求证,以求了解其真正的意思,作为判断是非、提供决策的参考。

鬼谷子说,别人说话时是动的,我方听言时是静的。以静制动,可以分析对方所言是否合理。言谈中如有不合理或不合我意之处,可反驳或反复求证,对方必有回应。如此一来一往,即可追问出真情实意。这就是鬼谷子说的:"人言者,动也。己默者,静也。因其言,听其辞。言有不合者,反而求之,其应必出。"(《反应篇》)

所以,恋爱中的情侣,也要善于说话,善于听言,不要做出错误的判断,以免情海起波澜,后悔也来不及了。

三、精于揣摩

揣摩就是思考、推论,也就是鬼谷子说的揣情、量权、摩意。

为人处世,要精于揣测实情,了解实际状况,度量自己和对方的实力,考量得失,选择可行的方法。

就业或创业之前,要先揣摩该公司团体的发展前景,该项工作的可能得失、变化,获得这项工作的概率有多大?创业成功的可能性有多少?要用什么方法去争取?有多少人也在做这件事?竞争力有多少?

谈恋爱也是一样,要先揣摩对方的喜好,未来可能的发展如何,双方条件如何,有多少竞争者,目前我方的胜算如何,有无变数等因素,然后根据状况,拟订目标和决策,以争取恋爱成功,走上结婚之路。

揣摩时,要与捭阖互相配合。从谈话及对方的反应中,可以获得很多资讯,作为拟订策略的参考。听对方谈话,可以了解其个性、喜好、厌恶、目标、现状、需求等。仔细观察,可以看出对方的习惯、癖好、毛病等。资讯愈丰富,判断愈正确,所拟对策也愈有效。

臭味相投,物以类聚,是恋爱成功的基本条件。但是,某一特点,也可能发挥特别的影响力,例如才能、美貌、品德或经济状况,均足以扭转乾坤。恋爱中的人,不可妄自菲薄,务必勇往直前,要当仁不让,也要难舍能舍。鬼谷子说:"夫事成必合于数,故曰:道数时相偶者也。"(《摩篇》)真心诚意,就是数,就是基本原则。

四、足智多谋

做人做事,要有足够的智慧,足够的应变能力,才能顺利成功,趋吉避凶。

所谓智慧,不一定要当天才,而是要有判断是非的能力和正确的做人做事方法。

有些人喜欢运用智慧,动脑筋,或者说喜欢斗智。例如生意场中推测利害得失,推断对方的下一招。执法者与犯法者斗智,以消除犯法行为,安定社会。对立的双方要斗智,运用智慧和技巧解决问题,而不是比蛮力。

情场中也要运用智慧。有时候,我方一片真心诚意,对方却周旋于众多的追求者之中,以广交天下之士为乐。这时候,我方必须运用脑筋想一想,要不要继续玩下去?值不值得继续追求?用什么合情合理合法的方法可以独占芳心?精诚所至,金石为开。如果才能出众,性格合适,经济基础稳固,或许会发挥更大的助力。如果已经确定"当选无望",也要保持风度,铭谢赐票。虽然不能成为终身的伴侣,也可以成为好朋友。人生得道多助,多一个朋友会比多一个敌人来得好。

谋,是处理事情的方法,不是教你耍诈,不是要你工于心计害人。谋略用得好,可以使事情获得更大的成功。对待敌对国家和邦交国之间的策略不同,为人处世也是一样。以诚相待是为人处世的基本原则,先立于不败之地,然后运用合适的方法解决问题,人生自然幸福美满。这就是鬼谷子说的:"凡谋有道,必得其所因,以求其情。审得其情,乃立三仪。三仪者,曰上、曰中、曰下,参以立焉,以生奇。"(《谋篇》)

五、善于决策

人们在遇到疑难问题时,都会想办法解决。决定用什么方法解决问题,就是决策。

遇到问题,首先要分析问题形成的原因,可以用什么方法解决,这些方法可能引起的后果是什么?最好的解决方法是什么?

解决问题的原则当然是趋吉避凶。鬼谷子提出了五种下决定的标准:

1.危而美名者,可则决之。

2.不用费力而易成者,可则决之。

3.用力犯勤苦,然不得已而为之者,可则决之。

4.去患者,可则决之。

5.从福者,可则决之。

恋爱中的情侣,在论及婚嫁时,大概内心早已盘算过了,婚嫁之后,如果危而有美名者,可得慎重考虑,如认为无妨,那么,可则决之。婚嫁之事,不用费力已经煮成熟饭了,可则决之。体念对方追得很辛苦,或自己追得很辛苦,双方已经同意了,不能后悔了,可则决之。婚嫁之后,可去除目前的祸患,可则决之。结婚之后,可以幸福美满的,可则决之。

决策原则,切记:趋吉避凶。

六、争取人心

人生在世,百年之躯,追求什么? 富贵? 名利? 健康? 长寿? 还是平凡而快活? 无论如何,都要圆融处世,与世无争,与人和睦相处,获得大多数人的支持。即使是负责纠弹政风的监察御史和司法体系人员,也是要注意公正无私与人心向背。

《鬼谷子·中经》探讨的是心的经营。如何使人心悦诚服,不战而屈人之兵,正是《中经》的主旨。

争取人心的原则,在于使他人感念恩德,为我所用。施德的方式包括振穷趋急,妥善处理离别的人与事,避免说出或阻止别人说出严重伤人的话,诚恳关怀协助他人,使其心存感念。

与人相处,和谐为上。自助人助,因果循环。助人者,有朝一日人亦助之。合理合法地帮别人解决困难,可能也是帮自己解决问题。凡事量力而为,要你帮孟子挟泰山以超北海,当然力有未逮。自己身边没钱,还要筹钱去救助别人,那就要视情况、量力而为了,或许也可以转请别人来协助。这一切善心善念,都应该是合法、合情、合理的,千万不要帮助别人做坏事。

谈恋爱是争取人心的最佳示范。想想当初是怎样赢得伊人芳心的? 是不是相处愉快、互助合作,专挑对方喜欢的事去做,不做让对方生气的事? 说些令人愉快的事,一步一步地得寸进尺,顺势而为,最后赢得信任,赢得美人归。

鬼谷子说:"圣人所贵道,微妙者诚,以其可以转危为安,救亡使存也。"(《中经》)诚,是争取人心的最高原则。

七、逐步发展

鬼谷子说:"故为强者,积于弱也;为直者,积于曲也;有余者,积于不足也;此其道术行也。"(《谋篇》)

强国,是从弱国发展来的。笔直的木头,是经过长时间的矫正而来的。富足有余,是从贫穷不足逐渐累积起来的。

做人处世也是一样,想当总统,必须先历经许多挫折磨炼,吸收许多经验,争取许多民心支持,逐步发展到时机成熟,再参与竞选。

要想创业,也要经过仔细评估,筹募经费,了解市场需求,慎选伙伴,逐步发展,才有成功的一天。

为人处事,也要逐步发展。从启蒙学习、圆融处世、吸收社会经验,爬到事业顶峰,都是一步一脚印,许多小成就累积为大成就。在你看到别人成功的亮丽光环时,也请你想想那是多少失败与泪水的累积?

恋爱成功,也是逐步发展的累积。从初次相逢,开始往来,增加互相认识与了解,到牵起小手,跨出一大步,然后天天相思,互相悬念,最后答应求婚,结成连理,这是多少欢笑和泪水的累积?

一目十行,要靠超强的记忆力。一日千里,要靠喷射机。一飞冲天,要靠火箭。其实,这只是速度的问题,追溯根源,还是一行、一寸、一尺地累积。方法对了,方向对了,逐步发展,达到成功的高峰,"此其道术行也"。

八、趋吉避凶

趋吉避凶,人之常情。进退取与,都是变动。变易则有得失,得失产生吉凶,吉凶导引出另一次的变动,如此循环不已。面对得失,岂能不小心思考、小心处理?

得失的标准是什么? 佛家或智者的看法是:有得必有失,有失必有得。吉中凶已伏,凶中吉已生。祸福相倚,好比阴阳互生,端看你如何妥善处理。

《易经》六十四卦,三百八十四爻,都是谈论吉凶之事。何者为吉,何者为凶,还得因人而异,因事而定,因时而制宜。同样是发财,有人善用钱财,从事利己利他的事,皆大欢喜,万事皆吉。有人不知善用钱财,挥霍一空,损己不利人,万事皆凶。此时如能觉悟,改变方向,改变做法,重新出发,再去正当赚钱求利,利己利人,则将因祸得福,离凶趋吉。爱情也要趋吉避凶,不必争风吃醋,大打出手。

万事顺利,也不必太高兴、太大意。诸事顺利的原因是什么,是自己的真才实学带来的? 还是为人端正诚恳的结果? 如果环境改变,周遭人事改变,是否还会如此顺利? 如何持盈保泰? 还是让它大起大落,冒险犯难在所不惜? 得失不必太计较,得之,我幸;失之,我命。这样的说法好像很没有进取心;其实,只要尽力去做,不必计较得失,心灵才会常保平静。心静,意诚,思虑集中,才能想出好办法,才能有所得。

得失、吉凶、进退、祸福,世事无常。鬼谷子说:"忤合之道,己必自度材能知睿,量长短远近孰不如,乃可以进,乃可以退,乃可以纵,乃可以横。"(《忤合篇》)

九、待机而起

人生在世,充满了各种机会,问题在于你会不会掌握最恰当的时机,去争取这些机会,或者是做最有利的决定,以化解危机,创造新机运。

鬼谷子说:"世无可抵,则深隐而待时;时有可抵,则为之谋。"(《抵巇篇》)

姜太公八十岁才于渭水之滨垂钓之际遇见周文王,交谈之际,抓住这个时机,试探了文王的大志,而文王也测试了姜太公的智慧,两人互相赏识,时有可抵,则为之谋。

诸葛亮隐居隆中,躬耕于南阳,并非饱食终日,而是注意天下大事之发展,一旦刘备三顾茅庐来询问平天下之大计,才有机会提出"三分天下"的战略,从此为国事奔走。

人世间的机遇,稍纵即逝。如果有机会进修而犹豫不决,机会一过去,可能再也追不回来了。有时候在交会互放光亮的一刹那,没有掌握机会,从此各奔东西,有缘变成无缘。

不过,也不必悲观。或许是受苦的人没有悲观的权利,生命平顺的人也没有悲观的权利。古人认为可以等待时机,今人主张创造时机。其实,两者并无冲突。主动求见、主动追求,乃是创造机会;等到最恰当的时机才表达意愿,示爱求婚,乃是待机而决。

只要人事有变化,就会有机会。如何适当地表达意愿,如何坦然面对意愿落空后的情势,需靠智慧。豁达乐观地面对失败,沉潜进修精炼,待机再起。

十、攀登高峰

人生的高峰是什么?位极人臣?竞选总统?富甲天下?事业鼎盛?服务人群?主掌家庭?一户之长?和乐无穷?

起伏是大自然的正常现象,日出日落,潮起潮落,上山下山,上台下台,自古至今,循环不已。有人放弃纽约的高薪,跑到法国南部普罗旺斯的山中去住一年,他的"山居岁月"是得是失?这一段隐居的日子,可能是他人生的高峰。

有人当上总统,企图心太重,继续攀登高峰,引起民意反弹,仓皇去国。当他站在高峰上,面对汹涌的民意浪潮,不知有何感想。

恋爱中的情侣,成功地组织了家庭,生儿育女,快乐无比,期待白头偕老。这是否也算攀登了人生的高峰?

山峦起伏,好比人生。每一次完成心愿,虽然只是走一小步,出一本书,游学充电一段时日,甚至沉潜隐居一年,只要心满意足,只要无害于人,都可说是攀登了人生的一个高峰。一路快乐走下去,起伏涨落到天边,能走多远就走多远,能攀多高就攀多高,该沉潜就沉潜,该下山就下山,乐观豁达,岂不快哉。

凡事要考虑自己的才智能力,攀登高峰也要量力。才能不同,发展方向也不同。从事自己能力所及的事,才会胜任愉快。鬼谷子说:"非至圣达奥,不能御世;非劳心苦思,不能原事;不悉心见情,不能成名;材质不惠,不能用兵;忠实无真,不能知人。故忤合之道,己必自度材能知睿,量长短远近孰不如,乃可以进,乃可以退,乃可以纵,乃可以横。"(《忤合篇》)

度量己力,设定目标,扩充实力,积极进取,迈向人生各阶段的高峰吧!

第三篇　鬼谷子开创的纵横术

第一章　纵横家和纵横术

一、纵横家的演变史

所谓纵横家,也就是从事合纵和连横活动的人。韩非子说"纵者,合众弱以攻强者也;横者,事一强以攻众弱也",即联合弱小的国家抵御强国的进攻则为合纵,而依附一个强国去进攻其他弱小的国家则为连横。

后人以黄帝、姜太公和孔门的子贡为纵横家的先驱,并以鬼谷子为纵横家的鼻祖。

鬼谷子是战国时期的一个隐士,所以几乎很少有人能够知道他的真实姓名,人们只是根据他所隐居的地方是鬼谷,故称他为鬼谷子。

鬼谷子是纵横学说的理论创造者,著有《鬼谷子》一书,讲述的大都是纵横术中的论辩术、决策术和预测术等等,为纵横家们实施纵横术,提供了重要的理论依据。

这是从理论的起源说,若论起纵横家们的来源,《汉书·艺文志》中有一句话可以作为它的概括——"纵横家者流,盖出于行人之官"。

也就是说,纵横家最初是由"行人之官"发展而来的。"行人之官"在周朝时就已经出现,并有"大行人"和"小行人"之分,前者掌周王朝一切外事活动,接应诸侯及四夷进朝,并负责督教各邦交国外交礼仪的官吏,是王朝外事礼仪的总负责人,后者是执掌具体的接待事务的官吏。

到了春秋时期,行人的作用得到了进一步的扩展,他们不但负责接待迎送等职,而且还以出使作为他们的职责,这时的行人有点类似于我们现在的外交官。而那时的行人必须具有"明辩说,善辞令"的特长。

春秋时，晋国的执政赵简子（赵鞅）想攻打卫国，就先派史黯去探察，本来约定为期一个月，结果史黯六个月后才回来。

赵简子问：

"你为什么去了这么久呢？"

史黯说：

"想求利却受害，往往因为观察得不仔细。卫国有蘧伯玉当宰相，好几个贤人辅佐，又有孔子做宾客，子贡在国君面前当差，国君左右有很多贤人，怎么可以袭击呢？"

在这里，子贡在卫国所当的差，可能就是"行人"。从这段记载可以判断，纵横家大多是从接待宾客、出使外交一类的官员中分离出来的。

孔子说："使者啊，使者啊！这是一份难做的差事啊。"意思是说应当因事制宜，权衡处理，因为在接受使命时，不可能也无法教给你全部的辞令。

战国时代诸侯争霸，狼烟四起，可谓热闹极了。齐、楚、燕、韩、赵、魏、秦七雄之间关系错综复杂，军事外交的斗争尤为突出，纵横家们各逞口舌之利，周旋于诸侯之间，各有一套自己的说服口才模式，直到今天仍值得我们借鉴。

战国时期的纵横家的发展，具体可分为三个阶段。

第一阶段：战国七雄确立的初期，各国虽都纷纷称王，但立国尚未稳固，大都忙于巩固内政，而无力外战，各国之间的兼并战争规模还不太大。这一阶段的特点是以众弱联合以攻伐一强的合纵运动为主。

公孙衍和张仪是这一时期的风云人物。公孙衍是合纵说的始倡者。公元前324年，他首先发起魏、韩、赵、燕、中山五国"相王"（互尊为王）组成了第一次联合抗秦的统一阵线，而后又于公元前318年再次发起魏、赵、韩、燕、楚五国合纵，以楚为纵长，向秦发动进攻。在公孙衍合纵的同时，张仪入魏，进行连横活动，策动魏合于秦、韩而攻齐、楚。

合纵活动萌芽于魏惠王为抵御秦的骚扰而发动的逢泽之会，目的是借他国之力以御秦，结果被商鞅施以离间计，挑起齐、楚对魏惠王的讨伐，使合纵御秦失败。连横活动则萌芽于魏惠王策划的"徐州相王"活动，目的是挑动齐、楚的矛盾，借强楚之力来抑制另一强国齐国的发展。

第一次真正意义上的连横活动是张仪入魏，说动魏惠王"合于秦、韩而攻齐、楚"，挑动起关东诸侯间相互的争斗，为秦蚕食六国奠定了基础。第一次真正意义上的合纵活动，是由陈轸说动，公孙衍发起的"五国相王"活动，这是关东诸侯合纵抗秦的开始,但不久合纵攻秦宣告失败。

以后合纵连横活动得到不断的发展,而合纵连横也成为当时影响最大,而又针锋相对的两种策略。

第二阶段:经历一个较长的时期,大国之间的兼并战争日益激烈,纵横家影响也更为巨大。

战国中后期,秦国经过商鞅变法,国力日益强盛,不再甘心居于一隅之地,遂把侵略的矛头指向东方;马陵战后,齐国代替魏国成了中原地区的霸主。

这样,秦、齐都以向中原地区扩张作为自己的主要发展方向,已有的混战局面更为错综复杂。处在东西二强夹击下的韩、赵、魏三国为了图谋自存,联合起来并且北连燕、南接楚,东抗齐或西抗秦,被称为"合纵",也就是"合众弱以攻一强";如果弱国被齐国或秦国拉拢联合,进攻其他弱国,就被称为"连横",就是"事一强以攻众弱"。

这一时期的特点是形成了东西方各以齐秦为核心的两大政治集团对峙的局面,合纵连横的盟主在齐秦的之间变换,双方都企图通过合纵连横运动有效地遏制对方的兼并战争,阻止对方的过分强大。

合纵连横运动适应着各国之间政治、军事、外交及经济形势迅速而复杂的变化,而达到了整个纵横家发展历史中的第一个高潮,其标志一是产生了众多的纵横家代表人物,最为著名的有苏秦、陈轸、楼缓、郭隗、虞卿、甘茂等人;二是纵横家的行为模式基本形成,而其思想与文化的内容也发展成熟,终于确立起独具特色的纵横家思想及学术流派。

第三阶段:战国时期以统一中国为目的的兼并战争已经接近尾声,乐毅破齐,齐国一蹶不振;长平之战,赵国严重削弱,秦国取得了对东方六国的绝对优势,合纵连横政策也就包含了新的含义:即东方六国并力抗秦,称为合纵;秦联合东方某一弱国对付其他弱国称为连横。

这一时期,秦国由于成功地实行了纵横家范雎提出的"远交近攻"为特点的新的连横政策,经过长期的政治和外交攻势,发展成为最大的强国。这个阶段纵横家发展的特点是以秦国纵横家的连横运动为主。这一阶段纵横家的代表人物是范雎、蔡泽与早期的李斯。

在战国时期,国际关系差不多完全是由这群舌辩之士左右的。他们知大局,善揣摩,通辩辞,会机变,全智勇,长谋略,能决断,无所不出,无所不入,无所不可,纵横自如,把战国七雄当作一盘任由他们拨弄的棋,玩弄于股掌之上,可谓"一怒而诸侯惧,安居而天下息"。一群策士能够发动起这样一个规模宏大,有多国参加的运动,真是一个人类文明史上的奇迹,在世界历史上恐怕也是绝无仅有的现象。

公元前221年秦始皇统一中国,结束了战国的兼并斗争,把中国历史推入了统一的中央集权时代,纵横家失去了生存发展的直接基础。秦始皇焚书坑儒,纵横家与其他学派一样,一时间光芒顿失,不过仍然学有传入。

秦末汉初的不稳定局面,为纵横家提供了再展雄风的机遇,战国的养士之风、游说之举和长短纵横之术东山再起,一批专务韬略智谋的新时期纵横家和专研长短纵横之术的著作适时出现。

西汉时出现的《战国策》就是影响深远的一部纵横家宝典,内容是战国纵横家们的成功游说辞、书信及言行录。

《战国策》和《鬼谷子》同是纵横家名著,但后者多为哲学话语和抽象的理论原则,晦涩艰深,而《战国策》是由鲜明的人物和生动的事件组成的无数案例,是实践《鬼谷子》的案例宝库。

由于历史环境的变化,汉代纵横家的主要活动,先是辅弼刘邦君臣灭秦击楚建立西汉王朝,后是或为封王出谋划策,奔走联络,或辅佐中央政府断灭割据隐患和削藩。主要代表人物有陈平、张良、蒯通、郦食其、陆贾、伍被、枚乘、主父偃、羊胜、公孙诡、严助、徐乐、曹王生、邹阳等。

其中郦食其颇有战国策士的余风,陆贾也有某种纵横家的味道,而影响比较大的,在楚汉相争中扮演重要角色的则算是蒯通了。

事实上,对纵横家的批评也一直没断过,比如荀悦曾经批评说:

"世上有'三游',他们都是道德的盗贼。一是游侠,一是游说,一是游行。……善于游说的人讲求谋略,能言善辩,阴险奸诈,他们驰骋天下,以便得到民众的赞赏……他们伤害国家大政,危害道德文明,败坏法律,蛊惑人心,古代的明君就特别警惕这三种人。"

随着西汉经济力量的恢复,汉武帝"罢黜百家,独尊儒术",纵横家走进了历史深处。但这并不意味着它的销声匿迹,而是逐步地向儒家靠拢和渗透。

章太炎在《诸子学略论》中所指出:

"儒家不兼纵横,则不能取富贵。纵横之术,不用于国家,则用于私人。而持书求荐在又其末流。韩愈以儒家得名,亦数数腾言当道,求为援乎,乃知儒与纵横相为表里,犹乎足之相支,毛革之相附也。宋儒稍能自重。降及晚明,何心隐辈又以相术自豪。及满洲而称理学者,无不习裨阖,知避就矣。孔子言达者察言观色,虑以下人;闻者与纵横稍远,而达者与纵横最正。"

也就是说,纵横之术以其独特的魅力,对儒道文化产生着不易为人察觉的影响,使它们的实用理性精神强化,谋略权术含量增大。东汉的冯衍,魏晋的秦密、袁悦,唐代的魏征、李靖和陈子昂,宋代的苏洵、苏轼、陈亮、叶适,明代的王世贞、李赞等,无不是如此。

纵横家是一个流动的、成分复杂的社会群体,其教科书《战国策》突出了游说和计谋,但也流露出对英武之风的崇拜。《战国策》浓墨特书唐且斥秦王、聂政刺韩傀、荆轲刺秦王等都是纵横家对仗义行侠向往的表达。

此后,部分人继承了纵横家的游与侠之风,衍化出纵横家的变种。司马迁在《史记·游侠列传》中独具慧眼地指出游侠与纵横家的联系:

"古之布衣之侠,靡得而闻已。近世延陵、孟尝、春申、平原、信陵之徒,皆因王者亲属,藉于有土卿相之富厚,招天下贤者,显名诸侯,不可谓不贤者矣。"

对于这种关系,班固在《汉书·游侠传》中说得更清楚:

"陵夷至于战国,合纵连横,力政争强。列国公子,魏有信陵,赵有平原,齐有孟尝,楚有春申,皆藉王公之势,竞为游侠,鸡鸣狗盗,无不宾礼。而赵相虞卿弃国捐君,以周穷交魏齐之厄;信陵无忌窃符矫命,戮将夺师,以赴平原之急;皆以取重诸侯,显名天下。"

司马迁和班固说的战国四君子,就是积极的纵横家和各种士人的豢养者。秦汉以后,正史中再也没有纵横家出现,但是他们的思想火花,仍然跳跃其中。

二、纵横家们的理念

与儒、墨、道、法相比,纵横家的现有著述内容主要是游说的技巧,其中对自身理论的架构远没有明晰,其典籍中确实缺少自己的学术观点和思想体系。也许正因如此,有人下断言说:

"纵横家朝秦暮楚,颇能兴风作浪,但是就其学术而言,实在谈不上,远不如兵家。"

大概只有在历史教科书中,才能找到少许有关纵横家活动的记载。这些似乎意味着:纵横家在哲学史上毫无建树,在思想史上没有贡献,如果历史不是要求忠实地记载史实的话,恐怕即使在历史教科书中也找不到纵横家的影子。

但是事实上，纵横家是一个思想观念约束最小的学派，以主体的姿态审视一切，高度自信，高度自尊，认为通过主观努力，能转祸为福，因败为胜，甚至可以战胜一切。在行为上，以主体的姿态投身于社会，英勇进取，精心设计，认真施谋。

郑国有个叫圃泽的地方住着很多贤人，而在东里那个地方有很多才子。

圃泽有一个学者名叫伯丰子，有一次路过东里，被正在讲学的邓析看见。邓析回头对自己的学生们说：

"我要戏弄一下那个人，看看他有什么反应。"

学生们都说：

"我们正想见识一下老师的学问。"

邓析带着学生来到伯丰子面前，说：

"你知道养育和被别人养育的道理吗？被别人养活而不能养活自己，这种人跟猪狗没有什么区别；养育别的动物，为我所用，这才是人的能力。你们这些人，不能养活自己，四处游说，之所以吃得饱，穿得暖，成天游手好闲，是因为当政者豢养的缘故。这又跟猪狗有什么不同呢？"

伯丰子没有理睬他，示意他的一个学生走上前应战。

那学生对邓析说：

"你可曾听说过，齐国和鲁国有不少贤人，有的人擅长土木建筑，有的人善于制作五金皮革，有的人善于演奏乐器，有的人善于读书作文计算，有的人会指挥作战，有的人能和天地鬼神打交道。总之什么样的人才都有，但没有人来指挥和运用他们，指挥者未必有一技之长，但有一技之长的人都为他所用。你刚才所说的当政者就是受我们指挥的。我们通过教育当政者来为天下人并为自己谋取衣食，你却认为这是当政者给我们的恩惠，把我们骂作猪狗，你有脑子没有？"

邓析哑口无言，灰溜溜地带着学生回去了。他这才明白，向惯于游说的人言词挑战，就连他这种擅长词讼的人也根本占不到什么便宜。

从这个故事中可以看出，实用理性精神不是纵横家独有的精神，但是在他们身上表现的最突出。他们不追求理论上的建造，却用冷静理智、现实的态度设计谋略，着力于现实斗争，能在实践中审时度势、随机应变，达到所预计的目的。

在哲学上来看，纵横家立足于变的观点，认为完全能够"转祸而为福，因败而为成功"，并以事物的变化作为策略支撑点。弘辩之士蔡译说：月中则移，月满则亏，物盛则衰，天之常数也；进退、盈缩、变化，圣人之常道也。

一位无名的纵横家曾说：

"祸与福相贯、生与亡为邻，不偏于死。不偏于生，不足以载大名。无所寇艾，不足以横世。"

纵横家是诸子百家中最为入世，对当时的国家政治生活影响最大的一家。他们既是卓越的说客和谋士，又是国家关系的润滑剂。即使以平民寒士之身，仍能跻身于庙堂之中影响众多国家的治国方略。这种能解开诸侯列国国家机器间的死结，让其转动起来的能力，是诸子中极为少见的。

也正因如此，纵横家在战国至秦汉之际乃是一群名声显赫的政治人物。纵横学说也是一门令人瞩目的显学。战国时的苏秦、张仪是纵横家的代表性人物，翻开《史记》就会发现，作者司马迁给纵横家的关注是很多的，给他们的地位是很高的，让他们所占的分量也是很重的。

在给历史人物立传时，司马公除了孔子和他的弟子单独立传外，许多当时比较有影响的人物都是合传的，如老子与韩非子合传，孟子与荀子合传，而纵横家苏秦和张仪却都是单独立传的。

而且就所立传人物的数量而言，除了儒家外，大概就数纵横家多了。

在《史记》中，纵横家的分量大大超过了道家、墨家、法家以及兵家，包罗的人物除了苏秦、张仪外，还有樗里疾、甘茂、范雎、蔡泽、陈轸、鲁仲连、邹阳、主父偃、郦食其、蒯通等等。这表明纵横家直到汉代，仍然是声名赫赫的大家。

纵横家又是时代的推进器，他们将"春秋无义战"的无序纳入或"纵"或"横"有序的轨道，巧妙设谋，不烦寸铁，谈笑解围。历史上一策而转危为安，一语而巧退千军，一计而平定叛乱，数语而定国安邦的例子是很多的。

纵横家的主要现实理念，大概归纳如下：

1. 韬略智谋为万事之本。

鬼谷子则认为：在外交、政治、军事活动中，纵横家高度重视韬略智谋，同时认为传播可以决定和改变事实的真相。语言作为一种传播方式，对事实真相会起到支配、改变甚至颠覆的作用。

因此，纵横家高度重视语言对实现图谋、达成事功的功能。苏秦甚至说：

"明君贤相，总是力求不施攻伐而臣服诸侯，以谦恭辞让获得更多的财货土地。因为明君之于战事，不动刀兵就能战胜敌国，不用武力就可掠夺到土地，别人尚未察觉而王业就可完成。明君之处事,不费财力,而以长期的策划取得永久的利益。……据我所知,战争之道不在军队的多少,即使有百万敌军,也能败之于朝堂之上帷幄之中;即使遭遇阖闾、吴起那样的将帅,也能通过室内的策划擒获他;虽然有千丈的城池,也可以在酒席之间摧毁它;虽然有百尺高的战车,也可以在座卧之时摧折它。所以,丝管之声在朝堂不绝于耳、和着优伶和侏儒欢笑歌舞之时,国土已经扩张,诸侯前来臣服。如此的君王,名号与天地相等不算高贵,政权控制海内也不算巨大。"

2.以说为谋,解决问题。

据《战国策》《战国纵横家书》和《史记》等载,纵横之术不仅是自我推荐,自我实现的最佳手段,而且还是施展胸中韬略的有效形式,进言献谋,外交斡旋,权力争斗,利益攫取等等,都是在游说中完成的。

张仪在楚令尹府中做门客时,有一次参加宴会。但是在宴会结束以后,令尹身上佩带的玉璧不见了。因为张仪贫穷,令尹就让武士捉住张仪审问,打了张仪几百竹板,逼迫张仪承认。但是他坚决不承认。

张仪回到家里,妻子看到他被羞辱的样子就对他说:

"你如果不去读书,游说你那什么学说,在家里好好做普通百姓,怎么会遭到这样的侮辱呢!"

张仪摇了摇头不以为然,他对妻子说:

"你看看我的舌头还在吗?"

妻子回答:"舌头当然还在,不然你怎么吃饭呢。"

张仪说:"舌头在就足够了,我的舌头不是用来吃饭的,是用来建功立业的。"

说是为了谋,但本身也蕴含着说之谋,所以说本身成为纵横家为谋的枢纽。得情钓机,把握时势,因情进说,能言善辩等都是纵横家刻意追求的游说之术。苏秦以连横游说秦,狼狈而归,头悬梁,锥刺股,刻苦钻研《太公阴符》,悟出名为"揣摩"的游说之术,最终成为战国最著名的纵横家之一。

3.至刚易折,政治中的退让、等待、忍耐比勇猛的义无反顾有用得多。

政治就是一门把握可能性的艺术,周易中讲"尺蠖之屈,以求信(伸)也",韬光养晦、以退为进、坚忍的耐力方可成事。

《鬼谷子·谋篇》说:有智慧的人是选择容易取胜而获利大的事去做,没有智慧的人则是选择不容易成功而获利微小的事去做。因此像豫让、荆轲、高渐

·鬼谷子开创的纵横术·

图文珍藏版

离所做的这种以命相拼,而又得不到实质性好处的事,纵横家们是绝对不会做的。

4.谋略与口才相辅相成、互相促成。

谋略是因,口才是果。谋略用来策划、找出解决问题的方法,而口才用来实现策划、通过说服人直接解决问题。没有谋略的口才会变成信口乱说,没有雄辩的谋略也会被束之高阁、因得不到实践而成为水中之月。

5.纵横之术的根本在于对人性的把握上。

在纵横家的长期游说为谋的实践中,形成了谨守秘密,含而不露;创造局面,力争主动;以利益为轴心,相互利用,相互倾轧;度势进退,随机应变,不择手段等行之有效的为谋原则。

其中,对每个人人性中的善恶贪欲要有清晰的衡量和娴熟的引导,说服对方,必须要有一个将自己置换成对方的过程。掌控对方的状况和需求,才能对症下药、以为我用。对待人性,如果良性成分多,就用褒扬的、激励的方式以利益和荣誉使其就范,若人性中恶性成分多,就要靠威胁的、惩罚的方式以恐惧和灾难使他就范。

《战国策·齐策六》记载:燕国攻打齐国,攻占了齐国70余座城池,唯独莒、即墨两城迟迟没有攻破。齐国的大将田单在即墨击破燕军,杀死了燕国的大将骑劫。开始的时候,燕国一位将领率军攻占了齐国的聊城。聊城有人向燕王进谗说那燕将的坏话,燕将担心被杀,就据守聊城,不敢回燕国。齐国田单攻打聊城,攻了一年多,虽然士兵死了很多但城池还是攻不下来。

田单

鲁仲连就写了一封信,系在箭上射进城去,送给燕将。信中写道:

"我听说,聪明的人不违背时势而丢弃利益,勇敢的人不逃避死亡而埋没名声,忠臣不会先顾自己而后顾君主。如今您逞一时之愤,冒着使燕王失却一个大臣的危险作战,这是不忠;自己战死而聊城失守,威名并不能张扬于齐国,这是不勇;功败名灭,后世对您无所称道,这是不智。有此三个短处,现世的君主不会要他做臣子,游士说客不会向世人称道他。"

燕将看了鲁仲连的信之后流了三天的眼泪，犹豫不定，难以自决。想回燕国，却已与燕王有嫌隙，担心被杀；想投降齐国，又担心自己杀虏齐人太多，降后受辱。他长声叹息说："与其让人杀我，不如自杀。"于是自杀而死。

田单收复了聊城。《战国策·齐策六》赞扬鲁仲连说："解齐国之围，救百姓之死，仲连之说也。"鲁仲连的成功，就在于对人性的深刻把握上。

6.为达目的而应该不择手段。

对纵横家来说，为达到目的而不择手段是他们的一个重要特征。纵横家们认为，手段取决于目的，这个目的一定是有利于自己或社会的。

在一般人的思想和行为中，常常把善与恶、是与非作禄尺，思想和行为正确与否，常常受这种善恶、是非观的检验和评判。纵横家们不同，善与恶、是与非常常都是那样的微不足道，他们生活的目的性很强，功利性很强，往往只问目的，而不问手段。

当然，这个不问手段，并不是指他忽略或轻视手段，相反他们比任何其他的流派和人物都注重对手段和技巧的研究，他们的成功，在一定意义上来说，就是依赖于他们的手段和技巧的成熟与否。所以如果手段本身的使用违背了目的，使用手段造成的负效大于目的应产生的效益，那么这个手段是不应该采取的。为那些能带来正当效应的有益目的去不择手段，而且此手段不会凌驾在目的之上，是完全应该的。

7.纵横术本身无善恶，是使用者的动机和目的有卑贱崇高之分。

它是与纵横家们不问手段相联系的，就是他们不问手段的善恶，不问手段的是非。所以，纵横家们是主张王道、霸道或诡道一起并用的。阴谋诡计应用在日常生活，那是卑鄙小人的伎俩，而如果用在国家大事上，那是枭雄谋士的雄才大略。

苏秦认为谋略权术是政治科学，与日常道德断然无涉。谋略并非教人奸诈和邪恶，相反，它正是为了战胜邪恶和侵害、为了保证道义的实现而必须运用的智慧和手段。

8.纵横术是为了获取功名，但其中也显露出纵横家的生命力和存在价值。

纵横家大多来自社会底层，功名利禄对他们有着特殊的诱惑力。苏秦生于平民之家，早年四处游说，"大困而归"，受尽了父母、妻嫂的冷落与难堪；张仪则是没落贵族的后裔，早年也贫困潦倒，曾被人疑为偷玉之人；甘茂出身下蔡民间;虞卿则是穿着草鞋,打着雨伞,去游说赵孝成王的;范难因为贫穷,无法自助,曾做别人随从以度日;蔡泽早年因贫困,而找唐举看相,希望能时来运转,不料反被唐举讪笑了一番;郦食其家境贫穷落魄,只好做个看管城门的小公务员。

可见大多的纵横家都是贫苦出身,但他们又都往往不甘于贫苦,因此,获取功名利禄,以摆脱制约他们的贫穷困苦,是他们人生的一大动力。

苏秦用头悬梁、锥刺股的精神,发誓要获取卿相富贵之位;范雎遭人忌妒,被打得半死,受到被人轮流把小便拉在身上的耻辱,还能忍辱偷生;甘茂遭人陷害,离秦去齐时,甘愿做人仆人,以求东山再起。

这些都足以说明,为着生存,为着向上发展,在他们身上都蕴藏着一股顽强的向上攀升的生命力,帮助他们成就了显赫的功名。苏秦"挂六国相印",张仪贵为秦相和魏相,甘茂、范雎、蔡泽都相继做了秦国的宰相,虞卿见赵王第一面,就得百金赏赐,见第二面就被封为上卿。

纵横家们以辞锋相争,以智谋相夺,"人生世上,势位富贵,盖可忽乎哉"。没有遮蔽道德虚饰的纵横家的这种进取有为的人生观,在现代社会仍然有一定的积极意义。

9.合纵连横,分化敌方、争取同盟的关键手段在于威逼和利诱。

如投其所好、嫁祸陷害、威胁恫吓、利诱欺诈等等都是纵横家们经常使用的伎俩。而其核心则是利与害两个字。

利有久暂之分,害有远近之别。诱之以利,使之惑近利、忘远害而为我所驱;胁之以害,使之避危亡之近祸而就我掌控。以利诱之,实质上是以利害之。在合纵连横反复无常的变化中,败者多败于不能明察事机、丧失同盟而自陷于孤弱;胜者多胜于善于结盟联合、充分利用趋利避害的人性本质而益强。

刘勰在《文心雕龙·论说》中,赞扬纵横家们"一人之辩,重于九鼎之宝;三寸之舌,强于百万雄师"。

而司马迁的《史记》中,对纵横家的长于谋划也有不少盛赞赏激之处。

这些不仅表明古人对纵横家的辩才和心智的推崇和赞誉,而且也说明对基本理念的一种强烈认同。

三、忠诚守信的问题

战国时,楚襄王做太子时,在齐国当人质。楚怀王驾崩,太子向齐王告辞准

备回楚国,齐王不答应,说:

"给我楚国东边的土地500里,你就可以回去;不给,你就别想走。"

太子说:

"我有太傅,请让我去问问他。"

太傅慎子说:

"把东边的土地给齐,是为了你回国继位,如果为了爱地不送死去的父亲,不义,臣认为可以答应献地。"

太子去见齐王说:

"按着您的要求,我敬献500里地。"

于是齐王同意楚太子归去。太子归楚后,即位为王。齐国派兵车50辆来楚索取土地。

楚王问慎子说:

"齐使者来取东地,怎么办呢?"

慎子说:

"君王您明日上朝时,让大家都献计。"

第二天,上柱国子良入见楚王,楚王说:

"我能够返回故国,执掌国家大权,是因为许给了齐国500里土地。如今齐来取土地,怎么办呢?"

子良说:

"您不能不给呀,您是金口玉言,已经答应把边地献给万乘之强的齐国,如果不给就是不讲信用,以后也难以缔约结盟于诸侯。我看,先给他地而后再向他进攻,给地是信,进攻用武也有理由,所以,还是先把地给他。"

子良退出,昭常入见楚王,王问:

"齐使来取东边的500里地,怎么办呢?"

昭常答:

"不能给!万乘之国是因为土地广大才能称为万乘,现在我国去掉东边疆土500里,是等于割掉我国的一半了。这样就只不过有万乘的称号,而连千乘之用都没有了,不行,臣认为不能给地。我请求镇守东边的土地。"

昭常退出。景鲤入见齐王,王问:

"齐使者来取东地500里,你看怎么办呢?"

景鲤说:

"不能给他们。不过,楚也难以独自守住它。大王身为至尊,金口玉言,答应将地给万乘之强齐,如果不给,天下人会说不义。可是楚又无力独守,臣请求西去求救于秦。"

景鲤出,慎子入。楚王把三位大夫的主张都讲给慎子,说:

"子良对我说,不能不献东地,可以先献,后以武力夺回。昭说,不能献地于齐,他请求镇守东地。景鲤说,不能给齐地,但楚无力自守,应求救于秦。你看我用谁的办法呢?"

慎子答:

"大王都可以采用。"

楚王不高兴地说:

"你真是奇怪,都可以采用是什么意思?"

慎子说:

"我并不开玩笑,而是从他们的说法受到启发。你等我说完,就会知道此三计并行是可以的。大王您可以让上柱国子良带车 50 乘向齐献地 500 里。第二天,派昭常去东地镇守,第三日,再派景鲤带 50 乘战车去向秦求救。"

楚土按着他的三计并行之策,派子良到了齐国去献地,暗中吩咐昭常坚守东地。

齐王高高兴兴地派人去接受东地,昭常站在城墙上对来者说:

"我奉命守东地,同东地共死生,我这年龄 60 的五尺男儿,以及 30 多万的楚国士卒,虽然武器装备不好,但愿为守东地而献身。"

使者回报齐王,齐王对子良说:

"大夫您亲自来献地,可是昭常又镇守在那儿不走,这是怎么回事?"

子良按照楚王教给他的话回答说:

"臣亲身受楚君的命令,昭常是假传王命的,请大王进攻东地讨伐昭常吧!"

于是,齐王大举兴兵去讨伐昭常,可是还没有到楚国的疆界,秦国的 50 万大军就到了齐的边界。秦帅右壤说:

"齐阻止楚太子归国,这是不仁;又要攻夺楚国的土地 500 里,这是不义。如果退兵那就罢了,不然,我们也就不客气了。"

齐王听了大为惊恐,就放子良归楚,又向秦派出使者求和,以解除齐的危难。

看上去，这件事情好像是楚国言而无信，但是与其未动一兵一卒，东地仍归属楚国的战果相比，还是值得的。而且因为齐王无理贪求在先，强迫楚国立下城下之盟，因此楚国并没有背上"背信弃义"之名。

人以诚立，为人必须诚实守信，但这是指对信得过的朋友。但是对待信用却要灵活。在纵横家的眼里，信用是做给人看的，是一件用来完成任务的道具而已，用来显示自己的魅力，或者达到特定目的工具。如果在残酷的斗争中遵守不应遵守的诺言，就是因信而自缚。

《鬼谷子》中说："世无常贵，事无常师。圣人常为，无不为；所听，无不听。成于事而合于计谋，与之为主。合于彼而离于此，计谋不两忠。"

这种思想，为纵横游说之士的朝秦暮楚的活动提供了理论根据，开辟了广阔的政治活动舞台。他们一方面是选择有作为的君主，另一方面选择能够接受自己意见的君主。

选择有作为的君主，如商朝开国元勋伊尹与周朝开国元勋吕尚（姜太公）这两个历史范例。伊尹五次投靠夏桀，五次投靠商汤，最后选择了商汤；吕尚三次到商纣王的首都寻找从政机会，三次投靠周文王，最后选择了周文王。

纵横家们不是以忠诚于某个君主为自己的标准，而是主动地挑选君主。后来，人们说："良禽择木而栖，良臣择主而事。"就是接受了这种理论，为才能之士提供了一个相对广阔的"协四海、包诸侯"的活动空间。

对于这一点，纵横家大师苏秦曾经系统地阐述过。

当时，齐国攻伐燕国，夺取了燕国十座城邑。燕王派苏秦出使齐国游说齐王，齐国把十座城邑又归还给燕国。苏秦回到燕国后，国内有人在燕王面前毁谤说：

"苏秦是一个翻云覆雨的卖国贼，反复无常的奸臣，恐怕将来他会作乱。"

燕王于是就开始有意疏远他，不想再重用他了。苏秦揣摩到燕王的心思，恐怕被加罪，主动去见燕王说：

"我本来是东周王城郊外的一个农民，并无半点功劳，可是大王在宗庙之内隆重地授予官职，在朝廷内给予崇高的礼遇。如今我为大王退去齐国的军队，收回十城的国土，建立了大功，本应更加受到信任才对。可是我如今归来，大王却不加官于我，其原因，必然有人用不守信用的罪名在大王面前中伤我。然而，我的不守信用，正是大王的福分啊！

苏秦接着说：

"假使我守信用,就像古代尾生那样,廉洁就像伯夷那样,孝敬父母就像曾参那样,以三个人那样的高洁品行来侍奉大王,你认为可以吗?"

燕王说:

"那当然好啦!"

苏秦说:

"有这样品行的臣子,就不会来侍奉你了。孝敬父母就像曾参一样,抱定不离父母身边才是孝子的道理,连在外面过夜都不肯,你又怎能让他不远千里来侍奉弱小的燕国及其地位并不稳固的国王呢? 廉洁自好就像伯夷那样,为了高义之名,连孤竹国国君的继承人都不愿做,连周武王的臣子都不愿当,甘心饿死在首阳山之下,你又怎能让他步行千里到齐国游说,建功立业来博取功名富贵呢? 守信用就像尾生那样,与女子约会在桥梁下面的柱子旁边,女子未能按时赴约,大水来了,也不离开,最后抱着柱子淹死了。这样的人,他怎么肯极力吹嘘燕国、秦国的声威以吓退齐国强大的军队呢?"

燕王低头不语,苏秦接着话锋一转说道:

"再者说,我还有老母亲远在东周故乡,我离开老母侍奉你,抛开自我保存之道来建功立业,我所追求的本来是不符合你的意愿的。你不过是只求自我保存之君,而我却是建功立业之臣。我就是人们所说的因为太忠诚了才得罪了君主的人啊。"

燕王说:

"忠诚守信又有什么过错呢?"

于是,苏秦给他讲了一个故事:

有一个在远处做官的人,他的妻子有了外遇,在丈夫将要回家时,那个情夫很担忧,而妻子却说:

"用不着担心,我已经准备好毒酒等着他了。"

过了几天,丈夫回来了,妻子就让侍妾捧着毒酒给他喝。侍妾心知这是毒酒,给男主人喝下去,就会毒死他;说出真相吧,女主人就会被赶出家门,于是假装跌倒,把毒酒全洒了。

男主人大怒,用皮鞭狠狠抽打侍妾。

讲完这个故事,苏秦说:

"这个侍妾泼掉毒酒,对上是为保护男主人的生命,对下是为了保护女主人的地位。这样的忠心耿耿,仍不免于被主人鞭打。这就是忠诚过度的不幸啊!

我所做的事,恰恰与那侍妾倒掉毒酒一样,也是好心不得好报啊。再者说,我侍奉你,是以高义希求有益于国,如今却有了罪,我怕今后来侍奉你的人,再没谁敢坚守高义了。再说,我游说齐王的时候,并没有欺骗他,今后谁再为你游说齐王,恐怕都不会像我这样诚挚,即使有尧舜那样的智慧,也不敢听从他的话了。"

燕王不禁动容,点头说道:

"说得对。"

由此就可以明白欺骗就是诚信,诡诈就是忠实,欺骗诡诈的品行就是忠实诚信的根本了。

正如苏秦的弟弟苏代所说:

"东周的风俗是看不起媒人的,因为他们两头说好话。姑娘如果不用媒人,到处去自夸如何美貌,那就会让人耻笑,更嫁不出了。只有顺应这种风俗,不说坏话,只说好话,既能把姑娘嫁出去,又不致招人耻笑,也只有媒人能做到。而且,如果不懂通权达变,市情一定办不成,不懂顺应形势,一定办不好。能让人坐享其成的,只有欺骗人的人啊!"

四、只有永恒的利益

与儒家和道家不同的是,纵横家没有一种永恒的"仁义"值得他们去坚守,更没有一个形而上的"道"需要他们去找寻,他们是真真正正的入世之人。

对他们来说,生存才是第一位的,如何活得好,活得有滋味,活得荣耀,才是他们最关心的,现世的名和利才是他们所要的。为此,他们愿意委曲求全,在夹缝中求生存。

纵横家的唯一动机也是最高原则就是利益,对任何事物的取舍判断都取决于它。英国史学家罗伯特说得好:

"我们没有永恒的朋友,也没有永恒的敌人,只有永恒的利益。"

纵横家中的大多数都是那种为求功名利禄而不择手段的人,这大概是纵横术为儒家不屑一顾的原因之一吧。

利益驱使法则,对竞争心理影响极大。《庄子》一书中讲了这样一个故事。说是两个国王打赌,开始二人赌瓦片,玩中取乐,无所为,无心理压力,也就不当回事去思考,去认真对待。后来赌金银,有了心理负担,开始动脑筋了,行为态度也随之发生变化。进而赌国家,心理负担大了,或者去冒风险争取绝大的利益,或者放弃赌的机会,或者因心理失常赌输了,沦为乞丐。这种情况下,心理承受力决定着敢不敢赌,决定着双方的输赢。

其实,我们可以作这样一个试验:给予参加试验者两种选择,一是抽签,抽准的概率是十分之一,抽准了可以领到10元钱;一是不去抽签,可稳拿1元钱。大多数人可能会采取抽签。试验继续进行,抽准签可领到1000元,不抽签可稳拿100元。这时不少人会犹豫。试验继续进行,抽准签可领到1万元,不抽签,可稳拿1000元。这时不少人会选择后者。

只有真正得到纵横之术精髓的人,才会克服这种心理,忍常人所不忍,成常人所难成。

纵横家张仪挤走了公孙衍做了魏相,公孙衍不服。在张仪到齐国实施他的连横术时,利用齐王憎恨自己这一点,从中进行破坏。

他假意让卫君转告张仪,说自己对张仪并没有怨仇,只是政见不一,并在张仪、卫君面前跪地而行,为张仪祝愿千秋之寿。第二天,公孙衍又亲自一直把张仪送到齐国的边境。

齐王听说这件事以后,很怀疑张仪的真实用心,再也不听信张仪的话了,破坏了张仪策划好的齐、魏、秦的连横。

公孙衍终于达到损害张仪在魏王面前的形象的目的。此外,公孙衍借张仪在魏权重,新王即位权轻,对张仪存猜忌之心的特点,说动张仪,并让张仪的亲信史举谋划新王禅位于张仪,张仪欲许由让国以共邀誉荣。

新王闻之大怒,张仪被免相回秦。

公孙衍为报张仪挤走自己这一剑之仇,也可以说是煞费苦心,连尊严也可以暂时抛开一边不顾了,这样的委屈,许多人是绝对不肯受的。

公孙衍想法子暗算张仪,自己同样也难逃被人暗算的命运。公孙衍很受秦武王的喜欢,秦武王欲将秦相甘茂之位让给公孙衍。此事恰好被甘茂的家臣无意中听见了,并告诉了甘茂。

甘茂为保自己的相位,马上进宫祝贺秦王得到了新相。秦武王自然是不承认,甘茂于是说:是公孙衍自己告诉他的。

秦王很恼怒公孙衍泄露了机密,就把公孙衍赶出了秦国。公孙衍和甘茂本无什么过节,可是甘茂为保自己的相位,不得不捏造事实,陷害公孙衍,使公孙衍在秦国再无立足之地了。

以卑鄙手段对付别人，别人也会以同样的手段对付他，所谓山外有山，天外有天，智者千虑必有一失，说的就是这个道理。所以，纵横家们不是一般地去追求功名利禄，而是要不择手段地去取得比别人更多的功名利禄，想别人所没想到的，忍受别人所不能忍受的。

五、大大方方看功利

《聊斋志异》里，有一段关于"官"的妙语。

一个中国商人出洋做生意，遇大风，飘流到"夜叉国"，与夜叉们言谈之际，说到了中原的"官"。夜叉本是一群完全不开化的异类，听了以后大惑不解，于是就发问：

"官是一种什么东西？"

商人解释道：

"出则御马，入则高堂，上一呼而下百诺；见者侧目视，侧足立。这就叫做官。"

他的这段话的意思是：官这个东西嘛，那是一出门，就跨着高头大马；一进官府，即登上巍峨的大堂。这官在堂上随便发一声令，下面的众位臣僚就是一片应和。所有拜见他的人，都必须毕恭毕敬，眼睛不许直视他，身体也不许挺直，要侧身弯腰屈膝，总之，得表现出非常恭顺的样子。啊！拥有这等风光的人，那就是官啦！

商人的这一番话，说得那愚昧颟顸的小夜叉居然颇有几分艳羡的神色。你看，连那小夜叉听了都起向往之心，这官的魅力有多大？简直是挡不住的诱惑啊！

这个故事，说明了功名利禄对中国人的影响之深。同时也反映了中国人在这个问题上的矛盾态度：做得说不得。

儒家之所以说仁义是做人的根本，是因为利是不能说的。假使君主问："怎样才可以对我国有利？"

大夫必会说：

"怎样才可以对我家有利？"

一般人也会说：

"怎样才可以对我身有利？"

· 鬼谷子开创的纵横术 ·

图文珍藏版

上上下功名利禄大家都争这个利,那国家就危险了。

儒家反对逐利,却挣脱不了功名的诱惑;道者根本不谈功名利禄,可能做到的人却极少;而大多数的纵横家们却要豁达得多,大方地把追逐功名、获取利禄作为人生社会的原动力。

据《战国策》记载,孟尝君是著名的"战国四公子"之一,其政治旅途并不是一帆风顺的,曾经多次失去职位。有一次,孟尝君被驱逐出齐国以后又被"平反昭雪",再次返回齐国。

他的政敌当然都十分害怕,担心孟尝君重返政坛后会对他们有所报复。孟尝君的好朋友、著名的辩士谭拾子到齐国的边境上去迎接孟尝君。见面以后,谭拾子直言不讳地对孟尝君说:

"您对齐国的士大夫是不是有怨恨呢?"

孟尝君不加掩饰地说:

"是的。"

谭拾子又问:

"是否把他们都杀掉您才满意呢?"

孟尝君说:

"是的。"

谭拾子说:

"事情总有其发展的必然结果,也总有其发生的原因,您明白吗?"

孟尝君说:

"我不明白,请先生指教。"

"人总有一死,这就是事物发展的必然规律。人在有钱有势时,别人就愿意去接近他,如果贫穷低贱,别人就会离开他,这是事物本来的规律。就让我举一例子吧,早市上人满为患,而夜市上却冷冷清清,这并不是因为人们喜欢早市,厌恶夜市,而是因为早市上有人们喜欢的东西,而夜市上则没有。人情冷暖,世态炎凉,本来如此,您还是别往心里去吧!"

孟尝君听信了谭拾子的话,把他所怨恨的人全都从簿子上划掉,从此不再提起此事。

纵横家认为,当你对别人诚实,而别人却必然要欺骗你的时候,诚实就似乎是无益的了;当没有一种原则是重要的,或者能有稳定胜利的机会时,就不需要坚持一种原则了;当唯唯诺诺混日子才可以苟全性命与财产的时候,就没有要拥护真理的理由了。因此在社会秩序混乱、道德概念和标准不一时，就没法要求人们再勤勉、诚实、守则和维护真理。

纵横家们生活于战国时期，旧的道德规范被摧毁，新的道德规范还没有建立。如过去被视为孝的典范的曾参、守信的典型尾生高、廉洁的典范鲍焦、史鳅，在苏秦看来他们都很平凡，曾参所做无非是奉养双亲而已，尾生高只不过是不欺骗别人而已，鲍焦不过是不偷别人的钱而已，他们都没有什么建树。

像这样的趋利避害，苏秦认为不过是维护自己名声的办法，而不是有所作为的办法。而利害得失的计算与权衡，应成为人的行为准则。

在战国时期，人与人之间大多都是以利相结的。廉颇的门客更是赤裸裸地把人们的攀权附势视为当然。

赵王中了秦王的反间计，用赵奢之子赵括代替廉颇为将。廉颇从长平被免职回家，家中的门客都离他而去了，等再次被任用当大将军时，原来离去的门客又都纷纷回来了。廉颇为此很生气说：

"你们都走吧！"

其中一位门客说：

"您怎么明白得这样迟啊！现在天下人都是利交，您有权势，我们就跟随您；您没有权势，我们就离开。这本是很自然的道理，有什么可抱怨呢？"

谭拾子不过是劝说孟尝君不用计较那些人对自己的背叛，没有必要去报复他们；而廉颇的门客则走得更远，似乎连廉颇为此生气都是没有必要的，是多余的，甚至是奇怪的：天下人本是市道之交，有利则是朋友，无利则同路人。他对这种再正常不过的行为表示愤愤不平，所以这愤愤不平本身才是奇怪的。

从谭拾子和廉颇的门客那里，我们可以看出，功名利禄不仅是多数人的生活要旨，而且是那个年代大多数人的选择。准确地说纵横者们不过是顺应了人们的这种选择而已。像苏秦这样有名的纵横家，就是在饱尝了人间的人情冷暖之后，才发出了"人生在世，权势和富贵怎么能忽视啊！"的感慨。

苏秦发迹前后，同样身为儿子、丈夫、小叔子，贫穷和富贵时，亲人的态度却是天壤之别，难怪苏秦会发出这样的慨叹。

苏秦一家的态度说明了，苏秦那个时代，血缘关系已经很淡薄了，经济利益已取代宗亲关系，这也是像苏秦这样的，在家无亲情温心，无田产可供饮食费用，仅有满肚子知识的士人，追逐功名利禄的根本原因。苏秦曾经说："假使我有洛阳二顷田，我怎么能佩六国相印呢？"

到了汉武帝时的主父偃,年少时研学长短纵横之术,精通易经四书,但一直穷困潦倒,郁郁不得志,四处求职到处碰壁。后来投奔卫青帐下,经介绍,得到了汉武帝的赏识,不久就由侍郎升为中大夫,一直到九卿之职。

主父偃最主要的贡献就是他主张的"推恩令",让一直困扰已久的诸王割据的局面得到了柔性的解决,摆脱尾大不掉的担忧。

在他位极人臣的时候,生性爱财如命的毛病暴露了出来,往往贪得无厌。他的老乡郎中严安获知此事问他说:

"你如此明目张胆地敛财,就不怕丢了性命吗?"

这时主父偃才发出了这么一声感慨:"大丈夫生不得五鼎食,死亦当五鼎烹!"

他的意思是说:我主父偃一生四处漂泊,流浪八方,一直都穷疯了,好不容易才有今天的位置。如果不再死命敛财过几天钟鸣鼎食的日子,岂不是亏待了自己?人生啊,活着的时候如果没有过上哪怕一天钟鸣鼎食的日子,最起码死的时候也应该被油鼎煮着死,不然还有什么意义呢?

上面的这句话,应当是主父偃早期郁郁不得志的时候心里曾不止一遍地对自己说过,并作为自己人生上进的一句激励的座右铭。正是这么幼稚的小民心理,它产生的激励作用却是无可比拟。

不重清名而重功利,是纵横家的特点所在。苏秦提出,政治权谋与日常道德仁义断然无涉的思想。到了后代,由于纵横术在相当程度上背离了儒家正统思想,常常受到历代卫道士们的攻讦。然而就是这些人,背地里对纵横术乐此不疲。

其实,把获取功名利禄作为自己的人生目标确实没有什么可以指责的。几乎所有的人都渴望成功地度过自己的一生,功名利禄在一定程度上则成为人们"成功"与否的客观的度量衡。

因为成功是需要标志的,地位、荣誉、利益等等在一定程度上代表着人的成功。有时人生就像一场赛跑,功名利禄就如同一块金牌,有的人幸运拿到了金牌,有的人倒在了拿金牌的路上,有的人输了。

人们决不会去责备在运动场上争夺金牌的勇士,那么又为什么要去责备那些在社会的竞技场中追逐功名利禄的人为不义呢?

在竞争激烈的今天,纵横谋略已经是每一个现代人所不可或缺的素质。拥有了纵横的方略,才会懂得做事的方式方法,才能有滔滔不绝的雄辩,才能说服他人，征服他人，才能得人心者得天下。当今社会，每个人生存发展的压力都非常巨大，一切正如一幅新的战国画面。只有拥有纵横家的这种现实入世的智慧，才能经营一番事业。

有一则笑话：

父亲问儿子人生有什么追求？儿子说是金钱和美女，父亲便狠狠地打了儿子的脸。儿子马上改口说是事业与爱情，父亲于是赞赏地摸了摸儿子的头。

事实上，这个笑话也正说明：掩饰在庄严与神圣光环下的事物，很多也难脱其功利的实质。有鉴于此，只要不违反法律道德，大大方方地追求一把儿，又有何妨呢？

即使一时做不到这一点，也不要公然鄙视这样做的人。你必须有操守，但不要公然抨击你认为是蝇营狗苟的人。我们做事别勉强别人也照着我们的样子做，别责备他们为什么不做。道德是一种修养，不是一种权利。道德最适合拿来约束自己，不适合拿来压制别人。道德如果成为运动，那也是"自己做"运动。

正如作家王鼎钧所说，"恃清傲浊"比恃才傲物的后果更坏。人们之所以尊重道德，就是因为道德对他们无害。如果道德成为他们毡上的针，背上的刺，他们就要设法拔除。人们之所以提倡道德，就是因为道德可以增进社会的安宁与和谐，不希望引起纠纷，造成风波。否则，他们就要对不道德分子进行安抚了。

六、利害为策略基点

纵横家们在游说君王，实施谋略时，往往首先以利相诱。

秦相张仪为了拆散齐楚联盟，便以秦献出商于之地600里为诱饵，要楚王与齐绝交。他骗楚王说此举可一举三得，一方面可削弱齐国，另一方面又可以施恩于秦国，此外还可坐得商于之地。

楚王听后大喜，从张仪之计。结果，此举反而促使齐、秦的联合，楚军被秦军在杜陵打得大败。楚王不是不知道秦是自己的强劲对手，所以他联齐以抗秦，只是600里土地的眼前利益使他忘记了迫在眉睫的危险。张仪正是利用了楚王贪利这一点，以利相诱，使楚王大上其当。

秦王政十年（公元前237年）尉缭入秦游说，被任为国尉，与商鞅一同参与

鬼谷子全书

·鬼谷子开创的纵横术·

图文珍藏版

秦国变法。

此时,六国的合纵联盟已经被张仪所瓦解,各国相继与秦国建立了连横关系,在这种形势下,尉缭向秦王献上用间谍取胜的计谋,说:

"自从秦孝公以来,周王室日渐衰微,诸侯相互兼并,函谷关以东地区分化为六国,秦国乘胜侵略诸侯各国,已经六代了。现在诸侯臣服于我国,如同郡县听从中央一样。诸侯各国君主、臣子都非常害怕秦国,假如一旦有人提出合纵对抗秦国,那我们就前功尽弃了。智伯、夫差、闵王就是被胜利冲昏了头脑;没有提防意外情况才失败的。希望大王你不要吝惜金钱,拿出金银财宝去贿赂各国的权豪势要,扰乱他们的国家政治。秦国花费的不过是区区30万两黄金,可是换来的将是六国灭亡,一统天下的局面。"

秦王听从了他的计策,由李斯主持其事,暗地里派遣谋士携带大量的金银财宝到各国活动,收买六国的"豪臣","离其君臣之计"。诸侯各国的知名人物,接收财物的就重金交结,不肯接受的就派人暗杀,使六国君臣离心。

在尉缭的策划下,秦先收买韩的南阳假守腾成功,使腾投献南阳给秦,再由腾攻破韩国而俘虏韩王。接着秦收买赵王宠臣郭开成功,使郭开诬告赵名将李牧、司马尚谋反而处死李牧;赵王要重新起用出走在大梁的名将廉颇,派使者前往看廉颇是否尚可用,郭开又多与使者金,使之回报老态而不能用,因此秦得以攻破赵国。后来秦攻灭齐国,也是由于齐相后胜多受秦间谍的金玉,既不助五国抗秦,又不做抵抗准备所致。

有一段时间,天下的合纵之士都聚集在赵国讨论合纵盟约,目的是联合六国抗拒强秦。

秦昭襄王听说后,忧虑地对范雎说:

"天下的贤才武士,以合纵为目标,相聚在赵国,而且要攻击秦国,我们该如何对付?"

范雎说:

"大王不必忧愁,让我来破解他们的合纵关系。秦国与天下的贤才武士,并没有什么仇恨呀!他们相聚要来攻打秦国,只是为求一己的富贵。一群狗在一处,卧的卧,立的立,走的走,停的停,不会互相争斗,如果投一块骨头过去,每只狗就起来抢夺,并且互相撕咬,这是什么原因呢?因为那块骨头,彼此都起了争夺之意。"

于是,范雎就派唐雎用车载着美女乐队,并且给他5000金,让他在赵国的

武安大摆宴席,并且对外宣称:

"邯郸人谁愿意来拿黄金呢?"

结果首谋攻秦的人没有拿赠金,而那些已得到黄金的人,跟秦国像兄弟一样亲密了。

范雎又告诉唐雎说:

"您此番为秦国在外交方面建功,可以不必管黄金究竟给了哪些人,只要你把黄金都送给人就算功德圆满,现在再派人拿5000金给您。"

于是,唐雎又用车拉着大量的黄金出发,再度前往武安去收买天下策士,结果还没分完3000金,参加合纵之约的天下谋士就互相争夺起来。

《鬼谷子·谋篇》中写道:"正不如奇,奇流而不止者也。故说人主者必与之言奇,说人臣者必与之言私。"

范雎深得《鬼谷子》中的精妙,他深知运用常法不如运用出人意料的奇妙谋略,尤其是对君王谋划必须"言奇";说服大臣必须从其私利着手,故而他对君王言奇计,对臣子言私利。

秦王采纳并实施他的奇计后,轻松化解了危机;而对天下策士,从他们的私人利益着手,用利益诱惑他们、分化瓦解他们,最终使合纵之盟土崩瓦解。

"金钱攻势"在秦统一六国的最后关头,确实起到了摧枯拉朽的作用。政治的核心是人,而金钱的诱惑对每个人都是巨大的。纵观中华5000年历史,政治和财富联姻,这是第一次,也是最为成功的一次。30万两黄金,不是一个小数目,用它却换来了六国的灭亡,天下的统一。无论从哪个方面来说都是很划算的,这钱没有白花!

"没有永远的敌人,也没有永远的朋友,只有永远的利益。"这是现代西方一位政治家的名言。虽然这种说法残酷了一点,但的确谈到了政治原则的根本。任何政治都是利益的体现。把握了这一点,就把握了政治中的"敌友之道"。

国家政治如此,个人生活同样也如此。花钱办了事,才算实现了金钱的最大价值。关键时刻,不愿意使用或者不舍得使用钱这种"催化剂",最终使事情失败,那才是最憨笨的傻瓜呢!

从另一方面来说,中国古人说"人为财死,鸟为食亡",当利益出现时,人的本性就会暴露出来。许多多年友好的朋友,会为眼前的金钱利益而反目成仇;一个安定团结的集体,由于突然出现的利益,定会发生纷争、掀起波澜。所以我们了解他人考验关系,也不妨用用金钱这块试金石。

在实施谋略时,除了诱之以利外,往往还必须晓之以害。

公元前306年,秦国大将樗里子率兵攻打卫国蒲城(隰州县北)。蒲城守将心中恐惧,央请胡衍出面媾和。胡衍去拜见樗里子,对他说:

"先生要攻打蒲邑,是为了秦国呢,还是为了魏国?"

樗里子奇怪地回答:

"我当然是为了秦国了。"

胡衍点头说:

"如果是为了秦国,那就不算有利了。因为卫国之所以能作为一个国家存在这么久,就是由于有蒲城作为屏障和保护。现在您要攻打它,一定会迫使蒲邑投入魏国的怀抱,整个卫国失去了坚强的后盾,就会屈服,并依附魏国。魏国丧失了西河之外的城邑,却没有办法夺回来,就是因为兵力薄弱啊。现在攻打蒲城却使卫国并入魏国,魏国必定会强大起来。魏国强大之日,也就是贵国所占城邑的危险之时。况且秦王一定在监视先生的一举一动,如果您的行为危害了秦国,而有利于魏国,秦王一定就会治您的罪了。"

樗里子听了这番话若有所思,说:

"依先生之见,该怎么办?"

胡衍说:

"请先生放弃攻打蒲邑,我会进蒲城,尝试替您说说这件事,让卫国国君不忘您给予他的恩德。"

樗里子说:

"好吧,请先生便宜行事。"

胡衍进入蒲城,对那儿的长官说:

"樗里子已经知道蒲城的薄弱的地方了,他已决意占领蒲城。但我能让他放弃攻城的计划。"

蒲邑的长官仿佛看到了救命稻草,就马上向胡衍下拜了两次,说:"希望您能帮帮忙,解除秦军的围困。"同时拿出黄金300斤送给他,说:"这是一点小意思,不成敬意。如果秦军撤退,我一定将您的功劳上报给卫君,给予您加官晋爵。"

不久,樗里子放弃攻打蒲城而离开了。他又回师攻打魏国的皮氏城,还没等到皮氏城投降,就又撤离了。

战国时,魏国派使者到赵国,请求与赵国结盟。赵孝成王请虞卿来商量。虞卿劝他同意赵魏结盟,不过为了争合纵联盟主的位置,要以割地作条件,请求魏王杀掉反对赵王为盟主的魏原相国范痤。

赵国派出使者,对魏王要求说:

"大王为赵王杀了范痤,赵王愿意送 70 里的土地。"

魏王就下令逮捕了范痤。范痤急中生智对魏王说:

"如果我死了,赵国不给土地怎么办? 不如将我扣押起来,用活的范痤去交换土地不是更稳妥嘛?!"

魏王认为这样更好,将范痤看押起来,派使者去赵国谈判割让土地的事。

范痤借机派出自己的使者,去见信陵君说:

"范痤是前朝魏王的相国,赵国以土地引诱魏王杀我,而大王竟然同意了。如果秦国也采取这一招,那公子怎么办呢?"

信陵君一听,吓出一身冷汗。赶紧进宫劝阻魏王。范痤被释放了,逃过一劫。

范痤之所以能免于一死,就在于他对魏王和信陵君指出了这样做的害处是什么。尤其是信陵君,想到自己有可能像范痤那样死去,他拼命也不会让魏王开这个先例的。

在利害得失的权衡中,还必须注意一种因小失大的情况,也就是俗语中的贪小便宜吃大亏。利都是人所要的,害都是人所要避开的,可是,人有时是不能躲避或无法躲避祸害的,那么在两害相权时,人们往往选择较轻的祸害。

齐、韩、魏三国攻打秦国,进入了函谷关,秦王想割让河东之地来讲和,询问当时的相国楼缓,楼缓建议秦王问公子池。公子池说:

"讲和也是悔,不讲和也是要悔。割让河东之地讲和,三国撤兵,大王会后悔自己白白送掉了三座城,这是讲和的悔;不讲和,三国攻进函谷关,咸阳危急,大王又悔自己因爱三座城,致使咸阳受困,而没有讲和,这是不讲和的悔。"

秦王听了公子池的话以后说:

"反正我都得后悔,宁愿失掉三座城而后悔,也不愿危及咸阳而后悔,我决定讲和。"

在这里,公子池并没有直接谏其父讲和,而是指出讲和与不讲和你结果都是后悔,没有其他的路可以选择,要么失去三座城,要么冒着失去咸阳,乃至失去整个秦国的危险,在这两种害处当中,秦王自然选择失去三座城,而不是亡国,所以他选择讲和。

七、恩生怨的辩证法

旅美作家王鼎钧讲过这样一个故事。

一人贫不能自立,经常受他人周济,多年后,忽操刀行凶,把施惠者一律杀伤,官府审讯,此人回答是:"我欠这些人的恩情太多,无法偿还,见了面就难过,不如杀个干净。"

在现实生活中,有恩于人结果反目成仇的事屡见不鲜,为什么呢?

民间故事常寓至理。眼见人处于困境不加援手,人必恨之。施惠于人而望报,人亦必恨之。只是一般人恨的程度不同,不至于行凶而已。

《左传》上引用了这样一句谚语:

"不该怨恨的不要怨恨。可是有的人我却禁不住要恨。"

秦、晋之战,晋惠公命韩简子(韩不信)察看秦国军容。

韩简子说:

"秦军在人数上少于我军,可士气却比我们高一倍。"

晋惠公问:

"这是为什么?"

韩简子回答说:

"我们出外流亡时,得到了秦国的资助;回国时受到秦国的护送;发生饥荒时,又得到秦国的粮食救济。三次受人家的恩惠却不报答,所以秦军才怀着怒气来打我们。"

从秦军怀恨而讨伐晋国,就可以知道,大恩德必然产生大怨恨。凡是怨恨深的人,往往不是恨与他关系疏远的人,而是恨与他关系密切的人。

诗经中的《小弁》一诗是讽刺周幽王的,作者是太子的老师。

高子说:"《诗经·小弁》一诗是小人作的。"

孟子说:"何以见得?"

高子说:"该诗充满怨恨情绪。"

孟子说:

"你的理解真机械啊!居然这样来研究《诗经》。假如有一个越国人在这里,弯弓射我,我可以一边说笑一边谈论这件事。这没有别的原因,只为我和他素不相识。可是假如是我的兄弟用箭射我,我就会哭着诉说这件事,这也没别的原因,只为他和我是亲人。《小弁》这首诗里的怨恨情绪,正是热爱亲人的表现。热爱亲人,这是仁啊!"

杜邺在游说时也讲到了这个道理。他说:

"我听说过这样的道理,人之常情一般是对恩情深的,供养反而少;对最亲爱的人,要求也少。如果关系亲近却显不出与关系疏远的人有何不同,怎么能没有怨气呢?这就是《诗经》中为什么会有《棠棣》《角弓》二诗的原因。那就是写兄弟之间互相怨恨的。"

因此,在人际交往中恩情恰恰是产生怨恨的根源。这道理不可不弄明白。只有穷究人性的弱点,才能摆脱困惑,融洽人际关系,创愉快的生活氛围。

丰于阅历的人往往随时随地的助人,而又随时随地的否认他帮助过某人,使受助者心安。"施比受更为有福"这句格言不会动摇,因为"施"字本来含义有不要报偿的意思在内。施而望报,纵使不至于招祸,人际关系也不会愉快。

而在纵横家那里,在恩和怨之间运用智谋,翻手为云,覆手为雨,已经成为一种习用的例子。

事实上,这里面有一种十分相互的原理在。

宇宙间的万事万物,随时随地都在变,立场不同,观念就两样。因此,有正面一定有反面,有好必然有坏。归纳起来,有阴就一定有阳,有阳一定有阴。阴与阳在哪里?当阴盛的时候,阳的成分一定涵在阴的当中;当阳盛的时候,阴的成分也一定涵在阳的里面。我们做一件事情,好的时候,坏的因素已经有种子因素在好的里面了。

譬如一个人春风得意,得意就忘形,失败的种子已经开始种下去了;当一个人失败时,所谓失败是成功之母,未来新的成功种子,已经在失败中萌芽了。重要的在于能不能把握住成败的时间机会与空间形势。

《战国策·秦一策》记载张仪要暗害竞争对手樗里疾(秦惠王的异母弟弟),便先提高他的地位,派他出使楚国,同时要楚王为樗里疾向秦国请求秦相国职位。

于是,张仪对楚王说:

"提高樗里疾的地位,派他使楚国,乃是为了两国的关系。现在樗里疾在楚国,楚王就为他向秦国请求担任相国。我听他对楚王说:'大王您想要在秦国困住张仪吗?愿意为您效劳。'楚王同意这样做,所以就为他向秦国请求相国职

·鬼谷子开创的纵横术·

图文珍藏版

位,如果大王您真的答应楚王的请求,他必然会感谢楚王,把秦国出卖给楚王。"

秦王听了十分生气,樗里疾跳进黄河也洗不清,只好从楚国逃亡。

提高樗里疾的地位,是恩。但是这种恩的背后却深藏着张仪对他的怨恨。这种怨恨很快就悄悄地运作,几乎将樗里疾置于死地。

恩也好,怨也好,都没有绝对的好坏,因此看历史,看政治制度,看时代的变化,也没有什么绝对的好坏。推而广之,我们拟定一个办法,拿出一个方案来,针对目前的毛病,是绝对的好。但经过几年,甚至经过几个月以后,就变成了坏的。真正懂了其中道理,知道了宇宙万事万物都在变,第一等人懂得会变,把握先机而领导变;第二等人,是等到变革来临时,跟着变;第三等人变都变过了,他还在那里抱怨,其实早已经事过境迁了,他已经被时代的大潮冲到了角落里。

第二章　纵横家的代表人物

一、孔门外交家子贡

子贡是孔子的学生,名端木赐,名为儒家弟子,实际上也是春秋时期著名的纵横家。

子贡的才华首先表现在他的雄辩上。有一次齐景公对子贡说:

"你拜谁为师?"

子贡严肃地说:

"我拜孔子仲尼为师。"

景公说:

"仲尼贤能吗?"

子贡回答说:

"贤能。"

景公说:

"有多贤能呢?"

子贡摇头说:

子贡

"我不知道。"

景公说：

"你知道他贤能，却不知道他多贤能，怎么可能呢？"

对于这个质疑，子贡微微一笑，说道：

"现在要是说天高，那么不论是老还是少，是聪明还是愚笨都知道；但如果问天有多高，大家都会说不知道。所以我只知老师贤能，却不知道他有多贤能。"

这件事，实际上只是子贡牛刀小试的一次磨砺。而真正展示他宰割天下的能力的，是一次出色的穿梭外交活动。

齐国的田常要争夺齐国的政权，但又害怕齐国贵族高氏、国氏、鲍氏、晏氏的反对，就先移兵伐鲁。孔子听说，非常着急，对弟子们说：

"鲁国是我们祖先坟墓所在，父母之国，国危如此，有谁愿为国效力？"

子路请求出使齐国，孔子制止了他。子张、子石请求前往，孔子也不同意。子贡请求出面，孔子就同意了。

孔子之所以同意，是因为他了解子贡察言观色和游说的才华。他一直记得有这样一件事。

鲁定公十五年正月，邾隐公来鲁拜见鲁国君主。孔子的弟子子贡在旁观察，邾隐公献玉时手持玉佩，仰头向上，而鲁定公接玉时表情谦卑，低头向下。子贡说：

"从这次礼仪来看，两位君王都有死亡的征兆，礼仪是生死存亡的标志。左右周旋，进退俯仰都需要按着一定的礼仪做。朝拜、祭把、治丧、开战，从这些场合都能够观察礼仪的存在。现在正月朝见这种正规场合都达不到礼仪的要求，可见守礼的思想已经消失了。重大的国事尚且不能合乎规则，国家又怎能长久？高仰头是骄作的表现，低着首是衰败的表现，骄傲离作乱不远了，衰败离疾病不远了。鲁君是主人，难道他会很快死亡吗？"

到了这一年五月，鲁定公果然死了。孔子说：

"事情不幸被子贡说中了。这次子贡话说得大多了。"

子贡先到齐国游说田常：

"您征伐鲁国是个错误。鲁国城池矮小，国君愚蠢，大臣无用，士民厌烦打仗，是难伐之国。吴国城高墙厚，兵精粮足，又有贤明大臣把持，这容易攻打，您不如攻打吴国。"

·鬼谷子开创的纵横术·

图文珍藏版

田常听后大怒：

"攻打强国，您这是什么意思。"

子贡坦然解释道：

"忧在内者攻强国，忧在外者攻弱国。现在您的忧患在国内，如果您攻打鲁国，得胜了您的功劳却不会算在里头。相反，战胜弱国，上使齐君骄纵，就让您与国君有嫌隙；下使群臣骄纵，就让您与大臣争权夺利，到了这步田地您呆在齐国就很危险了！不如攻打吴国。伐吴不胜，民人外死，大臣内空，那时您上无强臣为敌，下无民人怪罪，孤立齐君而掌握齐国的，不就只有您了吗？"

田常转怒为喜：

"好吧！可是我已起兵伐鲁，突然又转而伐吴，大臣如果怀疑，怎么办？"

子贡说：

"您先按兵不动，我去劝说吴王，让吴国救鲁而伐齐，您正好引兵迎击。"

田常同意，子贡奔南边去见吴王。

子贡对吴王说：

"现在齐国攻打鲁国，想与吴国争强，我真为大王着急，吴国救鲁，可以扬名，讨伐齐国，利益所在。名为存鲁，实则困住齐国，可谓名利双收之举。"

吴王认为这个主意不坏，但又担心越国趁机报过去之仇，就想先讨伐越国再按子贡之计行动。子贡说：

"这个好办！让我去劝说越国与吴国共同出兵，多一个同志少一个敌人，这样既无后顾之忧，又增同盟之喜！"

吴王本来是了解子贡的谋划的。因为在此之前，有一次，他征召各诸侯国盟会，卫侯来迟了，于是吴王就派兵包围了卫侯的邸舍。

子贡恰逢其事，听说后就对吴国太宰嚭说：

"卫国的国君在来之前，必然要与众官员商议，众人必然有的赞成有的反对，争论不下，所以来得晚了一点。那些主张来的人是你的朋友，那些反对来的人，是你的仇敌。如果你抓了卫国国君，是打击了朋友而有利于仇敌啊。"

太宰嚭听了以后心悦诚服，劝吴王就放弃了抓卫侯的想法。

吴王这次也同意了子贡的建议。于是子贡东行至越，越王到郊外迎接。子贡告知越国吴国准备攻打越国。越王连忙顿首再拜，向子贡问计。子贡分析了吴王的暴政，说：

"如果大王您诚心帮助吴王出兵伐齐，那么如果吴王得胜，必定攻打晋国。

我去面见晋王,劝他与您共同抗吴,则必定削弱吴国,吴国经齐、晋两次大战,大王您再制其后,吴国必灭。"

越王十分高兴,应允子贡之计,并赠送百金、剑和良茅。子贡推辞而行。

子贡回报吴王说越王已答应顺从吴王。过了五天越王大夫文种来拜见吴王,说越王已准备好军队、礼物,准备亲自随吴王伐齐。吴王大喜,告知子贡,子贡说:

"越国军队可以使用,礼物可以收下,但越王不能同去。"

吴王听从,并发九郡之兵伐齐。

子贡却离开吴国到了晋国。对晋国国君说:

"我听说,不预先考虑事情的后果,就无法应付突然的事变;不预先分析军事形势,就不可能战胜敌人,如今吴国与齐国就要打仗了,如果齐国打败了吴国,越国必然随之大乱;如果吴国打败了齐国,吴国必将兵临晋国。"

晋国国君大惊,问子贡:

"怎么办呢?"

子贡说:

"修造武器,休养士卒,做好与吴国打仗的准备。"

晋国国君同意了。

子贡离开晋国到了鲁国。吴王果然与齐国军队在艾陵交战,大败了齐军,俘获了七个将军的兵士,却未返归吴国,而是兵临晋国,与晋国军队在黄池之上相遇。吴、晋两军争强,晋军勇猛攻击,大败了吴国的军队。

越王听到这个消息,马上渡江袭击吴国,离城七里扎下营寨。吴王听说后,马上离开晋国返归吴国,与越国在五湖交战。连打三仗,都未取胜。吴国城门失守,越军包围了王宫,杀死吴王夫差和他的宰相。

三年之后,越王勾践称霸列身"春秋五霸"。

子贡一言重于九鼎,解决了十万大军解决不了的问题,不仅改变了五国命运,而且改变了春秋格局:保存了鲁国,削弱了近邻强敌齐国,破了野心勃勃的吴国,使远方可作同盟的晋国强大,越国成为春秋五霸之一。

综观其过程,其实就是以利益驱使,牵住齐、吴、越、晋四个线头,让四国的利益在这个平台上进行交易转换、资源整合,从而空手进白刃,连环出击,游刃有余,千年之下读来,仍然让人叹为观止!

子贡在孔门弟子中,事功上是表现最为出色的一个,不仅是外交游说方面,

就连做生意也很成功。有一次,他问自己的老师:

"我这个人怎么样?"

孔子说:

"你算得上一个器具。"

子贡又问:

"是什么器具呢?"

孔子说:

"是瑚琏。"

瑚琏是很贵重的祭器。孔子以瑚琏比子贡,是很高的赞许,但不是最高的评价。因为孔子曾经说"君子不器",不器是最高的层次,而器是基本的东西。而人生在世,首先就追求成"器",成为一个有用之人。而成器,事实上也是多数纵横家的追求。

二、折冲樽俎的晏婴

晏婴,字平仲,莱地夷维(今山东高密)人,山东高密人,齐国上大夫晏弱之子。又称景平仲或晏平,人们尊称他为晏子。

齐灵公二十六年(前556年)晏弱病死,晏婴继任为上大夫,后来又担任宰相。晏子一生主要在齐国的政治舞台上度过,他忠君而不保守,机智灵活而不固执呆板。他历任齐灵公、庄公、景公三朝,是春秋后期一位重要的政治家、思想家、外交家。

齐庄公时,晏子任相国。每次,晏子入见,庄公不是赏赐爵位,就是给他增加封地。但后来,突然又不信任他,不是除爵位,就是减少封地。晏子干脆把爵位统统辞掉,把封地全部退回。在上朝路上,晏子长声叹息起来,但叹息之后又笑了。仆人奇怪地问他:

"你为什么一会叹气,一会又发笑呢?"

晏子说:

"我叹气,是因为国君将要遭到灾难;我笑,是因为我不会丧命了。"

不久,庄公果然因无道被杀,崔杼为了夺权,滥杀无辜,一时朝臣人人自危。门下人劝说晏子,晏子说:

"君主为国家而死,我们也就为他而死;君主为国家逃亡,我们也就为他逃亡。如果君主为自己而死,为自己而逃亡,谁敢承担责任?我哪里能为他个人死,为他个人亡呢?"

宋代的苏辙曾把他与管仲相比较说:"管仲辅佐了桓公称霸,然其家淫侈,不能身蹈礼义;晏子为人勇于义,笃于礼,管子盖有愧也。"而晏子更著名的则是在外交方面的表现,司马迁用"不辱使命,雄辩四方"八个字来形容他的外交活动,并说如果他尚在世,自己愿甘心为他做"执鞭"的奴仆。

春秋中期,诸侯纷立,战乱不息,中原的强国晋国谋划攻打齐国,派范昭去察看虚实。齐景公赐宴,喝得高兴的时候,范昭说:"希望主公您允许我用您的酒樽干一次。"

景公说:"倒满寡人的酒樽,献给这位客人。"

范昭喝完,晏子说:"把这只酒樽拿下去,换一只上来。"

宾主敬酒的种种仪节完毕,范昭假装喝醉了,很不高兴地起来跳舞。对太师说:"能给我演奏成周之乐吗?我依您的节拍跳舞。"

太师答道:"盲臣没学过。"

范昭一听,就匆匆地离开了殿堂。景公对晏子说:"晋国是大国,派人来,一定是要察看我们的政治,现在先生触怒了大国的使臣,该怎么办呢?"

晏子说:"范昭这个人,并不是寡见陋闻不懂礼数的,他是想拿些无礼要求来试一试我们君臣,所以要叫他知道此路不通。"

景公对太师说:"您为什么不给客人奏成周之乐呢?"

太师答道:"成周之乐是天子的音乐,如果演奏成周之乐,一定是君主按它的节拍舞蹈。那个范昭是为人臣子的,却想用天子之乐来舞蹈,我不应该给他演奏。"

范昭回到晋国,向平公报告了情况,并说:"不能攻打齐国,我要试试他们的国君,叫晏子看穿了,我要僭越礼制,叫太师识破了。"

孔子听到这件事,评价说:安坐在酒宴杯盘中间,就挫退了千里之外的来犯之敌,这大概就是说的晏子了,可说是有智谋了,而太师大概也跟晏子差可比肩了。折冲樽俎的典故就是来自于此。

晏婴不但在迎接外国使节的时候做到了堂堂正正,而且在出使外国之时,每次也能态度决然,随机应变,不辱使命。

当时,诸侯均畏惧楚国的强大,小国前来朝拜,大国不敢不与之结盟,楚国简直成了诸侯国中的霸主,齐相国晏婴,奉齐景公之命出使楚国。

楚王知道他个子矮,有意侮辱他,让人陪他从大门边的小门进去。晏子是作为使节来楚国的,如果进去了,在政治上就会辱国;但又不能拒绝,于是就说:

"使狗国者,从狗门入。今臣使楚,不当从此门入。"

楚王十分狼狈,只得让晏婴从大门而入。

入宫见到楚王后,楚王的第一句话是:

"齐国太没有人了!"

晏子说:

"齐都临淄有300条街道,人们如果把袖子都张开,就可以遮住日光,如果一齐挥汗,就好像下雨一样。人们熙熙攘攘,肩膀挨着肩膀,脚步连着脚步。这么多人,怎么说没有人呢?"

楚王说:

"既然如此,怎么打发你这么个人当使者呢?"

晏子说:

"齐国任命使者是根据出使国的国情考虑的。出使那些治理得好的国家,就派有能力的人去。出使那些治理得不怎么样的国家,就派不怎么样的人去。我在齐国是最不怎么样的人,所以出使到楚国来。"

楚王听了此话后哭笑不得,只好按礼节招待晏子饮酒。席间,楚国下大夫首先发言道:

"齐自太公封国建邦以来,煮盐垦田、富甲一方、兵甲数万,足可以与楚匹敌。为什么自齐桓公称霸中原之后,昙花一现,再不能领袖诸侯了呢?以齐国国土之宽广,人口之众多,国家之富庶,加上晏相国您的才智,怎么就不能再崛起中原呢?反而向我楚国结盟,这太让人费解了。"

晏婴回答:

"识时务者为俊杰,通机变者为英豪,先前自周失政于诸侯之后,诸侯连年征战,春秋五霸迭兴,齐国称霸于中原,秦国威震于西戎,楚国称雄于荆蛮之地,这一切固然有人为的因素,可大多数靠的是天意。先前以晋文公的雄才大略,尚且逃亡四方;秦穆公霸于西戎之后,文治武功盛极一时,其死后子孙衰弱,再也难振往日之雄风;就连你们楚国也自楚庄王之后,亦常受吴晋二国的骚扰,困苦不堪。难道只有齐国衰弱不成?今日齐国前来交好结盟,这只是邻国之间的友好往来罢了。你作为楚国名臣,本应通晓'随机应变'这四个字的含义,可怎么却也问出这样愚蠢的问题呢?"

下大夫脸红着退了下来,身旁的上大夫不服气地质问道:

"齐自内乱以来,齐臣为君死的不可计数,而晏家作为齐国的世家大族,却不能讨伐叛贼或弃官明志,或为君王而死,您不觉得羞愧吗? 为什么还留恋名誉地位迟迟不肯离去呢?"

晏婴反驳道:

"做大事的人不必拘泥于小节。我只知道君主为国家的社稷而死时,作臣子的才应该与之同死,而今先君并非为国家社稷而死,那么我为什么要随随便便从先君而死呢? 那些死的人都是愚人,而非忠臣,我虽不才,但又怎能以一死来沽名钓誉呢? 况且在国家有变时,我不离去,乃是为了迎立新君,并非贪图高位呀,假使每个人都离开了朝中,国家大事又有谁来做呢? 并且国家内乱,哪一国没有发生过呢? 又何必责怪我呢?"

有人讽刺地说道:

"英雄豪杰必然相貌绝伦,相国您身高不足五尺,手无缚鸡之力,只是徒逞口舌之利的说客罢了。单靠口舌欺世盗名,不感到可耻吗?"

晏子回答说:

"我听说秤锤虽小,能值千斤,舟桨虽长,不免为水浸没,纣王勇武绝伦,不免身死国亡,为什么呢? 我承认自己并无出众的本领,愧居相位,却绝不是与您逞口舌之利,只是问有所答罢了。难道我拒不回答吗? 那也太无礼了。"

一番话,楚国君臣再也无法反驳。这时,两个小吏绑着一个人参见楚王。楚王问:

"绑着的是个什么人?"

小吏答:

"齐人,犯了盗窃罪。"

楚王看着晏子,嘲笑道:

"齐人原来善于偷东西呀?"

晏子说:

"我听说,桔生于淮南就为桔,生于淮北则为枳。为什么出现这种现象呢? 水土不同。现在这个人在齐国不曾偷盗,而一到了楚国,便开始偷东西了,难道不是楚国的水土使民善盗吗?"

晏子这样说是有道理的,秦岭—淮河一线作为长江水系与黄河水系的分水岭及广义上南方与北方的分界地,是暖温带和亚热带的分界线,也是湿润地区和半湿润地区的分界线,一月份0℃等温线和800毫米等降水量线都从这里通过。桔生长在南方,那里水热条件好,适合于它的生长,果实就甘甜味正。倘若移至北方,由于水热条件差,因而果实也就苦涩干酸。

楚王默然,良久,叹道:

"寡人本来打算让您在今日受辱,哪里想到竟被您嘲笑了,这是寡人的过错,见谅寡人吧!"

于是楚王善待晏婴,晏婴圆满完成了使命,回到齐国。晏婴面对着国强而盛气凌人的楚王,毅然予以反击,他昂然不屈,除了维护个人的名声,最终目标还是在保持齐国的声威。

而在国内,晏子也巧妙地运用自己的谋划,除掉了可能威胁国家安全的三个隐患。

当时齐国有三个大力士,一个叫公孙捷,一个叫田开疆,一个叫古冶子,号称"齐国三杰"。他们因为勇猛异常,仗着齐景公的宠爱为所欲为。当时,齐国的田氏,势力越来越大,田开疆正属于田氏一族,晏子很担心"三杰"为田氏效力,危害国家。

一天,鲁昭公来齐国访问,齐景公设宴招待他们。鲁国是叔孙恪执行礼仪,齐国是晏子执行礼仪。"三杰"佩剑立于堂下。正当两位国君喝得半醉的时候,晏子说:

"园中的金桃已经熟了,摘几个来请二位国君尝尝新吧!"

齐景公传令派人去摘。晏子说:

"金桃很难得,我应当亲自去摘。"

不一会儿,晏子领着园吏,端着玉盘献上六核桃子,恭恭敬敬地献给鲁昭公、齐景公每人一个金桃。齐景公又请二位执礼大臣各吃一个金桃。晏子说:

"盘中的两个金桃,请传令各位臣子,说一说自己的功劳。谁功劳大,就赏给谁吃。"

齐景公便传下令去。公孙捷走了过来,得意扬扬地说:

"我曾跟着主公上山打猎,忽然一只吊睛大虎向主公扑来,我用尽全力将老虎打死,救了主公性命,如此大功,还不该吃个桃吗?"

晏子说:

"冒死救主,功比泰山,应该吃一个桃。"

听到这话,第二个入套的古冶子喊道:

"打死一只虎有什么稀奇！我护送主公过黄河的时候,有一只鼋咬住了主公的马腿,一下子就把马拖到急流中去了。我跳到河里把鼋杀死了,救了主公,像这样大的功劳,该不该吃个桃?"

景公说:

"这是盖世奇功,理应吃个桃。"

晏子急忙送给古冶子一个金桃。田开疆眼看金桃分完了,急得跳起来大喊:

"我曾奉命讨伐徐国,杀了他们主将,抓了 500 多俘虏,吓得徐国国君称臣纳贡,邻近几个小国也纷纷归附咱们齐国,这样的大功,难道就不能吃个桃子吗?"

晏子忙说:

"田将军的功劳比公孙将军和古冶将军大十倍,可是金桃已经分完,请喝一杯酒吧!"

田开疆手按剑把说:

"杀鼋打虎有什么了不起！我跋涉千里,出生入死,反而吃不到桃,在两国君主面前受到这样的羞辱,我还有什么脸活着呢?"

说着挥剑自刎了。公孙捷大吃一惊说:

"我的功小而吃桃子,没脸活了。"

说完也拔出剑来自杀了。古冶子沉不住气说:

"我们三人是兄弟之交,他们都死了,我怎能一个人活着?"

说完也拔剑自刎了。这样晏子把三个勇士分而治之,还省了自己动手。

三、游刃有余的张仪

张仪是战国著名的纵横家之一,连横术的首创者。

《战国策》记载张仪与苏秦是相对立的一纵一横,互相著文攻击对方,《史记》中称其为魏国贵族后裔,"尝与苏秦俱事鬼谷子先生学术",说在苏秦发迹后,张仪受苏秦激励而入秦,又记张仪之卒在苏秦之后,这些和史实不符。

根据学者的考证,张仪在前,苏秦在后,和张仪同时的是公孙衍、惠施、陈珍等人。苏秦是张仪死后才在政坛上初露头角的。在纵横家中张仪显然是苏秦的前辈。《史记》记张仪的年代基本正确,而把苏秦的经历提早了约 30 年。

秦惠文王即位以后,继续坚持孝公时代"任人唯贤"的方针,许多外国的"士"纷纷投向秦国。

公元前329年,张仪来到秦国,被秦惠文王拜为客卿,直接参与谋划讨伐诸侯的大事。这时公孙衍担任秦国的大良造。

公元前328年,张仪与公子华带兵攻打魏国,一举拿下魏国的蒲阳城。张仪乘机推自己的连横政策出笼,建议秦王把蒲阳归还魏国,并且派公子繇到魏国去做人质,而他将利用护送公子繇入魏的机会与魏王接近,游说魏王投靠秦国。

入魏以后,张仪对魏王说:

"秦国对待魏国可是真心实意的好啊!得到城邑不要不说,反而又送人质来到魏国,魏国怎么说也不应对秦国失去礼节呀,应该想办法来报答一下吧?"

魏王问道:

"怎样来报答呢?"

张仪说:

"秦国只喜欢土地,魏国如果能送一些地方给秦国,秦国一定会把魏国视为兄弟之国。如果秦魏结成联盟,合兵讨伐其他诸侯国,魏国将来从别的国家取得的土地肯定会比送给秦国的土地多很多倍。"

魏王被张仪说动了心,于是把上郡15县和河西重镇少梁献给了秦国,从此秦魏和好。张仪的连横政策首战告捷。至此,黄河以西地区全部归秦所有。

张仪回到秦国,立即被秦王提拔为相,代替了公孙衍的大良造职位。公孙衍因得不到重用遂离秦奔魏。

公元前326年,惠文王任命张仪为将,率兵攻取魏国的陕,并将魏人赶走,同时在上郡筑关塞。这一事件引起魏国的极大惶恐,于是在当年和下一年(前323年)接连两次与齐威王相会,企图依靠齐国对抗秦国。

由于张仪从中挑拨离间,又极力为秦国拉拢齐国和楚国,齐国不仅不帮助魏国,反而与楚国共同打击魏国。由秦归魏的公孙衍趁机发动"五国相王",使魏、韩、赵、燕、中山五国互相尊重,同时称王,结成联盟,借以增强魏国的防御力量。楚国却迎头给魏国浇了一头冷水,就在"五国相王"的当年,发兵攻魏,在襄陵大败魏军,占领了八个城邑。

由于齐、楚的破坏。五国相王没有达到预期效果,因而魏惠王更加憎恨齐、楚二国。

公元前 323 年,张仪约集齐、楚、魏三国执政大臣在啮桑相会,试图为魏国调停,以讨好和拉拢魏国。魏惠王果然放弃公孙衍的合纵政策,而接受了张仪的联合秦、韩以对付齐、楚的政策。

公元前 322 年,张仪为了使魏国进一步臣服于秦国,辞掉秦国相位,前往魏国。魏王立即用他为相,张仪寻机为秦国拉拢魏王。不久,魏王派太子入秦朝见,向秦表示归顺。张仪在魏国担任了四年相国,作为秦国间谍的面目暴露无遗。魏国驱逐了张仪,拜公孙衍为相。张仪于公元前 318 年又回到秦国,秦惠文王仍然启用他为相。

公元前 316 年,张仪与司马错带兵入蜀,灭蜀为郡,接着又攻灭苴国和巴国。据《华阳国志》记载,公元前 316 年,张仪率军灭掉了巴国,筑江州(今重庆市渝中区)城。

尽管张仪本人第二年便离开了江州,虽然现在已无从确知张仪所筑之江州城的具体位置。但经学者考证,张仪筑江州城之事应属信史。从西汉扬雄《蜀都赋》描述江州城"分川并注,合乎江州"来看,其城大概就在今重庆主城区朝天门、望龙门、千厮门、小什字之间。重庆地区,也因张仪筑江州城始有了真正意义的"城"。

修鱼之战后,齐国出兵打败了赵和魏,并与楚国结成联盟。齐是东方的强国,楚则虎视于南方。因此,齐楚联盟成了秦国的心腹之患,而离间齐楚联盟,削弱齐楚力量就成为秦向东扩张过程中的关键一着。

公元前 313 年;张仪再次辞掉秦国相位,向南去拜见楚怀王。他对怀王说:

"如果大王能够与齐国断绝关系,臣下将请求秦王把 600 里地方献给楚国。这样,齐国就一定会被削弱,齐国被削弱了,大王就可以使役齐国。"

楚王十分高兴地应允了。他被张仪承诺的利益迷住了。

回秦后,张仪称病三月不上朝,楚怀王得不到土地,以为秦嫌楚与齐断绝关系不够坚决。因此特派勇士前去辱骂齐王。齐王大怒,一面与楚彻底断交,一面派人入秦与秦王商议共同伐楚。

目的达到,张仪出见楚国使者,告诉他"从某至某,广袤六里"送给楚王。楚使回报怀王。怀王暴跳如雷,大骂张仪是出尔反尔的小人,气冲冲地要兴兵伐秦。陈轸此时又建议怀王联秦抗齐,怀王盛怒之下,一心只想报复张仪,又一次拒绝了陈轸的正确意见,派兵进攻秦国。

公元前 312 年,楚国与秦齐大战于丹阳,结果楚军大败,屈匄、逢侯丑和受封有爵位的将领共 70 余人被俘,8 万楚军被消灭,汉中郡也被秦夺走。

公元前 311 年,秦国派人与楚国谈判:愿分汉中之地与楚,以同楚结盟。然而,怀王对张仪耿耿于怀,宁可不要汉中之地,而要张仪以解心头之恨。早就看出楚怀王弱智的张仪闻讯,欣然赴楚。

张仪一到楚国,就被怀王囚禁起来,准备杀掉以祭先祖。但张仪使用种种手段,通过楚国大夫靳尚,向怀王夫人郑袖说情,郑袖请求把张仪放掉,与秦和亲。怀王受夫人蛊惑,又害怕得罪秦国,加上仍贪于土地,权衡再三,最后下令把张仪释放,并且还客客气气地招待他。

张仪又趁机用虚幻的利益来引诱怀王,他承诺说:

"秦国出兵攻打卫都和阳晋,一定会堵塞天下的关口。大王出动全部军队去进攻宋国,不用几个月宋国就可以拿下来,拿下了宋国,然后一直向东,那么泗水边的众多小国就全归大王所有了。"

"现在秦国和楚国接境连界,本来是地缘亲近的邻国。大王如果能听取我的意见,我将让秦国太子到楚国做人质,楚国太子到秦国做人质,长久作为兄弟邻邦,永世互不攻伐。我认为没有比这更好的计策了。"

一席话说得楚怀王连连点头称是,马上同意与秦和好,并送走了张仪。不久屈原出使归来,问及怀王为什么不杀张仪时,怀王才明白自己又上了当,派人去追却为时已晚了。

张仪离开楚国,接着就前往韩国,游说韩王。韩王听信了张仪的计策,表示与秦通好。张仪这才回到了秦国,向秦惠文王禀报了情况,秦惠文王念其功劳卓著,遂封其为"武信君",并赐封给他五座城邑。

不久,秦惠王死去,其子荡继位,称武王。

秦武王做太子的时候,和相国张仪就有矛盾。武王即位以后,朝中的许多大臣们经常在他面前讲张仪的坏话,说张仪是个言而无信、"左右卖国而取容"的人。张仪为了避免遭到秦王的诛杀,拜见秦王说:

"我有一个成就王业的计谋,但愿您能予以采纳。"

秦王问是怎么样的计谋,张仪回答说:

"为了秦国的长远考虑,当东方各国的合纵联盟破裂以后,您就可以因势利导从邻近的国家割得地盘。现在齐王对我恨之入骨,我到了哪个国家他就必定要发兵来攻伐。所以,我请求启程去魏国,我到了那里,齐国必定会攻打魏国。而当齐、魏两国的军队打得难解难分而不能自拔的时候,您就乘机发兵攻伐赵国,兵入三川。这样,您也就可以不费多大气力而能兵临周天子的城下。周天子的府藏重器也就不得已送给秦国,而您则可趁此挟天子以令诸侯,这对成就秦国一统天下的伟业是很重要的。"

秦武王果然让张仪去了魏国。而齐国闻知张仪到达魏国,也的确兴师伐魏了。但张仪已达到了安全离开秦国的目的,于是他通过派自己的门人去楚国,而后又借助楚国的使者到齐国向齐王通告了张仪与秦王的谋略,结果,齐王马上就撤兵回国了。

公元前310年,张仪病死。至此,一代纵横家张仪的历史画上了句号。

从公元前328年开始,张仪运用纵横之术,游说于魏、楚、韩等国之间,利用各个诸侯国之间的矛盾,或为秦国拉拢,使其归附于秦;或拆散其联盟,使其力量削弱。但总的来说,他是以秦国的利益为出发点的。在整个秦惠王时期,他不仅使秦国在外交上连连取得胜利,而且帮助秦国开拓了疆土,因此可以说他为秦国的强大和以后统一中国立下了汗马功劳。

尽管张仪不讲信义,在外交场上运用欺骗伎俩,为人们所不齿,但仅从一个使者的角度来看,他是出色地完成了每一次外交任务。而且作为纵横家的一代鼻祖,他开创了一个局面,为后世的外交家们在辞令和外交技巧等方面提供了一种范式。

四、妙语连珠的陈轸

陈轸是楚国人,先在楚国,得不到重用,就跑到了秦国,和张仪一起为秦惠王做客卿。

有一次,陈轸充当秦国的使者访问齐国。楚怀王派大将昭阳领兵伐魏,连破八城,大胜。接着又要进攻齐国,齐王十分着急。于是,陈轸自告奋勇地替齐国去见昭阳,对昭阳讲了画蛇添足的著名寓言故事。

讲完故事,陈轸就劝昭阳在伐魏胜利之后,应当知道大功已经告成。如果再攻齐国,无异于画蛇添足;万一不胜,反而要前功尽弃。昭阳听从了陈轸的话,于是退兵。

陈轸和张仪因为在秦惠王面前争宠,张仪便在惠王面前说陈轸的坏话:

"陈轸带着重金,驾着轻车,往来出使秦楚两国之间,本为秦楚两国的友好关系。而如今,楚国对秦并不友好,而对陈轸个人却很友好,这说明陈轸为楚国的利益考虑的多而为秦国利益考虑的少啊！陈轸打算离开秦国前往楚国，你何以不随他去呢？"

秦惠王于是召见陈轸，询问他是否要离开秦国，前往楚国，陈轸说："我愿意到楚国去。我离开秦国一定去楚国，是为表明我是不是私下投靠了楚国。过去楚国有一个人娶了两个妻子，你听过他的故事吗？"

秦惠王说："没听说过。"

陈轸于是给他讲了这个故事。

楚国有人娶了两个妻子，有个青年去勾引那位年纪较大的，结果被骂了一顿。又去勾引那个年纪小的，她也反过来勾引他。过了不久，那个做丈夫的死了，有人问那个青年："要是让你挑选其中一个的话，你要娶哪一位呢？"

那青年说："要年岁较大的。"

问话的人有些不解："大老婆不是骂过你，小老婆不是勾引过你吗？为何反而要娶骂你的呢？"

那人回答说："如果作为一个外人，我当然希望她能接受勾引；但要做我的妻子，我就希望她能拒绝并责骂其他挑逗她的人。"

陈轸接着说："楚王是明君，昭阳是贤相。假如我作为秦的臣子却经常把秦国的机密情报交给楚国，楚王将不会收留我，昭阳也不会任用我为属官。我又何必前往楚国呢？"

陈转出去后，张仪进来了，问秦惠王说："陈轸是不是真的要往楚国了？"

秦惠王说："是这样。"

张仪说："如果陈轸没有为楚国效力，楚王凭什么想接纳他呢？"

秦惠王便又把张仪的话对陈轸讲了，陈轸说："是这样的。"

秦惠王说：

"那么张仪说的话都是可信的了。"

陈轸说：

"不仅仅是张仪明白，随便从路上拉个人都明白这个道理。伍子胥忠于君主，天下的所有君主都争着接纳他为自己的臣子；曾参、孝已都是孝子，都很爱自己的双亲，而天下所有当父母的，都愿意有曾参、孝已那样的儿子。所以，假如要卖婢妾，没有出胡同就卖出去了，那一定是非常好的婢妾。被休弃的媳妇如果又嫁给了本乡本土的人家，那一定是个好媳妇。如今我假如对秦国君主不忠，楚王又怎么会把我当作忠实的臣子呢？忠心耿耿反而被抛弃不用，我不往楚国又该到哪里去找归宿呢?"

秦惠王认为他说得有道理,于是重新厚待陈轸。但最终秦惠王还是任命张仪为相。张仪最初向秦惠王说陈轸的坏话时说:

"陈轸还是对楚国好,为楚国请求土地非常卖力。"

左爽对陈轸说:

"张仪与惠王关系好,惠王非常信任他。你虽然不愿听,我还是要奉劝你,可以把张仪的话作为证明,从而使你能重新回到楚国去。"

陈轸说:

"好吧。"

他便派人将张仪的话捎给楚王,楚王很高兴,愿意重新接纳陈轸。于是陈轸便逃往楚国去了。楚国并没有重用他,却派他出使秦国。陈轸路过魏国时,想要看望犀首。

犀首推辞不见。陈轸说:"我是为要事而来,你不见我,我就要离开这里了,不能等到其他日子。"

犀首便会见了陈轸。陈轸问:"你怎么喜欢饮起酒来了呢?"

犀首答说:"没有工作做啊。"

陈轸说:"请让我使你的工作多起来,行吗?"

犀乎问道:"能怎么办呢?"

陈轸说:"魏相田需邀约各国诸侯合纵联盟结好,楚王持怀疑态度而不相信他。你去对魏王说:'我与燕、赵两国的国君有旧交,他们多次派人来对我说"你闲着没事怎么不来见见面",我希望到他们那里去拜见一下。'魏王即使同意你,你也不必多要车辆,只需把 30 辆车子摆在庭院内,公开说要到燕、赵两国去。"

燕、赵两国的在魏国做客的人听到这个消息,忙飞车禀告各自的国君,两国都派人到魏迎接犀首。楚王闻知此事大怒,说:"魏相田需来与我结约,而他们的犀首却前往燕、赵两国,这分明是欺骗我啊!"

楚王愤怒之下,不理会田需的建议,齐王听说犀首去北方,也派人把国事托付给他。犀首于是启程,燕、赵、齐三国的相国事务都归犀首决定。

不久,秦国攻打韩国的宜阳城,韩宣惠王很着急。公仲朋告诉他说:

"盟国不可以依靠,不如通过张仪去和秦国讲和?为此用一个著名的大城去贿赂秦国而和秦国一起向南讨伐楚国,这样就从那里解除了韩国的祸患,而

·鬼谷子开创的纵横术·

图文珍藏版

使祸害集中到楚国去了。"

韩宣惠王于是准备派公仲朋到西边去和秦国讲和。楚怀王听说这件事后很害怕,召见陈轸问:"韩国的公仲朋将往西边与秦国讲和,如今我们怎么办?"

陈轸于是给怀王出了一个虚张声势的主意,他说:

"大王还是赶快督促可信任的臣子,派出多辆车,带上很多钱币去贡奉韩国,去说:'敝人的国家虽然小,兵卒已全部动员起来了,希望贵国不要委曲自己的意志向秦国求和。为此,请贵国派使者到我们国境里来视察一下楚国所动员起来的士兵。'"

韩国派使者到楚国,楚怀王就调动兵马士卒陈列在通向韩国的大路上,对韩国使者说:"请你报告韩王,说敝国的军队今天将要进入韩国的国境了。"

使者立即回去报告韩王,韩王十分高兴,便阻止公仲朋去向秦国求和。公仲朋说:

"不可以。真正以实力显示给我们的,是秦国;用空话来救援我们的,是楚国。听信楚国的空话而看轻无视强大的秦国带来的实际祸患,那是危害国家的祸根啊。"

韩王不听公仲朋的劝谏,公仲朋愤怒地回家了,十天都不来上朝。宜阳城更加危急了,韩王便命令使者去督促楚国,使者的冠盖在路上蝉联不断可以互相看到,但救兵却没有到来。最后宜阳城结果被攻破了,韩王成为诸侯的笑料。

公元前331年,张仪到楚国去游说楚怀王,劝他和齐国绝交,并表示秦国愿意把商于方圆600里的土地献给楚。楚怀王听后高兴极了,赶紧在朝廷里宣布,说:"我得到了商于方圆600里的土地!"

群臣知道这消息都纷纷贺喜,陈轸最后晋见,根本就不道贺。

楚王诧异地问:

"我不发一卒,不伤一人,而得到商于600里地,我认为这是外交上的一大胜利,朝中文武百官都道贺,为什么贤卿单单不道贺呢!"

陈轸回答:

"我看商于之地不能得到,反而会招惹祸患,所以不敢随便道贺。"

怀王责问:

"什么话呢?"

陈轸回答说:

"秦国所以重视大王,是因为大王有齐国这样一个强大的盟邦。如今还没有得到秦的土地,却先断绝齐国的外交,楚国就孤立无援了,秦又怎么会重视一个孤立无援的国家呢？何况如果先叫秦割让土地;楚国再去跟齐国绝交,秦国必不肯这样做。要是楚国先断绝了齐国的邦交,而后要求秦国割让土地,将受到张仪的欺骗而得不到土地;受了张仪的欺骗,大王必定痛恨他。结果是西面惹出秦国的祸患,北面断绝了齐的邦交,这样两国的兵必定会逼临楚国的。"

楚王不但不听,反而申斥道:

"我的事筹划好了,你闭住这张乌鸦嘴,不要再说了,等着瞧我的!"

于是楚怀王就派人到齐国去宣布断交,派去的人还没回来,又派出第二批绝交团。

然而最终为陈轸所言中,怀王被张仪所欺骗,大为震怒,准备发兵攻打秦国。这里陈轸走过来请示道:

"现在我可以说话了吗?"

怀王没好气地说:"可以!"

陈轸说:

"攻打秦国,不是办法。大王倒不如趁机再送给秦国一个大城市,跟秦连兵伐齐,这样或许可以把损失于秦国的,再从齐国补偿回来,楚国不就没有损失了吗？大王如今已跟齐国绝交,还要去责备秦国失信,那就等于是在促进齐秦两国的邦交。要是如此,到时候楚国必定损失惨重。"

楚怀王仍然没有采纳陈轸的话,还是派兵攻打秦国。于是,秦齐两国组成联合阵线,韩国跟着也加入军事同盟,结果楚国在杜陵被三国联军打得惨败。

五、朝秦暮魏公孙衍

公孙衍(公元前 475 到公元前 221 年),号犀首,魏国阴晋(今陕西华阴东)人。战国时期纵横家。公孙衍主张合纵,张仪宣扬连横。他们在政治上和私人关系上都是对手。

公孙衍最初在秦国任大良造(掌握军政大权的高官)。秦王很喜欢公孙衍,时甘茂为相。有一次私下对公孙衍说:

"寡人将任命你当宰相。"

甘茂的一个部属偷听到了,转告给甘茂。甘茂于是入宫拜见秦王,说:

"恭喜大王将得到一位贤相,我特来道贺。"

秦王有点心虚地说：

"寡人将国事都托付给你，哪里还需要什么贤相呢？"

甘茂说：

"大王您不是要任命公孙衍当宰相了吗？"

秦王一听，心里一惊，忙问：

"你是听谁说的？"

甘茂回答：

"是公孙衍自己说的啊！"

秦王于是对公孙衍的泄密感到极为愤怒，就将他驱逐了。公孙衍离开秦国，到魏国做了将军。因为此时魏国处于衰弱期，国力不济，于是他就主张拉拢别国，联合出击取胜。

他首先拉拢的对象就是大国齐楚。公孙衍开始取得成功，于是便出现了在公元前325年齐魏联军打败赵国的事件。

既然打败了赵国，就可能会攻打秦国，为了防止齐楚魏合纵对秦国带来的军事威胁，张仪于是开始了破坏合纵的策略，软硬兼施，其方法有二：硬的就是率兵攻打魏国，迫使魏国放弃合纵而亲秦；软的就是与齐楚两国相会，拉拢齐楚。结果张仪成功地破解了魏齐楚的三国合纵。

公孙衍在"欲以魏合于齐楚以按兵"的策略失败之后，又开始预谋拉拢韩、赵、燕、中山四国，于是在公元前323年便提出了历史上有名的"五国相王"事件。也就是说，这五国一起互相承认对方称王，由于魏国早已经称王，这实际上是抬高了赵燕中山三国的君主身份（韩也在此前称王），达到合纵的目的。

但是这个提议刚一提出，就遭到了齐国的反对，因为齐国也是王，抬高了他们，也就相对的贬低了齐王。于是，齐国就借口中山太小，没有资格称王，否定这件事情的合法。

此时，楚国也开始反对。上次魏齐联盟，就把赵国打败了，这次五国同盟，说不定就会拿楚国开刀，于是楚国开始极力拉拢魏国。其方法也是软硬兼施，一是打算废掉魏国现任太子，立在楚国的魏公子为太子；二是派兵攻打魏国，表明自己的实力，也是压迫魏国。

同时，"五国相王"也是秦国不愿看到的，于是张仪也是极力破坏。在各大国的反对下，"五国相王"也就没有取得实质上的成就。

魏国在经历了二次合纵失败后，开始全面倒向秦国，于是在公元前322年立张仪为魏相。这也标志着秦、魏、韩三国连横形成。

公孙衍设法取得韩国当权的支持，破坏张仪联合秦魏的政策。不久，秦国便借道魏韩，发兵攻打齐国。然而齐国现在还很强大，于是秦以失败告终。这场失败也使得魏国内部亲齐的势力抬头。

不久，张仪就免相回秦，公孙衍为魏相。公孙衍是主张合纵的，又是各国推选上去的，这也表明山东各国合纵形成。

于是在公元前318年，三晋、燕、楚五国伐秦。但由于各国利害不同，实际出兵的只有韩赵魏三国。

公元前316年，魏襄王为了争取齐国支持，使用田需掌握着大权，与公孙衍发生矛盾。公孙衍因此向魏王建议：

"靖郭君田婴现在对齐王影响很大，大王想得到齐国的支持，为什么不召田婴的儿子孟尝君田文来当臣相呢？"

经魏王同意，公孙衍东行到齐国，见到田婴并与之倾谈，召孟尝君到魏国当臣相，而公孙衍自己在韩国当相。由于公孙衍为韩相和田文为魏相，在齐相田婴的支持下，合纵的形势又好转了。就是从这次参与合纵，公孙衍奠定了自己作为合纵首创者的地位，而孟尝君则成为公孙衍的合作者和继任者。

楚国的陈轸也是一个纵横家，到魏国的时候，特意献计于公孙衍。他说：

"魏相田需约诸侯纵亲，楚王疑而未信。如果您请求魏王，说您与燕赵之王有交情，多次有使者来邀请相见。魏王如答应了您，给您车子，你也不必多要，有30辆车就可以了。您把车子陈列在庭中，公开宣称，要到燕国和赵国去。"

公孙衍照办了，燕赵派使者迎公孙衍到他们的国中。楚王听说后大怒，以为田需欺负他，就全不听从田需的话了。而齐国听说公孙衍要到燕赵去，也派人以国事相托。于是，公孙衍行三国相事，有了相当大的权力。

西戎义渠跟魏有往来。有一次，义渠君朝魏。公孙衍就趁这个机会，劝告义渠君加强对秦的警惕。他说，如中原无事，秦就要对你们烧杀掠夺；如果中原有事，秦将轻使重币去同你们交好。

后来，五国攻秦。恰巧这个时候，秦以文绣千纯，美女百人赠送给义渠君。义渠君集合群臣议论这件事。义渠君说，这就是公孙衍当年所说的那种情况了。于是，西戎起兵袭秦，大败秦军。

尽管如此，五国在与秦军的对阵中还是铩羽而归。魏国本来是打算亲秦的，只是秦国伐齐失败，迫于压力合纵，于是在失败后便向秦求和。

公元前315年,秦军向韩的中原地区进攻,战于浊泽(今河南长葛西北),主张和秦连横的韩国大臣公仲朋,认为不如通过张仪讲和,给予秦一个都邑,与秦一起伐楚。

韩王赞成这个建议,将使公仲朋入秦。楚怀王招陈轸来商量,陈轸认为要避免秦韩联合伐楚,要假装出兵救韩模样,在从楚方城通向中原的大道上布满战车,派信臣进见韩王,报告来救大军己出发,使韩绝和于秦。

楚王就这样做了。当楚的信臣来到时,韩王大悦,就命公仲朋取消入秦求和之计。公仲朋认为一定是陈轸的诡计。韩王不听公仲朋的话,就绝和于秦。秦因此大怒,派樗里疾统率大军进攻,相战到下一年,楚的救兵不到,秦大败韩军于岸门。这是公孙衍合纵的又一次大败,他本人也被打得临阵逃脱了。

韩不国得不向秦屈服,把太子仓入质于秦。这是公元前314年的事。次年魏襄王就入秦和秦惠文王在临晋相会,魏王按照秦王的意见,立了亲秦的公子政为太子。张仪所主持的秦和韩、魏连横的形势再度出现,公孙衍只能望洋兴叹。

《史记》有公孙衍传,系附于张仪传。《战国策》也只有几条零星的记载。《孟子·滕文公下》说:"公孙衍张仪,岂不诚大丈夫哉!一怒而诸侯惧,安居而天下熄。"可见,公孙衍在当时一些人的心目中是与张仪齐名的,但传下来的事迹不多。

六、六国为相的苏秦

苏秦,字季子,东周洛阳轩里人据(今洛阳东郊太平庄一带),是战国时期与张仪齐名的纵横家。

苏秦出生于洛阳,就近在洛阳去求见周显王,奏以强国之术。显王左右的臣属都知苏秦出身农贾之家,怀疑他是纸上谈兵,没啥真才实学,都不肯保举他。

后来,他又到秦国,向秦国国君嬴驷推销过统一中国的策略。嬴驷刚刚杀了公孙鞅,正在讨厌所有的外国人,苏秦碰了一鼻子灰,把旅费耗尽,几乎是乞讨着回到故乡。

正在织布的妻子看见久别的丈夫落魄归来,连身子都没有移动。苏秦向他正在煮饭的嫂嫂索饭充饥,他嫂嫂好像没有听见。苏秦惭愧之余,改变主张,提出对秦国采取合纵对抗政策。

再下功夫研究国际局势跟着主们的心理，疲倦的时候，他用铁锥猛刺自己的双腿，血流遍地。他再度出发，先去见燕昭王，这一次他获得突破性的成功。

当初，燕王晚年让位给大臣子之，引起太子平和将军市被的叛乱。齐国趁机派兵攻燕，仅50余天就占领燕国全境。燕国因此残破。赵武灵王护送燕公子职回国，立为燕昭王。

苏秦

燕昭王广纳贤士，积极准备对齐国进行大规模的军事报复行动。苏秦在这时来到燕国。昭王派他到齐国交涉仍被齐占领的燕国土地。

苏秦到齐，对齐宣王说：

"燕昭王是秦穆公的女婿，有强秦作后盾。齐占燕地，必然是燕和秦都不满于齐。如果大王能把所占的燕国十城之地交还燕国，那么燕和秦反而会感激大王的恩德。大王即可以秦燕为支持，号令天下。天下亦莫敢不从，则齐国霸业可成。"

宣王大喜，归还燕国旧地。苏秦归燕，受到燕昭王的重用。

苏秦洞察了昭王想攻齐的意图，献计于昭王道：

"我们虽然收回了被齐占的土地。然而当年亡国之恨不可以不报。如果使齐西劳于宋，南疲于楚，我们即可趁机发动进攻，一举灭齐。我请求到齐国说宣王攻宋。"

燕昭王遂拜苏秦为上卿，出使齐国。秦国一向与宋国交好，齐伐宋就必须与秦断绝关系。恰好秦派人到齐国商议共同称帝的事，苏秦趁机劝说齐王：

"齐秦并立为帝，天下人是尊齐还是尊秦？"

齐王说：

"当然是尊秦了！"

"那么齐放弃帝号，天下是爱齐呢，还是爱秦？"

"当然是爱齐了！"

"两帝并立，共约伐赵，与齐军独攻宋，哪一个更有利呢？"

齐王回答：

"当然伐宋有利！"

苏秦接着劝齐王道：

"如果我们同秦一样称帝，天下只尊秦国，如果我们放弃帝号，天下就爱齐而称强秦，共约伐赵又不如单独伐宋。所以，我主张放弃帝号以顺应天下。"

齐王听从苏秦建议，联合赵国在阿地会盟，约定共同抗秦，秦齐关系恶化。苏秦趁机劝齐王攻宋，燕为了取得齐的信任，派兵协助齐国。宋在联军攻击下，割淮北地求和，而齐国实力也因战而衰弱。

苏秦继续做削弱齐的工作。他劝齐王大兴土木，纵情享乐，对外则大肆战争，广树仇敌。齐秦关系恶化，再加上齐攻宋国，秦王非常震怒。苏秦劝齐王先采取军事行动，以打击遏制秦势力的发展。

齐王对燕怀有顾虑。苏秦为燕辩解说：

"燕国国小力弱，一向依附于强齐，而齐之所以能号令天下，也正是有了燕的支持。这种友好关系是燕国人心所向，怎么会对齐有异心？"

齐王释然。于是，苏秦出使，为齐王合纵攻秦而奔走。

据《史记》记载：苏秦洛阳之行，使其威风至极，时"周显王除道，使人效劳"；其"昆弟妻嫂侧目不敢仰视，俯伏侍取食"。这时的苏秦真是荣耀之至。但是，他没有因自己的显贵而不可一世、耀武扬威。他发出"此一人之身，富贵则亲戚畏惧之，贫贱则轻易之，况众人乎"的感叹。他慷慨地把钱财分散给众亲友，并一一回报曾经有德于他的人。

苏秦分别游说韩赵魏燕四国国君，各自出军兵粮草，以攻秦国，推选赵国宰相奉阳君为合纵长，而齐国实际上却是合纵的真正组织者和指挥者。齐国名义上合纵攻秦，其实不过是借齐制秦，使其不能抽身救宋，齐好再次攻宋。苏秦极力主张强攻秦国，然而齐既不卖力，赵韩魏燕自然也都互相推让而逡巡不进。因此联军始终未与秦发生大规模的战争。尽管如此，齐劳师袭远，仍然大损国力。

齐王发动攻秦的同时，展开了对宋的第二次进攻。苏秦见各国离心，便暗中劝在魏国的孟尝君：

"昔日您在齐国时，为齐立下盖世之功，而齐王暗昧，不但不重用，而且使您背井离乡，远来归魏。今又弃信义于不顾，玩弄联军各国。燕军有攻齐意，赵国也早对齐怀恨，如果联合起来东击齐国，则中原势大，魏和先生您也定会名动天下。"

　　孟尝君答应了苏秦的建议。苏秦又劝说齐王同秦求和:

　　"魏赵距秦近而齐地距秦远,如果我们五国合纵不能击败秦,魏赵为了保存国家就肯定要向秦求和,秦一旦同其他国家联合,定会连横来攻打齐。望大王早做准备,先与秦谈和,以免形势被动。"

　　齐王以为苏秦说得很有道理,便抢先与秦做出友好的表示,并打算用亲秦的韩聂做宰相。

　　赵国奉阳君正忙于合纵攻秦,见齐王未商量就先与秦交好,大为恼怒,便联合魏燕要对正忙于攻宋的齐国开战。齐王慌忙从宋撤军,并答应送给奉阳君土地,奉阳君才停止了攻齐的行动。

　　奉阳君得到齐王关于土地的许诺,与齐的关系又和好起来,而苏秦在暗中进行的对燕赵关系的离间活动,也被奉阳君察觉。奉阳君把苏秦拘留。

　　苏秦向燕王求救,并打算继续进行离间活动。燕王向赵奉阳君提出严重抗议,奉阳君释放苏秦,然而苏秦却再也不能找到机会在赵活动。他想去见齐派至赵的使臣,赵不许。苏秦无奈,离开赵入齐。

　　苏秦入齐之后,燕昭王对他产生了怀疑,因为他以时机未到为辞,几次劝阻燕昭王对齐的进攻,于是昭王打算让别人替换苏秦回国。

　　苏秦被受谗言后,面对燕王的冷遇,他不是据理力争,而是坦诚表白自己。他头脑清醒、审时度势,做出冷静而客观的分析,与那种以礼仪信用来攻击他的论调针锋相对,并用列举事例的方法向燕王证明:

　　"臣之不信,是足下之福也。"

　　燕昭王终于没有撤换苏秦。苏秦为了恶化齐赵邦交,使齐广树仇敌,再劝齐王攻宋。

　　公元前286年,齐灭宋。齐国力也渐渐疲衰。同时由于奉阳君向齐索要封邑,齐赵关系又出现裂隙。苏秦频繁的活动,终被齐王和齐大夫发觉。齐王将苏秦车裂于市。苏秦时年50余岁。

　　苏秦死后,燕赵魏秦韩五国联合,在燕将乐毅的带领下大举攻齐,连陷城池70余座。齐王出逃,被杀。齐国后来虽然又夺回国土,国力却大衰,从此一蹶不振。而燕赵魏秦四国之所以发动这场战争,也在很大程度上是由于苏秦生前活动的缘故。

　　苏秦一生坎坷,历尽艰辛达成了六国合纵之约。在合纵期,秦军不敢窥视函谷关以外的国家。可惜好景不长,由于各诸侯国各怀异心,战火又起,苏秦只好离赵入燕。

燕王因齐夺了燕十城而怨苏秦,苏秦于是入齐劝说齐王归燕十城,他低头祝贺,仰头悲吊,以"宁可受饥,不食乌头"说得齐王终于归还燕十城。岂料回到燕国,燕王竟以"不馆"之礼待他,使他不得不以"小妾"自比,以获得燕王对自己的谅解。

苏秦一生,为了燕国的强大而进行频繁的外交活动,同时又大大影响齐、赵、魏等国的政治决策,为燕伐齐做了准备。他取法诸于百家的学说加以融汇,游说诸侯国君,讲究机谋权变,被推为当时纵横家的代表人物。

不过,司马迁评论苏秦说:

"其术长于权变,而苏秦被反间而死,天下共笑之,讳学其术。"

宋人王安石曾写《苏秦》一诗,认为苏秦临终会为自己未做洛阳田间翁而后悔:

已分将身死势权,恶名磨灭几何年。

想君魂魄千秋后,却悔初无二顷田。

七、如锥入囊的毛遂

毛遂,战国末期大梁人,身为赵公子平原君赵胜的门客,居平原君处三年未得崭露锋芒。

公元前260年,赵王以只能纸上谈兵的赵括代替廉颇守卫重地长平,使得赵国40万大军被困长平,最后全部为秦白起坑杀。前258年,秦乘胜围攻赵都城邯郸,赵王急召平原君商议退敌救国之策。

平原君乃战国四君子之一,此四君子皆以礼贤下士闻名于世。平原君有门客三千,毛遂位居末列。平原君回至府中,言明使楚合纵之事,并欲带家中20个文武双全的食客同往,但只找到了19人,其余的都不理想。

这时,毛遂向平原君自荐。当时平原君并没有看中他,说:

"有才能的人活在世上,好比锥子放在口袋里,锥尖立刻就透露出来。如今先生在我门下已经三年,我身边的人对您没什么称道,我也没听说什么,这表明先生没什么能耐。您还是留在这里吧。"

毛遂道:

"君子言之有理。贤士处世当展其才德,然欲逞才能须有表现机会,君子以贤达仁义、礼贤下士闻名于世,然君子若无赵公子之名分,地位安能显其贤达乎? 毛遂之所以未能崭露锋芒是因无处于囊中的机会,否则,早已脱颖而出,不单单是只露锋芒的问题了。"

平原君暗自称奇,当下应允。而那 19 个门客却对他投以嘲笑的目光。

到了楚国,平原君从容对答,陈说利害,但楚考烈王终因惧怕强秦,犹豫不决。毛遂等 20 人于朝下等候,眼见日上中天,约纵仍未成功。其他 19 人便对毛遂道:"先生上。"

毛遂按剑登上大殿,对平原君说:

"联合抗秦的利害,两句话就可以决定了。今天从早到午也没决断,这是怎么搞的?!"

楚考烈王怒斥:

"还不下去! 我只跟你主人说话,你算干什么的!"

毛遂按剑走向前来:

"大王之所以敢斥责我,只是仗着楚国人多。现在十步之内,大王就不能有所倚仗了! 您的生命操在我的手上。我的主人在面前,您呵斥什么? 当年商汤凭借 70 里之地而王天下,周文王仅凭百里地,却使天下诸侯臣服,又有哪一个凭借了势众人多呢?"

楚考烈王不由得为他的胆识暗暗称奇。毛遂接着说:

"如今楚地 5000 里,强兵百万,这是称霸称王的资本;凭着楚国的强大,天下无敌。白起,只不过是个小小的奴才而已,率领几万兵众,头一仗就拿下楚的鄢和郢,第二仗火烧了夷陵,第三仗就凌辱了大王的先人。这种百世的仇怨,连我们赵国都觉得耻辱,难道大王竟无羞恶之情吗? 联合抗秦的,首先应是楚国,而不是赵国!"

听了毛遂的慷慨陈词,楚考烈王羞愤交加:

"真像先生说的那样,我郑重地以整个国家来听从赵王的命令。"

毛遂紧接着问:

"联合抗秦定了吗?"

"定了!"

毛遂便呼楚考烈王左右:

"取鸡狗马血来!"

左右取铜盘至。毛遂双手托住铜盘,跪献楚考烈王道:

"大王当献血为盟,正式合纵之约,大王先饮,我家主人次之,毛遂再次。"

毛遂左手托定铜盘,右手招呼朝下19人道:

"诸位就于朝下共同歃血吧!你们这些庸碌之辈,所谓'因人成事'者,不就是这样吗?"

于是楚考烈王与平原君歃血为盟,合纵事成。楚考烈王就派春申君黄歇为大将,率领8万大军,奔赴赵国。

最后,赵国在楚魏两国的救援下,击败了秦军。平原君回到赵国,感慨地说:

"毛先生于楚朝堂之上,唇枪舌剑,豪气冲天,不独促成约纵,且不失赵之尊严,大长赵之威风,使赵重于九鼎之吕,毛先生以三寸之舌,而强于百万之师。我赵胜再也不敢说自己善于观察天下的士人了。"

自此之后,毛遂被奉为上等门客。

老子说:"知人者智,自知者明。"只有充分了解自己,又能公正地评价自己,方可鼓起自信的勇气。毛遂乃是藏器待时的智者,他除了懂得"知己""知人"之外,更善于选择时机,把握时机,因此,他是个成功者。后人有一首诗评论毛遂说:

橹樯空大随人转,秤锤虽小压千斤。

利锥不与囊中处,文武纷纷十九人。

八、远交近攻的范雎

范雎,一作范且、字叔,战国时魏人。他年少时学纵横术,但是家境贫寒,没有钱运动,于是投奔魏国中大夫须贾做门客,可以说是英雄末路,一直郁郁不得志。

须贾当时在魏国是"中大夫",这个官位,在聊大夫阶层中属中等,地位并不算太高。有一次,须贾被任命为魏王的使臣,出使齐国,范雎也一起陪同前往。在齐国,他们的外交活动很不顺利,一行人滞留齐国达五六个月之久。

在这期间,齐王听说范雎很有辩才,就派人送给他牛肉、酒以及黄金十两。范雎想婉转拒绝却不敢说,结果须贾看到齐王送礼给范雎,愤怒异常,命范雎收下牛肉和酒,退还黄金。

须贾回去后,却又旧事重提。当时的魏国宰相是魏齐,魏齐听了须贾的报告之后,非常生气,就下令拷打范雎。范雎被打得死去活来,奄奄一息。魏齐命家人把范雎用草席捆卷着丢进厕所。那些喝醉了酒的众家臣,一个个来到范雎面前撒尿,故意羞辱他,并借以警告旁人,不可再出卖国家秘密,以免重蹈覆辙。

范雎在草席里,恳求监守他的差役救他一命。差役就向魏齐谎报范雎已死的消息,魏齐当时也喝醉了酒,答应了差役将范雎拖出的要求,这样范雎才死里逃生,藏匿于民间,化名为张禄。

公元前271年,秦昭王派遣王稽使魏,范雎的密友郑平安趁机向他推荐了范雎。经过一夜的长谈,王稽认定范雎是个不可多得的人才,便将他带回秦国。范雎入秦后一年多,一直没有机会觐见秦昭王。

前270年,秦在丞相魏冉的坚持下跨越韩、魏去攻打齐国的刚、寿二地。自秦昭王即位后,以宣太后为中心,形成了穰侯、华阳君、泾阳君和高陵君等宗亲贵室势力,其权势甚至超过了王室。此次出战,也并非出自昭王本心,范雎抓住这个时机,基于对昭王内心世界的分析判断,向昭王上书,直刺宗室专权,紧紧抓住了昭王的心病,同时又信誓旦旦地保证自己有治国的良策,这样使秦王不得不召见他。

范雎抓住当政者大都喜听恭维之词的心理,在与秦昭王的对话中,首先从对秦的优势入手开始自己的分析。范雎认为秦“四塞以为固,利则出攻,不利则入守”,地理条件优越,经过变法图强,“以秦卒之勇,车骑之众,霸之业可致也”。

果然,昭王面露喜色,缓和了谈话的气氛。接着,范雎批评了当前秦国的政策,造成“闭关15年,不敢窥兵于山东”,而这一切都归罪于为人臣的失职。这里巧妙地为昭王开脱了罪责,果然昭王很诚恳地说:

“寡人愿闻失计。”

范雎考虑到自己初到秦廷,羽翼未丰,不敢言内,便先谈外事,借以观察秦王的态度。他说:

“秦国领土这么大,士卒这么勇敢,去征服诸侯国,就好比用韩国有名的黑犬去抓瘸腿的兔子一样容易。可是秦国却自己封闭了15年,而不敢出征山东,这是穰侯魏丹对秦王的不忠,也是大王计策失误的地方。比如最近大王听信丞相魏冉的话,轻易发兵攻打齐国,我认为这是断送秦国的前程。”

秦昭王疑惑地问:

"攻打齐国有什么错呢？希望你指出我失策之处，愿意听你的批评。"

范雎说：

"穰侯越过韩国和魏国去进攻齐国，这种做法是错误的。因为即使取了胜，大王也不能把得到的土地同秦国连接起来。当初，齐王越过韩、魏两国去攻打楚国，曾占领千里的土地。但最后齐国连一寸土地也未瓜分到，却被韩、魏两国瓜分了。其原因是齐国离楚国远，韩、魏两国离楚国近。依我看，大王应当采取远交近攻的策略。"

秦昭王听得入了迷，接着问道：

"什么叫远交近攻呢？"

范雎说：

"远交近攻就是与离得远的国家订立盟约，减少敌对国家，而对离得近的国家抓紧进攻。这样，占领一寸土地就立即变为秦国的领土；获得一尺土地，便是秦国的一尺领土。韩国和魏国地处中国的中心地带，是天下的枢纽，大王必须亲自征服韩魏这块中心枢纽地区，以威胁楚国和赵国，这样楚国和赵国必然都来依附秦国。楚、赵依附了秦，那么齐国必然非常害怕。这样的话，韩国和魏国就更可以攻取了。"

秦王击掌赞道：

"好极了！"

范雎的远交近攻，旨在分化或防止敌人结成联盟，以便达到各个击破的目的。面对两个或两个以上的敌人，如果先攻打远处的敌人，路途遥远，行军艰难，败多胜少；不如先与远方之敌握手言和，制造友好的假象，集中力量击败近处之敌以后再图远方之敌。

他认为，处理国与国之间的关系需要根据地理位置和利益亲疏来制定不同的政策。对于地理位置较远、利害冲突较小的国家，宜采取远交之法；对于地理位置较近、利害冲突较大的国家，适合先攻打它，这样做不仅容易成功，而且还能为消灭远方之敌创造有利条件。

"远交近攻"的策略具体到秦国的现实，就是处理与韩魏赵楚的关系。范雎说，韩国和魏国处于中原地区的枢纽位置，秦若想成得霸业，必先控制这一地区，然后使赵、楚归附，这样齐国必然会畏惧，一时不敢与秦争锋。在秦的国势强大到压倒各国的情势下，便可一个个消灭魏、韩等，最后灭齐，一统天下。

范雎的一席话使秦昭王大为开怀，秦昭王高兴地说：

"寡人以后就听先生的了！"

秦昭王立即拜范雎为客卿，并按照范雎远交近攻的策略，把攻打齐国的人马撤回来，在两年后改为攻打近邻魏国，攻克怀和刑丘等大片地区。

在秦的凌厉攻势下，六国大为惊恐，企图谋求暂时的联合，共同对付秦国。

有一次，各国的谋臣在赵国邯郸集聚，打算合众而攻秦。范雎深知一旦六国联手，对秦国大为不利；但他同时也明白各国战争已久，积怨太深，且各怀私心，所谓团结，不过是为求得自己的好处罢了。范雎于是派名士唐雎携带大量财物前往邯郸，贿赂各国谋臣，挑拨他们的关系，终于使"天下之士，大相斗矣"。

范雎的一系列功绩使他在秦国的政治地位也大大提高，于是向秦昭王进言说：

"我听说善于治理国家的君主，就是对内巩固自己的威信，对外重视自己的权力。穰侯派出的使者窃取大王的权威，对各国发号施令，在天下结盟立约，征伐敌国，没有谁不听从。有首诗说'果实太多会压折桠枝，折断桠枝会伤害树心；属国大了会危害宗主国，尊崇臣子会使君主卑微'。现在我听说秦国太后和穰侯当权，高陵君、华阳君、泾阳君辅佐他们，终究会要取消秦王。我私下替大王害怕，百年之后，统治秦国的不是大王的子孙了。"

果然，昭王听了十分恐惧，废黜了太后，将穰侯、高陵君、华阳君，泾阳君驱逐回他们的领地。任命范雎为国相，封以应城，号为应侯。

以秦昭王为首的中央政府的权力更加集中了。这是秦国历史上的重大变革。范雎的"固本削枝"的策略从根本上促进了从封建割据走向大一统。

范雎为秦围的统一大业做出了杰出的贡献，"金无足赤，人无完人"。范雎由于其坎坷的经历和个人性格，也暴露出睚眦必报的缺点。范雎做丞相以后，须贾出使秦国，范雎大宴各国使臣，唯独给须贾桌前一堆草料，让他强行吞吃。并且警告说：

"你回去给我告诉魏王，赶紧派人送魏齐的脑袋来！不然，我就派兵踏平大梁。"

魏齐听说后，连夜逃亡，但诸侯国摄于秦国威严，不敢收留，魏齐走投无路，终于拔剑自刎。

而嫉杀白起，则是纯粹的嫉贤妒能了，这导致了在范雎执政后期秦在军事上的一系列失利。

燕国纵横家蔡泽,听说秦国的丞相范雎因自己的亲信郑安平和王稽犯了重罪有可能受到牵连,赶到秦国来向范雎游说。他到咸阳后住进旅店,对店主说:

"你给我拿好酒好菜来,等我当了丞相,会给你丰厚报酬的!"

店主把他的话当作笑话讲给旅客们听。这话很快传到范雎耳中。范雎叫人把蔡泽召来。蔡泽会见范雎,范雎高坐堂上,也不叫他坐,厉声诘问:

"想代我做丞相的人是你吗?"

蔡泽站在一旁回答说:

"正是!"

范雎说:

"是来对我游说,夺我的爵位?"

蔡泽说:

"唉,一年四季,运转不息,成功的退下,将来的上去。你已经应该退下了。"

范雎说:

"我自己不退,谁能让我退下呢?"

蔡泽说:

"人在年轻体壮、头脑灵活的时候,努力建功立业,利于天下,成为人人仰慕的英雄豪杰。既然已经得志,年老体衰,就应该安乐长寿,欢度晚年,让自己的业绩流传后世,这不是很聪明吗?可是像秦国的商鞅、越国的文种,他们都立过大功,功成之后身不肯退、遭到悲惨结局。你愿意做这样的人吗?"

范雎假意回答说:

"有什么不愿意的?商鞅为秦孝公制定新法,使秦国民富兵强,扩地千里;文种使越国转弱为强,并吞了强大的吴国,为越勾践报了深仇。他们虽然都遭杀害,但功在当时,名传后世,为什么不愿做这样的人呢?"

范雎这时虽然嘴硬,但已被蔡泽点中了要害。蔡泽说:

"作为一个贤良的臣子,谁不想有个圣明的君主?光有贤臣,没有明君,国家还是灭亡的例子,从古以来就有。商鞅、文种不幸遇害,难道他们是想用死的代价来成名的吗?所以大丈夫处世,身名俱全的是上等;名传下了,而身已死,是次等;名声败坏,身体还在,这是下等。你要做哪种人呢?"

范雎走下堂来,连声称赞:

"说得好!说得好!"

蔡泽又追问范雎：

"你说愿意做商鞅、文种，请问：今天的秦王，在信任忠臣、厚待故旧方面，比起秦孝公怎样？"

范雎不敢直说，只好说不知道。蔡泽又问：

"你想想自己的功绩，比起商鞅、文种如何？"

范雎面露惭愧地说：

"不如他们。"

蔡泽说：

"秦王在亲信功臣方面不会超过秦孝公；你的功绩也不高于商鞅、文种，而你的俸禄却大大胜过他们。他们尚且不能免祸，何况你呢？你今天的富贵已到达顶点，依然贪恋富贵，不肯急流勇退，恐怕商鞅、文种那样的祸事你是难以避免的了！所谓'日中必移，月满必亏'，你何不在这时交出相印，推荐有才智的人担任？名义上是让贤，实际是卸去重担。然后欢度晚年，免除后患，有什么不好？"

范雎请蔡泽上坐，用接待贵客的礼节对他，设宴款待。第二天入朝，范雎向秦王推荐蔡泽。秦王把蔡泽召来，问他并吞六国独霸天下的事，蔡泽从容对答，深得秦王的欢心，立即拜他为客卿。

范雎接着借口生病，归还相印。秦王不准。范雎从此装病不起，不去上朝。秦王便拜蔡泽为丞相，代替范雎。范雎平安地度过了晚年，善终于封地应。

范雎相秦十余年，对秦国的历史发展起到了继往开来的推动作用。尽管他也难以避免政治品格上的瑕疵，但仍不失为秦国历史上的名相。

九、少年老成的甘罗

甘罗，秦国下蔡人，祖父甘茂，是秦国一位著名的人物，曾担任秦国的左丞相。"将门出虎子"，在他祖父的教导下，甘罗从小就聪明机智，能言善辩，深受家人的喜爱。后来，甘茂受到别人的排挤被迫逃离秦国不久就死于魏国。甘罗小小年纪，就投奔到秦相吕不韦的门下，做他的门客。

吕不韦想攻打赵国以扩张他在河间的封地，他派刚成君蔡泽在燕国做大臣，经过三年努力，燕太子丹入秦为质。文信侯又请秦人张唐到燕国做相国，以联合燕国攻伐赵国、扩大他在河间的封地。

张唐推辞说：

"到燕国去必须取道于赵国,由于过去伐赵结下仇怨,赵国正悬赏百里之地抓我。"

原来,张唐曾率军攻打赵国并占领了大片的土地,赵王对他恨之入骨,声称如果有人杀死张唐,就赏赐给他百里之地。这次出使燕国必须经过赵国,所以张唐推辞不去。

吕不韦很不高兴地令他退下。甘罗说:

"我有办法让他去。"

文信侯厉声斥道:

"走开!我亲自出马他尚且无动于衷,你还能有什么办法!"

甘罗说:

"古时项7岁时即为孔子师,我今年已12岁了,君侯为何不让我去试一试,为何不由分说便呵斥于我呢!"

于是甘罗拜谒张唐,问他:

"阁下认为您的功勋比武安君如何?"

张唐说:

"武安君战功赫赫,攻城略地,不可胜数,我张唐不如他。"

甘罗问:

"阁下果真自知功不及武安君吗?"

张唐答道:

"是的。"

甘罗又问:

"阁下您看,当年执掌秦政的应侯范雎与今日文信侯相比,哪一个权势更大?"

张唐说:

"应该不如文信侯。"

甘罗问:

"阁下确认这一点吗?"

张唐说:

"是的。"

甘罗说:

"当年应侯想攻打赵国,可武安君阻拦他,结果应侯在离咸阳七里处绞死武安君。现在文信侯亲自请您去燕国任相,阁下却左右不肯,我不知道阁下身死何地啊!"

张唐沉吟道:

"那就麻烦您跟文信侯说我张唐乐意接受这一使命。"

于是他让人准备车马盘缠,择日起程。

甘罗又去跟吕不韦说:"请君侯替我备五辆车子,让我先去赵国替张唐打通关节。"

于是甘罗去见赵王,赵王亲自到郊外迎接他。甘罗问道:

"大王听说太子丹入秦为质的事吗?"

赵王说:

"也听到了风声。"

甘罗分析道:

"太子丹到秦国,燕国就不敢背叛秦;张唐在燕,秦国也不会欺辱燕国。秦、燕相亲,就是为了伐赵,赵国就危险了。秦、燕相好,别无他故,只是为了攻伐赵国,扩张河间地盘而已。为大王计,若能送给我五座城邑去拓展河间之地,就能使秦国遣还太子丹,并且联合赵国一道攻打燕国。"

赵王当即割让五座城邑,秦围也打发太子丹归燕。赵国攻打燕国,得上谷36县,分给秦国十分之一的土地。

甘罗回到秦国,秦王大加赞赏,说道:

"你的智慧真是超出了你的年纪啊!"

于是就封他为上卿(战国时诸侯国最高的官职,相当于丞相),并且把原先甘茂的田宅赐给他。

甘罗年方十二,就凭自己的智慧周旋于王侯之间,不费一兵一卒使秦国得到16座城池,官封上卿,在中国历史上可以说是绝无仅有的!

十、最后的纵横家蒯通

蒯通,原名彻,《史记》《汉书》因避汉武帝讳,改为通,秦朝范阳(今河北徐水北)人。此人生当战国末年,入秦时大概已有相当岁数了。

在战国"百家争鸣"的思想论坛上,他属于纵横家之列,可能曾于列国间,从事过一些游说活动。由于名气不大,事迹不突出,《战国策》没有记载。

公元前209年七月,陈胜在大泽乡振臂一呼,天下云集响应,反秦浪潮在原东方六国的土地上汹涌澎湃,势不可挡。八月,陈胜派遣的武臣率一支起义军渡过黄河,略定原赵国的土地,号武信君。

此时的蒯通正在家乡范阳。他看到秦朝的灭亡指日可待,于是投入反秦的起义军的行列,成为武信君武臣麾下的谋士。

武臣攻下赵国十座城之后,其余的都不肯投降,于是带兵向东攻打范阳。(约公元209年)范阳人蒯通,就去游说范阳县令说:

"因为感伤您即将死去,所以特别来哀悼;虽然如此,可是我也要恭贺你因为有我而得生。"

范阳令说:

"为什么哀悼呢?"

蒯通答说:

"秦国的法令非常严格,你当范阳令十年了,杀人家的父亲,让人子女成为孤儿,也砍别人的脚,在别人的脸上刻痕划记,一个个的数也数不清。而那些慈父孝子之所以未向你报仇,亲自杀了人,是害怕严厉的秦国法律。如今天下纷乱,秦国的法律已经无法施行。那些慈父孝子,必将要亲手杀了你,他们才会甘心啊!这就是臣下为你哀悼的原因。现在诸侯一一叛离秦国,武信君的军队也将来到,而你还要固守范阳,城内的年轻人都想杀了你,投降武信君。你如果赶紧派臣下去见武信君,还可扭转灾祸,求得福运。"

范阳令于是派遣蒯通去见武臣。蒯通说:

"足下若能听臣下的计谋,必可以不攻而让范阳投降,不必作战而能占有城池,只要发出战书而能平定大片的地方,很值得吧?"

武信君说:

"怎么说呢?"

蒯通说:

"现在范阳令胆怯怕死,贪得无厌又看重富贵,所以想及早投降,只是怕你当他是秦国派任的官吏,而像前面十座城一样,在投降或沦陷之后,也被杀了。你何不给臣下侯印,让臣下为你带去封范阳令为侯。范阳令就可以乘着有红色车轮、华丽车盖的马车。一旦让他去燕、赵附近奔驰往来,看到的人都会说:'这就是先投降的范阳令所享有的待遇。'那么燕、赵的其他各城,就会不战而降了。这就是臣下所说,只要发下战书即可平定大片土地的道理。"

武臣听从蒯通的计策，用车 200 乘、良马 200 匹、侯爵的印绶拜迎徐公。燕赵之地的其他城池听说后，归降的有 30 多个城池。一切都如蒯通的计策那样。

蒯通凭三寸不烂之舌，一番雄辩的游说，竟使武臣和徐公乖乖地接受他的谋划，兵不血刃夺下燕赵 30 余城，立下不世之功。

前 206 年 10 月，刘邦率 10 万大军攻入咸阳，宣布秦朝寿终正寝。此后，历史转入了刘邦和项羽两大军事集团争夺胜利果实的楚汉之战。

公元前 203 年 9 月，当韩信率汉军虏魏王，破赵军，降燕王，占领黄河以北的广大地域时，蒯通投到韩信麾下，成为他的重要谋士。

同年 10 月，韩信督军进攻齐国，兵至平原（今山东平原南）时，得到了齐国已经被郦食其说降的消息。韩信于是决定停止进兵。因为既然不用刀兵齐国就归降了刘邦，实在也没有必要再牺牲双方将士的生命来一决胜负了。

但此时，蒯通却站出来力主以武力平齐：

"汉王令将军击齐，又派使者去游说，汉王有让将军停止进攻的命令吗？将军您为什么想退兵呢？郦食其不过是一个书生，仅凭三寸之舌，便下齐 70 余城，将军率数万之众，转战一年多，才攻下 50 余城，做大将数年，难道还比不上一个竖儒的功劳吗？"

蒯通的一席话坚定了韩信以武力力攻占齐国的决心。于是乘齐王与郦食其置酒高会、疏于防范之机，挥兵奇袭齐军。田广听说汉军突然杀来，大怒，以为郦食其欺骗了自己，乃下令将郦食其活活烹死，然后率众逃出临淄。

韩信取历下、陷临淄，再战潍水，打垮 20 万齐楚联军，占领了齐国全境。

此时，刘邦统帅的汉军正与项羽的楚军对峙于彭城（今江苏徐州）一线，双方胜负难分。韩信平齐后，势力大增，成为刘、项之外另一支举足轻重的军事力量。他的动向对刘、项二人都是生死攸关的。

刘邦为督使他尽快南下参加对楚军的最后围歼，封他为齐王。项羽也派出辩士武涉，游说他联楚反汉，三分天下。韩信刚刚戴上齐王的桂冠，对刘邦感恩戴德，坚决拒绝背汉联楚。

蒯通预感到项羽灭亡后功高震主的韩信的危险，也来劝韩信据齐地独立，成为刘、项之外的第三势力。他神秘兮兮地对韩信说，自己精于相人之术，非常灵验：

"贵贱在于骨法，忧喜在于容色，成败在于决断，以此参决，万不失一"

韩信让他为自己相面，他故作高深地说：

"相君之面，不过封侯，又危不安。相君之背，贵乃不可言。"

韩信对蒯通的话很感兴趣,表示愿闻其详。蒯通于是纵论天下大势,力劝韩信据齐自立,进而独制天下。韩信思忖再三,拒绝了。他的理由是:

"汉王给我的待遇很优厚,他的车子给我坐,他的衣裳给我穿,他的食物给我吃。我听说,坐人家车子的人,要分担人家的祸患,穿人家衣裳的人,心里要想着人家的忧患,吃人家食物的人,要为人家的事业效死,我怎么能够图谋私利而背信弃义呢!"

蒯通对韩信的犹豫不决十分着急,就进一步以"世态炎凉,利尽则交亡"的道理再次敦促韩信痛下决心。

然而,韩信仍然下不了"谋反"的决心。其中缘由不难明白:此时的韩信既然可以稳稳地享受从刘邦那里得到的富贵利禄,实在没有必要拿生命冒险去争取那并不确定的割据之王。于是韩信用"我将念之"加以搪塞。

蒯通多次劝说无效,这一天,他又劝韩信说:

"……聪明智慧足以知道事情的利害,但决定了又不敢去做,这是一切事情失败的祸根。所以说'猛虎犹豫不决,反不如黄蜂、蝎子的毒刺厉害;骏马徘徊不前,反不如劣马稳步前进;孟贲般的勇士狐疑不决,反不如庸夫一走要到达目的地决心;虽然有舜、禹那样的智慧,如闭口不言,反不如聋哑人用手势比画'。这些话的可贵之处就是要付诸行动。功业难成而容易失败,时机难得而容易错过。机不可失,时不再来,希望您反复考虑考虑。"

韩信仍然犹豫不决,不忍心背叛汉王,谢辞了蒯通。蒯通的劝说未被采纳后来就假装疯子做巫师去了。

后来韩信的结局果然被蒯通不幸而言中。公元前202年正月,垓下之战甫告结束,刘邦就剥夺了韩信对汉军的指挥权。接着,又改封他为楚王,强令他脱离富庶的齐国。再后,时隔不久,公元前201年12月,韩信就被刘邦诬以"谋反"的罪名,削去王位,降为淮阴侯,迁到首都长安严密控制起来。

前196年正月,韩信因勾结陈豨谋反,被吕后、萧何合谋诛杀。韩信临刑前叹息说:

"吾悔不用蒯通之计,乃为儿女子所诈,岂非天哉!"

汉高祖刘邦回到洛阳,听说淮阴侯韩信死了,问吕后说:

"韩信死的时候,说了什么话吗?"

吕后说:

"韩信说,后悔不用蒯通的计策。"

鬼谷子全书 · 鬼谷子开创的纵横术 · 图文珍藏版

刘邦于是下令围捕蒯通,抓到蒯通之后,高祖问道:

"你教淮阴侯造反的吗?"

他回答说:

"是啊!秦朝失去了它的统治权,好比失去一只鹿,但是只有才高腿快的人方能首先得到它!这并不是秘密,当时形势非常混乱,谁都想取得像您今天这样的地位。所谓狗吠非主,各为其主,如果说过那样话的人都是造反,恐怕您不可能把他们个个都煮死吧?"

刘邦听了哑口无言。蒯通侥幸逃过死罪,保住了性命。

汉朝建立不久,刘邦即封其外妇之子刘肥为齐王,任命曹参为齐相国。曹参礼贤下士,大量延揽士人入幕。流落齐国的蒯通也成了曹参的座上客。由于曹参笃信黄老之学,蒯通也受过黄老之学传人安其生的影响,因而能与曹参相处和谐,可能对曹参治齐起过一些积极作用。

《汉书》本传记载了他向曹参推荐齐处士东郭先生和梁石君的故事。原来,在秦朝灭亡,楚、汉相争,群雄混战的岁月里,齐王田荣因怨恨项羽分封不公,谋划举兵反叛。齐国士人皆被劫持,"不与者死"。东郭先生与梁石君皆在劫持中,勉强从谋。后田荣失败,二人为自己的从谋感到耻辱,"相与入深山隐居",羞与士林为伍,更不愿入仕。

因为此二人在齐国士人中相当有威望,与蒯通同为曹参门下客的一个人就建议蒯通向曹参推荐这两个人:

"以前的大王对知识分子不好,很多知识分子都躲起来隐居了,像梁石君和东郭先生这样的名望的人也隐居了,你为什么不赶快去请这二人出来到曹宰相那里做事呢?"

蒯通这时候讲了一个故事,他说:

"我以前居住在一个巷子里,隔壁有一家的媳妇和婆婆吵架了,因为婆婆发现家里不见了一块肉,认为是媳妇偷吃了,于是要赶媳妇出门,这个媳妇临走的时候和邻居们告别,邻居们都知道她是好人,婆婆冤枉她了。其中有一个人想了个办法,就对这个媳妇说,你慢慢走,我有办法让你婆婆出来把你追回家。然后,这个邻居就拿了一个束麻的火把,到这个恶婆婆家敲门,对恶婆婆说:'昨天我们家的两只狗不知从哪里叼来一块肉,抢来抢去,都得了重伤死掉了,我想借个火来把它们烧了。'恶婆婆一听明白了,原来肉是被狗偷了啊,自己错怪好媳妇了,果然马上去把媳妇追了回来。"

　　蒯通当时讲这个故事,意思是说,我和那个束缊请火的邻居一样,现在去请名士来为宰相出力,并不是根本的法子,国君要真正有诚意,有好的环境来给这些名士,他们自己会主动来为国家出力的。

　　后来曹参接受蒯通的建议,将二人招入幕中,待以上宾之礼。在此事件中,蒯通又一次发挥了纵横家擅长辞令的优势,即使曹参博得了礼致贤人的美名,也使东郭先生和梁石君有机会贡献自己的才干,收到两全其美的效果。

第三章　纵横家语录

一、纵横元典《鬼谷子》

(一)纵横总则

　　或开或闭是宇宙万物变化发展的普遍规律,所以捭阖是大道:捭阖纵横,即大开大合、纵横驰骋,这是纵横家的总则和基本思想方法。

捭阖纵横的大道

【原文】

　　粤若稽古①,圣人之在天地间也,为众生之先②。观阴阳之开阖以命物③,知存亡之门户,筹策万类之终始,达人心之理,见变化之朕焉,而守司其门户。故圣人之在天下也,自古至今,其道一也。变化无穷,各有所归:或阴或阳,或柔或刚,或开或闭,或弛或张。是故圣人一守司其门户,审察其所先后,度权量能,校其伎巧短长。

【注释】

　　①选自《捭阖》篇。捭:本义是两手横击,这里通"擘",是掰开、分开的意思。阖,本义是门,用木做的门叫"阖",引申为关闭。捭阖就是开闭,《捭阖》篇认为或开或闭是宇宙万物变化发展的普遍规律,所以捭阖是大道。捭阖纵横

即大开大合、纵横驰骋,这是纵横家的总则和基本思想方法。粤若稽古:粤,句首发语词,没有实际意义;若,顺;稽,考察。意为接着一定的规律考察历史。

②圣人:品德高尚,通晓万事万物,超凡脱俗的先知先觉者。众生之先:众生,本意是普天之下的生命,这里是指圣人以外的其他人;先,就是圣人。

③观阴阳之开阖以命物:阴阳之阴,本义为山的背阴面;阳,本义为山的朝阳面。后来指宇宙万物的本原阴阳二气,被引申来概括对立统一的两类事物或现象,如下文中的"或阴或阳,或柔或刚,或开或闭,或弛或张",通常阳代表春、昼、明、君、男性、积极的行动等,阴则代表秋、夜、暗、臣、女性、消极的行动等。开阖,开合变化,如《周易·系辞上》:"一阖一闭谓之变。"命物,辨别事物并确定它的名称。

【译文】

按照一定的规律考察历史,便知道圣人是作为芸芸众生的先导生活在世界上。他们通过观察阴阳两类现象的变化来对事物做出判断,并进一步了解事物存在和灭亡的关键所在,预测万事万物的发展过程,通达人们心理和思想变化的规律,揭示事物变化的征兆,从而把握事物发展变化的关键。所以,圣人在世界上的作用从古至今始终是一样的。事物的变化是无穷无尽的,然而都会有各自的最终归属:或者属阴,或者归阳;或者柔弱,或者刚强;或者开放,或者封闭;或者松弛,或者紧张。所以,圣人要始终把握事物发展变化的关键,审察其先后,度量人的智谋和能力,再比较智慧的高下长短。

捭阖纵横的原则

【原文】

即欲捭之贵周①,即欲阖之贵密②。周密之贵微,而与道相追③。捭之者,料其情也;阖之者,结其诚也。皆见其权衡轻重,乃为之度数④,圣人因而为之虑。其不中权衡度数,圣人因而自为之虑。故捭者,或捭而出之,或捭而内之;阖者,或阖而取之,或阖而去之。捭阖者,天地之道。捭阖者,以变动阴阳,四时开闭,以化万物纵横:反出、反复、反忤,必由此矣。

【注释】

①出处同前篇。欲捭之贵周:周,不遗漏。当要采取行动时,必须作周详的

·鬼谷子开创的纵横术·

图文珍藏版

考虑。这里的捭阖即开放和封闭，主要指行为及其前后的状态，有人理解为分析与综合的方法。

②欲阖之贵密：密，缜密，细致。当要行动结束时，必须作缜密的反思。

③与道相追：整句是说合乎道之理。道，先于物质而不可名状的理念，这里可以理解为道理、规律。相追，本来指相伴相随，引申为接近、相符。

④为之度数：本来是测量重量与长度的数值，这里指权衡行为的分寸和程度。

【译文】

如果要采取行动，最重要的是考虑周详；如果要结束行动、进行反思，最重要的是思考缜密。周密最重要的是要精细，要力求合乎规律和道理。要放开时，就是检验事情的真伪、利弊、善恶等实际情况；要封闭，是为了坚定诚意和信心。所有这些，都是为了让事情的真伪、利弊、善恶等实际情况全部暴露出来，以便权衡行为的分寸和程度。圣人常常为此而用心思索，假如，行为有不合分寸和程度的，圣人也会为此焦虑而重新谋划。因此，所谓开放，就是要可出可入。所谓封闭，则是要有取有舍。开放与封闭是世界上各种事物发展变化的规律。开放和封闭都是为了使阴阳二气，一年四季转化轮回，促使万物发生变化。由此可知万物纵横变易，无论是离开、归复、反抗，都是必须通过开放或封闭来实现的。

(二) 纵横游说

清人秦恩复曾说：《鬼谷子》一书"词峭义奥，反复变幻，苏秦得其余绪，即掉舌为从（纵）约长，真从（纵）横家之祖也"。纵横家的思想和绝技，首先充分体现在翻云覆雨、敷张扬厉的游说上。成功的游说要领悟游说以及一切事理的关键，扬长避短，区别各种游说以对"症"下"说"，善于钻对方的空子，摇唇鼓舌，攻心为上，力避触犯"五大禁忌"。

游说"圆方之门户"

【原文】

捭阖者，道之化，说之变①也；必豫审其变化，吉凶大命系鄢。口者，心之门户也；心者，神之主也。志意、喜欲、思虑、智谋，此皆由门户出入②。故关之以捭阖，制之以出入。捭之者，开也、言也、阳也；阖之者，闭也、默也、阴也。阴阳其和,终始其义。故言长生、安乐、富贵、尊荣、显名、爱好、财利、得意、喜欲为阳,曰"始"。故言死亡、忧患、贫贱、苦辱、弃损、亡利、失意、有害、刑戮、诛罚为阴,曰"终"。诸言法阳之类者,皆曰"始",言善以始其事;诸言法阴之类者,皆曰"终",言恶以终其谋。

捭阖之道,以阴阳试之[3],故与阳言者依崇高,与阴言者依卑小。以下求小,以高求大。由此言之,无所不出,无所不入,无所不可[4]。可以说人,可以说家,可以说国,可以说天下。为小无内,为大无外。益损、去就、倍反,皆以阴阳御其事。阳动而行,阴止而藏;阳动而出,阴随而入。阳还终始,阴极反阳[5]。以阳动者,德相生也;以阴静者,形相成也。以阳求阴,苞以德也;以阴结阳,施以力也;阴阳相求,由捭阖也。此天地阴阳之道,而说人之法也,为万事之先,是谓"圆方之门户"[6]。

【注释】

①选自《捭阖》篇。道之化,说之变:大道的变化而成捭阖,捭阖外显为游说的形态。

②志意、喜欲、思虑、智谋,此皆由门户出入:志意等思想感情都是通过口——语言表达出来的。

③捭阖之道,以阴阳试之:或开启或闭藏,可以用阴阳之道来加以阐释。

④无所不出,无所不入,无所不可:这里指游说开合有度、纵横自如,没有不可以去的地方,也没有什么不会成功的事情。

⑤阳还终始,阴极反阳:阴阳相生,它们之间是可以相互转化、相互克制的。

⑥圆方之门户:圆方即方圆,所谓"天圆地方"的简称,天地的代称,也是宇宙对立统一的标志。圆方之门户,指决定事理矛盾两方面相互制约、相互转化的关键。

【译文】

开放和封闭是万物运行规律的一种体现,游说活动是其中的一种形态。人们必须预先慎重地考察这些变化,事情的吉凶,人们的命运都系于此。口是心灵的门窗,心灵是精神的主宰。意志、情欲、思想和智谋等,都要由这个门窗出入。因此,用开放和封闭来把守这个关口,以控制思想感情和语言。所谓"捭",就是开放、发言、公开;所谓"阖",就是封闭、缄默、隐匿。阴阳两方相协

·鬼谷子开创的纵横术·

图文珍藏版

调,开放与封闭才能有节度,才能使游说的内容合适,时机得当。所以,说长生、安乐、富贵、尊荣、显名、嗜好、财货、得意、情欲等,属于"阳"的一类事物,叫作"新生"。而死亡、忧患、贫贱、羞辱、毁弃、损失、失意、灾害、刑戮、诛罚等,属于"阴"的一类事物,叫作"没落"。凡是那些遵循"阳"的一派,都可以称为"新生派",他们以谈论"善"来开始游说;凡是那些遵循"阴"的一派,都可以称为"没落派",他们以谈论"恶"来终止施展计谋。

关于开放和封闭的规律都要从阴阳两方面来理解。因此,从阳的方面来游说就为人指明崇高的理想,而从阴的方面来游说则向人灌输卑小的目标。用卑下来求索微小,以崇高来求索博大。如果运用这个原则来游说,那么一定开合有度、纵横自如,也就没有不可以去的地方,也没有什么是办不成的。用这个道理,可以说服人,可以说服一人一家,可以说服一邦一国,还可以说服整个天下。要做小事的时候没有"内"的界限;要做大事的时候没有"外"的疆界。所有的损害和补益,离去和接近、背叛和归附等等行为,都是运用阴、阳的变化来驾驭的。阳的方面运动前进时,阴的方面就会静止、隐藏。阳的方面活动而显出时,阴的方面就会随之潜入。阳的方面环行于终点和开端时,阴的方面到了极点就会反归为阳。在"阳"的活跃中道德就会与之相生,在"阴"的安静中,有力相助,自有形势。所以,用"阳"来求得"阴",就要用道德来包容;用"阴"来求得"阳",就要施用力量。"阳君"与"阴臣"相互交往,就是遵循"捭阖"之理。这种阴阳之道是天下的大道理,是向他人游说的基本方法,是各种事物的先导,是领悟游说以及一切事理的根本途径。

扬长避短

【原文】

人之情①,出言则欲听,举事则欲成。是故智者不用其所短,而用愚人之所长;不用其所拙,而用愚人之所巧,故不困也。言其有利者,从其所长也;言其有害者,避其所短也。故介虫之捍也,必以坚厚;螫虫②之动也,必以毒螫。故禽兽知用其所长,而谈者知用其用也。

【注释】

①选自《转丸》篇。这篇原来被认为亡佚,房立中教授主编《新编鬼谷子全

书·鬼谷子新校》据刘勰的评论和原《权篇》的内容吻合,所以改移作《转丸》。
转丸:灵活、婉转。《文心雕龙·论说》:"转丸骋其巧辞,飞钳伏其精术。"《草堂
诗笺》:"应对如转丸,疏通略文字。"这里指巧言善辩,《转丸》篇全面论述了游
说的"巧"与"善"。选段重点讨论了游说中如何扬长避短。陶弘景注释说:"智
者之短,不胜愚人之长,故用愚人之长也。智者之拙,不胜愚人之工,故用愚人
之工也。常能弃拙短而用工长,故不困也。"

②螫虫:毒虫。螫,有毒腺的虫子刺人或动物。

【译文】

人之常情是,说出的话就希望别人听从,做事情就希望成功。所以聪明的
人不用自己的短处,而宁可用愚笨人的长处;不用自己的笨拙之处,而宁可用愚
笨人的技巧,因此才不致陷于困境。游说时说到对方有利的地方,就要顺从他
的优点和长处,说到对方的短处,就要避免他的缺点和短处。甲虫自卫时,一定
是依靠坚硬和厚实的甲壳;螫虫的攻击,一定会用它的毒针去螫对手。所以说,
连禽兽都知道用其所长,游说者也应该知道充分运用自己所能运用的一切
手段。

对"症"下"说"

【原文】

外亲而内疏①者说内,内亲而外疏者说外。故因其疑以变之②,因其见以然
之③,因其说以要之④,因其势⑤以成之,因其恶以权之,因其患以斥之。摩而恐
之,高而动之⑥,微而证之,符而应之,拥而塞之,乱而惑之,是谓计谋。计谋之
用,公不如私,私不如结;结而无隙者也。正不如奇,奇流而不止者也。故说人
主者,必与之言奇;说人臣者,必与之言私。

其身内、其言外⑦者疏;其身外、其言深者危。

【注释】

①选自《谋篇》。谋:策划。《易经·讼》:"君子以做事谋始。"《说文》:"虑
难曰谋。"所以《谋篇》就是论述各种谋略的,它与《权篇》构成了姊妹篇,只是后
一篇侧重于论述为君之道的,请参看后面的这篇语录。这里主要指谋划说服人

的策略。选段重点论述针对不同对象、情况而采用不同的游说方法。外亲而内疏：外，外表；内，内心。陶弘景注释说："外阳相亲，而内实疏者，说内，以除其内疏；内实相亲，而外阳疏者，说外，以除其外疏也。"

②因其疑以变之：根据对方的疑虑来改变自己的游说内容。陶弘景注释说："若内外无亲而怀疑者，则因其疑而变化之。"这是针对"内外无亲而怀疑者"而采取的游说措施。

③因其见以然之：根据对方利于己方的表现来肯定自己游说。见，表现；然，肯定。

④因其说以要之：根据对方的言辞来归纳游说要点。要，归纳，总结。

⑤因其势：根据游说目前的状态，即成功或失败的趋势。陶弘景注释说："可否既形，便有去就之势。"

⑥摩而恐之，高而动之：陶弘景注释说："患恶既除，惑恃胜而骄者，便切摩以恐惧之，高危以感动之。"指在对方厌恶、忧患都扫除后，由此产生没有顾忌念头的时候，通过揣摩抓住对方弱点进行恐吓，再有意抬高对方使之感动。

⑦其身内、其言外：两个人相投而说话则不相投。内，里面，引申为相投、亲近；外与"里"相对，外面，引申为不相投、疏远。《周易·泰卦》："彖曰：泰，小往大来，吉亨，则是天地交而万物通也，上下交而其志同也。内阳而外阴，内健而外顺，内君子而外小人。君子道长，小人道消也。"

【译文】

对那些外表亲善而内心疏远的，要从内心入手进行游说；对那些内心亲善而外表疏远的，要从表面入手进行游说。因此，要根据对方的疑虑来改变自己游说的内容；要根据对方的表现来判断游说是否得法；要根据对方的言辞来归纳出游说的要点；要根据游说目前的形势，适时采取措施来促使自己的游说成功；要根据对方面临的危害来权衡利弊；要根据对方担心的祸患来设法防范。揣摩之后加以恐吓；抬高之后加以策动，精妙地引用先例和事实来验证，符验之后加以顺应，拥堵之后加以阻塞；搅乱之后加以迷惑。这就叫作"计谋"。至于计谋的运用，公开不如保密，保密不如结党，结成死党之后便不会有裂痕或隔阂。正常策略不如非正常策略，非正常策略实行起来变化无穷，可以无往不胜。所以向人君进行游说时，必须与他谈论奇策。同样道理，向人臣进行游说时，必须与他谈论私情。

虽然是自己人，却话不投机，就要被疏远。如果是外人，却知道内情太多，就要有危险。

"钻空子"的游说

【原文】

物有自然，事有合离①。有近而不可见，远而可知。近而不可见者，不察其辞也；远而可知者，反往以验来②也。巇者，罅也；罅者，涧也；涧者，成大隙③也。巇始有朕，可抵而塞，可抵而却，可抵而息，可抵而匿，可抵而得，此谓抵巇之理也。

事之危也，圣人知之，独保其用。因化说事，通达计谋，以识细微，经起秋毫之末，挥之于太山之本。其施外，兆萌芽蘖④之谋，皆由抵巇。抵巇隙，为道术⑤。

天下分错，上无明主；公侯无道德，则小人谗贼；贤人不用，圣人窜匿；贪利诈伪者作，君臣相惑，土崩瓦解，而相伐射。父子离散，乖乱反目，是谓"萌芽巇罅"。圣人见萌芽峨罅，则抵之以法。世可以治则抵而塞之，不可治则抵而得之。或抵如此，或抵如彼；或抵反之，或抵覆之。五帝⑥之政，抵而塞之，三王⑦之事，抵而得之。诸侯相抵⑧，不可胜数。当此之时，能抵为右。

自天地之合离、终始，必有巇隙，不可不察也。察之以捭阖，能用此道，圣人也。圣人者，天地之使也。世无可抵，则深隐而待时；时有可抵，则为之谋。可以上合，可以检下。能因能循，为天地守神。

【注释】

①选自《抵巇》篇。抵巇：《汉书·杜业传》引作"抵陒"。抵：本义是抵塞，引申为维护、采取措施等意思；巇：缝隙，引申为漏洞、危机等意思。柳宗元《乞巧文》："变情徇势，射利抵巇。"抵巇在这里指弥补不足、堵塞漏洞。《抵巇》主要是论述"钻空子"游说的技巧，但是也对如何处理社会矛盾、化解危机有启迪。物有自然，事有合离：物，天地间的一切事物；自然，非人所为的，天然的；合离：聚合与分离。

②反往以验来：陶弘景注释说："古犹今也，故反考往古，则可验来，故曰：反往以验来。"运用回顾历史来推知未来。往：既往，过去。来：将来的意思。

③巇者，罅也；罅者，涧也；涧者，成大隙：这是论述由蛾到罅再到涧的演变，意在说明世界万事万物都必定有裂缝或漏洞，也就必然有"抵巇"，因此，陶弘景注释说："隙大则崩毁将至，故宜有以抵之也。"罅：本义是陶器的裂缝或漏洞，不过比巇严重；涧：山涧，山沟或地之裂缝，这比罅要裂得更广更深，所以称"大隙"。

④兆萌芽蘖：兆萌是微小的征候，芽蘖是伐木后从根部所生的新芽。

⑤抵巇隙，为道术：封巇补隙，是一种治理国家的方法。道术，本来是指道家的法术，转指治国的方法。

⑥五帝：上古五位帝王，说法不一，《史记·五帝本纪》指黄帝、颛顼、帝喾、尧帝、舜帝。

⑦三王：古代三位开国而英明的帝王，即夏禹王、商汤王、周文王。

⑧诸侯相抵：这里指春秋五霸，即齐桓公、晋文公、宋襄公、楚庄公、秦穆公五个霸主互相对抗。

【译文】

世上万物都有规律存在，任何事情都有对立的两个方面。有时彼此距离很近，却互相不了解有时互相距离很远，却彼此熟悉。距离近而互相不了解，是因为没有互相考察言辞；距离远反而彼此熟悉，是因为能够沟通，凭历史和经验互相体察。

所谓"巇"就是"罅隙"，而"罅"就是容器的裂痕，裂痕会由小变大。在裂痕刚刚出现时，可以通过"抵"使其闭塞，可以通过"抵"，使其排除，可以通过"抵"，使其平息，可以通过"抵"使其隐藏，可以通过"抵"而成功。这就是"抵巇"的原理。

当事物出现危机之初，只有圣人才能知道，而且能独自发挥他预知的隙缝所起的作用，并按着事物的变化来说明事理，了解各种计谋，以便观察得细致入微。万事万物在开始时都像秋毫之末一样微小，一旦发展起来就像泰山的根基那样宏大。当圣人将向外实施游说等行为时，就会遇到一些微小或新生的疑难问题，也会应用抵巇之术来解决。封巇补隙，也是一种治理国家的方法。

天下动乱不止，朝廷没有贤明的君主，官吏们没有社会道德。小人谗言妄为，贤良的人不被信用，圣人逃避隐居，一些贪图利禄、奸诈虚伪的人飞黄腾达。君臣之间互相怀疑，国家土崩瓦解，诸侯互相征伐，家庭父子离散，骨肉反目，就叫作"轻微的缝隙"。当圣人看到轻微的缝隙时,就设法治理。当世道可以治理时,就要采取弥补的"抵"法,使其"巇"得到弥合继续保持它的完整,继续让它存在下去;如果世道已坏到不可治理时,就用破坏的"抵"法(彻底把它打破),把它治理好。或者这样"抵",或者那样"抵";或者通过"抵"使其恢复原状,或者通过"抵"将其覆灭而重新塑造。对五帝的圣明政治只能"抵而塞之";三王的大事就是了解当时的残暴政治,从而夺得并重新建立政权。诸侯之间互相征伐,斗争频繁,不可胜数。在这个混乱的时代,善于抵巇的诸侯才是尊者、强者。

　　自从天地之间有了"合离""终始"以来,万事万物就必然存在着裂痕,这时不可不审慎考察并处理,要运用"捭阖"的方法。能用这种方法的人,就是圣人。圣人是天地的使者。当世道不需要"抵"的时候,圣人就深深地隐居起来,以等待时机;当世道有可以"抵"的弊端时,他便出世,对上层可以合作,对下属可以督察,有所依据、有所遵循,这样圣人就成了天地的守护神。

攻心的游说

【原文】

　　内者进说辞,揵者,揵所谋①也。

　　欲说者②,务隐度;计事者,务循顺。阴虑可否,明言得失,以御其志。方来应时,以合其谋。详思来揵,往应时当③也。夫内有不合者,不可施行也。乃揣、切时宜,从便所为,以求其变。以变求内者,若管取揵。

　　言往者,先顺辞也;说来者,以变言也。善变者,审知地势,乃通于天,以化四时,使鬼神,合于阴阳而牧人民。见其谋事,知其志意。事有不合者,有所未知也。合而不结者,阳亲而阴疏。事有不合者,圣人不为谋也。故远而亲者,有阴德也;近而疏者,志不合也;就而不用者,策不得也去而反求者,事中来也;日进前而不御者,施不合也;遥闻声而相思者,合于谋待决事也。故曰:"不见其类而为之者见逆,不得其情而说之者见非。得其情,乃制其术。此用可出可入,可揵可开。"

【注释】

　　①选自《内揵》篇。内揵:语出《庄子·庚桑楚》:"夫外革者,不可繁而捉,

将内捷;内革者,不可缪而捉,将外捷。"内,内心、内情;捷,通"揵",门上关插的木条,横的叫"关",竖的叫"揵","揵"与"关"相对,含有开合的意思。《内揵》篇主要强调从内心与对象进行深层沟通,以达到情投意合、揵开对方内心深处的底蕴的目的。揵所谋:深入对方心中所谋,洞悉对方的心理。

②这一段其他本都没有,我们根据秦氏刊本补。

③详思来揵,往应时当:仔细考察、思量对方所谋是否适应时势。

【译文】

所谓"内"就是对方内心的意见;所谓"揵"就是沟通并探取。

想要说服他人,务必要先悄悄地揣测;度量、策划事情,务必要循沿顺畅的途径。暗中分析是可是否,透彻阐明所得所失,以调整自己努力的方向。以道术来进言当应合时宜,以便与对方的谋划相合。详细地思考对方所谋是否适应时势。凡是内情有不合时宜的、不当的,就不可以实行。就要揣量以求切合形势,从便利处入手,来改变游说的策略。善于运用变通的说辞来争取被采纳,就像以钥匙来打开门锁一样顺利地打开对方的内心。

凡是谈论过去的事情,要先有顺畅的言辞;凡是谈论未来的事情,就要采用容易变通的言辞。善于变化的人,要详细了解地理形势,只有这样,才能沟通天道,化育四时,驱使鬼神,合乎阴阳,统治人民。要了解对方谋划的事情,要知晓对方的意图。所办的事情凡有不合对方之意的,是因为对对方的意图还有不了解的地方。有时双方的意见一致了,却仍然不能默契,不能密切结合,是因为只停留于表面亲近,而实际心里还有距离。如果与对方的意见没有吻合的可能,圣人是不会为其谋划的。

所以说,与对方相距很远却被亲近的人,是因为能与对方心意暗合;距离对方很近却被疏远的人,是因为与对方志向不一。就职上任而不被重用的人,是因为他的计策没有实际效果;革职离去而能再被反聘的人,是因为他的主张被实践证明可行。每天都能出入君主面前,却不被信任的人,是因为他所说的策略不得体或没有实效;距离遥远只要能听到声音就被思念的人,是因为两个人的主张、决策相合,这样就可以到一起来决断大事。所以说:"在情况还没有明朗之前就去游说的人,定会事与愿违;在还不掌握实情的时候就去游说的人,定要受到非议。只有了解情况,再依据实际情况确定游说的方法,这样去推行自己的主张,既可以出去,又可以进来;既可以相互沟通,坚持共识,又可以根据对方内情随机变通,调整自己的游说。"

巧舌如簧的秘诀

【原文】

说者^①,说之也;说之者,资之也。饰言者,假之也;假之者,益损也。应对者,利辞也;利辞者,轻论也。成义者^②,明之也;明之者,符验也。难言者,却论^③也;却论者,钓几^④也。佞言者,谄而于忠;谀言者,博而于智;平言者,决而于勇;戚言者,权而于言;静言者,反而于胜。先意承欲者,谄也;繁称文辞者,博也;策选进谋者,权也;纵舍不疑者,决也;先分不足而窒非者,反也。故口者,机关也,所以关闭情意。耳目者,心之佐助也,所以窥间奸邪。故曰:"参调而应,利道而动。"故繁言而不乱,翱翔而不迷,变易而不危者,观要得理。

【注释】

①选自《转丸》篇。选段揭示了巧舌如簧的秘诀。
②成义者:建立信义的言辞。
③却论:反面的议论。
④钓几:诱导对方心中所藏的隐微之事。

【译文】

所谓游说,就是说服别人;要能说服别人,就要对人有帮助。凡是经过修饰的言辞,都是要达到取悦于人的目的。凡是运用借用,都是为了增强游说的效果,从而减少对方的逆反或对抗。凡要进行应酬和答对,必须掌握伶俐的外交辞令。凡是伶俐的外交辞令,都是不实在的言论。要树立起信誉,就要光明正大,光明正大就是为了让人检验复核。凡是指责对方的言辞,都是反面的议论;凡是反面的议论,都是诱导对方秘密的说辞。说奸佞话的人,由于会谄媚,反而变成"忠厚";说阿谀话的人,由于会吹嘘,反而变成"智慧";说平庸话的人,由于果决,反而变成了"勇敢";说忧虑话的人,由于善权衡,反而变成"守信";说平静话的人,由于习惯逆向思维,反而变成"胜利"。为实现自己的意图而应和他人欲望的,就是谄媚;用很多美丽的词语去奉承他人,就是吹嘘;根据他人喜好而进献计谋的人,就是玩权术;即使有所牺牲也不动摇的,就是有决心;能揭示缺陷,敢于责难过失的就是敢反抗。人的嘴是关键,是用来打开和关闭感情和心意的。耳朵和眼睛是心灵的辅佐和助手,是用来辨识奸邪的器官。只要心、眼、耳三者协调呼应,就能沿着有利的途径分辩说辞的善恶美丑。使用一些烦琐的语言也不会发生混乱;自由驰骋地议论也不会迷失方向;改变议论主题也不会发生失利的危险。这就是因为看清了巧舌如簧的形式,把握了它的本质和规律。

游说的"五大禁忌"

【原文】

辞言有五[①],曰病、曰恐、曰忧、曰怒、曰喜。病者,感衰气而不神也;恐者,肠绝而无主也;忧者,闭塞而不泄也;怒者,妄动而不治也;喜者,宣散而无要也。此五者,精则用之,利则行之。故与智者言,依于博;与博者言,依于辨;与辨者言,依于要;与贵者言,依于势;与富者言,依于豪;与贫者言,依于利;与贱者言,依于谦;与勇者言,依于敢;与过者言,依于锐。此其术也,而人常反之。是故与智者言,将此以明之;与不智者言,将此以教之;而甚难为也。故言多类,事多变。故终日言,不失其类,故事不乱。终日变,而不失其主,故智贵不妄。听贵聪,智贵明,辞贵奇。

【注释】

①选自《转丸》篇。辞言,游说的辞令。有五,陶弘景注释说:"五者有一,必失中和而不平畅。"指五种失去常态的游说,即"五病",成功的游说力避这"五大禁忌"。

【译文】

游说辞令有五大禁忌,即病、恐、忧、怒、喜。病,是指底气不足,没有精神;恐,是指愁肠百结,没有主意;忧,是指闭塞压抑,无法宣泄;怒,是指狂躁妄动,不能自制;喜,是指任意发挥,没有重点。明白这五种情况才能对自己有利,行之有效。因此,与聪明的人谈话,就要依靠广博的知识;与知识广博的人谈话,就要依靠雄辩的才能;与善辩的人谈话要依靠简明扼要;与地位显赫的人谈话,就要依靠恢宏的气势;与富有的人谈话,就要依靠豪放的气质;与贫穷的人谈话,就要以利益相诱惑;与卑贱的人谈话,要依靠谦敬;与勇猛的人谈话,要依靠果敢;与有过失和缺点的人谈话,要依靠敏锐。所有这些,都是避免犯禁忌的游说的方法,可是,人们常常与此相反,重蹈禁忌:与聪明的人谈话,就要让他明白这些方法,与不聪明的人谈话,就要把这些方法教给他,这样做自然是很困难的。游说辞令有许多类,所说之事又随时变化。如果整天游说,能不脱离原则,事情就不出乱子。如果一天从早到晚不变更方向,就不会违背宗旨。所以最重要的是不妄加评论。对于听他人讲话,最宝贵的是灵敏清楚;对于智慧来说,最宝贵的是思维明辨通透;对于言辞来说,最宝贵的是出奇制胜。

(三)纵横权谋

权谋是《鬼谷子》留给我们的宝贵精神财富之一。所谓"权谋",《荀子·君道》认为"上好权谋,则臣下百吏诞诈之人乘是而后欺"。指的是君主及其辅助者们必用的权变的谋略,但《汉书·艺文志·兵权谋》中则有"权谋者,以正守国,以奇用兵,先计而后战,兼形势,包阴阳,用技巧者也!"显然这是兵家的战略战术。所以,权谋是关于一切事务的一种权变的谋略。纵横权谋有它的自身之道,它的本质、具体方法、决断的原则及其相关的规律。

权谋有道

【原文】

为人凡谋有道①,必得其所因②,以求其情。审得其情,乃立三仪③。三仪者曰上、曰中、曰下,参以立焉,以生奇④。奇不知其所拥,始于古之所从。故郑人之取玉也,必载司南之车⑤,为其不惑也。夫度材、量能、揣情者,亦事之司南也。故同情而俱相亲者,其俱成者也。同欲而相疏者,其偏成者也;同恶而相亲者,其俱害者也;同恶而相疏者,其偏害者也。故相益则亲,相损则疏,其数行也;此所以察同异之分,其类一也。故墙坏于其隙,木毁于其节,斯盖其分也。故变生事,事生谋、谋生计、计生议、议生说、说生进、进生退、退生制,因以制于事。故百事一道,而百度一数也。

【注释】

①选自《谋篇》。选段主要论述了权谋总的原理和规律。道,事理,规律。

②必得其所因:一定探求权谋的因由。因,这涉及的各个方面的因素、由来。

③立三仪:设立三种准则。这里借用天、地、人三仪,指上智、中才、下愚三类人,因为天、地、人的空间位置是天在上,地在下,人居中。

④参以立焉,以生奇:三仪互相渗透,就可谋划出卓越的策略。参,参验,求同去异。

⑤司南之车:指南车。中国古代发明的一种装有磁石的车。常指南方,以此为基准作行军时的向导。

【译文】

凡是筹划计谋都要遵循一定的原理和规律,一定要弄清事物及其相关计谋缘由,以便研究并获取实情。根据研究的情况,来确定"三仪"。"三仪"就是上、中、下三个准则。"三仪"互相渗透,就可以谋划出奇计,这样产生的奇谋,拥有无所不到的威力,然而也不过是遵循古代哲理而形成的。所以郑国人入山采玉时,都要带上指南车,是为了不迷失方向。忖度才干、估量能力、揣度情理,也类似他们采玉时使用指南针一样。所以,凡是感情相同而又互相亲密的人,大家都可成功;凡是欲望相同而关系疏远的,事后只能有部分人得利;凡是恶习相同而关系又密切的,必然一同受害;凡是恶习相同而关系疏远的,一定是部分人先受到损害。所以,如果能互相带来利益,就要密切关系,如果相互牵连地造成损害,就要疏远关系。这都是有定数的事情,也是所以要考察异同的原因。凡是这类事情都是一样的道理。所以,墙壁通常因为有裂缝才倒塌,树木通常因为有节疤而折毁,这都是理所当然的。因此,事情的突变都是由于事物自身的渐变引起的,而事物又生于谋略,谋略生于计划,计划生于议论,议论生于游说,游说生于进取,进取生于退却,退却生于控制,事物由此得以控制。可见各种事物的道理是一致的,不论反复多少次也都是有定数的。

权谋有本

【原文】

揣情者①,必以其甚喜之时,往而极其欲也,其有欲也,不能隐其情;必以其甚惧之时,往而极其恶也,其有恶也,不能隐其情,情欲必知其变。感动而不知其变者,乃且错其人,勿与语,而更问所亲,知其所安②。夫情变于内者,形见于外。故常必以其见者,而知其隐者。此所谓测深揣情。

故计国事者,则当审量权;说人主,则当审揣情,避所短,从所长。谋虑情欲必出于此。乃可贵,乃可贱,乃可重,乃可轻,乃可利,乃可害,乃可成,乃可败,其数一也。故虽有先王之道、圣智之谋,非揣情、隐匿,无所索之。此谋之本也,而说之法也。常有事于人,人莫能先。先事而至,此最难为③。故曰"揣情最难守司"④。言必时其谋虑,故观蜎飞蠕动,无不有利害,可以生事变。生事者,几之势也。此揣情饰言成文章,而后论之。

【注释】

①选自《揣篇》。揣:揣度。《史记·虞卿列传》:"虞卿料事揣情,为赵策划,何其工也。"这里是指揣度情理。所以陶弘景注释说:"揣情不审,不知隐匿变化之动静。"揣术是纵横权谋中专门研究推测对方喜怒、好恶等心理,探知事物真伪、趋势等隐情,从而实施谋划的谋略论,是权谋的本质。

②所安:泰然处之的原因。

③陶弘景注释说:"挟揣情之术者,必包独见之明,故有事于人,人莫能先也。又能穷几尽变,故先事而至,自非体玄极妙,则莫能为此矣。故曰:此难为者也。"是指在人预计之外发生的事情,是揣情之术最难把握的。

陶弘景

④揣情最难守司:揣术中揣情和量权两个方面,揣情比量权的实施要困难得多。守司,主管,施行。

【译文】

所谓揣情,就是必须在对方最高兴的时候,再想方设法顺应他们的欲望,他们既然有欲望,就无法隐瞒真实想法;又必须在对方最恐惧的时候,再想方设法加重他们的恐惧,他们既然有害怕的心理,就不能隐瞒住实情。情欲必然要随着事态的发展变化流露出来。对那些已经受到触动之后,仍不见有异常变化的

图文珍藏版

人,就要搁下来,不要再对他说什么了,而应改向他所亲近的人去游说,这样就可以探求到他泰然不为所动的原因。那些感情从内部发生变化的人,必然要通过形态显现于外表。所以,我们常常要通过显露出来的表面现象,来了解那些隐藏在内心的真情。这就是所说的"测深揣情"。

所以谋划国家大事的人,就应当详细衡量本国的各方面力量;游说别国君主的人,则应当全面揣测别国君主的想法,避其所短,扬其所长。所有的谋划、想法、情绪及欲望,都必须以这里为出发点。只有这样做了,才能得心应手地处置各种问题和对付各色人物。可以尊敬,也可以轻视;可以施利,也可以行害;可以成全,也可以败坏:其使用的办法都是一致的。所以,虽然有古代君主可行的法则,有圣人高超的智谋,不揣度透彻所有隐蔽的和深藏的实情,将什么也求索不到。这是智谋的基础和游说的根本法则。人们对某些事情,常常感到来得非常突然,是因为不能事先预见。能在事情发生之前就预见到,这是最难的。因此说,"揣情,最难把握"。游说活动必须深谋远虑地对待并选择时机。所以我们看到昆虫飞行、蠕动,都会攸关利害,也可以因此发生情况的变化。任何事情在刚刚发生之时,都呈现一种微小的态势。这种揣情,需要借助漂亮的言辞或文章,而后才能进行游说或进献谋略。

权谋有术

【原文】

摩①者,揣之术也。内符②者,揣之主也。用之有道,其道必隐。微摩之以其所欲,测而探之,内符必应。其应也,必有为之。故微而去之,是谓塞窌、匿端、隐貌、逃情,而人不知。故能成其事而无患。摩之在此,符之在彼。从而应之,事无不可。

古之善摩者,如操钓而临深渊,饵而投之,必得鱼焉。故曰:"主事日成而人不知,主兵日胜而人不畏也。"圣人谋之于阴,故曰"神";成之于阳,故曰"明"。所谓"主事日成"者,积德也,而民安之,不知其所以利;积善也,而民道之,不知其所以然;而天下比之神明也。"主兵日胜"者,常战于不争、不费,而民不知所以服,不知所以畏,而天下比之神明。

其摩者,有以平,有以正,有以喜,有以怒,有以名,有以行,有以廉,有以信,有以利,有以卑。平者,静也;正者,直也;喜者,悦也;怒者,动也;名者发也;行者,成也;廉者,洁也;信者,明也;利者,求也;卑者,诎也。故圣人所独用者,众人皆有之,然无成功者,其用之非也。故谋莫难于周密,说莫难于悉听,事莫难于必成,此三者,唯圣人然后能任。

故谋必欲周密,必择其所与通者说也。故曰:"或结而无隙也。"夫事成必合于数,故曰:"道数与时相偶者③也。"说者听必合于情,故曰:"情合者必听。"故物归类,抱薪趋火,燥者先;燃平地注水,湿者先濡。此物类相应④,于势,譬犹是也。此言内符之应外摩也如是,故曰:"摩之以其类,焉有不相应者?"乃摩之以其欲,焉有不听者?故曰"独行之道"。夫几者不晚,成而不抱,久而化成。

【注释】

①选自《摩篇》。《周易·系辞》称"刚柔相摩",又《礼记·学记》"相观而善之谓摩"。所以"摩"是观摩、切磋的意思。揣摩是指通过刺激、试探,以求引起对方反应,从而了解内情。《摩篇》承上篇《揣篇》而来,鬼谷子是有意分开构成姊妹篇,同时也告诉我们,揣与摩是有分别的:揣,是以自己的心揣度别人的心,测知人之心理,属于主观推测;摩,则是用自己的话语诱发别人的话语,属于语言试探。具体运用时则是"揣"先行而"摩"随后。两者都是纵横家为了获取情报的权谋方法。

②内符:内在的情欲必然与外在表情符合。陶弘景注释说:"内符者,谓情欲动于内,而符验见于外。"

③道数与时相偶:规律、方法与天时三者和谐。偶,偶合,和谐。

④物类相应:物以类聚,相同的事物,便会有相应的反应。

【译文】

所谓"摩意"是一种与"揣情"相类似的方法。"内符"是"揣"的根本。进行"揣情"时需要掌握"揣"的规律。而这种规律必然是隐而不显的。要适当地去"摩",投其所好进行测探,其内在实情就会通过外在表情反映出来。内心的感情要表现于外,就必然要做出一些行动。在达到了这个目的之后,要在适当的时候悄悄离开对方,把动机隐藏起来,消除痕迹,伪装外表,回避实情,使人无法知道是谁办成了这件事。因此,既达到了目的,办成了事,又不留祸患。在这个时候"摩"对方的实情,对方也会在这个时候表现自己。只要我们有办法让对方顺应我们的安排行事,就没有什么事情不可办成的。

古代善于试探他人意思的人,就像拿着钓钩到深潭旁边去钓鱼一样。只要把带着饵食的钩投入水中,不必声张,悄悄等待,就可以钓到鱼。所以说:所办的事情一天天成功,别人却没有察觉;率领的军队一天天地走向胜利,也不声张,没人待他当作仇敌而感到恐惧,只有做到这样才是高明的。那些有很高修养和智慧的人谋划什么行动,总是在暗中进行的,所以被称为"神";而这些行动的成功,都在光天化日之下突显出来,所以被称为"明"。所谓"主事日成"的人是暗中积累德行,老百姓安居乐业,却不知道为什么会享受到这些利益,他们还在暗中积累善行,老百姓生活在善政中却不知道为什么会有这样的局面。普天下的人们都把这样的"谋之于阴、成之于阳"的政治策略称为"神明"。那些率领军队而不断战胜敌人的统帅,坚持不懈地与敌军对抗,却不去争城夺地,不消耗人力物力,因此老百姓不知道为何别的国家会臣服和畏惧。为此,普天之下都称这种"谋之于阴、成之于阳"的军事策略为"神明"。

试探他人的意思,有用平和的,有用严正的,有用活泼的,有用愤慨的,有用名望成吓的,有用行为逼迫的,有用廉洁感化的,有用信誉说服的,有用利益诱惑的,有用谦卑迎合的。和平就是安静,正义就是刚直,娱乐就是喜悦,愤怒就是激动,名望就是声誉,行为就是实施,廉洁就是清明,利益就是需求,谦卑就是委屈。所以,节操高尚、独立而行的圣人所采用的"摩意"之术,平常人也都可以运用。然而没有能运用成功的,那是因为他们不得要领和法则。因此,谋划策略,最困难的就是周到缜密;进行游说,最困难的就是让对方全部听从自己的说辞;办事情,最困难的就是一定成功。这三个方面只有成为圣人才胜任。

因而谋略策划必须周到缜密。游说要首先选择与自己情意相投的对象。所以说,"交结要亲密无间",游说处事才会圆满。要想使所主持的事情取得预期的成功,必须有适当的方法,所以说,"客观规律、行动方法以及天时都必须符合,互相依附的"。进行游说的人要让对方听信,必须使自己的说辞合于情理,所以说,"合情理才有人听"。世界上万事万物都有各自的属性。好比抱着柴草向烈火走去,干燥的柴草就首先着火燃烧;往平地倒水,低的地方就要先进水。这些现象都是与各类事物的性质相适应的。以此类推,其他事物也是这样的。这也反映了"内符"与"外摩"的道理。所以说:按着事物的不同特性来运用"摩意"之术,怎么会没有反应的呢? 根据被游说者的喜好而施行"摩意"之术,哪有一个不听从游说的呢? 所以说:要想能独立运用"摩意"之术,就要注意事物的细微变化,把握好时机,有成功也不停止,天长日久,就一定能化育天下，取得最后成功。

权谋"三大决断"原则

【原文】

为人凡决物[1]，必托于疑者。善其用福，恶其有患。善至于诱也，终无惑。偏有利焉，去其利则不受也，奇之所托。若有利于善者，隐托于恶，则不受矣，致疏远。故其有使失利，有使离害者，此事之失。

圣人所以能成其事者有五：有以阳德之者，有以阴贼之者，有以信诚之者，有以蔽匿之者，有以平素之者。阳励于一言，阴励于二言[2]，平素枢机以用四者[3]，微而施之。

于是，度以往事，验之来事，参之平素，可则决之。

公王大人之事也，危而美名者，可则决之；不用费力而易成者，可则决之；用力犯勤苦，然而不得已而为之者，可则决之；去患者，可则决之；从福者，可则决之。故夫决情定疑万事之机，以正治乱、决成败，难为者。故先王乃用蓍龟[4]者，以自决也。

【注释】

①选自《决篇》。《左传·桓公十一年》记载："卜以决疑。"而《史记·淮阴侯列传》认为："成败在于决断。"所以《决篇》是关于决情定疑、果断决策的谋略论，也是权谋的最后一个环节，决定权谋成败关键的一步。为：给，替。凡：凡是，表示概括。

②阳励于一言，阴励于二言：运用阳道努力坚守同一性，运用阴道努力把握事物的两面性。

③四者：指一言、二言、平素、枢机。

④蓍龟：用蓍草和龟甲占卜。蓍，一种多年生草本植物，通称"蚰蜒草""锯齿草"，古代用其茎占卜，著名的《易经》就是蓍草卜卦之书；古人用烧灼后龟甲的裂纹来占卜，殷商有大量甲骨卜辞。

【译文】

凡是替他人决断事情，都是有疑难的人来托付的。一般说来，人们都希望遇到有利的事,不希望碰上祸患,善于劝导的,就可以排除疑惑。在为人做决断时,如果只对一方有利,那么没有利的一方就不会接受,这是因为依托的基础不平衡。任何决断本来都应有利于决断者的,但是如果在其中隐含着不利的因素,那么决断者就不会接受,彼此之间的关系也会疏远,这样对为人决断的人就不利了,甚至还会遭到灾难,这样决断是会失败的。

圣人所以能完成大业,主要有五个途径:有用阳道来感化的;有用阴道来贬抑的;有用信义来教化的;有用爱心来庇护的;有用廉洁来净化的。运用阳道努力坚守同一性,运用阴道努力把握事物的两面性。要在平时和关键时刻巧妙地运用这四方面,小心谨慎行事。

于是,一个策略是否施行,必须要通过验证以往的事,推测未来的事,再参考日常的情况,如果运用这三个原则检验证明都是可行的,就应该做出决断。

王公大臣的事,崇高而享有美名的,如果可以就做出决断;不用费力轻易可获成功的情况,如果可以就做出决断;费力气又辛苦,但不得不做的,如果可以就做出决断;能消除忧患的,如果可以就做出决断;能实现幸福的,如果可以就做出决断。因此说,判定并解除疑难,是所有的事情得到解决的关键。但以此来实现安定和成功,避免动乱和失败是一件很难做到的事。所以,古代君王就用蓍草和龟甲来占卜,帮助自己决定一些大事。

(四)为君之道

如何做个好君王,这是一个令历代君主思索不已的问题,而鬼谷子回答却只有寥寥的三个字,那就是"量天下";如果哪位君主再请他"明以教我",那么,他就交给这位君主"九大法宝"。其实,即使你不想做君主,懂得了"九大法宝"对你也十分有益。

"量天下"

【原文】

古之善用①天下②者,必量天下之权,而揣诸侯之情。量权不审,不知强弱轻重之称;揣情不审,不知隐匿变化之动静。何谓"量权"?曰:"度于大小,谋于众寡。称货财有无之数,料人民多少、饶乏、有余不足几何?辨地形之险易孰利、孰害?谋虑孰长、孰短?君臣之亲疏,孰贤、孰不肖?与宾客之知睿孰少、孰多？观天时之祸福孰吉、孰凶？诸侯之亲孰用、孰不用？百姓之心去就变化，孰安、孰危？孰好、孰憎？反侧孰便、孰知？"如此者，是谓"量权"。

【注释】

①选自《权篇》。房立中教授主编《新编鬼谷子全书·鬼谷子新校》据刘勰的评论与原《权篇》的内容吻合，所以改移作《转丸》后，便将《揣篇》的前半部分移补成了这篇。权：本义是秤砣，是衡量物体的重量的，引申为度量权衡一切事物，如《礼记·王制》："原父子之亲，立君臣之义，以权之。"权又转化为权变的意思，如《孟子·离娄上》："嫂溺，援之以手，权也。"《权篇》论述的"为君大道"——"量天下之权"，则包含了衡量、权变这两个方面内涵，很值得琢磨体会。善用：善于使用，这里指善于统治。

②天下：古人以为地在天的下方，故称地为天下。

【译文】

古代善于统治天下的人，必然首先衡量天下的形势，揣摩其他诸侯的实情。如果对权势分析不全面，就不可能了解诸侯力量的强弱虚实；如果揣摩诸侯的实情不够全面，就不可能通晓并掌握天下时局变化的征兆。什么是"量权"呢？答案是："测量天下的大小；谋划数量的多少；称验财货的有无；估量人口的多少、贫富，什么有余，什么不足，以及达到了什么样的程度；分辨地形险易，哪里有利，哪里有害；判断各方的谋虑谁长，谁短；分析君臣亲疏关系，谋臣谁贤，谁不肖；考核谋士的智慧才能谁多、谁少；观察天时祸福，什么时候吉，什么时候凶；比较与诸侯的联系，哪个可以利用，哪个不可以利用；测验民心离叛或亲附的变化，哪里安定，哪里危险，爱好什么，憎恶什么；预测反叛事会在哪里更容易发生，哪些人能知道内情。"如此这些，就是所谓的"量权"。

为君"九大法宝"

【原文】

安徐正静①，其被节无不肉②。善与而不争，虚心平意，以待倾。右主位。

目贵明，耳贵聪，心贵智。以天下之目视者，则无不见；以天下之耳听者，则无不闻；以天下之心虑者，则无不知。辐辏并进，则明不可塞。右主明。

听之术曰:"勿望而许之,勿望而拒之。"许之则防守,拒之则闭塞。高山仰之可极,深渊度之可测。神明之位,术正静其莫之极欤!右主听。

用赏贵信,用刑贵必。刑赏信必,验于耳目之所见闻。其所不见闻者,莫不暗化矣。诚畅于天下神明,而况奸者干君?右主赏。

一曰天之,二曰地之,三曰人之。四方、上下、左右、前后,荧惑③之处安在?右主问。

心为九窍④之治,君为五官。之长。为善者君与之赏,为非者君与之罚。君因其所以来,因而与之,则不劳。圣人用之,故能掌之。因之循理,固能久长。右主因。

人主不可不周;人主不周,则群臣生乱。寂乎其无常也,内外不通,安知所开?开闭不善,不见原也。右主周。

一曰长目,二曰飞耳,三曰树明。千里之外,隐微之中,是谓"洞"。天下奸,莫不暗变更。右主参。

循名而为,按实而定,名实相生,反相为情。名实当则治,不当则乱。实生于德,德生于理,理生于智,智生于当。右主名。

【注释】

①选自《符言》篇。符言:符是符契、符节。我国早在先秦就有符契,最有名的是铁或玉制虎符。汉代则把有节的竹片加以中分,由两人各持一片,日后各拿这一片竹的人,只要能把两片竹完全合在一起,连竹节都能像原来那样吻合,那就证明是他本人或其代理人。到后来就又出现了木符、纸符等,并在上面加盖印记,而且是从印的中间切断使用,这种印就叫"骑缝印"。这里指言辞与事实像符契一样吻合,是说这篇关于为君的"九大法宝"的论述与贤明君主的所作所为是完全相应的。还有人认为"符言"乃是"阴符之言"的简称。安徐正静:安详,从容,正派,沉静。

②被节无不肉:这句理解有点困难。陶弘景注释说:"被,及也。肉,肥也,谓饶裕也。言人若居位能安徐正静,则所及人节度,无不饶裕。"显得有点勉强,有人认为是指音乐合节,也不很顺畅。我们的理解是:君主治理国家,既有法度节制,又能柔和宽容。肉,方言里形容柔软。

③荧惑:火星,古人认为火星是灾星,它一出现就会有灾祸。火星又隐现不定,所以引申为隐约模糊。

④九窍:窍是出入空气的小穴。人体上共有九个小穴,就是口、两耳、两眼、两鼻孔、二便孔。但是通常都除掉二便孔,只称为"七窍"。

⑤五官:古代五种重要官职。即司徒、司马、司空、司土、司寇。

【译文】

如果身居君位的人能做到安详、从容、正派、沉静,既会柔顺又能节制,愿意给予并与世无争,这样就可以心平气和地面对天下纷争。以上讲善守其位。

对眼睛来说,最重要的就是明亮;对耳朵来说,最重要的就是灵敏;对心灵来说,最重要的就是智慧。君主如果能用全天下的眼睛去观看,就不会有什么看不见的;如果用全天下的耳朵去听,就不会有什么听不到的;如果用全天下的心去思考,就不会有什么不知道的。如果全天下的人才,都能像车子辐辏一样,聚集到君主周围,君主任用并充分发挥他们的聪明才智,这样君主就可明察一切,没有什么可以蒙蔽的了。以上讲察人之明。

听取情况的方法是:不要远远看见了就答应,也不要远远看见了就拒绝,要经过核实再决定赞同还是反对。如果在这样的理性下广泛听取并接受进谏,就会使自己多了一层保护;如果固执地拒绝别人进谏,就会使自己受到封闭而孤立。高山仰望可看到顶,深渊计量可测到底,如果坚持采用听术,保持开明既正派又深沉的心境,那还会有什么无法测到底的吗?以上讲虚心纳谏。

运用奖赏时,最重要的是守信用。运用刑罚时,贵在当罚必究。赏赐的信誉与处罚的严明,都可让臣民见到听到并加以验证,这样对于那些没有亲眼看到和亲耳听到的人,也有潜移默化的作用。人主的诚信如果能畅达天下,那么连神明也会来保护,又何惧那些奸邪之徒来冒犯主君呢?以上讲赏罚必信。

君主咨询的范围主要是天时、地利、人和。四面八方,上下、左右、前后的情况都问得清清楚楚,那就不会出现隐约模糊和被蒙骗的事情了!以上讲多方咨询。

心是人体九窍的统治者,君是五种官员的首长。做好事的臣民,君主会给他们赏赐;做坏事的臣民,君主会给他们惩罚,君主根据臣民的政绩来任用,斟酌实际情况给予赏赐,这样就不会劳民伤财。圣人要重用这些臣民,因此能很好地掌管他们,并且要遵循客观规律,所以才能长久。以上讲遵规循理。

作为君主必须广泛了解外界事物,如不通人情物理,那么就容易发生骚乱。世间一切都是悄悄而又出乎意外的变化,如果内外没有交往,怎么能知道世界的变化并懂得人情物理呢！开放和封闭不适当，就无法发现事物的根源。以上讲遍通事理。

君主必须洞明天下，这就要拥有三个宝贝：一个叫作"长目"，一个叫作"飞耳"，一个叫作"树明"。使坏人坏事在千里之外的地方，隐隐约约、渺渺茫茫之处，都不能隐藏。这就叫作"洞明"。这样，天下的奸邪就不敢在黑暗中耍阴谋、为非作歹了。以上讲洞察奸邪。

依照名分去考察实情，根据实情来确定名分。名分与实情互为产生的条件，反过来又互相表现。名分与实情相符就能得以治理，不相符则易产生动乱。名分产生于实情，实情产生于物理，物理产生于属性，属性产生于和谐，和谐则产生于适当。以上讲名实相符。

（五）持枢："人君之大纲"

《鬼谷子》一书自《本经》以后的部分与前面十二篇的风格截然不同，内容也以道家和阴阳家思想为主，所以一般都没有最后肯定是鬼谷子亲自著作，暂时存疑。因此《持枢》和《本经》篇（附在《处世之鉴》之后）中有价值的内容，我们用附录的形式摘出。持枢作为君主治国的"大纲"，其核心思想是"天枢"，即顺其自然。

【原文】

持枢[1]，谓春生、夏长、秋收、冬藏，天之正[2]也，不可干而逆之。逆之者，虽成必败。

故人君亦有天枢[3]，生养成藏，亦不可干而逆之。逆之，虽盛必衰。此天道，人君之大纲也。

【注释】

[1] 选自《持枢》篇。陶弘景注释说："枢者，居中以运外，处近而制远，主于转动者也。故天之北辰，谓之天枢；门之运转者，谓之户枢。然则持枢者，动运之柄，以制物也。"持枢是希望君主能够掌握洞察事物生成发展的根本原则，以便采取适当的行动。

[2] 天之正：天时的正常运行，指自然发展的必然规律。陶弘景注释说："不为而自然，所以以为正也。"

[3] 人君亦有天枢：人间君主实施统治也有类似自然发展的必然规律。陶弘

景注释说:"人君法天以运动,故曰:亦有天枢。"

【译文】

所谓"持枢",是指春季的耕种、夏季的生长、秋季的收割、冬季的储藏,这些事物是与天时的正常运行相应的,是"正道",决不可企图改变和违背这些规律,违背者即使暂时成功最后也要失败。

所以,为人君者,也必然有类似的"天枢",负责生聚、教养、收成、储藏等重任。在社会生活中,尤其不可改变和抗拒这些规律。如果违背基本规律,虽然暂时兴盛起来,最后还要衰落。这是"天道",也是人君治国的基本纲领。

(六)用人之方

用人的方略关键在于诱导人和掌控人,然后才能鉴别人才,合理使用,这实际是"权"与"术"的综合运用。

诱人和制人的技巧

【原文】

将欲用之于天下①,必度权量能,见天时之盛衰②,制地形之广狭,阻险之难易,人民货财之多少,诸侯之交③孰亲孰疏、孰爱孰憎;心意之虑怀,审其意,知其所好恶,乃就说其所重,以飞钳之辞钩其所好④,以钳求之。

【注释】

①选自《飞钳》篇。陶弘景注释说:"言取人之道,先作声誉,以飞扬之。……牵持缄束,令不得转移。"飞钳,在这里是指先褒扬人才,令其激动尽才,等到他们心疑思异时,用其所好约束钳持,令其不得脱离。用之于天下:把飞钳之术推广到全天下。

②天时之盛衰:指天道运行的兴盛和衰落,但是,古人认为天道运行与人事和国运密切相关,所以,观察并认识鉴别天运也包含了观察并认识鉴别人事与国运。

③诸侯之交:人才与诸侯国的交往。

④以飞钳之辞钩其所好:按他们的爱好予以引诱、赞美。钩,钩取,钩住,即

探求、引诱再套住。

【译文】

要把"飞钳"之术推广到天下用人的方面,就必须考核人的权谋和才能,观察他们所处天道的盛衰,掌握他们所处地形的宽窄和山川险阻的难易,以及人民财富的多少。在诸侯之间的交往方面,必须考察他们彼此之间的亲疏关系,究竟谁与谁亲密,谁与谁疏远,谁与谁友好,谁与谁相恶。还要详细考察对方的愿望和想法,要了解他们的好恶,然后针对对方所重视的问题进行游说,再用"飞"的方法引诱出对方的爱好所在,予以肯定、赞美。最后,再用"钳"的方法把对方控制住。

鉴别人的方法和原理

【原文】

凡度权量能①,所以征远来近②。立势而制事③,必先察同异之党,别是非之语,见内外之辞,知有无之数,决安危之计,定亲疏之事,然后乃权量之。其有隐括,乃可征,乃可求,乃可用。

【注释】

①选自《飞钳》篇。度权量能:指估量对方的权略和能力等。

②征远来近:使远近的人才都来投效。征远,使远方的来;来近,使近处的来。陶弘景注释说:"凡度其权略,量其才能,为远作声誉者,所以征远而来近也。谓贤者所在,或远或近,以此征来,若燕昭尊隗,即其事也。"陶弘景举郭隗一例,战国时燕昭王筑黄金台、尊贤堂尊重并师事本国的郭隗,结果乐毅、邹衍、剧辛及其他有才能的人皆来。这只是"征远来近"的一种方法而已。

③立势而制事:造成一种态势,制定一些人事规则。

【译文】

凡是揣度人的智谋和测量人的才干,就是为了吸引远处的人才和招来近处的人才。这就要造成一种声势,进一步制定一些人事规则。一定要首先考虑派别的相同和不同之处,区别各种对的和不对的议论。了解他对内、对外的各种言行;掌握他经邦济世的才能具有和不足的程度;决定事关安危的计谋;确定他与谁亲近和与谁疏远。然后,全面权量这些,如果还有隐伏不清楚的地方,就要进行研究,进行探索,予以弥补或矫正,使之能够为我所用。

(七)处世之鉴

立身处世以"打量"处世环境为第一位。除了"打量"天时、地利、人和这些大环境之外,也要"量家""量身",运用"忤合"之术加以整合;选择好了环境,并非万事大吉了,你还要运用"内揵"之术,广泛交接,精心营造一个和谐的处境;然后再不断地自我估量,自我调整,这样就能纵横天下!

环境"打量"之法

【原文】

凡趋合倍反①,计有适合。化转环属,各有形势。反复相求,因事为制。是以圣人居天地之间,立身御世,施教扬声明名也,必因事物之会,观天时之宜,国之所多所少,以此先知之,与之转化。世无常贵,事无常师。圣人常为无不为②,听无不听。成于事而合于计谋,与之为主③。合于彼而离于此,计谋不两忠,必有反忤④。反于此,忤于彼;忤于此,反于彼:其术也!

用之天下,必量天下而与之;用之国,必量国而与之;用之家,必量家而与之;用之身,必量身材能气势而与之。大小进退,其用一也。必先谋虑计定,而后行之以忤合之术。

【注释】

①选自《忤合》篇。忤合:《太平御览》作"午合篇",午,是纵横相交的意思,《仪礼·大射》:"度尺而午,射正莅之",郑玄注:"一纵一横曰午。"午又通"迕",《庄子·天道》:"倒道而言,迕道而说者,人之所治也,安能治人?"意思是违背,相抵触;作"忤",是不顺从或逆、背离的意思,《庄子·刻意》:"无所于忤,虚之至之。"合,符合,不违背,和合。《荀子·性恶》:"合于文理,而归于治。"忤合,就有背离与和合的朴素辩证法思想,《忤合》篇认为,背离与和合都有相应的策略,或者合于此而忤于彼,或者合于彼而忤于此,但是忤与合又可以相互转化,因而实行忤合策略的先决条件,就在于了解和估量环境。陶弘景注释说:

"大道既隐,正道不得,坦然而行,故将合于此,必忤于彼,令其不疑,然后可行其意,即伊、吕之去就是也。"这是纵横家的处世之道,也是可以广泛应用的策略。趋合倍反:趋合相当于"合";倍反相当于"忤"。倍,同"背"。

②常为无不为:常常是没有什么不做的。陶弘景注释说:"善必为之,故无不为;无稽之言不听,故无所听。"

③与之为主:他们都是各为其主。与之,与他们。为主,为主人。

④计谋不两忠,必有反忤:任何计谋都不可能同时忠于两个主人,必然要相抵触。忠,忠实;反忤,抵触,背逆。

【译文】

凡是有关和合或背离的行动,都会有相应的计策。变化和转移就像圆环一样接连不断而无痕迹。然而,变化和转移又各有各的具体情形。彼此之间环转反复,互相依赖,需要根据实际情况进行控制。所以圣人生活在世界上,立身处世都是为了说教众人,扩大影响,宣扬名声,彰显名分。他们还必须根据事物之间的联系和变化的际遇来考察天时,以便抓住有利时机。国家哪些方面有余,哪些方面不足,都要从这里出发去掌握,并设法促进事物向有利的方面转化。世界上的万事万物没有永远占领高贵地位的,世界上的万事万物也没有永远居于榜样地位的。圣人常常是无所不做、无所不听的。办成要办的事,实现预定的计谋,都是为了自己的主人,合乎那一方的利益,就要背叛这一方的利益。凡是计谋不可能同时忠于两个对立的君主,必然违背某一方的意愿。合乎这一方的意愿,就要违背另一方的意愿;违背另一方的意愿,才可能合乎这一方的意愿:这就是"忤合"之术。

如果把这种"忤合"之术运用到天下,必然要把握全天下的总形势以及各个方面的实际情形来运用它;如果把这种"忤合"之术用到某个国家,就必然分析这个国家各个方面的情况,实事求是地运用它;如果把这种"忤合"之术运用到某个家族,就必然要衡量这个家族的地域、人文的状况,然后灵活地运用它;如果把这种"忤合"之术用到某一个人,就必然要对这个人的才能、气势等都估量考察一番,然后量才而用。总之,无论把这种"忤合"之术用在大的范围,还是用在小的范围,其功用是相同的。因此,无论在何时何地都要进行谋划、分析,计算准确了以后再实行"忤合"之术。

环境营造之方

君臣上下之事①,有远而亲,近而疏,就之不用,去之反求。日进前而不御,遥闻声而相思。事皆有内揵,素结本始。或结以道德,或结以党友,或结以财货,或结以采色。用其意,欲入则入,欲出则出,欲亲则亲,欲疏则疏,欲就则就,欲去则去,欲求则求,欲思则思。若蚨母②之从其子也,出无间,入无朕,独往独来,莫之能止。

【注释】

①选自《内揵》篇。君臣上下之事:君与臣、上级与下级之间的人事关系。
②蚨母:母土蜘蛛。蚨:蚨蜴,就是土蜘蛛。这种蜘蛛的母性极强,因此每当出入巢穴时,都要把穴口加盖以防外敌。

【译文】

君臣上下之间的人事关系,有的距离很远却很亲密,有的距离很近却很疏远。有的在身边却不被任用,有的在离去以后还受聘请。有的天天都能到君主眼前却不被信任,有的距离君主十分遥远却听到声音就被思念。凡是事物都有发端和根源这两方面,"内揵"也是如此,与对方的思想沟通、心理坦白相向,都是在平常的交接中关联而建立起来的。或者因为道德相联结,或者因为朋党相联结,或者因为钱物相联结,或者因为权势、名位、享受等相联结。要想推行自己的主张,就要做到想进来就进来,想出去就出去;想亲近就亲近,想疏远就疏远;想接近就接近,想离去就离去;想被聘用就被聘用,想被思念就被思念。就好像母蜘蛛率领小蜘蛛一样,出来时不留洞痕,进去时不留标记,独自前往,独自返回,谁也没法阻止它。

自我度量之术

【原文】

古之善背向者①,乃协四海、包诸侯,忤合天地而化转之②,然后以之求合。

故伊尹③五就汤④、五就桀⑤,而不能有所明,然后合于汤。吕尚⑥三就文王、三入殷⑦朝,而不能有所明,然后合于文王。此知天命之钳,故归之不疑也。非至圣人达奥,不能御世;不芳心苦思,不能原事;不悉心见情,不能成名;材质不惠,不能用兵;忠实无真,不能知人。故忤合之道,己必自度材能知睿,量长短、远近孰不如。乃可以进,乃可以退;乃可以从,乃可以横⑧。

【注释】

①选自《忤合》篇。古之善背向者:古代擅长"忤合"之术纵横天下的人。

②忤合天地而化转之:陶弘景注释说:"驱置忤合之地,然后设法变化而转移之。"大意是将天地放于离合不定、朦胧模糊的境地设法转化、迁移、改变各个方面的形势。

③伊尹:商朝开国名相。姓氏不详,名伊,一说名挚,尹为官名,莘(今山东省曹县)人。原来是汤王正妃有莘氏女的陪嫁之臣,后来被汤重用,就辅弼商汤消灭夏桀,任阿衡(宰相),委以国政。汤死后,历佐卜丙(即外丙)、仲壬二王和太甲,但是太甲为帝时,因不遵汤规,横行无道,被伊尹放之于桐宫(今山西省万荣县西,另说今河南省虞城东北),令其悔过和重新学习汤的法令。三年后,迎回太甲复位。伊尹是商朝前期三代元老,理政安民六十余载,治国有方,世称贤相。可是他曾经也有坎坷,《孟子·告子》篇载:"五就汤、五就桀者,伊尹也。"

④汤:商朝的开国之君。重用伊尹消灭夏桀,开创商王朝,推行善政,为上古贤君。

⑤桀:夏朝最后一个君主,实行暴政,被商汤王消灭。

⑥吕尚:周朝开国名相。姓姜氏吕,名尚,字尚父(或名牙,字子牙),号太公望、师尚父等。辅佐周文王、周武王,对周朝建国贡献极大,是齐国的始封主。要详细了解,可参考龙建春《"太公"姓氏名号考论》一文,载《台州学院学报》2003年第2期。

⑦殷:商朝。因为商王盘庚迁都于殷(今河南安阳),所以用殷来代称商朝,也称殷商。

⑧乃可以进,乃可以退;乃可以从,乃可以横:陶弘景注释说:"既行忤合之道于不如己者,则进退纵横,唯吾所欲耳。"大意是运用"忤合"术就可以横行天下了。

古代那些善于运用"忤合"术而横行天下的人,常常掌握四海之内的各种力量,控制各个诸侯,促成"忤合"转化的趋势,然后达成"合"于圣贤君主的目的。过去伊尹五次投效夏桀,五次投效商汤,其行动目的还未被世人所知,就决定一心归服了商汤王。吕尚三次投效周文王,三次投效商纣王,其行动目的还未显露于世人,就最后归服了周文王。这就是懂得天命的制约,所以才能归顺一主而毫不犹豫。对于一个纵横家来说,如果没有高尚的品德,超人的智慧,不可能通晓深层的规律,就不可能驾驭天下;如果不肯用心苦苦思考,就不可能揭示事物的本来面目;如果不会全神贯注地考察事物的实际情况,就不可能功成名就;如果才能、胆量都不足,就不能统兵作战;如果只是愚拙忠实而无真知灼见,就不可能有察人之明。所以,"忤合"的规律是:要首先自我估量聪明才智,然后度量他人的优劣长短,分析在远近范围之内还比不上谁。只有在这样知己知彼以后,才能随心所欲,可以前进,可以后退;可以合纵,可以连横:纵横天下,游刃有余!

二、连横圭臬《张子》

《张子》一书的名字最早被载入《汉书·艺文志》,可能入汉后不久就失传了,是一本至今还没有辑佚的先汉古籍。班固见到的《张子》共十篇,但是,我们可以从《史记》张仪的本传中辑得完整言辞七篇,其次则主要散佚在《战国策》中了。我们把这两本书中的张仪以及用他的名义发表的同类言论汇集起来,应该就是《张子》了。不过,《张子》的作者不能署张仪,而应该是"张仪们"。因为,经过缪文远等先生考证,《史记》七篇全是拟托,《战国策》也有少部分是拟托。拟托者就是崇尚张仪连横说的"张仪们",他们主要活跃在战国末至汉初,《张子》也就是这个时期成书的。正因为这样的原因,《张子》也就成了连横术的"圭臬"。我们选出最能体现连横术及其思想的片段,供大家欣赏。

(一)张仪"真"言

张仪"真"言就是出自张仪本人的言论。它主要保存在《战国策》中。这些言论最接近张仪连横术及其思想的原始状态,我们从中也可以窥见一个真实的张仪(张仪生平事迹见《纵横人物》)。请读下面所选的三章:

一计三利

齐助楚攻秦,取曲沃①。其后秦欲伐齐,齐楚之交善,惠王患之。谓张仪曰:"吾欲伐齐,齐楚方欢,子为寡人虑之,奈何?"张仪曰:"王其为臣约车并币,臣请试之。"

张仪南见楚王②曰:"弊邑之王所说甚者,无大大王;唯仪之所甚愿为臣者,亦无大大王。弊邑之王所甚憎者,亦无大齐王③;唯仪不甚憎者,亦无大齐王。今齐王之罪,其于弊邑之王甚厚,弊邑欲伐之,而大国与之欢,是以弊邑之王不得事令,而仪不得为臣也。大王苟能闭关绝齐,臣请使秦王献商、於④之地方六百里。若此,齐必弱;齐弱,则必为王役矣。则是北弱齐,西德于秦,而私商、於之地以为利也。则此一计而三利俱至。"

班固

楚王大说,宣言之于朝廷,曰:"不谷得商、於之地方六百里。"群臣闻见者毕贺,陈轸后见,独不贺。楚王曰:"不谷③不烦一兵,不伤一人,而得商、於之地六百里,寡人自以为智矣。诸士大夫皆贺,子独不贺,何也?"陈轸对曰:"臣见商、於之地不可得,而患必至也,故不敢妄贺。"王曰:"何也?"对曰:"夫秦所以重王者,以王有齐也。今地未可得,而齐先绝,是楚孤也。秦又何重孤国?且先出地绝齐,秦计必弗为也。先绝齐,后责地,且必受欺于张仪。受欺于张仪,王必惋之。是西生秦患,北绝齐交,则两国兵必至矣。"楚王不听,曰:"吾事善矣!子其弭口无言,以待吾事!"楚王使人绝齐,使者未来,又重绝之。

张仪反,秦使人使齐,齐、秦交阴合。楚因使一将军受地于秦。张仪至,称病不朝。楚王曰:"张子以寡人不绝齐乎?"乃使勇士往詈齐王。张仪知楚绝齐也,乃出见使者,曰:"从某至某,广从六里。"使者曰:"臣闻六百里,不闻六里。"仪曰:"仪固以小人,安得六百里?"使者反报楚王,楚王大怒,欲兴师伐秦。陈

国学经典文库

鬼谷子全书

·鬼谷子开创的纵横术·

图文珍藏版

轸曰："臣可以言乎？"王曰："可矣。"轸曰："伐秦，非计也，王不如因而赂之一名都，与之伐齐。是我亡于秦而取偿于齐也。楚国不尚全乎？王今已绝齐，而责欺于秦，是吾合齐秦之交也。国必大伤！"楚王不听，遂举兵伐秦。秦与齐合，韩氏从之⑥，楚兵大败于杜陵⑦。

故楚之土壤、士民非削弱，仅以救亡者，计失于陈轸，过听于张仪。

【注释】

①选自《战国策·卷四·秦二》。此事发生于公元前313年。曲沃：本来是魏国的属地，后被秦国占有，即今河南南陕县曲沃县镇。

②楚王：楚怀王。楚怀王熊槐，楚威王熊商之子。公元前328—前299年在位，贪令智昏，任用佞臣令尹子兰、上官大夫靳尚，宠爱南后郑袖，排斥左徒屈原，致使国事日非。公元前302年被张仪以商量许地为由而骗入秦国被扣，最终死于咸阳。

③齐王：齐威王。齐威王田因齐，齐桓公田午之子。公元前356—前320年在位，初立，见吴越两国俱称王，自己不甘居下，也便自称"齐王"。以善于纳谏用能，励志图强而名著史册。

④商、於：秦国属城商和於。商，今河南商县；於，今河南斯川县。

⑤不谷：诸侯国君主的谦称。

⑥韩氏从之：韩宣惠王也出兵跟秦国和齐国攻打楚国。

⑦杜陵：楚国属地，今陕西旬阳县。

【译文】

齐国帮助楚国进攻秦国，攻取了秦国曲沃。后来，秦想要夺回曲沃而进攻齐国。可是齐、楚两国当时很友好，秦惠王为此感到顾虑，于是，他就对张仪说："寡人想要发兵攻打齐国，无奈齐、楚两国关系正密切，请贤卿替寡人考虑一下，怎么办才好？"张仪说："好，请大王为微臣准备车马和钱财礼物，让微臣去楚国试试看！"

张仪南下到了楚国，求见楚怀王，说："敝国国王最敬重的人没有超过大王的了，想我张仪做臣子，也最希望做大王您的臣子；敝国所最痛恨的君主莫过于齐王，而我张仪最不愿侍奉的君主也莫过于齐王。现在齐国的罪恶，对敝国国王来说是最严重的，因此敝国才准备发兵征讨，无奈贵国跟齐国缔结了友好同盟,以致使敝国国王无法好好侍奉大王,听从您的命令了;同时也使我张仪不能做大王的忠臣。然而,如果大王能关起国门跟齐断绝邦交,让我劝敝国国王献上商、於方圆六百里土地。如此一来,齐国就丧失了后援,而必定走向衰弱;齐国走向衰弱以后,就必然听从大王驱使了。由此看来,大王如果能这样做,贵国不但在北面削弱了齐国的势力,而又在西南对秦国施有恩惠,同时更获得了商、於六百里肥沃的土地,这真是一举三得的上策。"

楚怀王一听,非常高兴,就赶紧在朝廷上宣布,"寡人已经从秦国得到商、於六百里肥沃的土地!"群臣听后,都向怀王祝贺,唯独客卿陈轸最后晋见,也不向怀王祝贺。怀王很诧异,问:"寡人不发一兵一卒,没有伤亡一将一士,就得到商、於六百里土地,寡人自认为这是凭自己的智慧所取得的外交上的重大胜利,朝中文武百官都向寡人道贺,偏偏只有贤卿一人不祝贺,这是为什么?"陈轸回答说:"因为我认为,大王不但得不到商、於六百里,反而会招来祸患,所以微臣才不敢随便向大王道贺。"怀王问:"这是为什么?"陈轸回答说:"秦王所以重视大王的原因,是因为楚国有齐国这样一个强大盟友。如今秦国还没把地割给大王,大王就跟齐国断绝邦交,如此就会使楚国陷于孤立状态,秦国又怎会重视一个孤立无援的国家呢?何况如果先让秦国割让土地,楚国再来跟齐断绝邦交,秦国必不肯这样做;要是楚国先跟齐国断交,然后再向秦要求割让土地,那么必然遭到张仪欺骗而得不到土地。受了张仪的欺骗,以后大王必然懊悔万分;结果是西面惹出秦国的祸患,北面切断了齐国的后援,这样秦、齐两国的兵都将进攻楚国。"楚王不听从陈轸的话,说:"我的事已经办妥当了,你就闭嘴,不要再多说,你就等待寡人的成功吧!"于是,怀王派使者前往齐国宣布跟齐断绝邦交,还没等第一个绝交使者回来,楚王竟急着第二次派人去与齐绝交。

张仪回到秦国之后,秦王赶紧派使者前往齐国游说,秦、齐暗地缔结了盟约。果然不出陈轸所料,当楚国一名将军去秦国接收许诺的土地时,张仪为了躲避楚国的使臣,竟然装病不上朝。楚怀王说:"张仪以为寡人不愿诚心跟齐国断交吗?"于是楚怀王派了一名勇士前去齐国大骂齐王。张仪在证实楚与齐两国确实断交以后,才勉强出来接见楚国的使臣,说:"敝国所以赠送贵国的土地,是这里到那里,方圆总共是六里。"楚国使者很惊讶地说:"我只听说是六百里,却没有听说是六里。"张仪赶紧郑重其事地巧辩说:"我张仪在秦国只不过是一个微不足道的人,怎么敢说给六百里呢?"

楚国使节回国报告楚怀王以后,怀王大怒,准备发兵去攻打秦国。这时,陈轸走到楚王面前问："现在我可以说话了吗？"怀王说："可以。"于是，陈轸很激动地说："楚国发兵去攻打秦国，绝对不是一个好办法。大王实在不如趁此机会，不但不向秦国要求商、於六百里土地，反而再送给秦国一个大都市，目的是跟秦连兵伐齐，如此或许可以把损失在秦国手里的再从齐国夺回来，这不就等于楚国没有损失吗？大王既然已经跟齐国绝交，现在又去责备秦国的失信，岂不是等于在加强秦、齐两国的邦交吗？这样的话，楚国必受大害！"

可惜楚怀王仍然没有采纳陈轸的建议，而是照原订计划发兵北去攻打秦国。秦、齐两国联合起来，同时韩宣惠王也出兵随同秦国和齐国作战。结果，楚军在杜陵被三国联军打得惨败。

可见，楚国的土地并非不大，而人民也并非比其他诸侯软弱，但是之所以会落得几乎要亡国的惨境，就是由于怀王没有采纳陈轸的忠实良言，而过于听信张仪诡诈游说的缘故。

"国累"

【原文】

张仪欲以汉中与楚，谓秦王曰："有汉中，蠹①。种树不处者，人必害之；家有不宜之财，则伤本；汉中南边为楚利，此国累也。"甘茂②谓王曰："地大者固多忧乎！天下有变，王割汉中以和楚，楚必畔天下而与王。王今以汉中与楚，即天下有变，王何以市楚也？"

【注释】

①选自《战国策·卷三·秦一》。蠹：即虫，比喻为祸害。

②甘茂：秦国名将，下蔡（今安徽凤台）人。曾就学于史举，学百家之说，经张仪、樗里疾引荐于秦惠王。公元前312年，辅助左庶长魏章略定汉中地，又率兵平定蜀乱。公元前309年，秦初置丞相，甘茂为左相。次年受命为将攻韩之宜阳（今河南宜阳西），以打开秦东向门户。公元前307年，克宜阳，斩首六万。并渡过黄河，驻于武遂（今山西垣曲东南）。后因劝秦王归还韩武遂，遭向寿、公孙奭谗毁，被迫在攻魏蒲阪时逃至齐，任齐上卿。公元前305年，为齐使楚。秦欲令楚送还甘茂，楚以其贤而拒绝。卒于魏。

【译文】

张仪打算把汉中让给楚国，奏请秦王说："有汉中，总是个祸害。树种的地方不对，人们必会伤害它；家里有不义之财，就会损失家里的老本。汉中在南边，只对楚国有利，这是国家的忧患。"甘茂对秦王说："国土广大，就一定会有很多忧患吗？诸侯的关系一旦变化，大王您割让汉中去联合楚国，楚国必定会从诸侯中分裂出来而与大王结盟。但是，大王现在就把汉中割给楚国，如果诸侯关系发生变化，您又拿什么做和楚国交换的条件呢？"

智取河西

【原文】

楚攻魏，张仪谓秦王①曰："不如与魏以劲之，魏战胜，复听于秦，必入西河之外②；不胜，魏不能守，王必取之。"王用仪言，取皮氏③卒万人，车百乘，以与魏。犀首④战胜威王⑤，魏兵罢弊，恐畏秦，果献西河之外。

【注释】

①选自《战国策·卷三·秦一》。秦王：秦惠王。秦惠王嬴驷，是秦孝公嬴渠梁的儿子，秦武王嬴荡和秦昭王嬴稷的父亲。公元前337—前311年在位，他夺回了秦国的河西旧地，打通了中原通道，占领了汉中和巴蜀，为秦统一六国建立了富饶巩固的大后方，秦国在这一时期就已经打下了日后统一天下的强大经济基础。

②西河之外：今陕西大荔、宜川等地。

③皮氏：魏国属地，今山西河津一带。

④犀首：魏国武官名，相当于虎牙将军。当时担任犀首的是公孙衍。

⑤威王：楚威王，楚宣王之子，公元前340—前329年在位。曾围徐州，打败强齐。

【译文】

楚国攻打魏国，张仪对秦王建议："您不如帮助魏国，以便强化魏国的势力。假如魏国能战胜，从此就会更加听命于秦，一定会送来西河之外的土地；假如战败,那魏国就不能守住边塞,大王就可以将魏国夺取过来。"于是秦王采纳张仪的献策,调派皮氏地方军一万人和战车一百辆,交给魏国犀首公孙衍指挥。魏国战胜了楚威王的军队。获取胜利的魏军也已经疲惫不堪,非常害怕秦国,果真把西河之外的地方献给了秦国。

(二)《张子》"横"说

最标准的连横术及其思想保存在《张子》中,其中完整的关于连横的七篇经典游说辞,是张仪死后由他的信徒们精心拟撰的,它们是完全针对苏秦的合纵术及其思想而发论的。我们选出《始将连横说秦惠王》和《为秦破纵说楚怀王》两篇,使人们可以清晰地了解连横思想的建立和发展、连横术的实施和本质。

始将连横说秦惠王

这篇说辞分别见于《战国策·卷三·秦一》和《史记·张仪传》(部分),是七篇经典连横游说中的第一篇。本篇展示了连横家们如何贯彻《鬼谷子》的"捭阖之道",以怎样的原理和逻辑建构连横思想,以怎样的气度和方式设计连横术,以怎样的情感和语言来游说的。

世有三亡

【原文】

张仪说秦王曰:"臣闻之,弗知①而言为不智,知而不言为不忠。为人臣不忠当死,言不审亦当死。虽然,臣愿悉言所闻,大王裁其罪。臣闻,天下阴燕阳魏②,连荆③固齐,收余韩成从④,将西南以与秦为难,臣窃笑之。

世有三亡,而天下得之,其此之谓乎!臣闻之曰:'以乱攻治者亡,以邪攻正者亡,以逆攻顺者亡'。今天下之府库不盈,空虚,悉其士民,张军数千百万,白刃在前,斧质在后,而皆去走,不能死,罪其百姓不能死也,其上不能也。言赏则不与,言罚则不行,赏罚不行,故民不死也。"

【注释】

①弗知:不了解。

②阴燕阳魏:北方的燕国,南方的魏国。阴,北方;阳,南方。这是以秦国为参照地而言的。

③荆:楚国,楚国的地方主要在古荆州。有人认为是为了避秦始皇父亲姬子楚的讳,不妥。

④收余韩成从:收集韩国剩余势力,组成合纵。余韩,韩国与秦国接壤,失地最多,所以有这个称呼。

【译文】

张仪游说秦惠王道:"微臣常听人说,不知道事情的缘由就开口言论那是不明智;知道了事情的缘由却不开口言论,那是不忠贞。作为一个臣子,对君王不忠诚就该死,说话不审慎也该死。尽管如此,但我仍然愿意把所有见闻都说出来给大王听,如有不当之处请大王裁决定罪。我听说四海之内,北方的燕国和南方的魏国又在联结荆楚,巩固同齐国的联盟,收罗残余的韩国势力,形成合纵的联合阵线,共同向西南与秦国对抗。对此,微臣私下不禁失笑!

世界上有三种亡国的状况,这些情况出现后,天下终究会有人来收拾残局,可能说的就是今天的世道!我听人说:'以治理混乱的去攻打治理有序的,必遭败亡;以邪恶去攻打正义的,必遭败亡;以悖逆天道去攻打顺应天道的,必遭败亡。'如今天下诸侯国储藏财货的府库很不充实,囤积谷米的粮库也很空虚,他们征召所有人民,发动千百万计的军队,虽然是白刃在前,利斧铡刀在后督战,但是将士们仍然都退却逃跑,不能和敌人拼死一战。其实并不是他们的人民不肯死战,而是由于领导们拿不出好办法来治理。说奖赏却不给予奖赏,说处罚却不执行处罚,所以,人民才不肯为国死战。"

战者万乘存亡之机

【原文】

臣敢言往昔。昔者齐南破荆,中破宋,西服秦,北破燕,中使韩、魏之君①,地广而兵强;战胜攻取,诏令天下;济清河浊,足以为限②;长城、钜坊③,足以为塞。齐,五战之国也,一战不胜而无齐④。故由此观之,夫战者,万乘之存亡也。

【注释】

①中使韩、魏之君:指齐闵王十一年(公元前290年)伐楚,十六年(公元前

285 年)伐秦,曾经驱使韩、魏两国君主带兵协同作战。上述事实都是在张仪死后发生的,所以,这篇说辞是拟托。

②限:界限,这里指济河、黄河是天然的战略防线。

③钜坊:即防门,地名,今山东长清区。坊,一作"防"。

④一战不胜而无齐:齐闵王十七年(公元前 284 年),燕昭王派乐毅为上将军,率赵、楚、韩、魏、燕五国之军兴师伐齐,半年内连下齐国七十余城,仅剩聊城、莒城、即墨(今山东省平度市东南)三城,齐国基本灭亡。

【译文】

微臣冒昧地用历史史实为证加以说明:从前,齐国往南击破荆楚,往东战败了宋国,往西征服了秦国,北方更打败了燕国,在中原又多次驱使韩、魏两国的君主亲自带兵协同作战。齐国土地广大,兵强马壮,攻城略地,战无不胜,号令天下诸侯。清澈的济水和混浊的黄河,都是它的天然屏障;蜿蜒的长城和巍然的防门,足可以作它的坚固要塞。齐国,又是一个连续五战五胜的强国,可是只战败一次,齐国就没有了!由此可见,用兵作战,可以决定万乘大国的生死存亡。

秦无霸王之道三

【原文】

且臣闻之曰:"削株掘根,无与祸邻,祸乃不存。"秦与荆人战,大破荆:袭郢①,取洞庭、五都②、江南。荆王亡奔走,东伏于陈③。当是之时,随荆以兵,则荆可举。举荆,则其民足贪也,地足利也。东以强齐、燕,中陵三晋④。然则是一举而伯王之名可成也,四邻诸侯可朝也。而谋臣不为,引军而退,与荆人和。今荆人收亡国,聚散民,立社主,置宗庙,令帅天下西面以与秦为难,此固已无伯王之道一矣。天下有比志而军华下⑤,大王以诈破之,兵至梁郭⑥,围梁数旬,则梁可拔。拔梁,则魏可举。举魏,则荆、赵之志绝。荆、赵之志绝,则赵危。赵危而荆孤。东以强齐、燕,中陵三晋。然则是一举而伯王之名可成也,四邻诸侯可朝也。而谋臣不为,引军而退,与魏氏和,令魏氏收亡国,聚散民,立社主,置宗庙,此固已无伯王之道二矣。前者穰侯⑦之治秦也,用一国之兵,而欲以成两国之功。是故兵终身暴灵于外,士民潞⑧病于内,伯王之名不成,此固已无伯王之道三矣。

赵氏,中央之国也,杂民之所居也。其民轻而难用,号令不治,赏罚不信,地形不便,上非能尽其民力。彼固亡国之形也,而不忧其民氓。悉其士民,军于长平⑨之下,以争韩之上党,大王以诈破之,拔武安⑩。当是时,赵氏上下不相亲也,贵贱不相信,然则是邯郸不守。拔邯郸,完河间⑪,引军而去,西攻修武⑫,斔羊肠⑬,降代⑭、上党。代三十六县,上党十七县,不用一领甲,不苦一民,皆秦之有也。代、上党不战而已为秦矣,东阳⑮、河外⑯不战而已反为齐矣,中呼池⑰以北不战而已为燕矣。然则是举赵则韩必亡,韩亡则荆、魏不能独立。荆、魏不能独立,则是一举而坏韩,蠹魏,挟荆,以东弱齐、燕,决白马⑱之口,以流魏氏。一举而三晋亡,从者败。大王拱手以须,天下遍随而伏,伯王之名可成也。而谋臣不为,引军而退,与赵氏为和。以大王之明,秦兵之强,伯王之业,曾不可得,乃取欺于亡国⑲,是谋臣之拙也。

【注释】

①郢:楚国首都,今湖北江陵市。

②五都:即五渚,指长江、湘江、资水、沅水、澧水。

③秦昭王二十九年(公元前278年)派大将自起攻打楚国,楚国大败,楚顷襄王迁都于陈(今河南淮阳)。

④中陵三晋:在中原侵凌三晋。陵,同"凌",侵犯,欺侮;三晋,韩、魏、赵都是从晋分裂出来的,故称。

⑤华下:华阳城下。华阳,今河南新郑。

⑥梁郭:大梁外城。大梁,魏都,今河南开封。

⑦穰侯:魏冉爵位,因为封地在穰(今河南邓州市)而取侯名,他是秦昭王母亲宣太后的弟弟,一生四任秦国宰相。

⑧潞:潞河,指北京市通县以下的北运河,潞江即云南省的怒江。这里假借为"羸",瘦弱,疲惫。有人认为,潞通"露"。

⑨长平:赵国属地,今山西高平。公元前262年至前260年,秦赵两国在这里发生一次大战,赵国主将赵括被秦军射死,投降的四十多万赵军全部被活埋。长平之战是战国时期最大的一次战争,也是我国古代战争史上一次大规模的歼灭战。

⑩武安:赵国属地,今属河北。

⑪河间:漳河之间,赵国属地。

⑫修武:赵国属地,今河南获嘉。

⑬窬羊肠:穿越羊肠塞。窬,同"踰",越过;羊肠,今山西壶关东南。

⑭代:代郡,赵国属地,辖今山西阳高至河北蔚县一带。

⑮东阳:赵国属地,今山东恩县。

⑯河外:清河之南,齐、赵交界之处。

⑰中呼池:滹沱河,与桑乾河合流入海。呼池,当是滹沱,鲍本"池"作"沱"。

⑱白马:白马津,在今河南滑县。

⑲取欺于亡国:秦国曾经被赵国说客苏代"不如因而割之"所欺骗,事情详见《战国策·卷五·秦三》中《谓应侯曰君禽马服乎》章。亡国,这里指赵国。

【译文】

况且,微臣还听说:"砍树要除根,做事不留下(祸)根,祸患才不会存在。"从前秦国和楚国作战,秦兵大败楚军,占领了楚国首都郢城,同时又占领了洞庭湖、五都、江南等地,楚王向东逃亡,以陈地为新都隐蔽起来。在那个时候,只要把握时机攻打楚国,就可以占领楚国的全部土地。占领了楚国,那里的人民就足够使用,那里的物产也就足够满足物质需要。东面对抗齐、燕两国,中原可以凌驾在三晋(指韩、赵、魏三国)之上,如果这样就可以一举而完成霸业,使天下诸侯都来秦廷称臣。然而当时的谋臣不但不肯这样做,反而撤兵和楚人讲和!现在楚国已经收复了所有失地,重新集合逃散的人民,再度建立起宗庙和社稷之主位,他们得以率领天下诸侯往西面来跟秦国对抗。这样,秦国当然就第一次失去了建立霸业的机会。后来其他诸侯国同心一致、联合起来,兵临华阳城下。幸亏大王用诈术击溃了他们,一直进兵到魏都大梁外城。当时只要继续围困几十天,就可以占领大梁城。占领大梁,就可以攻下魏国;攻下了魏国,赵、楚的联盟就拆散了,赵国就会处于危难的境地。赵国陷入危难的境地,楚国就孤立无援。这样秦国东可以威胁齐、燕,中间可以压抑三晋,如此也可以一举建立霸王功业,使天下诸侯都来朝贺。然而谋臣不但不肯这样做,反而引兵自退,与魏讲和,使魏国有了喘息的机会。如此,秦国第二次失去了建立霸业的机会。前不久,穰侯为相,治理秦国,他用一国的军队,却想建立两国才能完成的功业。即使军队在境外风吹、日晒、雨淋,人民在国内劳苦疲惫,霸王的功业却始终不能建立,这就第三次失去了建立霸业的机会!

　　赵国在诸侯中位居中央,来自五地的人民杂居在一起。赵国民众轻浮而不好治理,以致使国家号令无法贯彻,赏罚也不能坚守信用。赵国的地理位置不利于防守,统治者又不能使人民的潜力全部发挥出来,这一切已是一种亡国的形势了。再加上不体恤国民和外来侨民的疾苦,几乎把全国的老百姓都征发到长平战场,去跟韩国争上党。大王以计谋战胜赵国,不久就攻下了武安。当时赵国君臣彼此不合作,官民也互不信赖,这样邯郸就无法固守。如果秦军攻下邯郸,在河间修整军队,然后率领军队往西攻打修武,悄悄穿越羊肠险塞,降服代郡和上党。代郡有三十六县,上党有二十七县,不用一副盔甲,不劳一兵一卒,这些地方就都归秦国所有了。代郡和上党不经过战争就成为秦国土地,赵国的东阳和河外等地不经过战争将返归齐国,滹沱河以北地区不经过战争将归属燕国。如果这些都实现了,那么,在攻下赵国之后,韩国就必然灭亡,韩国灭亡以后,楚、魏就不能独立;楚、魏既然不能独立,就可一举攻破韩国;韩国既破,就伤害到魏国,然后再挟持楚国往东去削弱齐、燕,挖开白马津的河口来淹魏国。如此一举就可以灭三晋,而六国的合纵联盟也势将瓦解,大王只要拱手在那里等着,天下诸侯就会一个跟着一个来投降,霸王之业就可以建立。只可惜这一切都是假设,因为谋臣不但不这样做,反而自动退兵,又主动跟赵国讲和。凭大王的贤明和秦兵的强盛,竟然建立不起天下霸主的基业,而且还被即将灭亡的赵国欺凌,这一切都是由于谋臣的笨拙造成的!

<h2 style="text-align:center">天下三"量"秦</h2>

【原文】

　　且夫赵当亡不亡,秦当伯不伯,天下固量秦之谋臣一矣。乃复悉卒以攻邯郸,不能拔也,弃甲兵怒,战栗而却,天下固量秦力二矣。军乃引退,并于李下①,大王并军而致与战,非能厚胜之也,又交罢却②,天下固量秦力三矣。内者量吾谋臣,外者极吾兵力。由是观之,臣以天下之从,岂其难矣?内者,吾甲兵顿,士民病,蓄积索,田畴荒,囷仓虚;外者,天下比志甚固。愿大王有以虑之也。

【注释】

　　①李下:魏国属地,今河南温县。

【译文】

再说，赵国应当灭亡却没有亡，秦国该称霸又不能称霸，天下人已经看透了秦国谋臣的本领高低，此其一。秦国曾用全国之兵，去攻打赵国的邯郸，不但没有攻下反而被敌人打得弃盔甲、丢兵器，将士们战战兢兢地败下阵来，天下人已经看透了秦国将士的斗志，此其二。军队退下来以后，都聚集在魏国的李下，大王又重新编整，努力督促将士们作战，可是在并没有取得大的胜利时，就纷纷罢兵撤退，天下人又都看透了秦国军队的战斗力，此其三。在内看透了秦国的谋臣，在外看透了秦国的将士。照这样看起来，微臣认为天下的合纵力量，难道不是更难对付了？秦国的军队疲劳不堪，人民极端困顿，再加上积蓄用尽、田园荒芜、仓库空虚；而国外诸侯合纵，团结一致，甚为坚固，但愿大王能多多考虑这些危机！

一举而破天下之纵

【原文】

臣昧死望见大王，言所以一举破天下之从，举赵、亡韩、臣荆、魏，亲齐、燕以成伯王之名，朝四邻诸侯之道。大王试听其说，一举而天下之从不破，赵不举，韩不亡，荆、魏不臣，齐、燕不亲，伯王之名不成，四邻诸侯不朝，大王斩臣以徇于国，以主为谋不忠者。

【译文】

微臣冒死罪来拜见大王，谈论秦国怎样能够一举破坏天下的合纵战略，灭赵亡韩，迫使楚、魏称臣，联合齐、燕加盟，建立霸王之业，让天下诸侯都来朝贡。请大王姑且采用微臣的策略，假如不能一举而破坏天下合纵，攻不下赵，灭不了韩、魏、楚不称臣，齐、燕不加盟，霸王之业不能建立，天下诸侯不来朝贡，那就请大王砍下我的头，在全国各地轮流示众，以惩戒那些为君主谋划而不尽忠的臣子。

为秦破纵说楚怀王

这篇说辞分别见于《史记·张仪传》和《战国策·卷十四·楚一》,如果将《连横说秦惠王》为连横说建构,那么,这篇说辞就致力于对合纵说的破解,这种破解是在合纵说已经确立的楚国进行,其难度是可想而知的。然而,聪慧而狂热的连横家就是知难而上。他是如何捕捉突破口,又如何破解,这里所体现的不仅是游说,而且还有人格和谋略。

不与猛虎而与群羊之"过"

【原文】

张仪为秦破从连横,说楚王曰:"秦地半天下,兵敌四国①,被山带河,四塞②以为固。虎贲之士百余万,车千乘,骑万疋,粟如丘山。法令既明,士卒安难乐死。主严以明,将知以武;虽无出兵甲,席卷常山之险,折天下之脊③:天下后服者先亡。且夫为从者,无以异于驱群羊而攻猛虎也。夫虎之与羊,不格明矣。今大王不与猛虎而与群羊,窃以为大王之计过矣。

几天下强国,非秦而楚,非楚而秦,两国敌侔交争,其势不两立。而大王不与秦,秦下甲兵,据宜阳,韩之上地不通;下河东,取成皋④,韩必入臣于秦。韩入臣,魏则从风而动。秦攻楚之西,韩、魏攻其北,社稷岂得无危哉?"

【注释】

①四国:四方诸侯国。
②四塞:函谷关、萧关、大散关、武关为"秦之四塞"。
③常山之险,折天下之脊:恒山居中极其险要,有"折天下之脊"的说法。常山,即恒山,因为恒山与太行山相连,所以有此说法。
④成皋:韩国属地,今河南荥阳。

【译文】

张仪为了替秦国破解合纵联盟而组织连横阵线去游说楚王说:"秦国疆域广阔,占有天下土地的一半;武力强大,足以与天下诸侯对抗;四境有险山阻隔,黄河又四面环绕着,西边还有险要的屏障,国防巩固如同铜墙铁壁;还有敏捷善战的勇士百余万人,战车千辆,战马万匹,粮食堆积如山;法令严明,士卒不怕艰难,乐意赴汤蹈火,拼死战斗;国君严厉而又英明,将帅足智多谋而又勇武,假如秦国一旦出兵,不需要多少军队,便可以像卷席那样轻易夺得恒山的险隘,这样,就犹如折断了天下诸侯的脊梁:天下想要顽抗到底的,就必然首先遭到灭亡!再说,搞合纵联盟的人,无异于驱赶群羊去进攻猛虎,弱羊敌不过猛虎,这是很明显的。现在大王不与猛虎合作,却与群羊为伍,我认为大王的主意完全错了。

如今天下的强国,不是秦国就是楚国;不是楚国就是秦国,两国不相上下,互相争夺,势不两立。如果大王不与秦国联合,秦国出兵杀进来,占据宜阳,韩国上党的要道就被切断;他们进而出兵河东,占据成皋,韩国必然投降秦国。韩国投降秦国,魏国也必然跟着归顺秦国。这样,秦国进攻楚国的西边,韩、魏又进攻楚国的北边,楚国怎能没有危险呢?"

<h2 align="center">恃弱守危之"祸"</h2>

【原文】

且夫约从者,聚群弱而攻至强也。夫以弱攻强,不料敌而轻战,国贫而骤举兵,此危亡之术也。

臣闻之,兵不如者,勿与挑战;粟不如者,勿与持久。夫从人者,饰辩虚辞,高主之节行,言其利而不言其害,卒有楚祸,无及为已,是故愿大王之熟计之也。

秦西有巴蜀,方船积粟,起于汶山①。循江而下,至郢三千余里。舫船载卒,一舫载五十人,与三月之粮,下水而浮,一日行三百余里;里数虽多,不费马汗之劳,不至十日而距扞关②;扞关惊,则从竟陵③已东,尽城守矣,黔中、巫郡非王之有已。秦举甲出之武关④,南面而攻,则北地⑤绝。秦兵之攻楚也,危难在三月之内。而楚恃诸侯之救,在半岁之外,此其势不相及也。夫恃弱国之救,而忘强秦之祸,此臣之所以为大王之患也。

且大王尝与吴人五战三胜而亡之,陈卒尽矣;有偏守新城而居民苦矣。臣闻之:"攻大者易危,而民弊者怨于上。"夫守易危之功而逆强秦之心,臣窃为大王危之。

且夫秦之所以不出甲于函谷关十五年以攻诸侯者,阴谋有吞天下之心也。

楚尝与秦构难,战于汉中。楚人不胜,通侯、执珪⑥死者七十余人,遂亡汉中。楚王大怒,兴师袭秦,战于兰田⑦,又却。此所谓两虎相搏者也。夫秦、楚相弊,而韩、魏以全制其后,计无危于此者矣,是故愿大王熟计之也。

秦下兵攻卫、阳晋,必开扃天下之匈,大王悉起兵以攻宋,不至数月而宋可举。举宋而东指,则泗上十二诸侯⑧,尽王之有已。

【注释】

①汶山:岷山,今四川茂县。

②扞关:《正字通·阜部》:"扞关有二,赵扞关在陆道,楚扞关在水道。"这里是楚扞关,在今湖北长阳县。

③竟陵:楚国属地,今湖北天门市。

④武关:"秦之四塞"之一,位于陕西省丹凤县东武关河的北岸。

⑤北地:指河南信阳以北地区。

⑥通侯、执珪:楚国的官爵名。通侯,楚国以二十等爵赏有功的人,其最高级叫彻侯,后因避汉武帝刘彻的讳,改为通侯;执珪,又称上执珪,《战国策·齐策二》记陈轸问:"楚之法,覆军杀将,其官爵何也?"昭阳曰:"官为上柱国,爵为上执珪。"官,是行政职务;爵,是君主国家封给贵族的等级。

⑦兰田:当作"蓝田",今属陕西。

⑧泗上十二诸侯:指宋、鲁、邾、莒等十二个诸侯国。

【译文】

况且那合纵的联盟,只不过是联合了一群弱小的国家,去进攻最强大的国家。以弱国去进攻强国,不估量强敌便轻易作战,致使国家贫弱而又经常发动战争,这是危险的做法!

微臣听说:"兵力不够,切勿挑战;粮食不足,切勿持久。"那些主张合纵联盟的人,夸夸其谈,巧言辩说,赞扬人主的节操和品行,只谈好处而不谈祸害,一旦楚国大祸临头,就措手不及了,所以希望大王对这个问题要深思熟虑。

秦国西有巴、蜀,用船运粮,自岷山起锚,两船相并而行,顺长江而下,到楚不过三千多里,又用方船运兵,一船载五十人和可吃三个月的粮食,浮水而下,一日行三百多里,路程虽长,却不费车马之劳,不到十天,就到达扞关。只要出兵攻打楚军,扞关为之惊动而难以镇守,那么自竟陵以东所有地方,只有守卫之力,稍后则黔中、巫郡都会不为大王所有了。秦国又出兵武关,向南进攻,则楚国的北部交通被切断;秦军攻楚,三月之内形势将十分危急,而楚国等诸侯的援军,要在半年之后才到,这将无济于事。依靠弱国的救援,忘记强秦迫在眉睫的威胁,这就是我为大王所担忧的原因。

再说,大王曾与吴国交战,五战三胜而灭亡了吴国,但您能够上阵作战的士卒已没有了,又远守新得之城邑,人民深受其苦,微臣听说:"进攻强大的敌人则易遭到危险;人民疲惫穷困,则易抱怨君主。"追求易受危难的功业,而违背强秦的意愿,微臣暗自替大王感到危险。

至于秦国之所以十五年不出兵函谷关进攻诸侯,是因为它有吞并天下的野心,楚国曾与秦国交战,战于汉中,楚国被打败,那些具有通侯、执珪爵位的高级官员,死了的有七十多人,终究失掉了汉中。楚王于是大怒,出兵攻打秦国,在蓝田又遭失败。这就是所谓"两虎相斗"啊!秦国和楚国互相削弱,韩、魏两国却保存实力,乘机进攻楚国的后方。没有比这更危险的策略了,微臣希望大王要深思熟虑。

如果秦楚结盟后,秦国出兵进攻卫国和阳晋,必定开启了天下的要塞,大王全力进攻宋国,不到数月,就可以灭宋,若再继续东进,泗上十二诸侯(的地盘)就全为大王所有了。

伪诈反复苏秦不可成

【原文】

几天下所信约从亲坚者苏秦,封为武安君而相燕,即阴与燕王谋破齐共分其地。乃佯有罪,出走入齐,齐王因受而相之。居两年而觉,齐王大怒,车裂苏秦于市。夫以一诈伪反覆之苏秦,而欲经营天下,混一诸侯,其不可成也亦明矣。

【译文】

普天之下最坚决实施合纵联盟的苏秦,被封为武安君,出任燕相,暗地里与燕王合谋进攻齐国,瓜分齐国。他假装在燕国获罪,逃到齐国,齐国收留了他并让他做了相国。过了两年,由于事机不密,阴谋败露,齐闵王十分气愤,在临淄集市上车裂了苏秦。凭一个一贯靠着欺诈诓骗、反复无常的苏秦,想要图谋左右天下、统一诸侯,这明显是不可能成功的!

秦与楚"形亲之国"

【原文】

今秦之与楚也,接境壤界,固形亲之国也。大王诚能听臣,臣请秦太子①入质于楚,楚太子②入质于秦,请以秦女为大王箕帚之妾,效万家之都,以为汤沐之邑③,长为昆弟之国,终身无相攻击。臣以为计无便与此者,故敝邑秦王使使臣献书大王之从车下风,须以决事。

楚王曰:"楚国僻陋,托东海之上。寡人年幼,不习国家之长计。今上客幸教以明制,寡人闻之,敬以国从。"乃遣车百乘,献鸡骇之犀④,夜光之璧⑤于秦王。

【注释】

①秦太子:秦惠王嬴驷之子嬴荡,即位后为秦武王,公元前310—前307年在位,重武好战,常以斗力为乐。

②楚太子:楚怀王芈槐之子芈横,公元前302年在秦国逃回,即位后为楚顷襄王,公元前298—前263年在位,淫乐无度,"群臣相女石以功,谄谀用事"。

③汤沐之邑:用作沐浴费用的地方。封建时代有两种汤沐邑,一是帝王提供给诸侯国朝见时住宿并沐浴斋戒的封地;二是国君、皇后、公主等收取赋税供日常生活用品消费费用的私邑。

④鸡骇之犀:骇鸡犀。《抱朴子外篇》记载,有一种线状白色理纹的通天犀,用这种犀做出盘子盛米给鸡吃,鸡去啄食时惊叫后退,所以南方人叫它做"骇鸡犀"。

⑤夜光之璧:夜光璧。鲍本引邹阳言,说魏文侯曾经赠送给白圭一块夜光璧。其实,夜光璧、夜光杯、夜明珠等都只不过是一种夜里都能发光的珠宝,如夜明珠就是鲸鱼目。梁任昉《述异记》卷上:"南海有明珠,即鲸鱼目瞳。鲸鱼死而目皆无精,可以鉴,谓之夜光。"不过,据地质学家研究,自然界确有少数几种矿物,如某些含杂质的金刚石、磷灰石、重晶石、萤石、白钨矿、锆石和水晶等,在受到外界能量刺激,如加热、摩擦、通电,以及紫外线、×射线或阴极射线等短波光的照射,会产生发光现象。其中萤石应用最多。

【译文】

　　现在的秦国和楚国，边境接壤而土地相连，本来就是地理形势亲近的友好国家。大王果真能听从我的劝告，我可以让秦太子做楚国的人质，让楚太子做秦国的人质，让秦女做大王侍奉洒扫的女奴，并献出万户大邑，作为大王的汤沐邑，从此秦、楚两国永远结为兄弟之邦，互不侵犯。如果真是这样，微臣认为没有比这更有利于楚国的了。所以，秦王派我出使贵国，呈献国书，敬候您的决定。

　　楚怀王说："楚国地处穷乡僻壤，靠近东海之滨。寡人年幼无知，不懂得国家的长远大计。现在承蒙贵宾的英明教导，我完全接受您的高见，把国事委托给您，参加连横阵线。"于是，他派出使车百辆，将骇鸡犀角、夜光宝璧献给了秦王。

三、合纵经典《苏子》

　　《苏子》一书的名字最早见于《汉书·艺文志》，可能入汉后不久就失传了，同样是一本至今还没有辑佚的先汉古籍。班固见到的《苏子》共三十一篇，但是，我们可以从《战国策》中辑得三十九篇（包括苏秦的本传中七篇），再从帛书《战国纵横家书》中辑得十一篇（共有十五篇，其中有四篇与《战国策》《史记》的记载相近），这样似乎应该有五十篇了。命名为《苏子》，应该没有什么问题，在《战国策》三十九篇中，以"苏子"称苏秦有四十四次。不过，同《张子》一样，作者不能署苏秦，而应该是"苏秦们"。因为，经过缪文远等先生考证，《史记》七篇全是拟托，《战国策》也有十五篇是拟托或存疑。拟托者就是崇尚苏秦合纵说的"苏秦们"，他们主要活跃在战国末至汉初，《苏子》也就是这个时期成书的。正因为这样的原因，《苏子》也就成了合纵术的"经典"。我们选出最能体现合纵术及其思想的片段，供大家欣赏。

（一）苏秦"真"言

　　苏秦"真"言就是能够断定为苏秦本人的言论，它主要保存在《战国策》和帛书《战国纵横家书》中，我们从中选出有代表性的六章。苏秦"真"言最接近苏秦合纵术及其思想的原始状态，我们从中能够看到合纵术游说的本来面貌，也可以窥见一个真实鲜活的苏秦。苏秦生平事迹见《纵横人物》。

一纵一横,其说何也

【原文】

韩人①攻宋,秦王大怒曰:"吾爱宋,与新城、阳晋同也!韩珉与我交,而攻我臣所爱,何也?"

苏秦为韩说秦王曰:"韩珉之攻宋,所以为王也。以韩之强,辅之以宋,楚、魏必恐。恐,必西面事秦。王不折一兵,不杀一人,无事而割安邑,此韩珉之所以祷于秦也。"秦王曰:"吾固患韩之难知,一从一横,此其说何也?"对曰:"天下国令韩可知也。韩故已攻宋矣,其西面事秦,以万乘自辅;不西事秦,则宋地不安矣。中国白头游敖之士,皆积智欲离秦、韩之交。伏轼结靷②西驰者,未有一人言善韩者也;伏轼结靷东驰者,未有一人言善秦者也:皆不欲韩、秦之合者!何也?则晋、楚智而韩、秦愚也。晋、楚合,必伺韩、秦;韩、秦合,必图晋、楚。请以决事。"秦王曰:"善。"

【注释】

①选自《战国策·卷二八·韩三》。韩人:当是"韩珉",即韩国相国韩公仲珉的省称。

②靷:引车前进的皮带,一端套在车上,一端套在牲口胸前,类似缰绳。

秦昭王

【译文】

韩珉攻打宋国,秦昭王大怒,说:"我看重宋国,与看重新城、阳晋相同啊!韩珉一面和我结交,一面却攻取我所看重的地方,这是为什么?"

苏秦替韩国游说秦昭王,说:"韩珉之所以攻打宋国,完全是为了大王您啊!凭韩国的强大,再加上宋国的辅助,楚国、魏国必定恐慌。他们恐慌了,就一定会向西侍奉秦国。大王您不损一兵,不杀一人,不用费事就割据了安邑:这就是韩珉为秦国所祈求的。"秦昭王说:"我本来就担心韩国难以揣测,一会儿合纵,一会儿连横,难以捉摸,您现在又来这么说,这是怎么回事?"苏秦回答说:"天下诸侯国使韩国变得难以理解了!韩国原来已经攻占宋国,也打算向西侍奉秦国,寻求您这个万乘大国来帮助;如果不向西侍奉秦国,那么宋国也就不会安宁了!再说,中原各地已经白发苍苍的说客,都在绞尽脑汁地想离间秦国、韩国的邦交。那些说客手拿缰绳、身伏车轼,西奔到秦国的,没有一个人会说与韩国友善,东奔到韩国的,没有一个人会说与秦国友善:他们都不想秦国和韩国联合!这是为什么呢?那是因为晋国、楚国聪明而韩国、秦国愚蠢。晋国、楚国联合,就必定窥视韩国、秦国;韩国、秦国联合,就必定图谋晋国、楚国。我说完了,请大王您做决定吧!"秦昭王很高兴,说:"好,就这么办!"

今日亡赵,明日及齐、燕矣

【原文】

秦攻赵长平,齐、燕救之。秦计曰:"齐、燕救赵,亲则将退兵,不亲则且遂攻之。"

赵无以食,请粟①于齐,而齐不听。苏秦谓齐王曰:"不如听之,以却秦兵;不听,则秦兵不却。是秦之计中,而齐、燕之计过也!且赵之于燕、齐,隐蔽也,犹齿之有唇也,唇亡则齿寒。今日亡赵,则明日及齐、燕矣!且夫救赵之务,宜若奉漏瓮②,沃焦釜③。夫救赵,高义也;却秦兵,显名也。义救亡赵,威却强秦兵,不务为此而务爱粟,则为国计者过矣!"

【注释】

①选自《战国策·卷九·齐二》。粟:现代北方通称"谷子",去皮后称"小米",古代泛称谷类,这里指粮食。

②奉漏瓮:捧着破漏的瓮。瓮,一种盛水或酒等的陶器。奉:同"捧"。

③沃焦釜:用水浇烧焦的锅。

【译文】

秦国攻打赵国的长平,齐国、燕国一起前去救助。秦国知道后,心里琢磨:"齐国、燕国救助赵国,如果和他们亲近,那么他们就会退兵;如果不亲近,那么他们就会攻打我们。"一时没有决定下来。

这时赵国前线缺粮了,急忙向齐国借贷,可是齐国没有答应。苏秦于是对齐闵王说:"不如答应赵国,以使他们能够打退秦国的军队;不答应他们,那么秦国的军队就不会自动撤退的。这就正中了秦国的计策,反过来就是齐国、燕国的失策了!况且,赵国对于燕国、齐国来说,是一道天赐的屏障,就好比牙齿同嘴唇的关系一样,嘴唇没有了,牙齿就会寒冷。秦国在今天消灭了赵国,那么,明天就会来消灭齐国、燕国了!再说,救助赵国,犹如手捧盛有美酒的破漏瓮、等待水浇的烧焦的锅那般紧急。救助赵国,是高手的义举;打退秦国的军队,是显赫的名声!所以,按照道义救助赵国,用神威震退强秦的军队,是齐国目前应该做的有益的大事情,不做这些反而吝惜一点粮食,那么这是治国者决策的错误!"

不快于心而死甚难

【原文】

使韩山①献书燕王曰:

臣使庆②报之后,徐为③之与臣言甚恶④。死,亦大物已,不快于心而死,臣甚难之。故臣使辛⑤谒大⑥之。王使庆谓臣"不利于国,且我夏[忧]之!"臣为此未敢去之。王之赐使使孙与弘来,甚善已。言臣之后,奉阳君、徐为之视臣益善,有遣臣之语矣!

今齐王使李终之勺[赵],怒于勺[赵]之止臣也。且告奉阳君相桥⑦于宋,与宋通关。奉阳君甚怒于齐,使勺[赵]足问之臣,臣对以弗知也。臣之所患,齐、勺[赵]之恶日益,奉阳君尽以为臣罪,恐久而后不可□救也。齐王之言臣,反不如已。愿王之使人反复言臣,必毋使臣久于勺[赵]也。

【注释】

①选自《战国纵横家书》。韩山:燕国使臣,随苏秦在外。

②庆:盛庆,燕国使臣,随苏秦在外。

③徐为:韩国的徐为,所以又称韩徐、韩为,当时在赵国担任大将,是他将苏秦拘留在赵国的。

④与臣言甚恶:赵国拘留苏秦,其原因《战国策·卷二十九·燕一》的记载

是：“人告奉阳君曰：‘使齐不信赵者，苏子也；今齐王召蜀子使不伐宋，苏子也；与齐王谋道取秦以谋赵者，苏子也；令齐守赵之质子以甲者，又苏子也。请告子以请齐，果以守赵之质子以甲，吾必守子以甲。’其言恶矣。”

⑤辛：姓氏不详，名辛，燕国使臣，随苏秦在外。

⑥大：据“臣为此未敢去之”句，“大”字似乎当作“去”字。

⑦桥：姓氏不详，名辛，齐国大臣，被派往宋国担任相国。

【译文】

苏秦在赵国派韩山送信给燕昭王。信中说：我派盛庆回国汇报之后，赵国徐为对我说话的态度很粗暴恶劣。死，也是大事，但是如果要在心中不愉快时死去，微臣感到很难过。所以，微臣又派辛回国请求大王让我们离开赵国。大王令盛庆回来对微臣说：“你离开赵国对燕国不利，况且我对赵国方面的事情感到忧虑！”微臣因此不敢离开。大王现在又派特使孙和弘来，这事情就很好办了。他们到赵国替臣分说了很多，因而奉阳君、徐为对我越来越友善，并且说出释放微臣回燕国的话了！

如今齐闵王派李终到赵国来，对赵国扣留臣的事表示愤怒，并且告诉奉阳君，齐国已经派桥担任宋国的相国，这样，齐国和宋国就互通往来了。奉阳君对齐国这一举措感到十分愤怒，派人对微臣盘问了很久，微臣只是用“不知道”来回答。微臣所顾虑的是，齐国、赵国的关系日益恶劣，奉阳君都认为是微臣的罪过，恐怕久而久之，事情会发展到不可挽救的地步。齐闵王派人到赵国帮微臣说话，会更加深矛盾，反而不如不说。希望大王多派人来，反复替微臣分说，一定不要让微臣在赵国拘留太久了！

信不与仁俱彻

【原文】

谓燕王曰：“今日愿藉于王前。段[假]臣孝如增[曾]参①，信如尾星[生]②，廉如相[伯]夷③，节[即]有恶臣者，可毋撕[惭]乎？”王曰：“可矣。”“臣有三资④者以事王，足乎？”王曰：“足矣。”“王足之，臣不事王矣。孝如增[曾]参，乃不离亲，不足而益国。信如尾星[生]，乃不延[诞]，不足而益国。廉如相[伯]夷，乃不窃，不足以益国。臣以信不与仁俱彻，义不与王皆立。”王曰：“然则仁义不可为与?"对曰:"胡为不可。人无信则不彻,国无义则不王。仁义所以自为也,非所以为人也。自复之术,非进取之道也。三王代立,五相[伯]蛇政,皆以不复其常。若以复其常为可王,治官之主,自复之术也,非进取之路也。臣进取之臣也,不事无为之主。臣愿辞而之周负笼操臿,毋辱大王之廷。"王曰:"自复不足乎?"对曰:"自复而足,楚将不出雎[沮]、章[漳],秦将不出商阉[阙]⑤,齐不出吕隧⑥,燕将不出屋、注⑦,晋将不蒥[逾]太行,此皆以不复其常为进者。"

【注释】

①选自《战国纵横家书》。曾参:曾参(约公元前505—前435年),字子舆,曾点之子,父子都是孔子的学生,都列入孔门七十二贤。他重视仁德,提倡孝道,主张内省,被尊为"宗圣公"。

②尾生:尾生与女子约好到桥下相会,女子许久不来,大水却来了,尾生抱住桥墩等待情人而死。于是,尾生是中国历史上第一个有记载的为情而死的青年,也成了坚守信约的典范。

③伯夷:伯夷是商末孤竹君之长子,父死后,伯夷与叔齐都谦让君位,都逃到首阳山,采食野菜,到快要饿死的时候,也不吃周食。他们后来成为古代有德行、有骨气的典范。

④三资:仁孝、诚信、廉洁三种品行。

⑤商阙:秦国关塞,在今陕西商县。

⑥吕隧:可能是营丘,今山东临淄。

⑦屋、注:可能是夏屋山、句注山,分别在今山西朔县、代县。

【译文】

苏秦对燕昭王说:"今天想与大王借点时间,在您跟前说说话。假如微臣仁孝有如曾参,诚信有如尾生,廉洁有如伯夷,那么即使有恶意诬陷微臣的,微臣也可以不惭愧了吗?"齐闵王回答说:"可以了!"苏秦又问:"微臣凭仁孝、诚信、廉洁这三种品行来服侍大王,足够了吗?"齐闵王回答说:"足够了!"苏秦立即说:"微臣可以不服侍大王了!仁孝有如曾参,只不过不离开双亲而已,对国家没有什么更多的益处;诚信有如尾生,只不过不讲假话而已,对国家没有什么更多的益处;廉洁有如伯夷,只不过不贪污而已,对国家没有什么更多的益处。微

国学经典文库

鬼谷子全书

·鬼谷子开创的纵横术·

图文珍藏版

臣认为,诚信与仁义是不能通融的,所以微臣理应不与大王一起共事。"齐闵王反问道:"既然这样,难道不要行仁义吗?"苏秦回答说:"怎么能够不行仁义呢!人如果没有诚信就不能建立融洽的人际关系,国家没有仁义就不能治理好。但是,仁义是为自己人设立的,并非为别人设立的。自我重复常规,不是锐意进取的方法。三王依次替代而建立,五霸也相递更改政权,都是不重复常规而行事。如果重复常规可以治理好国家,主管好行政,就是自我重复常规的方法,而不是进取之道。微臣是进取之臣,不想侍奉无所作为的君主。微臣希望辞掉职务,回洛阳老家从事我原来的泥水匠工作,不想再在大王的朝廷受羞辱!"齐闵王说:"自我重复常规的方法难道不足实行吗?"苏秦不客气地回答:"如果自我重复常规的方法足以实行,那么,楚国就不会走出沮水、漳水,秦国就不会走出商阌,齐国就不会走出吕隧,燕国就不会走出夏屋、句注,晋国就不会迈过太行,这些都是以不自我重复常规而积极进取的。"

(二)《苏子》"纵"说

《苏子》是苏秦以及他死后由他的信徒们整理修撰的,它是秦汉时期合纵家的秘籍、宝典,也是目前研究合纵术及其思想的唯一资料。其中关于合纵的七篇经典游说辞,是由苏秦的信徒们精心拟撰的,不幸成了连横家的靶子,被一一破解。毫无疑问,从历史发展的规律而言。作为一种历史政治的合纵术是反动的。但是,要深刻地了解连横术及其思想,就得从与它对立的合纵术及其思想入手,要完整地了解并掌握纵横术,也必然要研读并掌握《苏子》。因此,我们根据这样的想法,应用可比性的原则,选出《始将连横说秦惠王》《始将合纵说赵王》《为合纵说楚怀王》三篇,供揣摩。更为重要的是,如果跳出纵横的束缚,《苏子》会给予我们更多的精神和智慧营养。

始将合纵说赵王

这篇说辞分别见于《战国策·卷十九·赵二》和《史记·苏秦传》,这是合纵家们的第一篇纲领性的文献,合纵术及其基本思想主要体现在这一篇。在具体游说技巧上,以宏大的目标和过人的识见为先导,以现实的严重危机来警惕,当然也少不了对连横家的揭露,对实现美好未来图景的建构与诱导。

安民之本在于择交

【原文】

苏秦从燕之赵,始合从,说赵王①曰:"天下之卿相人臣,乃至布衣之士,莫不高贤大王之行义,皆愿奉教陈忠于前之日久矣。虽然,奉阳君妒,大王不得任事,是以外宾客游谈之士,无敢尽忠于前者。今奉阳君捐馆舍,大王乃今然后得与士民相亲,臣故敢献其愚,效愚忠。

"为大王计,莫若安民无事,请无庸有为也。安民之本,在于择交,择交而得则民安,择交不得则民终身不得安。请言外患:齐、秦为两敌,而民不得安;倚秦攻齐,而民不得安;倚齐攻秦,而民不得安。故夫谋人之主,伐人之国,常苦出辞断绝人之交②,愿大王慎无出与口也。

"请屏左右,白言③所以异,阴阳而已矣。大王诚能听臣,燕必致毡裘狗马之地,齐必致海隅鱼盐之地,楚必致桔柚云梦之地,韩、魏皆可使致封地汤沐之邑,贵戚父兄皆可以受封侯。夫割地效实,五伯之所以复军禽将而求也;封侯贵戚,汤、武之所以放杀④而争也。今大王垂拱而两有之,是臣之所以为大王愿也。"

【注释】

①赵王:赵肃侯嬴语,成侯嬴种的儿子,公元前350—前326年在位。
②断绝人之交:暗指连横家。
③白言:禀告、禀明。
④放杀:流放、杀戮。指商汤王放逐夏桀,周武王杀商纣王。

【译文】

苏秦从燕国到赵国,开始用联合六国抗衡秦国的合纵政治策略来游说赵肃侯,说:"普天之下,各诸侯国的卿相大臣,以至于普通的老百姓,没有一个不尊崇大王贤明而施行仁义的,都愿接受您的教诲,向大王进献忠心,这已经有很久了。然而,奉阳君妒嫉贤能,使得大王不能专理国事,以致宾客疏远,游说之士都不敢前来敬献忠言。现在奉阳君已经去世,大王才能够和各方面的人士接近,所以我才敢来敬献一点愚忠以报效大王。

"我替大王考虑，没有比让人民安居乐业、平安无事更好的了。安定民众的根本措施，在于选择好可以结交的盟友然后与其建立良好邦交。有了好的邦交，人民就安定；没有好的邦交，人民就终生不得安定。我再说说外敌入侵赵国的祸患：秦、齐两国是您的敌国，所以赵国人民不得安定；依靠秦国进攻齐国，人民不能安定；依靠齐国进攻秦国，人民也不能安定。所以，图谋别国国君，进攻别国，常常会被有些别有用心的人蒙蔽，开口就与别国断交，所以我希望大王千万不要说这样的话。

"请您屏退左右侍臣，我说说合纵、连横的差别。大王真能听从我的忠言，燕国一定会把能出产毡、裘、狗、马的好地方献给您，齐国一定会把能出产鱼盐的海边地盘献给您，楚国一定会把能出产橘柚的云梦之地献给您，韩国、魏国也必然献出很多城池和供您日常消费的县邑，大王的父兄外戚都可以有封侯的土地。割取别国土地得到别国财货，乃是五霸不惜牺牲将士的生命去追求的；使贵戚得以封侯，也是从前商汤放逐夏桀、周武王讨伐殷纣才挣得的。现在大王不费力气就可以得到两种东西，这是我为大王感到欣慰的。"

赵有两大"患"

【原文】

大王与秦，则秦必弱韩、魏；与齐，则齐必弱楚、魏。魏弱则割河外，韩弱则效宜阳①。宜阳效则上郡②绝，河外割则道不通。楚弱则无援。此三策者，不可不熟计也。夫秦下轵③道则南阳动，劫韩包周则赵自销铄，据卫取淇④则齐必入朝。秦欲已得行于山东⑤，则必举甲而向赵。秦甲涉河逾漳，据番吾⑥，则兵必战于邯郸之下矣。此臣之所以为大王患也。

当今之时，山东之建国，莫如赵强。赵地方二千里，带甲数十万，车千乘，骑万匹，粟支十年；西有常山，南有河、漳，东有清河，北有燕国。燕固弱国，不足畏也。且秦之所畏害于天下者，莫如赵。然而秦不敢举兵甲而伐赵者，何也？畏韩、魏之议其后。然则韩、魏，赵之南蔽也。秦之攻韩、魏也，则不然。无有名山大川之限，稍稍蚕食之，傅之国都⑦而止矣。韩、魏不能支秦，必入臣。韩、魏臣于秦，秦无韩、魏之隔，祸中于赵矣。此臣之所以为大王患也。

臣闻尧无三夫之分⑧，舜无咫尺之地，以有天下。禹无百人之聚，以王诸侯。汤、武之卒不过三千人，车不过三百乘，立为天子。诚得其道也。是故明主外料其敌国之强弱,内度其士卒之众寡、贤与不肖,不待两军相当,而胜败存亡之机节,固已见于胸中矣,岂掩于众人之言,而以冥冥决事哉!

【注释】

①宜阳:曾经是韩国的首都,今河南宜阳县。

②上郡:这里似乎是上党郡,在宜阳东,是秦国进入中原的必经之地,上郡在宜阳很远的西北,今陕西榆林南边,是秦国的属地。

③轵:魏国属地,今河南济源南。

④据卫取淇:攻取濮阳和淇水地区。卫,指卫国首都濮阳。

⑤山东:崤山以东。

⑥番吾:赵国属地,今河北平山南。

⑦傅之国都:逼近各国首都。傅,靠近,迫近。当时魏国首都在开封,韩国首都在新郑。

⑨三夫之分:三百亩的地盘。夫,上古土地计量单位,一夫等于一百亩。

【译文】

如今大王与秦国结盟,秦国必然去侵略韩、魏;大王与齐国结盟,齐国必然去侵略楚、魏;魏国衰弱后就必然割舍河外之地;韩国软弱了,它就会献出宜阳。献出了宜阳,则通往上党郡的路就切断了;河外割让了,道路就不能通行到上党郡;楚国衰弱,赵国就孤立无援。这三项计策,是不能不慎重考虑的。秦国攻下轵道,那么南阳就会动摇;再劫持韩国包围周室,那么赵国就自然会衰落;秦国再占领卫都濮阳,夺取淇水之地,那么齐国必然会向秦国称臣。假如秦国能在崤山以东得到这些,必然就会进攻赵国。秦军渡过黄河,穿过漳水,占据番吾,那么秦兵必将在邯郸城下与赵国交战!这就是我替大王担忧的原因啊!

现在的形势是,崤山以东各国没有哪个国家像赵国这么强大。赵国方圆两千里,精兵几十万,战车几千辆,战马上万匹,军粮可供十年之用,西边有常山,南边有黄河、漳水,东边有清河,北边有燕国。燕国本是一个弱国,不足畏惧。在诸侯国中,秦国最害怕的是赵国。然而,秦国不敢发兵讨伐赵国的原因是什么呢?是因为秦国担心韩、魏两国在后边算计它。这样看来,韩、魏两国就是赵国南边的屏障。秦国攻打韩、魏就与攻打赵国的情形不一样了。韩、魏没有名山大川的屏障,秦国只要对它们一点点地吞食,一直把首都蚕食完为止就可以了。韩、魏不能抗拒秦国,必然会向秦称臣。韩、魏向秦国臣服后,秦国就没有了韩、魏作为障碍,战祸最终将降到赵国头上。这又是我为大王忧虑的原因。

我听说尧在开始时连三百亩这么大的地盘都没有,舜连一尺那么大的地盘也没有,他们竟拥有了天下。禹只有一个不满百人的部落,竟成为诸侯的共主。商汤、周武王的兵士不满三千,战车不过三百辆,最后成为天子。这都是因为他们获得了治国安邦的正道。所以英明的国君,对外要估计敌国的强弱,对内要视察士卒的多少、贤能与不贤能,不必等到两军相拼,胜败存亡的关键就已经心中有数了。怎么能够被那些别有用心的话所蒙蔽,迷迷糊糊地决定国家重大事情呢!

"横人"以秦权恐吓诸侯

【原文】

臣窃以天下地图案①之。诸侯之地五倍于秦,料诸侯之卒,十倍于秦。六国并力为一,西面而攻秦,秦必破矣。今见破于秦②,西面而事之,见臣于秦。夫破人之与破于人也,臣人之与臣于人也,岂可同日而言之哉!

夫横人③者,皆欲割诸侯之地以与秦成④。与秦成,则高台,美宫室,听竽瑟之音,察五味之和,前有轩辕,后有长庭,美人巧笑。卒有秦患,而不与其忧。是故横人日夜务以秦权恐愒诸侯,以求割地,愿大王之熟计之也。

【注释】

①案:同"按",考察。
②见破于秦:被秦国破灭。
③横人:主张连横的人。
④以与秦成:用割地的办法与秦国结盟。

【译文】

我曾经私下拿出天下地图察看发现,诸侯的土地相当于秦国的五倍,诸侯的兵力相当于秦邦的十倍。假如六国能够团结一致,合力西去攻打秦国,秦国必定灭亡。现在各国将要被秦国破灭,却向西共同侍奉秦国,向秦国称臣。灭掉别国或被别国灭掉,让别国臣服或臣服于别国,两者怎么能够相提并论呢!

那些主张连横的人,他们都想要诸侯割让的土地来与秦国结盟。一旦能与秦国结盟,他们就可以高筑台榭,装饰宫殿别墅,欣赏优雅的竽瑟演奏,品味佳肴的香甜,出门乘坐华美的车子,归来则居住豪华幽深的宫室,倾听美女的娇笑。然而,一旦秦国突然发兵攻打诸侯,他们却不能共同承担忧患。因此,主张连横的人日夜寻求靠秦国的权势来恐吓诸侯,以求得诸侯的割地(向秦国换取名利)。请大王深思熟虑,能够明鉴。

六国纵亲霸业成矣

【原文】

臣闻明王绝疑去谗,屏流言之迹,塞朋党之门,故尊主、广地、强兵之计,臣得陈忠于前矣。故窃为大王计,莫如一韩、魏、齐、楚、燕、赵,六国从亲以傧畔秦。令天下之将相,相与会于洹水之上,通质、刑白马以盟之。约曰:"秦攻楚,齐、魏各出锐师以佐之,韩绝食道,赵涉河、漳,燕守常山以北。秦攻韩、魏,则楚绝其后,齐出锐师以佐之,赵涉河、漳,燕守云中①。秦攻齐,则楚绝其后,韩守成皋,魏塞午道②,赵涉河、漳、博关③,燕出锐师以佐之。秦攻燕,则赵守常山,楚军武关④,齐涉渤海,韩、魏出锐师以佐之。秦攻赵,则韩军宜阳,楚军武关,魏军河外,齐涉渤海,燕出锐师以佐之。诸侯有先背约者,五国共伐之。六国从亲以傧秦,秦必不敢出兵函谷关以害山东矣。如是则伯业成矣。"

赵王曰:"寡人年少,莅国之日浅,未尝得闻社稷之长计。今上客有意存天下,安诸侯,寡人敬以国从。"乃封苏秦为武安君,饰车百乘,黄金千镒,白璧百双,锦绣千纯,以约诸侯。

【注释】

①云中:燕国属地,今山西大同。
②午道:《史记》作"其道",即交通要道,这里指秦国南下的道路。
③博关:在今山东博平。
④武关:在今陕西西南。

【译文】

我听说贤明的君主能够决断疑虑,不轻信谗言,摒弃一切流言蜚语的滋生,杜绝党派的门户之争。为了促使君主尊贵、疆地扩大和兵强马壮的大计成功，我也能有机会在大王面前尽效愚忠了。所以我私下替大王谋划，不如团结韩、魏、齐、楚、燕、赵，使六国合纵，互相亲近，以此抗拒秦国。通令天下的将相，一齐到洹水之畔集会，交换人质，杀白马以缔结盟约。盟约可以这样规定："假如秦国攻打楚国，齐、魏都要各出精兵援助楚国作战，韩国负责切断秦国的粮道，赵国渡过黄河、漳水，燕国则派大军死守常山以北。假如秦国攻打韩、魏，楚国就切断秦国的后路，齐国派精兵支援韩、魏，赵国则渡过黄河、漳水，至于燕国则派兵死守云中。秦国如果攻打齐国，楚国就负责切断秦国的后路，韩国派兵守住成皋而魏国则封锁午道，赵国越过黄河、漳水、博关，燕国则派精兵援助齐国。假如秦兵攻打燕国，那赵国就守住常山，楚国进兵武关，齐军渡过渤海，韩、魏两国各出精兵援救。秦兵如果攻打赵国，那韩国就要镇守宜阳，楚军列阵武关，魏军则驻扎在河外，齐军渡过渤海，燕国则发精兵救赵。六个诸侯国中有先背弃盟约的，那么其他五国就共同出兵讨伐它。只要六国形成合纵，亲密合作来抵抗秦国，秦国就不敢出兵函谷关侵略山东六国了。这样，大王的霸业就可以顺利完成了。"

赵肃侯说："寡人年少，即位的时间又短，还没有听到过治国的大计。现在您有意拯救天下、安定诸侯，我非常愿意缔结合纵之盟。"于是，赵肃侯就封苏秦为武安君，拨给他战车一百辆，黄金一千镒，白璧一百双，锦绣一千匹，请他用这些财物去与其他诸侯缔结合纵之约。

为赵合纵说楚怀王

这篇说辞分别见于《战国策·卷十四·楚一》和《史记·苏秦列传》。《张子·为秦破纵说楚怀王》是针对这篇说辞而发，其实这篇也包含了"破横"的意图。在他们的相互破解之中，我们更能够把握纵横的精髓，启迪我们的智慧。游说的路子当然不外乎开门见山地指出合纵抗秦的众多好处，无情地攻击了连横的弊端，在一立一破之后，给了楚怀王一条唯一的道路：合纵。

国学经典文库

鬼谷子全书

·鬼谷子开创的纵横术·

图文珍藏版

纵亲以孤秦

【原文】

苏秦为赵合从说楚成王，曰："楚，天下之强国也。大王，天下之贤王也。楚地西有黔中①，巫郡②，东有夏州③、海阳④，南有洞庭、苍梧⑤，北有汾陉⑥之塞、郇阳⑦。地方五千里，带甲百万，车千乘，骑万匹。粟支十年，此霸王之资也。夫以楚之强与大王之贤，天下莫能当也。今乃欲西面而事秦，则诸侯莫南面而朝于章台⑧之下矣。秦之所害于天下莫如楚，楚强则秦弱，楚弱则秦强，此其势不两立。故为王至计，莫如从亲以孤秦。大王不从亲，秦必起两军：一军出武关；一军下黔中。若此，则鄢⑨、郢动矣。臣闻治之其未乱，为之其未有也；患至而后忧之，则无及已。故愿大王早计之。"

【注释】

①黔中：今贵州东北部。

②巫郡：今四川巫山一带。

③夏州：今湖北夏口以北地区。

④海阳：今江苏泰州。

⑤苍梧：今湖南宁远。

⑥汾、陉：今河南襄城、漯河地区。

⑦郇阳：今山西临猗县。

⑨章台：章华台的简称，咸阳宫中的台名。

⑨鄢：鄢陵，今属河南。

【译文】

苏秦替赵国组织合纵联盟而游说楚威王，说："楚国是天下的强国，大王是天下的贤主。楚国西有黔中、巫郡，东有夏州、海阳，南有洞庭、苍梧，北有汾陉、郇阳，全国土地方圆五千里，战士一百万，战车一千辆，战马一万匹，粮食可供十年，这是建立霸业的资本。凭楚国这样强大，大王这样贤能，真是天下无敌的。可现在您却打算听命于秦国，那么诸侯必会向秦国称臣而到秦国的章华台朝拜了。秦国最引以为忧的莫过于楚国，楚国强盛则秦国削弱，楚国衰弱则秦国强大,楚、秦两国势不两立。所以,为大王考虑,不如六国结成合纵联盟来孤立秦国。大王如果不组织六国合纵联盟,秦国必然会从两路进军,一路出武关,一路下汉中。这样,必然会引起楚都鄢陵、郢都震动。我听说:'平定天下,在它还未混乱时就要着毛做一件事在未开始时就要做好准备。'祸患临头,然后再去发愁,那就来不及了。所以,我希望大王及早谋划大计。"

横合楚割地以事秦

【原文】

大王诚能听臣,臣请令山东之国,奉四时之献,以承大王之明制[1],委社稷[2]宗庙[3],练士厉兵,在大王之所用之。大王诚能听臣之愚计,则韩、魏、齐、燕、赵、卫之妙音美人,必充后宫矣。赵、代良马橐他,必实于外厩。故从合则楚王,横成则秦帝。今释霸王之业,而有事人之名,臣窃为大王不取也。

夫秦,虎狼之国也,有吞天下之心。秦,天下之仇雠也。横人皆欲割诸侯之地以事秦,此所谓养仇而奉雠者也。夫为人臣而割其主之地,以外交强虎狼之秦,以侵天下,卒有秦患,不顾其祸。夫外挟强秦之威,以内劫其主,以求割地,大逆不忠,无过此者。故从亲,则诸侯割地以事楚;横合,则楚割地以事秦。此两策者,相去远矣,有亿兆之数。两者大王何居焉?故弊邑赵王,使臣效愚计,奉明约,在大王命之。

【注释】

①制:诏令。

②社稷:社,土神。稷,谷神。古代帝王或诸侯建国时,都要立坛祭祀"社""稷",所以,"社稷"又作为国家的代称。

③宗庙:帝王、诸侯祭祀祖先的地方。在古代,为国家政权存在的象征。有时借指皇家。

【译文】

大王若真能听取我的意见,我可以让崤山以东各国四时都来进贡,奉行大王诏令,将社稷、宗庙都委托给楚国,还训练士兵,把兵器磨锋利,听任大王指挥使用。大王若真能听从我的愚昧的计策,那么,韩、魏、齐、燕、赵、卫等国的歌女、美人,必定会占满您的后宫,越国、代郡的良马、骆驼一定会充满您的马厩。因此,如果合纵的策略成功,楚国就可以称王;如果连横的策略成功,秦国就会称帝。现在您放弃称王、称霸的大业,反而落个"服侍别人"的名声,我私下认为大王的做法实在不可取。

秦国贪狼暴戾如同虎狼,有吞并六国的野心,是六国的共同仇敌。可是主张连横的人,却想用割让诸侯土地去讨好秦国,这实在是所谓"养虎为患"的做法。作为人臣,以损失自己国家的领土为代价,交结强暴如虎狼的秦国,还去侵略兄弟友邦,最终会招来严重的祸患。至于对外依靠强秦的威势,对内胁迫自己的国君,丧失国土,人臣的大逆不道、于国不忠没有比这更严重的了。所以,如果合纵的策略成功,诸侯就会割地听从楚国;连横的策略成功,楚国就得割地听从秦国。合纵与连横这两种策略,相差十万八千里。对此大王到底如何取舍呢? 因此,敝国国君赵王特派我献此愚策,以促成合纵的盟约,现在就请大王作决定了!

一天下,安诸侯,存危国

【原文】

楚王曰:"寡人之国,西与秦接境,秦有举巴蜀、并汉中之心。秦,虎狼之国,不可亲也。而韩、魏迫于秦患,不可与深谋,与深谋恐反人以入于秦①,故谋未发而国已危矣。寡人自料:以楚当秦,未见胜焉;内与群臣谋,不足恃也。寡人卧不安席,食不甘味,心摇摇然如悬旌,而无所终薄②。今主君③欲一天下,安诸侯,存危国,寡人谨奉社稷以从。"

【注释】

①反人以入于秦:背叛合纵盟约的人到秦国泄密。
②终薄:着落。薄,迫近。
③主君:君主。

【译文】

楚王回答说:"寡人的国家,西边与秦国相接,秦国有夺取巴蜀、吞并汉中的野心,秦国贪狼暴戾如同虎狼,不可能和它友好。而韩、魏两国迫于秦国的威胁,又不能和他们深入地谋划合作,如果和他们深入地谋划合作,恐怕他们有背叛合纵盟约的人到秦国泄密。这样,计谋还没有付诸实行,楚国就会大祸临头。寡人自己考虑:单凭楚国来对抗秦国,未必能够取得胜利;与群臣的谋划,也没有足够解决问题的好计策。这使寡人寝食不安,心神不定,如旗子飘荡不止,始终没有个着落。现在您的君主想统一天下,安定诸侯,拯救危国,寡人敬效举国之力来参加合纵联盟。"

四、纵横宝库《战国策》

《战国策》是汇编而成的典籍,因而不是个人著作,没有统一的书名,西汉以前主要以《国策》《国事》《短长》《事语》《长书》《修书》等名称流传,刘向考订整理后,认为这些名称都不能概括出书的内容实质,便根据书中涉及的时间大致在春秋末至秦统一之间,又以策士的游说活动为中心,于是定名为《战国策》。全书按国别汇辑,分别是东周一篇、西周一篇、秦五篇、齐六篇、楚四篇、赵四篇、魏四篇、韩三篇、燕三篇、宋、卫合为一篇、中山一篇,共三十三篇。

由于书中所收主要是策士的著述和史臣的记载,所以在古代的四部分类中一直存在分歧,大致而言,当是综合了史、子、集的性质,因此日本战国策研究家河越关修龄"窃谓《策》多战国杂说"(《关修龄战国策高注补正·序》),认为《战国策》思想异常活跃而丰富,但是主要是纵横家思想,在政治上实施纵横长短之术,在语言上驰骋纵横游说之巧,在谋略上尽展韬略阴谋之方。因而,《战国策》在古代被以儒家为主的传统思想所排斥,但又总是被人们不断地从不同的方面来效法:"录往者迹其事,考世者证其变,攻文者模其辞,好谋者袭其智。"(李梦阳《初刻战国策·序》)《战国策》在今天影响也十分广泛。

世界各国对《战国策》的研究也很重视,如美国阿安伯著有《谋略:战国策研究》、柯润璞著有《战国策及其小说》、捷实克著有《战国策新解》、日本横田惟孝著有《战国策正解》等。

(一)长短纵横

长短纵横之术是从《短长》《长书》而来的,司马迁说:"谋诈用而从衡短长之说起。"纵横家在进纵横之策时,往往要论述纵横各自的短长,但是这种短长又因时因人而不断变化,而且在具体实施时,突破了纵横本身的局限,向政治等方面延伸。因此,由纵横策的短长而发展成为一种"权变"的谋略。纵横家主要用来指导君主驯服臣下、处理内部纠纷、解决外交困境、争夺军事胜利等。其核心是"一切为之权变"。

公仲好内，颜率好士

【原文】

颜率①见公仲②，公仲不见。颜率谓公仲之谒者③曰："公仲必以率为阳也，故不见率也。公仲好内，率曰好士；仲啬于财，率曰散施；公仲无行，率曰好义。自今以来，率且正言之而已矣。"

公仲之谒者以告公仲，公仲遽起而见之。

【注释】

①选自《战国策·卷二十六·韩策一》。颜率，东周策士，他的事迹不多，生平不详。

②公仲：公仲明，又称明，韩公仲，任韩国相国。

③谒者：官名，为国君掌管晋见之事的近侍，这里指相国的传达官。

【译文】

颜率拜见公仲，公仲没有接见他。颜率对公仲的传达官说："公仲一定认为我华而不实，所以不接见我。公仲好色，而我却说自己好士，公仲对钱财吝啬，而我却说自己博散好施，公仲行为不正，而我却说自己急公好义。从今以后，我将直言不讳评价他的行为了。"

公仲的传达官把这事告诉了公仲，公仲赶紧起身，去接见颜率。

主圣臣贤，各得其所

【原文】

蔡泽①见逐于赵，而入韩、魏，遇夺釜鬲于途。闻应侯②任郑安平③、王稽④，皆负重罪，应侯乃惭，乃西入秦。将见昭王，使人宣言以感怒应侯曰："燕客蔡泽，天下骏雄弘辩之士也。彼一见秦王，秦王必相之而夺君位。"

应侯闻之，使人召蔡泽。蔡泽入，则揖应侯，应侯固不快，及见之，又倨。应侯因让之曰："子常宣言代我相秦，岂有此乎？"对曰："然。"应侯曰："请闻其说。"蔡泽曰："吁！何君见之晚也。夫四时之序，成功者去。夫人生手足坚强，耳目聪明圣知，岂非士之所愿与？"应侯曰："然。"蔡泽曰："质仁秉义，行道施德于天下，天下怀乐敬爱，愿以为君王，岂不辩智之期与？"应侯曰："然。"蔡泽复曰："复归显荣，成理万物，万物各得其所；生命寿长，终其年而不夭伤；天下继其统，守其业，传之无穷，名实纯粹，泽流千世，称之而毋绝，与天下终。岂非道之符，而圣人所谓吉祥善事与？"应侯曰："然。"泽曰："若秦之商君，楚之吴起⑤，越之大夫种⑥，其卒亦可愿矣。"

应侯知蔡泽之欲困已以说，复曰："何为不可？夫公孙鞅事孝公，极身无二，尽公不还死，信赏罚以致治，竭智能，示情素，蒙怨咎，欺旧交，虏魏公子卬⑦，卒为秦禽将，破敌军，攘地千里。吴起事悼王，使私不害公，谗不蔽忠，言不取苟合，行不取苟容，行义不图毁誉，必有伯主强国，不辞祸凶。大夫种事越王，主离困辱，悉忠而不解，主虽亡绝，尽能而不离，多功而不矜，贵富不骄怠。若此三子者，义之至，忠之节也。故君

蔡泽

子杀身以成名，义之所在，身虽死，无憾悔，何为不可哉？"蔡泽曰："主圣臣贤，天下之福也；君明臣忠，国之福也；父慈子孝，夫信妇贞，家之福也。故比干⑧忠，不能存殷。子胥⑨知，不能存吴；申生⑩孝，而晋惑乱。是有忠臣孝子，国家灭乱，何也？无明君贤父以听之。故天下一起君父为戮辱，怜其臣子。夫待死之后可以立忠成名，是微子⑪不足仁，孔子不足圣，管仲⑫不足大也。"于是应侯称善。

后数日，入朝，言于秦昭王曰："客新有从山东来者蔡泽，其人辩士。臣之见人甚众，莫有及者，臣不如也。"秦昭王召见，与语，大说之，拜为客卿。应侯因谢病，请归相印。昭王强起应侯，应侯遂称笃，因免相。昭王新说蔡泽计画，遂拜为秦相，东收周室。

蔡泽相秦王数月，人或恶之，惧诛，乃谢病归相印，号为刚成君。秦十余年，

昭王、孝文王、庄襄王。卒事始皇帝。为秦使于燕,三年而燕使太子丹^⑬入质于秦。

【注释】

①节选自《战国策·卷五·秦策三》。蔡泽,燕国人,多智善辩,曾游说诸侯,不被任用。到秦后,秦昭王用他取代范雎任相国,封刚成君。

②应侯:范雎,详见《纵横人物》,当时担任秦国相国,封应侯。

③郑安平(?—公元前255年):魏国人,帮助范雎入秦,秦昭王任用范雎后,他也被任为将军。公元前259年,他率兵攻赵国失败而投降,封武阳君,卒于赵国。

④王稽:秦国人,为河东守,出使魏国时帮助范雎入秦,后来因通诸侯罪被杀。郑、王二人都是范雎任命的,"秦之法,任人而所任不善者,以其罪罪之"(《史记·范雎蔡泽列传》)。蔡泽正是乘范雎难以自处的时机进入秦国的。

⑤吴起(?—公元前381年):卫国人,曾从学于曾参,开始在鲁、魏任职,后来入秦国被任为相国,辅佐楚悼王变法;悼王死,宗室大臣作乱,吴起被杀害。他和孙子连称"孙吴",著有《吴子》,《吴子》与《孙子》又合称《孙吴兵法》,在中国古代军事典籍中占有重要地位。

⑥大夫种:越国大夫文种(?—公元前467年),字少禽,一作子禽,楚国郢(今湖北江陵附近)人,后定居越国。辅佐越王勾践灭吴雪耻,有大功,后被勾践赐剑自杀。死后葬于会稽西山之上,改名西山为"种山",即现在绍兴城内卧龙山。墓在卧龙山望海亭之下。

⑦公子卬:魏将,公元前310年,秦孝公命公孙鞅(商鞅)率兵伐魏,魏使公子卬迎击。公孙鞅设计诱获公子卬,大破魏军。公子卬是公孙鞅的老朋友,所以上句说"欺旧交"。

⑧比干:商王太丁之子(公元前1092—前1029年),子姓,名干,字比干,沬邑(今河南卫辉)人。幼年聪慧,勤奋好学,二十岁就以太师高位辅佐帝乙,又受托孤之重辅帝辛。比干从政四十多年,主张减轻赋税徭役,鼓励发展农牧业生产,提倡冶炼铸造,富国强兵。商末帝辛纣王暴虐荒淫,横征暴敛,比干很感叹:"主过不谏非忠也,畏死不言非勇也,过则谏,不用则死,忠之至也"。于是到摘星楼强谏纣王三日不去。纣王问凭什么进谏,比干回答:"恃善行仁义所以自恃!"纣王大怒:"吾闻圣人心有七窍,信有诸乎?"遂杀比干,并剖视其心,终

年六十三岁。

⑨伍子胥：春秋末期吴国大夫，军事谋略家。名员（？—公元前484年），字子胥。封于申地，故又称申胥。性刚强，青少年时即好文习武，勇而多谋。周景王二十三年（公元前522年）、因遭楚太子少傅费无忌陷害，父兄为楚平王所杀，被迫出逃吴国，发誓必倾覆楚国，以报杀亲之仇。入吴后，知公子光有大志，就帮助他刺杀吴王僚，夺取王位，得进用为"行人"（掌朝觐聘问之官），与谋国政。辅佐吴王阖闾修法制以任贤能，奖农商以实仓廪，治城郭以设守备。又举荐深通兵学的孙武为将，选练兵士，整军经武，使吴成为东南地区一强国。后来吴王夫差昧于大势而不可谏，伍子胥料到吴国必为越国所破灭，为避祸而托子于齐国鲍氏，反遭太宰伯嚭诬陷，被逼自杀。死后仅十年，越灭吴。

⑩申生：春秋时晋献公太子，受到骊姬的诬陷，他为了全孝，既不申辩，也不出亡，自缢而死。其后晋国内乱持续达二十年。

⑪微子：名启，殷商帝乙之子，纣的庶兄。以纣王淫乱、商代将亡，屡次劝谏。王不听，遂出走。武王克商，他肉袒面缚乞降。后纣王子武庚作乱，被周公旦攻灭，即以他继承殷祀，封于宋。传说他为政贤能，为殷民所爱戴。孔子曾称微子、箕子和比干是殷商的三位仁人。

⑫管仲：名夷吾（？—公元前645年），字仲，颍上（今安徽颍上县）人。管仲少时丧父，老母在堂，生活贫苦，不得不过早地挑起家庭重担，为维持生计，与鲍叔牙合伙经商后从军，到齐国。早先管仲辅佐公子纠与公子小白（即后来的齐桓公）争夺君位，小白得胜即位，便兴兵伐鲁，逼迫鲁国杀了逃奔在鲁国的公子纠。管仲当时是侍奉公子纠的，经鲍叔牙排说并力荐，齐桓公赦免了他，并任命为齐国上卿（即丞相），他尽心辅佐，使齐桓公成为春秋时期的第一霸主。

⑬太子丹：燕王喜的太子。秦国灭韩前夕，他被送到秦国当人质，因为受到冷遇，逃回燕国。秦灭韩、赵之后，在公元前227年，他派荆轲借献督亢（今河北涿州市、易县、固安一带）地图以及交验樊於期（逃亡在燕的秦将）头颅之机，行刺秦王政。事败后，秦国急速发兵攻燕，占领蓟（今北京），他率部退保辽东，被燕王喜斩首以谢秦国。

【译文】

蔡泽被赵国驱逐以后，因而想去韩国或魏国，不料在途中被人抢劫了他的炊具釜、鬲。正在困顿的时候，蔡泽听说应侯范雎所荐用的郑安平、王稽都获重罪,应侯内心惭愧不安。于是,他西去秦国,准备拜见秦昭王。去秦国之先,蔡泽派人四处扬言,以激怒应侯,他这样说:"燕国人蔡泽是天下才智杰出的俊士,他一见到秦王,秦王必会任命他为相国,将夺去您的相位。"

应侯听说后,派人找来蔡泽。蔡泽进来后,只对应侯拱手施礼,应侯心里很不痛快,以后又见他态度傲慢,便责问他:"您曾扬言要取代我为秦相,真有这种事吗?"蔡泽回答说:"是的。"应侯说:"愿听听您的道理。"蔡泽说:"啊!您的认识为什么这样迟钝呢? 春种、夏长、秋收、冬藏,四季更迭,各任其事,人也应该动、静、屈、伸各依其时。人生下来手足坚强,耳聪目明,心智颖慧,这难道不是有识之士所希望的吗?"应侯说:"是啊!"蔡泽说:"具有仁心,坚持正义,行仁义之道,施恩惠于他人,对这样的人,天下的人内心喜悦,便心怀敬爱,都愿意尊他为君王。这难道不是明智之人所期望的吗?"应侯说:"是的。"蔡泽又说:"既富且贵,显赫荣耀,善治万事,各个人都能享尽天年,每个人都不会夭折。天下人民都能保持他们的传统,维护他们的业绩,传给无穷的后代,名实兼而有之,恩泽流传万年,受人永远赞美,和天地同其始终,虽说这不是施行仁义的结果,不也是圣人所说的吉祥善事吗?"范雎说:"是的。"蔡泽说:"例如秦国的商鞅、楚国的吴起、越国的文种,他们最后也都完成了他们的愿望了吗?"

应侯知道蔡泽是为了要使自己陷于窘境,于是,趁此机会以问为答,说:"为什么不可以? 说起商鞅辅事秦孝公,终身尽忠,绝无二心,公而忘私,赏罚分明,秦国大治,竭尽智能,表露赤心,然而却招致秦国人的怨恨和责难,他为秦国而欺骗老朋友,俘虏魏公子叩,最后终于为秦国擒获魏将而大破魏军,扩充疆土达千里之多。吴起辅事楚悼王,绝对不以私损公,更不用谗言来隐藏忠节,每当遇到应行的大事,就不顾毁誉,一心想要使君王成就霸业,国家富强,而且不畏惧一切灾祸和邪恶势力。大夫文种,辅事越王勾践。当君主陷于困辱惨境时,他忠心爱主而不懈怠,君主虽然被敌人俘虏,仍然竭诚尽智没有背弃国家,而且功劳再多也不夸耀自己,即使富贵也不骄傲。像以上这三位忠臣,可以说是义行的极致和忠贞的典范。所以,君子总是以牺牲性命来完成仁义大节的,只要是大义所在,即使牺牲生命也无所懊悔,为什么不可以呢?"蔡泽说:"君主圣明,而且臣子贤能,这都是天下人民之福;君主英明,臣子忠贞,这是国家之福。父亲慈爱,儿子孝顺,丈夫讲信义,妻子有贞节,这是家庭之福。然而比干忠君爱国,却不能维护殷朝的存在;伍子胥虽然贤能,却不能使吴国保存不灭;太子申生虽然孝顺,而晋国仍然不能避免内乱。这就是虽然有忠臣孝子,国家仍旧不免灭亡骚乱,这是什么道理呢?主要是没有明君、贤父来采纳忠言良策的缘故。所以,天下因为君父不仁不义而蒙羞,臣子也因此而难免受其害。假如一定等到死才能尽忠成名,恐怕就连微子也不足以成为仁人,孔子也不足以成为圣人,管仲也不足以成为伟人。"应侯听后,认为蔡泽的话很对。……

几天后,应侯入朝对秦昭王说:"在臣的宾客中,有一位是刚从崤山东面来的,他名字叫蔡泽。这个人能言善辩,臣所见过的人实在很多,但是没有一个能够赶得上这位辩士,臣实在远不如他。"于是,秦昭王就召见蔡泽,经过一番交谈之后,昭王对他很满意,当即拜为客卿。应侯就称病不朝,并且请昭王允许辞去相国职位。昭王一再挽留他,他说他的病很严重,昭王最后终于接受他的辞呈。昭王就采纳蔡泽新进的策略,任命蔡泽为秦国相国,往东吞并东周。

蔡泽出任秦国相国几个月,就有人开始诽谤他,他害怕因此身遭不测,也赶紧装病辞去相国职位,秦昭王封他为"刚成君"。以后蔡泽又在秦国居住了十多年,历经昭王、孝文王、庄襄王,最后还在秦始皇朝任职。他也曾为秦国出使燕国,三年之后使燕太子丹到秦国做人质。

内固其威,外重其权

【原文】

范雎曰:"大王之国,北有甘泉①、谷口②,南带泾、渭,右陇、蜀③,左关、阪;战车千乘,风度际百万。以秦卒之勇,车骑之多,以当诸侯,譬若驰韩卢而逐蹇兔也,霸王之业可致。今反闭而不敢窥兵于山东者,是穰侯为国谋不忠,而大王之计有所失也。"

王曰:"愿闻所失计。"雎曰:"大王越韩、魏而攻强齐,非计也。少出师则不足以伤齐;多之则害于秦。臣意王之计,欲少出师,而悉韩、魏之兵则不义矣。今见与国之不可亲,越人之国而攻,可乎?疏于计矣!昔者,齐人伐楚,战胜,破军杀将,再辟地千里,肤寸之地无得者,岂齐之欲地哉,形弗能有也。诸侯见齐之罢露,君臣之不亲,举兵而伐之,主辱军破,为天下笑。所以然者,以其伐楚而肥韩、魏也。此所谓藉贼兵而赍盗食也。王不如远交而近攻,得寸则王之寸,得尺亦王之尺也。今舍此而远攻,不亦谬乎?且昔者,中山之地,方五百里,赵独擅之,功成、名立、利附,则天下莫能害。今韩、魏,中国之处,而天下之枢也。王若欲霸,必亲中国而以为天下枢,以威楚、赵。赵强则楚附,楚强则赵附。楚、赵

国学经典文库

鬼谷子全书

·鬼谷子开创的纵横术·

图文珍藏版

附则齐必惧,惧必卑辞重币以事秦,齐附而韩、魏可虚也。"王曰:"寡人欲亲魏,魏所变之国也,寡人不能秦。请问亲魏奈何?"范雎曰:"卑辞重币以事之。不可,削地而赂之。不可,举兵而伐之。"于是举兵而攻邢丘④,邢丘拔而魏请附。

曰:"秦、韩之地形,相错如绣。秦之有韩,若木之有蠹,人之病心腹。天下有变,为秦害者莫大于韩。王不如收韩。"王曰:"寡人欲收韩,不听,为之奈何?"范雎曰:"举兵而攻荥阳,则成皋之路不通;北斩太行之道,则上党之兵不下;一举而攻荥阳,则其国断而为三。魏、韩见必亡,焉得不听?韩听而霸事可成也。"王曰:"善。"

范雎曰:"臣居山东,闻齐之内有田单⑤,不闻其王。闻秦之有太后、穰侯、泾阳⑥、华阳⑦,不闻其有王。夫擅国之谓王,能专利害之谓王,制杀生之威之谓王。今太后擅行不顾,穰侯出处不报,泾阳、华阳击断无讳,四贵备而国不危者,未之有也。为此四者,下乃所谓无王已。然则权焉得不倾,而令焉得从王出乎?臣闻:'善为国者,内固其威,而外重其权。'穰侯使者操王之重,决裂诸侯,剖符于天下,征敌伐国,莫敢不听。战胜攻取,则利归于陶;国弊,御于诸侯;战败,则怨结于百姓,而祸归社稷。《诗》⑧曰:'木实繁者披其枝,披其枝者伤其心。大其都者危其国,尊其臣者卑其主。'淖齿⑨管齐之权,缩闵王之筋,县之庙梁,宿昔而死。李兑用赵,灭食主父⑩,百日而饿死。今秦,太后、穰侯用事,高陵、泾阳佐之,卒无秦王,此亦淖齿、李兑之类已。臣今见王独立于庙朝矣,且臣将恐后世之有秦国者,非王之子孙也。"

秦王惧,于是乃废太后,逐穰侯,出高陵⑪,走泾阳于关外。

昭王谓范雎曰:"昔者,齐公得管仲,时以为仲父。今吾得子,亦以为父。"

【注释】

①节选自《战国策·卷五·秦策三》。甘泉,山名,即磨石岭,在今陕西淳化县西北。

②谷口:即古寒门,又名冶谷,在今陕西礼泉县东北五十里。

③陇、蜀:指陇坻与蜀道。陇坻,地名,一作"陇阪""陇坂",在今陕西陇县西北。

④邢丘:地名,在今河南温县东南七十里。

⑤田单:田单在国破城危的极端不利态势下,长期坚守孤城——即墨(今山东平度东南),积极创造反攻条件,公元前279年,巧妙运用"火牛阵"实施夜

间奇袭战，一举打败五国联军，成为中国古代战史上以弱胜强的出色战例。然后迎法章回临淄（今山东淄博东北），正式即位为齐襄王，田单受封安平君。

⑥泾阳：泾阳君，秦昭王同母弟弟公子市的封号，封地在今陕西泾阳西北。公元前284年，又封于宛（今河南南阳）。

⑦华阳：华阳君，秦昭王舅父芈戎的封号，封地在今河南新郑北。公元前299年，秦攻取楚国新城（今河南伊川）后，又封为新城君。

⑧《诗》：这里指《逸诗》，是指不见于《诗经》的古诗。

⑨淖齿（？—公元前283年）：一作"卓齿""踔齿""悼齿"。公元前284年，燕将乐毅破齐都临淄后，他受楚顷襄王之命率军救齐，被齐闵王任为齐相。后来杀了齐闵王，欲与燕分齐地，不久被齐人王孙贾所杀。

⑩主父：赵武灵王嬴雍（约公元前310—前295年），公元前326—前299年在位，推行的"胡服骑射"政策，对于当时和以后中国社会的发展都产生了积极的影响。公元前299年，武灵王传位于少子何，自号主父。公元前295年，他以在沙丘（今河北平乡东北）选看墓地为名，让公子章与赵王何随行。公子章趁机作乱，被公子成、李兑起兵攻打，章败走主父寝宫，李兑团团围住主父宫，主父不得出，三月余饿死。

⑪高陵：高陵君，秦昭王同母弟弟嬴显的封号，封地在今陕西高陵区西南。

【译文】

范雎说："大王的国家，北有甘泉、谷口，南绕泾水、渭水，右有陇坻、蜀山的险塞，左有函谷、崤山的阻隔，有战车千辆，勇士百万，凭秦兵的勇悍，车骑的盛多，用这样的实力来对付诸侯，就像驱使良犬韩卢去追逐跛足的兔子一样，霸王之业拱手可得。现在您却紧闭关口，不敢出兵对付崤山东面的诸侯，这是因为穰侯魏冉替国谋划不忠，大王决定大计也有所失误的缘故。"

秦王说："请您告诉我，我所决定的大计有哪些失误？"范雎说："大王越过韩、魏，去进攻强齐，这是打错了主意。因为少出兵，就不足以损伤齐国；多出兵，又对秦国有害。我猜测，大王的计谋是：自己少出兵，而让韩、魏全力以赴对付齐国，这样是不合适的！现在的情况很清楚，盟国是不可信赖的，又越过别的国家去进攻敌国，这样怎么可行呢？实在是疏忽失算了。从前，齐国越过别国，去攻打楚国，在垂沙一战中，战胜了楚军，杀掉了楚将，又开辟了千里的领土，结果是没有得到尺寸之地。难道是齐国不想扩充土地吗？不是的。这是因为形势不可能让齐国得到土地。诸侯见到齐国疲弱，君臣之间又互不信任，于是出兵进攻，结果齐国君主受辱，军队惨败，被诸侯耻笑！之所以如此，是因为齐国越过别的国家去进攻楚国，却让韩、魏两国乘其疲惫而得渔翁之利。这就是所说的'把武器借给贼寇，把粮食送给强盗'，让自己受害，让别人得利的愚蠢做法。大王不如实行远交近攻的策略，这样，得了一寸土地就是大王的一寸土地，得了一尺土地就是大王的一尺土地。可现在您不这样做，却去实行远攻，这不是大错了吗？况且，从前中山国方圆五百里的土地，被赵国灭亡以后据为己有，成就了功业，显扬了名声，得到了好处，诸侯都不能侵犯。现在韩、魏两国处于中原之地，是天下的中枢。大王如果想建立霸业，必须使韩、魏两国亲附，而让秦国掌握天下的中枢。这样，可以威胁楚、赵两国。如果赵国强大就使楚国亲附秦国，如果楚国强大就使赵国亲附秦国。楚、赵两国都亲附秦国，齐国就必定害怕秦国，也一定会言语谦恭，用大量钱财来讨好秦国。齐国既已亲附秦国，到那时，灭亡韩、魏两国只是举手之劳罢了。"秦王说："我是想让魏国来亲附，可是魏国反复无常，我不能使它亲附，请问如何才能使它亲附呢？"范雎说："您可以言语谦恭，多给钱财去讨好它；这样不行，就割地送给它；还不行，就出兵讨伐它。"秦王于是出兵进攻魏国的邢丘，攻下了邢丘，魏国终于要求亲附秦国。

范雎又对秦王说："秦、韩两国接壤，地势像锦绣一样地交错。韩国对秦国来说，就像树心生了蠹虫、人患了心腹之病一样。一旦天下发生变故，对秦国为害最大的莫过于韩国，大王不如先去制服它。"秦王说："我想制服韩国，可是，韩国不听从，怎么办呢？"范雎说："可出兵进攻荥阳，这就能使去成皋的道路不通了；北面切断了太行的道路，就能使上党的援兵被截住。这样，大王一出兵，就可将韩国分隔为三段，互不照应。韩国见自己必定灭亡，哪有不听从之理呢？如果韩国听从大王，那么大王的霸业就可以建成。"秦王说："好！"

范雎说："我在崤山东面居住的时候，只听到齐国有一个田单，却没有听到齐国有君王。只听到秦国有个太后和穰侯、泾阳君、华阳君，却没有听到秦国有君王。只有能独自掌管国事的方可称为王，只有能专断利害的方可称为王，只有能控制生杀权威的方可称为王。现在太后擅自专行不顾一切，穰侯出使各国，归来也不汇报，泾阳君、华阳君随意处治他人毫无顾忌，这四位权贵齐全而国家不危险，那是从来没有的事！因为这四位权贵，下面才说秦国没有君王了。既然如此，那么国家的权威怎么会不丧失，号令又怎么会从大王您那里发出来呢？我听说善于治理国家的君王，对内牢固地树立他的威严，对外重视他的权力,穰侯出使操持大王的权力,割裂诸侯的土地,擅自封爵,征伐敌国,没有人敢不听从。打了胜仗,便把利益归到他自己的封地陶国去;国家困难了,便让诸侯去承担,战败了,便结怨于老百姓,灾祸都集中到国家。《逸诗》上说:'果子多的树定要折断枝条,折断了枝条定要伤害树心。臣子的都邑扩大了,国家必然危险;臣子太尊贵了,君王必然卑弱。楚将淖齿在齐国专权,减少主父的食物,一百天之后主父就饿死了。现在秦国有太后、穰侯专权,加上高陵君和泾阳君帮助他们,到头来是不会有秦王的存在了,这些人便是淖齿、李兑的同类。我今天看到大王您在朝廷的孤立,恐怕后世占有秦国的,不会是大王您的子孙了。"

秦昭王心中害怕,便废了太后,驱逐了穰侯,调出高陵君,把泾阳君撵出关外。

后来,秦昭王对范雎说:"过去齐桓公得到管仲,当时尊为'仲父',现在我得到您,也应该尊为'仲父'。"

网必张于有鸟无鸟处

【原文】

杜赫①欲重景翠②于周,谓周君曰:"君之国小,尽君子重宝珠玉以事诸侯,不可不察也。譬之如张罗者,张于无鸟之所,则终日无所得矣;张于多鸟处,则又骇鸟矣;必张于有鸟无鸟之际,然后能多得鸟矣。今君将施于大人,大人轻君;施于小人,小人无可以求,又费财焉。君必施于今之穷士,不必且为大人者③,故能得欲矣。"

【注释】

①选自《战国策·卷一·东周策》。杜赫,东周人,与东周昭文君同时。

②景翠:楚国人,主要生活在公元前314—前290年,曾经在楚怀王时历任大将、上柱国、令尹,顷襄王即位后,景翠作为前朝老臣,顾问国事。但早年在国内不得志,留居东周一段时间,引起了杜赫的上述推重。

③不必且为大人者:不一定将来不成为大人物,这里暗指景翠。

【译文】

杜赫想让东周重用景翠,就对周昭文君说:"君主的国家很小,如果把君主您给的贵重宝物珠玉都拿出来去侍奉诸侯，就不能不仔细考虑考虑。这个事就像张网捕鸟一样，把网张在没有鸟雀的地方，那么从早到晚将一无所得；张在鸟多的地方，那又容易把鸟惊吓跑了；一定要把网张架在有鸟又没有很多鸟的地方，这样才能捕到更多的鸟雀。现在您把珍宝施舍给诸侯之类的大人物，大人物一定看不起您；施舍给小人物，小人物又没有什么用处，况且又破费了许多财宝。君主应当把恩惠施给今天的穷士，他们将来未必不会成为大人物的。因此，如果君主您这样做了，就一定能够得偿所愿了。"

（二）游说纵横

游说是纵横家的看家本领，他们一个个巧舌如簧，因人而定说辞，或单刀直入气势凌人；或铺陈夸张，危言耸听；或曲喻旁譬，丝丝入扣；或借题发挥，旁敲侧击，以至于他们"一怒而诸侯惧，安居则天下熄"。但是，他们游说纵横的根本法则是"陈其势，言其方"，对症下药，为达到目的而夸张渲染，充分发挥言论的效应。

言重九鼎

【原文】

秦兴师临周①而求九鼎②，周君患之，以告颜率。颜率曰："大王勿忧，臣请东借救于齐。"颜率至齐，谓齐王③曰："夫秦之为无道也，欲兴兵临周而求九鼎，周之君臣内自尽计：与秦，不若归之大国。夫存危国，美名也；得九鼎，厚宝也。愿大王图之！"齐王大悦，发师五万人，使陈臣思④将以救周，而秦兵罢。

齐将求九鼎，周君又患之。颜率曰："大王勿忧，臣请东解之。"颜率至齐，谓齐王曰："周赖大国之义，得君臣父子相保也，愿献九鼎。不识大国何途之从而致之齐？"齐王曰："寡人将寄径于梁。"颜率曰："不可。夫梁之君臣欲得九鼎，谋之晖台⑤之下，少海⑥之上，其日久矣，鼎入梁，必不出。"齐王曰："寡人将寄径于楚。"对曰："不可。楚之君臣欲得九鼎，谋之于叶⑦庭之中，其日久矣。若入楚，鼎必不出。"王曰："寡人终何途之从而致之齐？"颜率曰："弊邑固窃为大王患之。夫鼎者，非效醯壶酱甀耳，可怀甀挟挈以至齐者，非效鸟集乌飞、兔兴马逝，漓然止于齐者。昔周之伐殷，得九鼎，凡一鼎而九万人挽之，九九八十一万人，士卒师徒器械被具，所以备者称此。今大王纵有其人，何途之从而出？

臣窃为大王私忧之。"齐王曰："子之数来者,犹无与耳。"颜率曰："不敢欺大国,疾定所从出,弊邑迁鼎以待命。"齐王乃止。

【注释】

①选自《战国策·卷一·东周策》。周:东周。

②九鼎:传说是夏禹收九州之金铸成的,后世把九鼎视为权力的象征,传国的宝器。战国诸侯都想得到这九鼎,作为天命和人心所归的依据,称王称帝的凭据。

③齐王:齐宣王(?—公元前301年)田辟疆,公元前320—前301在位,公元前314年,燕国发生内乱,他乘机发兵干涉,仅五十天就攻占了燕国都城——蓟(今北京市),几乎灭亡了燕国。他还不惜耗费巨资,招致天下各派文人学士来到齐国"稷下学宫",使稷下学官集中了儒、墨、道、法、兵、刑、阴阳、农、杂各学派的学人,著书立说,开展学术研究,形成了前所未有的百家争鸣局面,创造了我国灿烂的"先秦文化"。

④陈臣思:即田臣思,齐国公侯。一作"田期思",即田忌,本姓陈后改姓田氏。

⑤晖台:台名,在魏都大梁,孟子称"梁有台池鸟兽之乐"。

⑥少海:地名,一作"沙海",也在魏都大梁(今河南开封市西)。

⑦叶:楚国的旧都,今河南叶县。

【译文】

秦国出兵进逼东周,索求周室九鼎,东周君为此忧虑不安,把这事告诉了大臣颜率。颜率说:"君主不必担忧,我愿到齐国去求助。"颜率到了齐国,对齐宣王说:"秦国实在太不像话了,打算出兵进逼周室来索求九鼎;我国君臣研究考虑,认为与其给了秦国,还不如送给贵国。保存危国且有美名,获得九鼎又实惠,希望大王考虑!"齐宣王听了大为高兴,于是出兵五万,派大臣陈臣思带领前去救东周,秦兵因此便撤退了。

齐宣王又来索求九鼎,东周君又为此忧虑不安。颜率说:"君主不必担忧,我愿去齐国处理此事。"颜率到了齐国,对齐王说:"我国靠贵国主持正义,君臣父子才得以保全,我国愿意献出九鼎,但不知贵国打算从哪条路送到齐国来?"齐王说:"我打算借道魏国。"颜率说:"那可不行,他们魏国君臣很想得到九鼎,在晖台之下、少海之上进行策划已经很久了,九鼎进入了魏境,就甭想出来。"齐宣王说:"那我就借道楚国。"颜率说:"那也不行,楚国君也想得九鼎,他们在叶都大庭之中设法谋取,已非一日,如果九鼎进入了楚境,也甭想出来。"齐宣王说:"那么,我到底从哪条道才可以把九鼎运到齐国呢?"颜率说:"我们周王室当然私下也为大王发愁。这么大的鼎,不像醋瓶子、酱罐子,随便揣在怀里,挟在腋下,提在手上,就可以拿到齐国来;也不像鸟集乌飞、兔蹦马驰那样,轻捷迅速、毫不费劲儿地就可到达齐国。从前,周武王灭商,得了九鼎,只一个鼎大概就要九万人拖拉,九只鼎就要八十一万人,为此要准备各种器械、衣服、用具等物,非要这么多人力物力不可。现在大王即使有这么多人,但又从哪条路运到齐国呢? 我也很为大王发愁。"齐王说:"你跑来跑去,原来还是不想给呀!"颜率说:"不敢欺骗大国,只希望赶快决定到底走哪条路,敝国准备运鼎,等待大王下令。"齐宣王没有办法,索鼎之事只能作罢。

陈其势,言其方

【原文】

孟尝君在薛,荆人攻之。淳于髡①为齐使于荆,还反过薛。而孟尝令人体貌而亲郊迎之。谓淳于髡曰:"荆人攻薛,夫子弗忧,文无以复侍矣。"淳于髡曰:"敬闻命。"

至于齐,毕报。王曰:"何见于荆?"对曰:"荆甚固,而薛亦不量其力。"王曰:"何谓也?"对曰:"薛不量其力,而为先王立清庙。荆固而攻之,清庙必危。故曰薛不量力,而荆亦甚固。"齐王和其颜色曰:"嘻! 先君之庙在焉!"疾兴兵救之。

颠蹶之请,望拜之谒,虽得则薄矣。善说者,陈其势,言其方,人之急也,若自在隘窘之中,岂用强力哉!

【注释】

①选自《战国策·卷十·齐策三》。淳于髡,复姓淳于,名髡(约公元前386—前310年),今山东龙口市人,齐国赘婿,齐威王用为客卿。他学无所主,博闻强记,能言善辩。他多次用隐言微语的方式讽谏威王,居安思危,革新朝政。还多次以特使身份周旋诸侯之间,不辱国格,不负君命。

【译文】

孟尝君住在他的封地薛邑时,楚国想发兵进攻。淳于髡为齐国出使到楚国,任务完毕,返回齐国,经过薛邑,孟尝君派人以大礼接待,自己也亲自到郊外去迎接,孟尝君对淳于髡说:"楚人攻薛,您不为此担忧,薛邑一旦危亡,我就不能再侍奉您了。"淳于髡说:"我领教了。"

淳于髡到了齐都,向齐宣王汇报完毕后,齐宣王说:"您在楚国有什么见闻?"淳于髡说:"楚国十分强固,有侵略之意,可是薛邑也实在自不量力。"齐宣王说:"这是什么意思?"淳于髡说:"薛邑自不量力,偏偏要在他那儿给先王建立宗庙;楚国很强固,想进攻薛邑,先王的宗庙,就一定很危险。所以我说楚国十分强固,可是薛邑也实在是自不量力!"齐宣王听后,显露出柔和肃穆的神情,说:"啊! 先王的宗庙在薛邑呀!"于是,迅速派兵去救薛邑。

如果孟尝君奔走劳顿地去请求,情真意切地去拜访,虽然可以得到人的援助,可是终究是情不深、意不厚,得不到多少援助。所以,擅长游说的人,巧于陈述形势,善于想方设法;让人感到别人处境危急,就好像自己也处在困难危急中一样,哪里用得着用强力求助呢!

(三) 韬略纵横

纵横家不只是伶牙俐齿,他们个个也具有文韬武略,这体现在安邦治国的大计中,体现在保身自强的策略中,也体现在困敌破敌的计谋中。他们贵士重功、张扬个性,以韬略来完善自身的修养,以韬略来实现自身的价值,为我们树立了永恒的榜样。

士者贵　王者轻

【原文】

齐宣王见颜斶①,曰:"斶前!"周亦曰:"王前!"宣王不悦。左右曰:"王,人君也。周,人臣也。王曰'周前',亦曰'王前',可乎?"周对曰:"夫斶前为慕势,王前为趋士。与使斶为趋势,不如使王为趋士。"王忿然作色曰:"王者贵乎?士贵乎?"对曰:"士贵耳,王者不贵。"王曰:"有说乎?"斶曰:"有。昔者秦攻齐,令曰:'有敢去柳下季②陇五十步而樵采者,死不赦。'令曰:'有能得齐王头者,封万户侯,赐金千镒③。'由是观之,生王之头,曾不若死士之陇也。"宣默然不悦。

左右皆曰:"𫘩来,𫘩来!大王据千乘之地,而建千石钟,万石虡。天下之士,仁义皆来役处;辩知并进,莫不来语;东西南北,莫敢不服。求万物[无]不备具,而百无不亲附。今夫士之高者,乃称匹夫,徒步而处农亩;下则鄙野,监门间里④,士之贱也,亦甚矣!"𫘩对曰:"不然。𫘩闻古大禹之时,诸侯万国。何则?德厚之道,得贵士之力也。故舜起农亩,出于岳鄙,而为天子。及汤之时,诸侯三千。当今之世,南面称寡者,乃二十四。由此观之,非得失之策与?稍稍诛灭,灭亡无族之时,欲为监门间里,安可得而有乎哉?是故《易传》不云乎:居上位未得其实,以喜其为名者,必以骄奢为行。据慢骄奢,则凶中之。是故无其实而喜其名者削,无德而望其福者约,无功而受其禄者辱,祸必握。故曰:'矜功不立,虚愿不至。'此皆幸乐其名,华而无其实德者也。是以尧有九佐⑤,舜有七友⑥,禹有五丞⑦,汤有三辅⑧,自古及今而能虚成名于天下者,无有。是以君王无羞亟问,不媿下学;是故成其道德而扬功名于后世者,尧、舜、禹、汤、周文王是也。故曰:'无形者,形之君也;无端者,事之本也。'夫上见其原,下通其流,至圣人明学,何不吉之有哉!老子曰:'虽贵,必以贱为本;虽高,必以下为基。是以侯王称孤、寡、不谷,是其贱之本与?非与?'夫孤寡者,人之困贱下位也,而侯王以自谓,岂非下人而尊贵士与?夫尧传舜,舜传禹,周成王⑨任周公旦⑩,而世世称曰明主,是以明乎士之贵也。"

宣王曰:"嗟乎!君子焉可侮哉,寡人自取病耳!及今闻君子之言,乃今闻细人之行,愿请受为弟子。且颜先生与寡人游,食必太牢,出必乘车,妻子衣服丽都。"颜𫘩辞去曰:"夫玉生于山,制则破焉,非弗宝贵矣,然大璞不完。士生乎鄙野,推选则禄焉,非不得尊遂也,然而形神不全。𫘩愿得归,晚食以当肉,安步以当车,无罪以当贵,清静贞正以自虞。制言者王也,尽忠直言者𫘩也。言要道已备矣,愿得赐归,安行而反臣之邑屋。"则再拜而辞去也。

𫘩知足矣,归真反朴,则终身不辱也。

【注释】

①选自《战国策·卷十一·齐策四》。颜𫘩,齐国隐士。

②柳下季:展获(公元前720—前621年),字禽,是鲁孝公的儿子公子展的后裔。"柳下"(今山东新泰宫里镇西柳村)是他的食邑,"惠"则是他的谥号,所

以后人称他"柳下惠"。据说他又字"季",所以有时也称"柳下季"。他做过鲁国大夫,后来隐遁,成为"逸民"。柳下惠被认为是遵守中国传统道德的典范,他"坐怀不乱"的故事中国历代广为传颂。《孟子》中说"柳下惠,圣之和者也",所以他也有"和圣"之称。

③镒:黄铜二十两或四十两为一镒。

④监门闾里:看守闾里的门。监,监护;闾里:古时每二十五户称为一闾或一里,闾里的巷口都有门。

⑤九佐:九个辅佐的官员,传说有舜、契、禹、后稷、夔、倕、伯夷、皋陶、益。

⑥七友:传说有雄陶、方回、续牙、伯阳、东不訾、秦不虚、灵甫。

⑦五丞:五个辅佐的官员,传说有益、稷、皋陶、倕、契。

⑧三辅:三个辅佐的官员,传说有谊伯、仲伯、咎单。

⑨周成王:周武王姬发的儿子姬诵,公元前1042—前1021年在位。十二岁即位,由周公旦辅佐平定武庚(纣王子)叛乱,并大封诸侯。成王造东都洛邑,与他的儿子姬钊周康王创造了"成康之治"。

⑩周公旦:姓姬名旦,周文王姬昌的儿子,武王姬发的弟弟。因其采邑在周,爵为上公,故称为周公。他一生辅助武王翦灭殷商,辅助成王东征叛国,平定三监,又大行封建以屏周室,营建洛邑,制礼作乐,他礼贤下士,有著名的"握发吐哺"故事,是"成康之治"的实际创造者和后世为政者的典范。

【译文】

齐宣王召见齐国隐士颜斶,说:"颜斶,上前来!"颜斶也说:"大王,上前来!"宣王很不高兴。左右近臣说:"大王是人君,你是人臣;大王说:'颜斶,上前来!'你也说'大王,上前来!'这怎么可以呢?"颜斶回答说:"我上前是趋炎附势,大王上前是礼贤下士;与其让我趋炎附势,还不如让大王礼贤下士。"宣王怒容满面,说:"是王尊贵,还是士尊贵?"颜斶回答说:"士尊贵,王并不尊贵。"宣王说:"有这样的道理吗?"颜斶说:"有,从前秦国进攻齐国,秦王下令说:'有人敢在柳下季墓地五十步内砍柴的,判以死罪,不予赦免。'又下令说:'有人能砍下齐王的头的,封邑万户,赐金二万两。由此看来,活王的头,还不如死士的墓。'"宣王听了,一声不吭,很不高兴。

左右近臣都说:"颜斶过来!过来!大王拥有万乘大国的土地。立有千石重的大钟,万石重的钟架;天下知仁行义的士人都来到齐国,为齐王服务;有口才有智谋的人没有谁不到齐国来,发挥他们的才能;四方诸侯没有谁敢不服;齐王所要的东西无不齐备;全国百姓无不拥护。可现在,一般所谓高士,不过称作匹夫,他们身处田间,徒步往来耕作;等而下之的,也不过是做个边远地方里巷的看门人而已。士人这样下贱呀,也真是够呛了。"颜斶回答说:"不对。我听说,古之大禹时代,诸侯有万国。为什么会这样呢?是由于他们掌握了一套重教化、治国、爱民的办法,并且特别重视士人,善于发挥他们的才能。所以舜帝出身于农民,发迹于穷乡僻壤,终成为天子。到了商汤时代,诸侯也有三千。可是到了现在,称孤道寡的只不过二十四个闾里。由此看来,这难道不是由于'得士'和'失士'的政策决定的吗?如果诸侯相互诛伐,就会渐渐地被杀戮、被消灭,到那时,就是想要做个里巷的看门人,又怎么可能呢?所以,解释《易经》的书上不是这样说吗:高高在上的统治者,如果不提高自己的品德修养,只是一味地喜欢弄虚作假,标榜虚名,他们必然走入骄傲奢侈的歧途;骄傲奢侈,灾祸必然随之而来。所以缺乏修养却只喜欢虚名的,势力将日益削减,国力将日益衰弱;没有好的德行,却希望幸福的,必然会处境困窘;没有建立功勋,却只图享受俸禄的,必然蒙受侮辱。这一切必然招致严重的祸害。所以说,'好大喜功的人,必定不能建立功业;空言而无行的人,终究不能实现他的愿望。'这都是爱虚名、好浮夸,无治国爱民德行的人的必然下场。所以尧有九佐,舜有七友,禹有五丞,汤有三辅。自古至今,没有修养而得不到士人辅助却能建功立业的,从未有过。所以国君不应该以经常向人请教为耻辱,不应该以向别人学习而感到惭愧。因此,言行符合社会的规律,德才兼备,而能传扬功名于后世的,只能是尧、舜、禹、汤、周文王他们这样的人。所以说:'无形的事物是有形的主宰,没有迹象的事物正是事物发展的根本。'那些在上能窥见事物的本源,在下能通晓事物的流变,了解事物很透彻的最圣明的人,怎么会遭到削弱、困窘、受辱等深重灾祸呢?《老子》说:'贵必以贱为根本,高必以下为基础。所以,侯王自称孤、寡、不谷,这不正是以贵为贱的根本吗?难道不是这样的吗?'所谓孤、寡,就是人们处于困窘、卑贱的地位。可是侯、王自己称孤道寡,难道不是侯、王谦居人下、重视士人的证明吗?尧传位于舜,舜传位于禹,周成王任用周公旦,因而世世代代都赞扬他们为英明的君主。这正是因为他们深知士人的可贵。"

宣王说:"唉!君子怎么能随便加以侮辱呢?我实在是自讨没趣啊。至今我才了解到君子的话,才明白了不懂得尊重士人乃是小人的行为。希望您就收下我这个学生吧。而且,还希望颜先生能与我交往,我将以上等宴席招待您,外出备有高级车马供您使用,也让您的妻子儿女穿着鲜而华贵的服装。"颜斶却推辞,他致谢说:"璞玉生在深山中,经过玉匠加工,破璞而取玉,其价值并非不宝贵,然而本来的面貌已不复存在了。士人生于偏僻乡野之地,经过推举选拔而被任用,享有禄位,他并非不尊贵、不显赫,可是他的面貌和精神已被改变而不能保全原状。我希望回到我的乡里老家,晚点吃饭权当吃肉,悠闲散步权当乘车,不犯王法权当富贵清静纯正,自得其乐。如今发号施令的,是大王您;而竭尽忠心直言进谏的是颜周我。我的主要意见已经说了,希望您允许我回去,平平安安地回到我的家乡。"于是,他再一次拜谢,然后离去。

颜斶可以说是知足的人了,他舍弃功、名、利、禄,回到本乡,恢复他本来的面目,这样终身不受侮辱。

百战百胜之术

【原文】

魏太子①自将,过宋外黄②。外黄徐子③曰:"臣有百战百胜之术,太子能听臣乎?"太子曰:"愿闻之。"客曰:"固愿效之。今太子自将攻齐,大胜并莒,则富不过有魏,而贵不益为王。若战不胜,则万世无魏。此臣之百战百胜之术也。"太子曰:"诺。请必从公之言而还。"客曰:"太子虽欲还,不得矣。彼利太子之战攻,而欲满其意者众,太子虽欲还,恐不得矣。"

太子上车请还。其御曰:"将出而还,与北同,不如遂行。"遂行。与齐人战而死,卒不得魏。

【注释】

①选自《战国策·卷三十二·宋卫策》。魏太子:指魏惠王(公元前400—前319年)魏罃的太子魏申。
②外黄:宋国属地,在今河南民权县西北。
⑤徐子:宋国外黄隐士。

【译文】

魏太子申亲自领兵攻打齐国,经过宋国的外黄。外黄的徐子对太子申说:"我有百战百胜的方法,太子能听我说说吗?"太子申说:"愿意听。"徐子说:"我本来就想呈献给您。现在太子亲自领兵攻打齐国,如果大胜,并吞莒地,那么,财富不过拥有魏,尊贵不过身为魏王;如果战而不胜,太子逃亡,不能有国权,将永远失去魏国。我看以不攻打齐国为好,这就是我百战百胜的方法。"太子说:"好吧,我一定听从您的教诲,立即会领兵回国。"徐子说:"现在太子虽然想领兵回国,已不可能了。那些利用太子作战,希望获取赏金的战士太多了。太子虽然想领兵回国,恐怕不可能了。"

太子申上车请大家返回。他的侍从人员说:"大将领兵出战,无故撤回,与败逃没什么两样,不如就继续进军。"

于是,太子申继续进军。在与齐军作战中,他战死沙场,终究没有继承魏国的王位。

有功之无功

【原文】

谓皮相国①曰:"以赵之弱而据之建信君②,涉孟③之雠,然者何也?以从为有功也。齐不从,建信君知从之无功。建信者安能以无功恶秦哉?不能以无功恶秦,则且出兵助秦攻魏,以楚、赵分齐,则是强毕矣。建信、春申④从,则无功而恶秦。秦分齐,齐亡魏,则有功而善秦。故两君者,奚择有功之无功为知哉?"

【注释】

①选自《战国策·卷十八·赵策一》。皮相国,有研究者认为即廉颇,廉颇当时刚逃亡在魏,可能仍有相国头衔,此说可参。

②建信君:姓名不详,为赵悼襄王嬴偃的相国。

③涉孟:赵国大臣,因为主张连横与建信君不合,所以说是"雠",即政敌。

④春申:春申君(?—公元前238年),黄歇、楚考烈王时(公元前264—前238年)相国。以养士著名,是"战国四君子"之一。

【译文】

有人对暂居魏国的皮相国说:"凭赵国这样的弱国,却任用建信君这样的人,而且涉孟又和他政见不合,这是为什么?这是因为赵国认为合纵联盟能够成功,合纵对它有利;齐国如果不参加合纵联盟,建信君也就知道合纵联盟不会成功。建信君怎么能明明知道合纵联盟不会成功,却损害与秦国的关系呢?他既然不能因合纵联盟不会成功而损害与秦国的关系,那就会出兵帮助秦国进攻魏国。也许他会与楚国联合瓜分齐国,就定能自强。赵国建信君、楚国春申君组织合纵联盟,既然不会成功,又会损害与秦国的关系;赵、楚两国联合瓜分齐国,帮助秦国灭亡魏国则会成功有利,又不损害与秦国的关系,建信君和春申君在这两者之间到底如何抉择呢,应该采取'有功之无功'的策略才是明智的。"

固无请人之妻

【原文】

司马憙三相中山,阴简难①之。田简②谓司马憙曰:"赵使者来属耳,独不可语阴简之美乎?赵必请之,君与之,即公无内难矣。君弗与赵,公因劝君立之以为正妻。阴简之德公,无所穷矣。"果令赵请,君弗与。司马憙曰:"君弗与赵,赵王③必大怒大怒则君必危矣。然则立以为妻,固无请人之妻,不得而怨人者也。"

田简自谓取使,可以为司马意,可以为阴简,可以令赵勿请也。

【注释】

①选自《战国策·卷三十三·中山策》。阴简难,阴简忌恨他。阴简,中山君的宠妾;难,厌恶,忌恨。

②田简:中山国大臣。

③赵王:赵武灵王。

【译文】

司马憙已经三次出任中山的相国,中山君宠姬阴简忌恨他。

大臣田简对司马憙说:"赵国使者来探听情况,怎么不把阴简的美貌告诉他呢?赵武灵王一定会要求娶阴简,中山君如果给他,那么,在宫内就没有忌恨你的人了;如果不同意给赵王,您就劝君王立阴简为正妻。阴简会对你感激不尽。"司马意果然要赵武灵王求娶阴简。中山君不同意。司马憙说:"君王若不给赵武灵王,赵武灵王一定会大怒,他大怒,君主的处境就危险了!事情既然这样,最好的办法就是立阴简为正妻,世上本来就没有求娶别人的正妻,如果要不

鬼谷子全书

·鬼谷子开创的纵横术·

图文珍藏版

到还怨恨别人的道理。"

田简自认为：按照这个办法去做，既可以促使赵国的使者到中山来，又可以帮助司马熹，使他"无内难"，可以帮助阴简"立为正妻"，还可以使赵王不能求娶阴简。

五、纵横人学《人物志》

《人物志》是三国时期魏国刘邵著。刘邵（约公元168—249年）或作刘劭、刘，字孔才，广平邯郸（今河北邯郸）人，学者、文学家。汉建安时为太子舍人、秘书郎。后仕曹魏，历官尚书郎、陈留太守、骑都尉、散骑常侍。曾受诏集五经群书，作《皇览》一书，又与苟洗、庾嶷等定科令，作《新律》，著《律略论》。景初年间曾受诏作《都官考课》七十二条，又作《说略》《洛论》《赵都赋》《许都赋》《洛都赋》等，现存仅有《人物志》一书，一些残文都收入《全三国文》。

刘邵

《人物志》共三卷十二篇：卷上有《九征》《体别》《流业》《材理》四篇，卷中有《材能》《利害》《接识》《英雄》《八观》五篇，卷下有《七缪》《效难》《释争》三篇。南北朝时凉儒林祭酒刘为之作注，宋人阮逸为刊书并广泛流行，通行的刊本有《龙溪精舍丛书》本、商务印书馆《四部丛刊》结印明刊本、文学古籍刊行社任继愈断句本。现代王玫评注本（红旗出版社1996年出版）值得参考。

《人物志》兼有儒、道、名、法、阴阳诸家思想，而受纵横家思想影响最大。因而运用纵横捭阖，兼形势、包阴阳、用技巧的纵横思想原理，将人的生理、心理、个性、才能、政治风格和道德修养等巧妙地统一起来，揭示了人性形成的原理，总结了人物鉴识的方法，区分了人物的品性、职业等类别，发掘了驾驭人才的诀窍，是历史上第一部融人才学、心理学、伦理学和政治学等于一体而又充满纵横特色的人学论著。所以，阮逸早已指出，《人物志》一书如果"王者得之，为知人之龟鉴；士君子得之，为治性修身之檠栝，指路明灯和目标"。曾国藩、胡雪岩、钱穆、汤用彤、南怀瑾、冯友兰等都很推崇此书。它对于今天从事各行各业的人们，都具有重要的借鉴价值。

（一）人性揭秘

刘邵认为人本性的生理原理是禀于阴阳二气，形成人性的自然基因是"五行"，社会基因是"四理"，但是因为人捭阖的差异，使人性优劣并存，甚至偏执一端，因而在个性修养时，特别要注意克服人性的九个弱点。

人性的原理

【原文】

若夫①天地气化②，盈气损益，道之理③也；法制正事，事之理也；礼教宜适，义之理也；人情④枢机，情之理也。

【注释】

①选自《材理》。若夫，像那……一样。

②气化：古人认为天地万物是由阴阳二气化生而来，这一过程即叫气化，这里指万物的生息变化。

③道之理：自然界运动变化的常理。

④人情：人的情性。《礼记·礼运》说："何谓人情？喜、怒、哀、惧、爱、恶、欲。"

【译文】

如同天地间万物生息变化、日月盈虚、祸福损益是大道运行的常理一样，设法立制，端正处事，是人事营运的常理；礼仪教化，进退得宜，是道义施行的常理；人的喜、怒、哀、怕、爱、恶、欲生发的这些关键表征，是人情变化的常理。

禀气阴阳，性有刚柔

【原文】

夫拘抗①违中，故善有所章，而理有所失。是故：厉直刚毅，材在矫正，失在激讦。柔顺安恕，每在宽容，失在少决。雄悍杰健，任在胆烈，失在多忌。精良畏慎，善在恭谨，失在多疑。彊楷②坚劲，用在桢干③，失在专固。论辨理绎，能在释结，失在流宕。普博周给，弘在覆裕，失在溷浊。清介廉洁，节在俭固，失在拘扃。休动磊落，业在攀跻，失在疏越。沉静机密，精在玄微，失在迟缓。朴露径尽，质在中诚，失在不微。多智韬情，权在谲略，失在依违。

及其进德之日，不止揆中庸，以戒其材之拘抗；而指人之所短，以益其失；犹晋楚带剑，递相诡反也。

【注释】

①选自《体别》。拘抗，性格拘谨和高傲。

②彊楷：强健刚直。彊同"强"：楷，本义是楷树，俗称"黄连木"，因为它的枝干疏而不曲，所以用来形容刚直。

⑤桢干：古代筑墙时竖干两端的木柱叫桢，立于两旁的木柱叫桢干。桢干泛指支柱，也比喻能胜重任的人。

【译文】

拘谨与高傲都背离了中庸之道，因此，虽行善却过于显露，虽合理而仍有过失。因此，性格刚柔都会有得有失，列举于如下：

严厉而直率，刚强而坚毅，其性长于矫正过错，其失误在于激烈攻讦。

柔韧而顺从，安详而宽容，其性长于宽忍能容，其失误在于缺乏决断。

雄伟而强悍，杰出而刚健，其性长于胆气刚烈，其失误在于多犯禁忌。

精明而良善，知惧而谨慎，其性长于谦恭谨慎，其失误在于多有疑虑。

强健而刚贞，坚定而刚劲，其性长于主干支撑，其失误在于专横固执。

言论而雄辩，推理而演绎，其性长于释疑解纷，其失误在于摇摆不定。

普济而博施，周给而广泛，其性长于弘大包举，其失误在于博杂不精。

清正而耿介，廉洁而自守，其性长于俭约可靠，其失误在于拘谨内敛。

知进而知退,光明而磊落,其性长于开拓进取,其失误在于空疏迂阔。

能深沉宁静,知玄机奥秘,其性长于探玄入微,其失误在于迟滞缓慢。

质朴而爽快,径直而不隐,其性长干忠厚诚信,其失误在于浅露不藏。

足智而多谋,厚貌而深情,其性长于权术谋略,其失误在于迟疑不决。

及至不停地增益德行,发挥才能,仕进不止,如果不以中庸为准则,戒除高傲过度或拘谨不及,却只知指责他人的短处,只会使自己的缺点越加突出,就像晋人和楚人相互嘲笑对方佩剑的方向相反一样,彼此互相反驳论议而无益。

人性的九个弱点

【原文】

有九偏之情;以性犯明^①,各有得失:

刚略之人,不能理微;故其论大体则弘博而高远,历纤理则宕往而疏越。

抗厉之人,不能回挠;论法直则括处而公正,说变通则否戾而不入。

坚劲之人,好攻其事实;指机理则颖灼而彻尽,涉大道则径露而单持。

辩给之人,辞烦而意锐;推人事则精识而穷理,即大义则恢愕而不周。

浮沉之人,不能沉思,序疏数则豁达而傲博,立事要则熿炎而不定。

浅解之人,不能深难;听辩说则拟锷而愉悦,审精理则掉转而无根。

宽恕之人,不能速捷;论仁义则弘详而长雅,趋时务则迟缓而不及。

温柔之人,力不休彊;味道则顺适而和畅,拟疑难则濡懦而不尽。

好奇之人,横逸而求异;造权谲则倜傥而瑰壮,案清道则诡常而恢迂。

所谓性有九偏,各从其心之所可以为理。

【注释】

①选自《材理》。明:事理的明确。

【译文】

有九种褊狭的性情,以各自的性情来干扰事理的明确,各有得失:

刚强粗略的人,不能深入细微,因此从整体上论述则宏大博识而见识高远,但分辨纤微深细的道理就失于粗疏迂阔。

高亢激励的人,不能屈就退让,依照正理而效法直道则能自我约束而公平端正,但论说变通就阻塞乖张,格格不入。

坚定劲直的人,喜欢端正求实,揭示细微的道理则鲜明透彻,但涉及重大的理论就显得直露而单薄。

能言善辩的人,辞令丰富而反应敏锐,推究人事则见识精当而深刻,但触及正道要旨就恢宏直率而不周全。

随波逐流的人,不能深思熟虑,整理粗疏的数理则豁然通达而以博知为傲,但确立事务之精要则如烈火,闪烁不定。

见解浅薄的人,不能深入提问,听人谈论辩说则误以为尖锐深刻而容易感到愉快欢悦,但审核精微的道理则随时转向而无立定的根基。

宽容徐缓的人,不能思虑敏捷,论述仁义之道则恢宏详尽而雅正,但一遇到具体的事务就行动迟缓而不及时处理。

温和柔顺的人,不能完美而强大,体会道理则平顺和谐而通畅,但分析疑难就拖泥带水而不够干脆利落。

好奇求异的人,纵逸超脱而标新立异,创论权谋机变则卓越奇特而瑰丽壮伟,但查考清静无为之道,却违背常理而恢诞迂阔。

所谓人之性情有九种偏颇,产生于各自把其内心所自以为是者,看作最有道理。

(二)形象鉴识

对于人内外形象的鉴识,最根本的法则就是"征神见貌",要做深层的鉴识,主要的方法是"接识"和"八观"这些见解渗透了纵横家"内揵"和"反应"等思想。

征神见貌,则情发于目

【原文】

夫色见于貌,所谓征神①。征神见貌,则情发于目。故仁目之精,悫然以端;勇胆之精,晔然以彊;然皆偏至之材,以胜体为质者也。故胜质不精,则其事不遂。是故,直而不柔则木,劲而不精则力,固而不端则愚,气而不清则越,畅而不平则荡。是故,中庸之质,异于此类:五常②既备,包以澹味,五质③内充,五精④外章。是以,目彩五晖⑤之光也。

故曰:物生有形,形有神精;能知精神,则穷理尽性。性之所尽,九质之征也。

然则:平陂之质在于神,明暗之实在于精,勇怯之势在于筋,彊弱之植在于骨,躁静之决在于气,惨怿之情在于色,衰正之形在于仪,态度之动在于容,缓急之状在于言。其为人也:质素平澹,中叡外朗,筋劲植固,声清色怿,仪正容直,则九征皆至,则纯粹之德也。九征有违,则偏杂之材也(九征所在)。

三度⑥不同,其德异称。故偏至之材,以材自名;兼材之人,以德为目;兼德之人,更为美号。是故:兼德而至,谓之中庸;中庸也者,圣人之目也。具体而微⑦,谓之德行;德行也者,大雅之称也。一至,谓之偏材;偏材,小雅之质也。一征,谓之依似;依似,乱德之类也。一至一违,谓之间杂;间杂,无恒之人也。无恒、依似,皆风人末流;末流之质,不可胜论,是以略而不概也。

【注释】

①选自《九征》。征神,即"征于神",从人的外表去寻求心神所反映的征象。

②五常:这里指五行。

③五质:这里指五常,即仁、礼、信、义、智五种品质。

④五精:指人体内心、肺、肝、脾、肾五脏的精气。班固《白虎通·德论》卷八《情性》:"五脏:肝仁、脑义、心礼、肾智、脾信也。"以五精合五质。

⑤五晖:犹言五彩或五色:青、黄、赤、白、黑。

⑥三度:指偏至、兼材、兼德三种人才。

⑦具体而微:语出《孟子·公孙丑上》。原指有其全体但不能广大,这里指九征初具而未能完善。

【译文】

那表情体现在相貌之上,就是心神的表征。心神的表征表现在相貌之上,则情感就会通过目光表露出来。因此,仁者目光体现的精神,是诚实而端正;勇者胆气体现的精神,是光亮而强盛。但是,这些都是偏至之材,体貌特征胜过精神内质的自然显示。因此,偏胜之资质不能精要,那么其事就不能成功。因此,能直而不能柔则过于质朴,能刚劲而不能精要则过重鲁莽,坚定而不端正则愚蠢,任气而不能清正则迂阔,畅达而不能平和则飘荡。因此,适中不变之资质,与以上各类人才不同：金、木、水、火、土五行具备，包容于淡味。仁、礼、信、义、智五种品质充实于内，心、肺、肝、脾、肾五脏精气彰显于外，因此眼睛闪耀五彩的光芒。

因此说：万物产生则有其形体，形体形成则有其神气精灵。能知其神气精灵，则能通达天理本性之究竟。本性能通达，便可知以下九种资质之表征。

所以说，事物产生有其形貌，形貌又相应体现内在的精神。能把握精神，就能穷究事物的义理、人物的本性。人物性情的变化规律，体现为九个方面的征象。

平正或偏邪的素质在于神明；聪慧或愚钝的根本在于精气；勇敢或怯懦的气势在于筋脉；强健或纤弱的体魄在于骨骼；急躁或沉静的脾性在于气血；悲伤或愉悦的情绪在于面色；衰殆或整肃的形象在于仪表；造作或自然的举止在于容貌；和缓或急切的状态在于言语。为人质性平静淡泊，内心敏慧外表清朗，筋腱强劲骨骼坚挺，声音清润神色悦怿，仪表庄重容貌端正，九种类型的表征都具备，就是材德精美的人才。如果九种征象相互违谬乖戾，只能称为偏杂之材（九种资质之表征的表现所在）。

偏材、兼材、兼德三种人才是不相同的，它们相应的才德也就各异。所以，作为偏材的人才，以某一专长立名；作为兼材的人才，以某一品德见称；作为兼德的人才，才具有完美之名号。因此，兼德而达到完美境界的，称为"中庸"。中庸，是对圣人的最高评价。九征初具而未能完善，称为"德行"。德行，是对才德高尚者的称呼。九征中某一方面突出，称为"偏材"。偏材，属于才德有所偏颇的素质。九征中某一方面有所体现，称为"依似"。依似，是依靠某方面所体现的才能所造成似是而非的状况，属于淆乱德行的一类。九征中某些方面突出，又与某些方面相违，称为"间杂"。间杂，相互混杂，是没有恒性的人。没有恒性，似是而非，都是附庸风雅之诗人的末流之辈。末流资质的人，极为众多，难以一一评论，因此略而不论。

形象的深层鉴识之一：接识

【原文】

夫人初甚难知，而士无众寡，皆自以为知人。故以己观人，则以为可知也；观人之察人，则以为不识也。夫何哉？是故能识同体之善，而或失异量①之美。

何以论其然?

夫清节之人,以正直为度,故其历众材也,能识性行之常,而或疑法术之诡。

法制之人,以分数为度,故能识较方直之量,而不贵变化之术。

术谋之人,以思谟为度,故能成策略之奇,而不识遵法之良。

器能之人,以辨护为度,故能识方略之规,而不知制度之原。

智意之人,以原意为度,故能识韬谞之权,而不贵法教之常。

伎俩之人,以邀功为度,故能识进趣之功,而不通道德之化。

臧否之人,以伺察为度,故能识诃砭之明,而不畅倜傥之异。

言语之人,以辨析为度,故能识捷给之惠,而不知含章之美。

是以互相非驳,莫肯相是。取同体也,则接论而相得;取异体也,虽历久而不知。

几此之类,皆谓一流之材也。若二至已上,亦随其所兼,以及异数。故一流之人,能识一流之善。二流之人,能识二流之美。尽有诸流,则亦能兼达众材。故兼材之人,与国体同。欲观其一隅,则终朝足以识之;将究其详,则三日而后足。何谓三日而后足?夫国体之人,兼有三材,故谈不三日,不足以尽之:一以论道德,二以论法制,三以论策术,然后乃能竭其所长,而举之不疑。

【注释】

①选自《接识》。异量,不同类型的人。下文中的"异体"意思相同。

【译文】

人最初本来很难相互了解,而读书人无论(对他人了解)多少,都自以为了解他人。因此从自己的角度观察别人,则以为可以了解;看到别人观察人的情况,则认为别人并非真正认识其人。这究竟为何?因为能识别同样类型人的长处,有时却不能了解不同类型人的优点。为什么这样说呢?因为:

那些清正守节的人,以公平和正直为原则,因此当其遍阅各种人才之时,能认识到本性行为不变,却可能怀疑方法技巧的奇诡。

遵法守制的人,以本分和规矩为法度,因此选择人才时能认识比较方正端直之品性,却不能注重多变的技巧。

知术善谋的人,以思虑和谋略为法度,因此选择人才时能够分析出奇思巧谋之策略,却不能认识遵守法令的长处。

·鬼谷子开创的纵横术·

图文珍藏版

有专业技能的人,以监治和辨别为法度,因此选择人才时能够认识方法与策划之规则,却不能了解制订法度的原因。

睿智明识的人,以推测人心意为法度,因此选择人才时能够认识到韬略的随时权变,却不重视法令与教化的常规。

奇技异巧的人,以求取功名作为法度,因此选择人才时能够认识到进取之功用,却不能通达道德教化的功能。

擅长评判的人,以探究与观察为法度,因此选择人才时能够认识到苛责与针砭是否明智,却不能理解杰出奇异之士。

善于言谈的人,以辨别与分析为法度,因此选择人才时能够认识到敏捷与健谈之好处,却不知道含而不露的美妙。

因此,不同才能的人互相非难攻驳,没有人肯相互肯定。遇到与自己类型相同的人,就言语投机,相互吹捧;接触与自己不同类型的人,虽然长久相处,还是互不了解。

凡是这些类型,都叫作只有一种素质的人才,如果具备两种素质以上,也就随着他所兼备的才能,认识也就会达到不同方面。所以,具备一种素质的人,只能识别一种类别的好处,具备两种素质的人,能够识别两种类别兼备的优点。各种类别全部兼备的人,也就能兼备众多的才能和识别各种人才。因此兼材的人与国体相同。如果要考察某人一方面的专长,则一日之间足以识别;将要详细了解他的各个方面,则在三日之内足以知晓。为什么必须三日才能足以知晓呢?堪称国家栋梁的人,必然兼有三方面之材质,因此,若无三日的接识,不足以完全了解。了解可以从三方面着手:第一,探究他的道德修养;第二,观察他有关法令制度的才能;第三,观察他的策略方法如何。如此之后,方能完全了解其长处,才可以举荐而不疑虑。

形象的深层鉴识之二:八观

【原文】

八观者:

一曰观其夺救[1],以明间杂。

二曰观其感变,以审常度。

三曰观其志质,以知其名。

四曰观其所由②,以辨依似。

五曰观其爱敬,以知通塞。

六曰观其情机③,以辨恕惑。

七曰观其所短,以知所长。

八曰观其聪明,以知所达。

【注释】

①选自《八观》。夺救,争夺与救济。

②由:经历。见《论语·为政》:"视其所以,观其所由,察其所安,人焉廋(藏匿,掩抑)我哉?"

③情机:情绪变化的迹象。

【译文】

所谓八观,包括以下几方面:

一为观察其人对待争夺和救济的态度,以判断他能否解决遗漏与杂乱的问题。

二为观察其人感通应变能力,以审查他是否能掌握原则并且还能变通。

三为观察其人志向材质高低,以了解他所传的名声与实情是否相符。

四为观察其人为人经历表现,以分辨他是否确能坚守正道或似是而非。

五为观察其人对别人的爱心敬意,以察知他是否能够通达情理而没有闭塞呆板。

六为观察其人情感欲望,以辨明他是否能够宽容待人而不受迷惑。

七为观察其人缺欠不足,以知晓他所擅长的究竟在哪些方面。

八为观察其人聪慧明睿,以明了他的闻见认识是否广博通达。

(三)品质流别

刘邵的纵横人学也十分注意流别人的品质,流别的起点和准则是"察其平淡",他归纳了人的十二类品性,总结了职业本身的利与弊,还对"英雄本色"作了科学而富有启迪的分析。从中反映了纵横家的揣摩、符言的思想。

观人察质，必先察其平淡，而后求其聪明

【原文】

凡人之质量①，中和②最贵矣。中和之质，必平淡无味；故能调成五材，变化应节。是故，观人察质，必先察其平淡，而后求其聪明。

聪明者，阴阳之精。阴阳清和，则中睿外明；圣人淳耀，能兼二美。知微知章，自非圣人，莫能两遂。故明白之士，达动之机，而暗于玄机；玄虑之人，识静之原，而困于速捷。犹火日外照，不能内见；金水内映，不能外光。二者之义，盖阴阳之别也。

若量其材质，稽诸五物；五物之征，亦各着于厥体矣。其在体也：木骨、金筋、火气、土肌、水血，五物之象也。五物之实，各有所济。是故：

骨植而柔者，谓之"弘毅"；弘毅也者，仁之质也。

气清而朗者，谓之"文理"；文理也者，礼之本也。

体端而实者，谓之"贞固"；贞固也者，信之基也。

筋劲而精者，谓之"勇敢"；勇敢也者，义之决也。

色平而畅者，谓之通微；通微也者，智之原也。

五质恒性，故谓之五常矣。

五常之别，列为五德。是故：

温直而扰毅，木之德也。

刚塞而弘毅，金之德也。

愿恭而理敬，水之德也。

宽栗而柔立，土之德也。

简畅而明砭，火之德也。

虽体变无穷，犹依乎五质。故其刚、柔、明、畅、贞固之征，着乎形容，见乎声色，发乎情味，各如其象。

故心质亮直，其仪劲固；心质休决，其仪进猛；心质平理，其仪安闲。夫仪动成容，各有态度：直容之动，矫矫行行；休容之动，业业跄跄③；德容之动，颙颙卬卬④。夫容之动作，发乎心气；心气之征，则声变是也。夫气合成声，声应律吕：有和平之声，有清畅之声，有回衍之声。夫声畅于气，则实存貌色；故：诚仁，必有温柔之色；诚勇，必有矜奋之色；诚智，必有明达之色。

【注释】

①选自《九征》。质量,素质。

②中和:中正平和,适中。儒家认为"致中和"是人物性格和修养的最高境界。

③业业跄跄:谨慎戒惧而庄重威仪。跄跄,有威仪的样子。《诗·大雅·公刘》:"跄跄济济",郑玄《笺》解为:"士大夫之威仪也。"

④颙颙卬卬:语出《诗·大雅·卷阿》:"颙颙卬卬。"颙颙,温和恭敬的样子;卬卬,器宇轩昂的样子。

【译文】

凡是人的素质,以中正平和最为可贵。中和的素质必然是平淡无味,所以能使人体内金、木、水、火、土五材调谐,变通转化无碍而又顺应客观规律。因此,观察一个人的素质,一定先看他是否平淡,然后再看他是否聪明。

耳聪目明,是天地阴阳的精华。阴阳之气协调清和,就内有睿智,外能明达。圣人在内蕴淳朴而在外表聪明,能够兼具平淡与聪明这两种美质。可知微妙的玄机,亦可知显露的事理,若非圣人,没有人能够达到此两种境界。因此,精明强干的人,通晓进趋应变的关键,而缺乏深思远虑;深虑多思的人,识别静默安处的道理,而不知迅捷机变。这就犹如火光、天日,明焰外射,却不能内照;金水相生,莹光内映,却不能外照。这两者之所以不同,正是阴和阳道理的区别。

如果衡量一个人的才能资质,要用五行的道理去考核,五行的征象也各自本现在人的体质。五行表现在人体具体是:骨骼属木,筋脉属金,气息属火,肌肉属土,血液属水,形成人体五种征象。人体所具备的金、木、水、火、土五种物质特征,各有所成就的方面,因此:

骨骼坚直而柔韧的,就叫"弘大刚毅",弘大刚毅是"仁"的本质。

气质清新而明朗的,就叫"礼文仪节",礼文仪节是"礼"的根本。

体性端正而结实的,就叫"坚贞不移",坚贞不移是"信"的基础。

筋腱强劲而精健的,就叫"勇武果断",勇武果断是"义"的标准。

血色平和而通畅的,就叫"通微知著",通微知著是"智"的本源。

由五种体质形成五种恒定的性质,称之为"五常":仁、礼、信、义、智。

五常各有不同,依次体现为五行之德。因此:

温润、正直而驯服、刚毅之性,属于木德。

刚健、充实而博大、坚毅之性,属于金德。

质朴、谦恭而端肃、有礼之性,属于水德。

宽容、实密而柔韧、可立之性,属于土德。

简约、流畅而明确、针砭之性,属于火德。

虽然形体多变而无穷尽,但仍然会依据五种资质而存在。因此,其刚毅、能容、简明、稳正、贞固之表征,显露于形体容貌,呈现于声音表情,发散于情感气味,各自依照其形象而表现。

因此,心地与资质光亮、正直的,其仪容则强劲而稳固;心地与资质美善、果决的,其仪容则精进而勇猛;心地与资质平和、顺物的,其仪容则安宁而闲适。仪容神态变化而形成形象,这些形象各自有仪态气度:

直正之仪容神态变化,其容色勇武威仪而健步刚强;

美善之仪容神态变化,其容色谨慎庄重而行步有节;

合德之仪容神态变化,其容色庄严肃穆而器宇轩昂。

仪容神态发生变化,由心田之气息引发;心田之气息的征兆,即表现为声音的变化。气息相合而成为声音,其声音与韵律节奏相应祀有和谐平缓之声音,有清阳舒畅之声音,有回环连绵之声音。声音由流畅之气息而形成,则其效果表现于相貌表情。因此,真正仁爱的人,必有温恭柔和的神色;真正勇敢的人,必有威严激奋的神色;真正智慧的人,必有明智通达的神色。

十二类品性

【原文】

彊毅之人,狠刚不和,不戒其彊之搪突,而以顺为挠①,厉其抗;是故,可以立法,难与入微。

柔顺之人,缓心宽断,不戒其事之不摄,而以抗为刿,安其舒;是故,可与循常,难与权疑。

雄悍之人,气奋勇决,不戒其勇之毁跌,而以顺为恇,竭其势;是故,可与涉难,难与居约②。

惧慎之人,畏患多忌,不戒其懦于为义,而以勇为狎,增其疑;是故,可与保全,难与立节。

凌楷之人,秉意劲特,不戒其情之固护,而以辨为伪,彊其专;是故,可以持正,难与附众。

辨博之人,论理赡给,不戒其辞之泛滥,而以楷为系,遂其流;是故,可与泛序,难与立约。

弘普之人,意爱周洽,不戒其交之溷③杂,而以介为狷,广其浊;是故,可以抚众,难与厉俗。

狷介之人,砭清激浊,不戒其道之隘狭,而以普为秽,益其拘;是故,可与守节,难以变通。

修动之人,志慕超越,不戒其意之大猥,而以静为滞,果其锐;是故,可以进趋,难与持后。

沉静之人,道思回复,不戒其静之迟后,而以动为疏,美其懦;是故,可与深虑,难与捷速。

朴露之人,中疑实䂓,不戒其实之野直,而以谲为诞,露其诚;是故,可与立信,难与消息。

韬谲之人,原度取容,不戒其术之离正,而以尽为愚,贵其虚;是故,可与赞善,难与矫违。

夫学所以成材也,疏所以推情也;偏材之性,不可移转矣。虽教之以学,材成而随之以失;虽训之以恕,推情各从其心。信者逆信,诈者逆诈;故学不道,恕不周物;此偏材之益失也。

【注释】

①选自《体别》。挠,屈服。

②居约:处于逆境。约,穷困,吴可《谢友人约居横林》:"人才何敢追连璧,气类聊能拟断金。卜筑要须孤绝处,落花流水恐相寻。"

③溷:混浊,《离骚》:"世溷浊而莫余知兮,吾方高驰而不顾。"

【译文】

刚强坚毅的人,刚烈好争而不能和谐,不对自己强硬冒犯别人引以为戒,不戒备其好强所生唐突之患,反而认为顺是屈服与懦弱,更加亢奋抵触,竞进不止。因此这种人可以设立法制让人遵行,却难以体察机微。

温柔和顺的人，迟缓宽容缺乏决断，不对自己不知治理事务引以为戒，反而认为刚毅奋进是伤害，安然处于无所作为的境地，因此这种人可以遵守常道，却难以权变释疑。

勇武雄悍的人，气势亢奋而勇猛决绝，不对勇悍造成的毁害失误引以为戒，反而认为和顺忍耐是怯弱，尽势任性。因此这种人可以与人共赴危难，却难以经受逆境的考验。

谨慎戒惧的人，畏事惧祸而多所疑忌，不对自己不敢伸张正义引以为戒，却把勇敢当作轻忽，增加已有的犹疑畏惧。因此这种人可以保命全身，却难以树立节义。

凌厉刚正的人，坚劲而耿介，不以自己固执己见为戒，反而认为辩驳是虚伪，增强其主观专断。因此这种人可以坚持正义，却难以随俗附众。

能言善辩的人，论事说理能丰富周延，不以自己文辞泛滥为戒，反而认为严格守法是束缚，助长其流荡散漫。因此这种人可以平等相处，却难以设立规章来约束。

宽宏博大的人，意在追求其周全和洽，不对自己交游混杂引以为戒，反而认为廉正耿介是拘谨保守，使其交往更加广泛而混杂。因此这种人可以安抚众庶，却难以严肃世俗风气。

自守而耿介的人，砭刺清流而激荡恶浊，不对自己清高以至狭隘引以为戒，反而认为广博宽容是浊秽，更增加其拘谨坚执。因此这种人可以坚守节操，却难以与之知时通变。

好动进取的人，志向追求总超越常规，不以自己贪多务得、好大喜功为戒，反而认为沉静是停滞，更增加其勇趋锐进。因此这种人热衷进趋，却不甘居于人后。

深沉冷静的人，循规蹈矩而思虑再三，不以自己过于冷静、迟缓不前为戒，反而认为好动进取是轻率，甘于软弱。因此这种人可以深谋远虑，却难以把握时机决断事务。

朴实直露的人，心中多疑又固执己见，不以自己粗野率直为戒，反而认为机巧是浮诞，愈加显露其朴直。因此这种人可以与之诚信相守，却难以调停节度，应时顺变。

韬情善变的人，顺应时变，取悦于人，不对自己权术背离正轨引以为戒，反而认为真诚是愚昧，更重视其虚伪诡诈。因此这种人可以佐助良善，却不可矫邪取正。

通过学习，可以使人成才；宽恕待人，可用以推究人之性情。本性有所偏却不可转移，虽然传授给他知识和技能，但是随着不断求学，其偏才的秉性也会发展成缺点；虽然以宽恕的道理来教诲，然而推究人之性情却还是根据各人的心性。诚实的人推想别人也诚实，诡诈的人猜测别人也诡诈。因此，学习不能掌握通常的方法道理，推己及人的自我内省也不能宽容一切事物，这是偏至之才更大的缺失。

职业的利与弊

【原文】

盖人业之流，各有利害：

夫清节之业，着于仪容，发于德行；未用而章①，其道顺而有化。故其未达也，为众人之所进；既达也，为上下之所敬。其功足以激浊扬清，师范僚友。其为业也，无弊而常显，故为世之所贵。

法家之业，本于制度，待乎成功而效。其道前苦而后治，严而为众。故其未达也，为众人之所忌；已试也，为上下之所惮。其功足以立法成治。其弊也，为群枉之所雠。其为业也，有敝而不常用，故功大而不终。

术家之业，出于聪思，待于谋得而章。其道先微而后着，精而且玄。其未达也，为众人之所不识。其用也，为明主之所珍。其功足以运筹通变。其退也，藏于隐微。其为业也，奇而希用，故或沉微而不章。

智意之业，本于原度，其道顺而不忤。故其未达也，为众人之所容矣；已达也，为宠爱之所嘉。其功足以赞明计虑。其蔽也，知进而不退，或离正以自全。其为业也，谞而难持，故或先利而后害。

臧否之业，本乎是非，其道廉而且砭。故其未达也，为众人之所识；已达也，为众人之所称。其功足以变察是非，其蔽也，为诋诃之所怨。其为业也，峭而不裕，故或先得而后离众。

伎俩之业，本于事能，其道辨而且速。其未达也，为众人之所异；已达也，为官司之所任。其功足以理烦纠邪。其蔽也，民劳而下困。其为业也，细而不泰，故为治之末也。

【注释】

①选自《利害》。章,同"彰",显示。

【译文】

大凡人的术业及其流派,各自都有其利弊:

清正守节者的职业,显露于仪态容止,产生于道德品行;还没有施行职业功用就自然彰显,其道顺适而知变化。因此,在尚未达到职业境界之时,就是众人进职的方向;已经达到职业境界之后,可使上下的人都尊敬。其功用足以激荡污浊而发扬清正,成为同僚朋友的楷模典范。其为职业,不见弊端而常能显明,因此被世人所贵重。

法家的职业,发源于制订规则,待到功用之成而后才见成效。其道先受劳苦而后得太平,严酷而待众人。因此,在没有达到成功之时,被众人之所忌恨;经过试验施行之后,被上下之人所畏惧。其功用足以设立法度而达成太平。其弊端在于,被众多冤屈邪恶者所仇视。其为职业,有所危害而不能常用,因此功业虽大而不能善终。

善于技巧的职业,出于聪明才思,待到所计谋略形成之后,才能显现。其道先隐微而后显明,精密而且玄妙。在没有达到成功之时,众人不能公认;当它施用于世,才被开明君主所珍重。其功用足以运筹帷幄而通达变化。其退守之时,可以深藏而隐秘不显。其为职业,神奇精妙而罕见其用,因此或许沉潜隐秘而不能彰显。

睿思才智的职业,产生于推原测度,其道顺应时变而不违逆。因此,在没有达到完善之时,为众人所接受;已经达到完善之后,为爱慕者所赞许。其功用足以帮助和发明计策思虑。其见识不全者,只知前进而不知后退,或者远离正道而求保全自我。其为职业,重计谋而难以维持,因此或许有时先得利而后招致祸害。

褒贬评判的职业,产生于评判是非,其道廉正而且可以讥刺弊病。因此,在没有达到完善之时,为众人所认可;已经达到完善之后,为众人所称道。其功用足以辨别善恶与明察是非。其见识不全的,常被受其诋毁呵责者所怨恨。其为职业,峭拔脱俗而不宽贷,因此或许先得众人之认可而后被众人所疏远。

奇技异巧的职业,产生于事务的技能,其道求异而且变化快。在没有达到完善之时，不为众人认可；达到完善之后，被官府中主管者所任用。其功用足以理清繁杂而纠正偏邪。其见识不全的，使普通人劳顿而地位低下者疲惫。其为职业，琐细而不能安泰，因此乃是治理天下的末节。

英雄本色

【原文】

夫草之精秀者为英，兽之特群者为雄；故人之文武茂异①，取名于此。是故，聪明秀出，谓之英；胆力过人，谓之雄。此其大体之别名也。若校其分数，则牙则须，各以二分，取彼一分，然后乃成。

何以论其然？夫聪明者，英之分也，不得雄之胆，则说不行；胆力者，雄之分也，不得英之智，则事不立。是以，英以其聪谋始，以其明见机，待雄之胆行之；雄以其力服众，以其勇排难，待英之智成之；然后乃能各济其所长也。

若聪能谋始，而明不见机，乃可以坐论，而不可以处事。聪能谋始，明能见机，而勇不能行，可以循常，而不可以虑变。若力能过人，而勇不能行，可以为力人，未可以为先登。力能过人，勇能行之，而智不能断事，可以为先登，未足以为将帅。必聪能谋始，明能见机，胆能决之，然后可以为英：张良是也。气力过人，勇能行之，智足断事，乃可以为雄：韩信是也。

范增

体分不同，以多为目，故英雄异名。然皆偏至之材，人臣之任也。故英可以为相，雄可以为将。若一人之身，兼有英雄，则能长世；高祖②、项羽③是也。然英之分，以多于雄，而英不可以少也。英分少，则智者去之，故项羽气力盖世，明能合变，而不能听采奇异，有一范增④不用，是以陈平之徒，皆亡归高祖。英分多，故群雄服之，英才归之，两得其用，故能吞秦破楚，宅有天下。

然则英雄多少，能自胜之数也。徒英而不雄，则雄材不服也；徒雄而不英，则智者不归往也。故雄能得雄，不能得英；英能得英，不能得雄。故一人之身，兼有英雄,乃能役英与雄。能役英与雄,故能成大业也。

国学经典文库

鬼谷子全书

·鬼谷子开创的纵横术·

图文珍藏版

232

【注释】

①选自《英雄》。茂异,茂美特异,指特别优秀出众的人才,《汉书·武帝纪》:"茂材异等。"

②高祖:汉高祖刘邦(公元前256—前195年),字季,沛县(今属江苏)人。秦末起兵于沛,号为沛公。他性情豁达大度,知人善任,在楚汉战争中打败项羽,建立汉朝。为帝七载,屡次亲征,陆续平定燕王臧荼、楚将利几、韩王信、阳夏侯陈豨、淮南王英布、燕王卢绾等反叛,并剪灭韩信、彭越两大功臣。以和亲之策结好匈奴,对南越割据政权实行安抚,重视农耕,休兵养民,使社会趋向安定、发展。

③项羽:名籍(公元前232—前202年),下相(今江苏宿迁西南)人。祖父项燕为战国末年楚名将,为秦将王翦所杀:叔父项梁。秦统一后,项梁杀人,与项羽躲避吴中,暗中以兵法组织和训练宾客子弟。项羽力能扛鼎,霸气过人。秦末起兵反秦,取得胜利,自封为西楚霸王,并分封天下。楚汉战争爆发后,由于他都彭城,丧失了有利的战略地势,在政治上屡屡失策,不善于用人,终于兵困垓下(今安徽灵璧东南),突围至乌江(今安徽和县境)自刎而死。汉王刘邦以鲁公礼葬项羽于谷城。

④范增:秦末(公元前277—前204年)著名政治家,居巢(今安徽巢湖市居巢区亚父乡)人。好奇计,年七十,索居家,后归项羽,为其主要谋士,被尊为"亚父"。曾屡劝项羽杀刘邦,没有被采纳,反中刘邦反间计,削其权力,愤而离去,病死于途中。刘邦曾经说:"项羽有一范增而不能用,此其所以为我擒也!"

【译文】

花草之精粹优秀的叫作英,禽兽之出类拔萃的称作雄。所以,人类中之文才武功优异超众的,也由此而命名。因此,聪慧明智超出众人,称作"英";胆识力量超过众人,称作"雄"。这是在称谓上的大体区别。如果考较这两种素质的比重,就要相互配合。英与雄各有二分,相互各取对方一分,然后才能有所成就。

为什么这么说呢?聪慧明智者,是英才的素质分量,如果不得雄才的胆识,则其言论主张就不能被人接受而实施;有胆识力量者,是雄才的素质分量,如果不得英才的智慧,则其所要做的事情难以成功。因此,英才凭其聪慧谋划于初,凭其明智而寻找机会,依赖雄才之胆识而行动;雄才凭其力量使众人服从,凭其勇气排除困难,依赖英才之智慧而成就其事;如此之后,英才和雄才才能充分发挥各自的优势。

如果凭聪慧能够谋划于初,但是却不能识别时机,那么只能做不切实际的空谈,而不能处理实事。如果有足够的聪明,既能在事情开始时就有打算,也能识别时机,但是勇力不足以实施行动,这样也只能按常规办事,不能应付变化的局势。如果胆力过人,但勇毅不能并行,可以成为有力气的人,却不能成为超群的俊杰。如果力气过人,勇敢也能付诸行动,但是没有判断事物的智慧,可以成为先锋,不足以成为将帅。因此,必须聪明足以从开始就预知未来,智慧足以识别时机,又有胆力可以决断定夺,这样才可能成为英才出众的人,张良正是如此。气力过人,勇敢足以行事,智谋也足以判断事务,才可以成为雄才杰出的人,韩信正是如此。

英和雄的类别和成分在一个人身上表现不同,以其所占比重多少的成分来命名,所以有的称作"英",有的称作"雄",所以,英才与雄才的名目不同,但是,无论"英"还是"雄",都是偏至之才,只能担任人臣。所以英可以为丞相,雄可以为将领。如果一个人身兼英才和雄才,就能成为领袖人物,刘邦、项羽便是如此。

然而,英的素质分量应该多于雄的素质分量,英的素质分量不能少。英的素质分量少,有智谋的人就离他而去,所以项羽力拔山、气盖世,也有顺应时变得明智,却不能听取采纳不同的意见,有一个范增不用,因此陈平之类的人物都离他而去。高祖身上英的素质分量多,所以群雄能顺服他,英才也归附他,两种人才都得其所用,因此刘邦能吞秦破楚,安定天下。

如此说来,英与雄的素质分量的多和少,是决定胜负的先天因素,只有英而没有雄,雄才就不会服从;只有雄而没有英,有智谋的人就不会归附。所以,有雄才的人得到同样有雄才的人,却不能得到英才卓异的人。有英才的人得到同样有英才的人,不能得到雄才超群的人。因此,一个人身上兼有英才和雄才,就能驾驭英才和雄才,能够支配英才和雄才的人,也就能够成就大的功业。

(四)才能调度

刘邵的纵横人学对人的才能的调度,关键在于根据才能的特性来授予官职,确定行政的具体任务;还关注了对人事纷争的化解,提出以改变观念为核心,主张清静无为。在这里虽然有忤合、飞钳的思想意识,但是却反对诡秘之谋与阿谀求容,体现一种扬弃的姿态。

根据才能授职任政

【原文】

夫人材不同,能各有异:有自任之能,有立法使人之能,有消息辨护之能,以德教师人之能,有行事使人谴让之能,有司察纠摘之能,有权奇之能,有威猛之能。

夫能出于材,材不同量;材能既殊,任政亦异。是故:

自任之能,清节之材也,故在朝也,则冢宰①之任;为国,则矫直之政。

立法之能,治家②之材也,故在朝也,则司寇③之任;为国,则公正之政。

计策之能,术家之材也,故在朝也,则三孤④之任;为国,则变化之政。人事之能,智意之材也,故在朝也,则冢宰之佐;为国,则谐合之政。

行事之能,谴让之材也,故在朝也,则司寇之佐;为国,则督责之政。

权奇之能,伎俩之材也,故在朝也,则司空⑤之任;为国,则艺事之政。

司察之能,臧否之材也,故在朝也,则师氏⑥之佐;为国,则刻削之政。

威猛之能,豪杰之材也,故在朝也,则将帅之任;为国,则严厉之政。

凡偏材之人,皆一味之美;故长于办一官,而短于为一国。何者?夫一官之任,以一味协五味;一国之政,以无味和五味。又国有俗化,民有剧易;而人材不同,故政有得失。是以:

王化之政,宜于统大,以之治小则迁。

辨护之政,宜于治烦,以之治易则无易。

策术之政,宜于治难,以之治平则无奇。

矫抗之政,宜于治侈,以之治弊则残。

谐和之政,宜于治新,以之治旧则虚。

公刻之政,宜于纠奸,以之治边则失众。

威猛之政,宜于讨乱,以之治善则暴。

伎俩之政,宜于治富,以之治贫则劳而下困。

故量能授官,不可不审也。

【注释】

①选自《材能》。冢宰,官名。《周礼》有"天官冢宰",其职掌是"帅其属而掌邦治,辅佐国王治理邦国",称为"治官"。郑玄注解说:"百官总焉则谓之冢,列职于王则称大。"所以,天官之长号为"太宰",后世因而以"冢宰"为宰相的尊称。

②治家:指法家。

③司寇:官名,掌管刑狱、纠察等事。

④三孤:即少师、少傅、少保。为三公之首。

⑤司空:官名,掌管工程建设的官。

⑥师氏:官名,简称师,西周统率军队的高级军官;《周礼》做得官司徒的属官,掌教"国子"(贵族子弟),率"四夷之隶"防守王之官门,并随从护卫。

【译文】

人的才智不同,能力也各自不同:有洁身修己能自我约束的能力;有确立法度而支使他人的能力;有周旋调停,精明强干的能力;有用道德教化而为人师表的能力;有巡使一方,督促呵责的能力;有纠察指摘,正谬矫伪的能力;有权衡机巧而出奇制胜的能力,有威武勇猛的能力。

能力由材质而决定,而材质之分量也有所不同。人的材质与能力既然各自有别,所能担任的政事也因此而不同。所以:

有洁身修己能力的,为清正而守节的材质,所以在朝为官,可以担任总揽众事的冢宰职务;治理国家则能行矫偏行正之政。

有能立法度能力的,为治理邦国的材质,所以在朝为官,可以担任审案定刑的司寇职务;治理国家则能行公平正直之政。

有出谋划策能力的,为技术或专家的材质,所以在朝为官,可以担任献计献策的三孤(即少师、少傅、少保)职务;治理国家则能行权变教化之政。

有安人定事能力的,为智谋与思虑的材质,所以在朝为官,可以担任总揽众事的冢宰之辅佐;治理国家则能行偕同聚合之政。

有躬行做事能力的,为善督促呵责的材质,所以在朝为官,可以担任审案定刑的司寇之辅佐;治理国家则能行督察呵责之政。

有权变出奇能力的,为擅长于技巧的材质,所以在朝为官,可以担任器物制作的司空职务;治理国家则能行艺能事务之政。

有主管纠察能力的,为能辨别善恶的材质,所以在朝为官,可以担任辨别是非的师傅之辅佐;治理国家则能行抑恶扬善之政。

有威武勇猛能力的,为雄豪而杰出的材质,所以在朝为官,可以担任行军作战的将帅职务;治理国家则能行严正刚烈之政。

大凡具备某方面特长之偏材,就像口味单一的佳肴;因此善于担任某一官职的,而不能适合治理一国。为什么呢?因某一官职,如用一味而协同五味;而一国之政令,如凭无味而使五味和融。况且,一国之中风俗有野蛮与文明,民众有难治与易治;而人之材质不同,所以施政办事因此便有得失。所以:

王道教化之政令,适宜于统辖重大之事,以此治理细小之事则不切实际。

周旋调停之政令适宜于治理烦琐之事,以此治理平易之事则平淡无奇。

策略权术之政令适宜于治理困难之事,以此治理平常之事则不见奇效。

矫偏刚强之政令适宜于治理冗杂之事,以此治理缺憾之事则败坏毁灭。

和谐和缓之政令适宜于治理新生事物,以此治理旧有之事则无法落实。

公正严刻之政令适宜于治理纠察奸邪,以此治理戍边之人则失去民众。

威武勇猛之政令适宜于讨伐作乱之人,以此治理善良之人则流于残暴。

奇技异巧之政令适宜于治理富有之国,以此治理贫穷之国则劳苦困民。

因此,根据才能而授予官职,不可不审慎。

人事纷争的化解之道:释争

【原文】

是故,君子之求胜也,以推让为利锐,以自修为棚橹①;静则闭嘿泯之玄门,动则由恭顺之通路。是以战胜而争不形,敌服而怨不构。若然者,悔吝不存于声色,夫何显争之有哉?彼显争者,必自以为贤人,而人以为险诐者。实无险德,则无可毁之义。若信有险德,又何可与讼乎?险而与之讼,是柙兕而樱虎,其可乎?怒而害人,亦必矣!《易》曰:"险而违者,讼。讼必有众起。"《老子》曰:"夫惟不争,故天下莫能与之争。"是故,君子以争途之不可由也。

是以越俗乘高,独行于三等之上。何谓三等?大无功而自矜,一等;有功而伐之,二等;功大而不伐,三等。愚而好胜,一等;贤而尚人,二等;贤而能让,三等。缓己急人,一等;急己急人,二等;急己宽人,三等。

凡此数者,皆道之奇,物之变也。三变而后得之,故人未能远也。夫唯知道通变者,然后能处之。是故,孟之反②以不伐获圣人之誉,管叔③以辞赏受嘉重之赐;夫岂诡遇以求之哉?乃纯德自然之所合也。

彼君子知自损之为益,故功一而美二;小人不知自益之为损,故一伐而并失。由此论之,则不伐者伐之也,不争者争之也;让敌者胜之也,下众者上之也。君子诚能睹争途之名险,独乘高于玄路,则光晖焕而日新,德声伦于古人矣。

【注释】

①选自《释争》。棚橹,指蔽身场所。棚,用竹木搭成的篷架或小屋;橹,顶部没有覆盖的远望楼。

②孟之反:春秋时鲁国大夫。字反,名侧。《论语·雍也》记载:"孟之反不伐,奔而殿,将入门策其马,曰:非敢后也,马不进也。"公元前484年,鲁与齐战于郊野,鲁军左师虽胜,无奈右师却望风逃跑,孟之反在全军的最后抵御追来的齐军,事后反而说自己的马不走,所以才在后面的。孔子对此十分赞赏。

③管叔:姬鲜,周文王姬昌第三个儿子,周武王姬发的弟弟,封于管(今河南郑州)故名。后来与蔡叔抉式庚以作乱,为周公所杀。但是史传无辞赏而受嘉重的事。

【译文】

因此,君子求取胜利,是以推辞礼让作为克敌制胜的锐利武器,以修身自勉作为蔽身远害的场所,静止时则处于泯默不言的高深境界,行动时则遵循恭顺谦敬的通达道路。所以,战胜对方而不用有形的争斗,制服敌人却不构成仇怨。如果这样的话,悔恨不留在声色外貌,还有什么大的争端?那些有大争执的人,必定自以为是贤人,而别人却视之为邪恶不正。如果他确实非邪恶之人,别人就没有可以诋毁的道理;如果他确实有邪恶的德行,又何必与他争辩不已呢?知道其邪恶又与之争辩,这等于是关押犀牛和触犯老虎,怎么可以这样做呢?因发怒而害人,也是必然的。《周易》说:"遇险而有意对抗,因而产生争讼;有争讼,必然引起众多的事情随之而发生。"《老子》说:"只有不争,所以天下没有人能够与你争。"因此,君子认为不可走争执之路。

所以,君子超越俗众高蹈,特立独行在于三等人之上。有哪几种三等人呢?对待功劳的三等人是:没有功劳却自恃有功,一等;虽有功劳却骄傲自满,二等;

国学经典文库

鬼谷子全书

·鬼谷子开创的纵横术·

图文珍藏版

功绩虽大却不自夸，三等。对待争论的三等人是：愚蠢而且好胜，一等；贤明但是自矜，二等；贤明而能谦让，三等。对待约束的三等人是：宽以求己，严以待人，一等；对人既严，对己亦不宽，二等；宽以待人，严以律己，三等。

纵论这几种"三等"，都是常道的偶然，事物的变化。三变然后获得道的正理，因此常人不可及。这只有掌握客观规律，了解通变道理的人，然后才能处于上等而保持他的位置。因此，孟之反因不自夸有功，获得圣人的赞誉；管叔以推让赏赐，受到厚重的奖赏。难道这些是靠不正当手段而获得的吗？这是出白纯粹的秉德，自然与常理相合。

那些有才德的人知道自我吃亏或受损，实际都是有益，所以功效虽然一样而美誉却不同。见闻浅薄的人不知道自己占便宜实际是损失，所以一经自夸，功劳名誉随之丢失。由此论之，不自矜有功的，实际上居其功；不争名夺利的，实际上成其名；忍让敌手的，其实战胜对方；甘居人下的，其实居于人上。君子如果能目睹争执之途名声险恶，独自高蹈，达到玄远的境界，就会使荣耀的光辉日日焕发，仁德的名声与古代圣贤媲美。

六、纵横奇策《长短经》

《长短经》，因为它不仅是从反面来阐述谋略，而且还包含了不少与传统思想相反的内容，所以人们又称它为《反经》，作者是唐代的赵蕤。赵蕤（约公元659—742年），字大宾，又字云卿，梓川盐亭（四川省盐亭县两河镇赵家坝）人。他的先祖是汉宣帝时（公元前73—前49年）蜀中著名的易学大师赵宾。赵蕤虽然生活在《开元盛世》，可能深受先祖影响，《夫妇俱有节操，不受交辟》，到梓州县（今三台县）城北数里的长平山中惠义寺（今名琴泉寺）安昌岩隐居。但他喜读百家书，《博学韬钤，长于经世》，撰《长短经》十卷。（宋孙光宪《北梦琐言》卷五）

《长短经》十卷，第十卷"阴谋"已经遗失，今天实存九卷六十四篇：第一卷"文上"八篇，第二卷"文中"四篇，第三卷"文下"四篇；第四卷"霸纪上"一篇，第五卷"霸纪中"一篇，第六卷"霸纪下"一篇；第七卷"权议"二篇；第八卷"杂说"十九篇；第九卷"兵权"二十四篇。

上述五组内容标题没有"长短"二字，那书为什么取名《长短经》呢？纪晓岚认为："刘向序《战国策》，称或题曰'长短'。此书辨析事势，其言盖出于纵横家,故以'长短'为名。"(《四库全书总目提要·杂家》卷一百一十七)这是符合赵蕤本意的,他在《序》表白"恐儒者溺于所闻,不知王霸殊略,故叙以长短术,以经论通变者。"同刘邵《人物志》一样,《长短经》也是"黑白杂合"之书,包容了儒家、道家、法家、兵家、杂家和阴阳家等思想,但是最主要的是"王霸略""长短术"。或许因为如此,当年苏颋知政事后向玄宗推荐人才时说:"赵蕤术数,李白文章",并称他们师生为"蜀中双璧"。当然,《长短经》虽是以谋略为主,也以历史为题材,反映兴亡的事理,因而可以称为"小《通鉴》"。

(一)霸王策

赵蕤的霸王策略充满了权术的诡秘,能教给那些欲称王称霸的人一套颇为完整而又能够实施的方案。对于打天下,他从如何蓄席卷天下之势下手到夺取天下;在已经夺取天下之后,他便强调如何以权术、信赖加奖赏来驭使属官和士人,以拨乱反正之术来应付政变和意外事件,他还告诫霸王们,为了家国能够传一世以至于万万世,必须制定一个"长治久安"的万全之策——

蓄席卷天下之势

【原文】

臣闻周有天下,其理①三百余年。成康之隆②也,刑措四十余年而不用;及其衰也,亦三百余年。太公③说文王曰:"虽屈于一人之下,则申④于万人之上,唯贤人而后能为之。"于是文王所就而见者六人,求而见者十人,所呼而友者千人,友之友谓之朋,朋之朋谓之党,党之党谓之群,以此友天下贤人者二,人而归之,故曰:"三分天下有其二,以服事殷。"此之谓也。

故五伯更起。伯者常佐天子,兴利除害,诛暴禁邪,匡正海内,以尊天子。

【注释】

①选自《霸图》。理,治理,指天下太平。

②成康之隆:即成康盛世,指西周成王姬诵和康王姬钊统治时期(公元前1042—前996年),这时西周东征平叛,营建洛邑,开拓疆域,分封诸侯与推行"明德慎罚"等开明政策等,成就了享誉古今的中国历史上的第一个"盛世"。

③太公:即齐太公吕尚。

④申：同"伸"，这里是"高居"的意思。

【译文】

我听说周朝拥有天下，清明太平的时间有三百多年，成康兴盛之际，刑罚搁置四十多年没有使用。及至它衰落，世间也是三百多年。齐太公对周文王说："虽然屈居于一人之下，然而却能够高居于万人之上，这只有贤能之士才能做到。"于是，周文王礼贤下士亲近并见到的有六人，经过寻找后见到的有十人，一经呼唤即成友人的有上千人。友人的友人称做"朋"，朋人的朋人称做"党"，党人的党人称做"群"。因为这样由友及朋，由朋及党，由党及群的办法来结交，天下三分之二贤能的人以及普通群众都归附了他，所以说："周文王得了天下三分之二的人民以后，仍然以臣子的身份服侍商纣王。"说的就是这个道理。

因此，五霸相继兴起。这些霸主常常辅佐天子，兴利除害，诛除暴虐，禁止邪恶之事，匡扶端正天下，使天下人都尊重天子。

以权信赏驭士

【原文】

霸主制士以权，结士以信，使士以赏。信衰士疏，赏毁士不为用。

故曰：理国之本，刑与德也。二者相须而行，相待而成也。天以阴阳成岁，人以刑德成治。故虽圣人为政，不能偏用也。故任德多，用刑少者，五帝也；刑德相半者，三王也；仗刑免任德少者，五霸也；纯用刑，强而亡者，秦也。

议曰：古之理者，其政有三：王者之政化①之，霸者之政威之，强国之政胁之。故化之不变而后威之，威之不变而后胁之，胁之不变而后刑之。故至于刑，则非王者之所贵矣。故虞南②云："彼秦皇者，弃仁义而用威力，此可以吞并，而不可以守成。此任刑之弊也。"

【注释】

①选自《君德》。化，教化。

②虞南：虞世南（公元558—638年），襄世南，字伯施，浙江余姚人。唐太宗常称虞世南有"五绝"：德行、忠直、博学、文辞、书翰，并说"有一于此，足为名臣"，而"世南一人，有出世之才，遂兼五绝"。

【译文】

　　霸主的治国之术是以权势来驾驭士民,以信誉来团结士民,以赏罚来使用士民。不讲信用,士民就会疏远;赏罚制度毁坏,士民就会离去。

　　所以说,治国的根本问题是怎样用刑罚与仁德,正确的方针是二者都不偏废,相辅相成。天以阴、阳二气构成一年四季,人以刑、德二法构成治国之道。所以即便是圣人执政,也不可偏用其中一法。以这样的观点来看,运用仁德较多,刑罚较少的是五帝;刑、德并重的是三王;刑罚较多、仁德较少的是五霸,纯粹使用刑罚暴力而亡国的就是秦王了。

　　综上所述,我认为:古代治理国家,其政制可分为三类:一是王者之政,靠的是仁德教化;一是霸者之政,靠的是刑罚的威慑;一是强权政治,靠的是暴力的压迫。所以,这些政制的规律是:教化不起作用就用刑罚威慑,刑罚不起作用就用暴力压迫,暴力也不起作用最后就是屠杀。因此,到了使用刑戮的强权政治,就不为王者所看重了。所以,虞世南说:"从前秦始皇弃仁义而用暴力,以此虽然可以吞并六国,统一天下,然而坐天下就不行了。这就是运用刑罚治国的弊端。"

拨乱反正之术

【原文】

　　夫明察"六主"①,以观君德。审惟"九风"②,以定国常。探其"四乱"③,核其"四危"④,则理乱可知矣。

　　是故势理者,虽委之不乱;势乱者,虽勤之不治。尧舜拱己无为而有余,势理也;胡亥⑤、王莽⑥驰骛而不足,势乱也。

　　《商子》⑦曰:"法令者,人之命也,为治之本也。一兔走而百人逐之,非一兔可分以为百,由名分之未定也。夫卖兔者满市,盗不敢取,由名分之定也。

　　故夫名分定,势治之道也。名分不定,势乱之道也。故势治者,不可乱也;势乱者,不可治也。夫势乱而欲治之,愈乱矣;势治而治之,则治矣。故圣人治治不治乱也。圣人为人作法,必使之明白易知,愚智偏能之。故圣人立天下而天下无刑死者,非可刑杀而不刑杀也,万人皆知所以辟祸就福而皆自治也。明主因治而治之,故天下大治也。"

故曰:善者求之于势,不责于人。是故明主审法度而布教令,则天下治矣。《左传》曰⑧"国将亡必多制。"杜预云:"数变法也。"

论曰:夫能匡世辅政之臣,必先明于盛衰之道,通于成败之数,审于治乱之势,达于用舍之宜,然后临机而不惑,见疑而能断,为王者之佐,未有不由斯者矣。

【注释】

①选自《理乱》。"六主",赵蕤归纳的六种类型的君主:可做帝王的"王主",能带来清明盛世的"治主",能坐江山的"存主",走上穷途末路的"衰主",危在旦夕的"危主",亡国的"亡主"。

②"九风":赵蕤归纳的九种(实际只有八种)类型的国家象征:国家大治的"理国之风",国家衰败的"衰国之风",众叛亲离的"乖国之风",国家动乱的"乱国之风",国家荒淫的"荒国之风",国家叛乱的"叛国之风",国家危亡的"危国之风",国家灭亡的"亡国之风"。

⑤"四乱":《管子·君臣篇》归纳的四种社会动乱:小妾疑忌正室的"家乱",庶子疑忌嫡子的"宗乱",大臣疑忌宰相的"国乱",官员昏庸无能的"众乱"。

④"四危":《管子·立政篇》归纳的四种国家危亡的表征:公卿和相国得不到群官的拥护,大臣们不能同心协力,军队的统帅远不能使敌人畏惧,人民不关心生产。

⑤胡亥:秦二世,姓嬴名胡亥,始皇第十八子,早年曾从中车府令赵高学习狱法。秦始皇三十七年(公元前210年)始皇帝病死,宦官赵高和丞相李斯篡改遗诏,立胡亥为帝,称二世皇帝,并赐公子嬴扶苏死。秦二世即位后,宦官赵高掌实权,实行惨无人道的统治,终于激起了公元前209年的陈胜、吴广的农民起义。二世胡亥于公元前207年被赵高杀死,时年24岁。

⑥王莽:字巨君(公元前45—公元23年),魏郡元城(河北大名县东)人。是中国历史上褒贬悬殊很大的人物之一。他的姑母王政君是汉元帝的皇后,父亲王曼早死,未能受封,接着哥哥去世,他极为孝顺母亲、尊敬嫂子、照顾侄儿,生活俭朴,平日博学多览,手不释卷,学习"礼经",拜陈参为师,为人谦恭有礼,结交社会贤达俊士,折节力行,为一时人望之所寄。公元前22年,24岁的王莽入中枢开始做官,办事认真,对人更加恭敬。公元9年,王莽篡汉建立新朝。王

莽执政进行了八大改革:土地国有,重新分配耕地,冻结奴隶制度,强迫劳动,实行专卖制度,建立贷款制度,实行计划经济,征收所得税。但是他改制无方,食古不化,虚伪狡诈,弄得人心思汉。公元23年,在绿林军攻入长安渐台时,商人杜吴把他杀了。

⑦《商子》:也称《商君书》,现存二十四篇,战国时商鞅及其后学的著作汇编,是法家学派的代表作之一。引用的话见《商子·定分》篇,但有删节。

⑧《左传》曰:《左传·昭公六年》中《使诒子产书》:"肸闻之:'国将亡必多制',其此之谓乎!"叔向复姓羊舌,名肸,春秋时晋国大夫。

【译文】

如果能够分辨清楚六种类型的君主,就可以用来考核每一位皇帝的功过得失;如果能够总结出九种类型的国家风气,就能鉴定一个国家兴盛还是衰败;如果能够探讨四种乱国的表现,核定四种危国的征兆,那么治国安邦、拨乱反正的大计也就清楚了。

因此可以说,如果体制、风尚已经达到了治理的水准,即使偶然有疏忽,国家也不会发生动乱。相反,如果体制、风尚没有达到治理的水准,即使你治理再勤奋,国家也不会治理好。尧、舜垂拱无为而治,都显得雍容有余,因为他的体制达到了治理的水准;胡亥、王莽奔驰忙碌,都制止不住天下大乱,因为其体制就是致乱的水准。

《商子》说:"政策法令,是人民的生命,国家的根本。这好比上百的人去追捕一只逃跑的野兔,不是因为一只兔子可以变成一百个,而是由于兔子的所有权还没有确定。市场上到处都有待卖的兔子,但是盗贼不敢随便拿,因为归谁所有已经明确。

由此可以知道,确定名分(解决所有权),是治理国家体制得当的基本原则。名分不确定,所有权不明确,势必要发生混乱。如果体制达到治理标准,想乱也乱不了;体制是混乱的体制,想治也治不了。因而如果是混乱的体制,越治越乱;如果是达到治理标准的体制,治理就很容易了。所以,圣人只治理具备完备体制的国家,不治理体制混乱的国家。圣人为人们制定法律,一定要让人们对法律明白易知,通俗易懂,人人都能做到。所以,在圣人建立的国家里,没有因犯法而被杀的。倒不是该杀不杀,而是因为人人守法,人人避祸就福,人人自我教育。英明的君主就是凭借完备的体制来治国,所以才会出现天下大治的盛世。"

因此,我们说,善于治理国家的人,是在改造国家体制上下功夫,而不是把希望寄托在某一个人身上。所以,英明的君主反复研究审视法律制度,而后颁布、教育而执行,天下也就会实现了大治。

《左传》说:"一个国家快要灭亡的时候,必然会有许多政策制度出台。"杜预解释说:"这里的意思是频繁地改变法令制度。"

因此,我们可以得出这样的结论:能够匡扶世道人心、辅佐国家大政的宰相,务必要首先明白盛衰的道理,精通成败的命数,研究造成大治或大乱的体制根源,通晓各级领导的任用和罢免的机宜,再加上面临纷繁复杂的时局而不迷惑,遇到疑难、棘手的问题能决断:作为君王的辅相,古往今来,没有谁不是首先从这里做起的!

长治久安之政

【原文】

使士於不诤①之官,使人各为其所长也。

明必死之路,严刑罚也。

开必得之门,信庆②赏也。

不为不可成,量人力也。

不求不可得,不强人以其所恶也。

不处不可久,不偷③取一世宜也。

知时者,可立以为长。

审于时,察于用,而能备官者,可奉以为君。

明版籍,审什伍,限夫田,定刑名,立君长,急农桑,去末作,敦学,校才艺,简精悍,修武备,严禁令,信赏罚,纠游戏,察苛克:此十五者,虽圣人复起,必此言也。

夫欲论长短之变,故立政道以为经焉。

【注释】

①节选自《政体》。诤,同"争"。

②庆:赏赐。

③偷：苟且。

【译文】

使用官吏，必须选择那些不争权夺利的人，同时要使人们能够做他们各自所擅长的事。

明确告诉人们什么是一定不能走死路，这就必须严明法律刑罚。

要想向人民敞开有功必赏的大门，就必须信守奖赏。

不做不可能成功的事，因为凡事都要量力而行。

不追求得不到的东西，不勉强人做他们所厌恶的事。

不要固守在不能久留的环境，不要苟且贪取一时的便利。

懂得把握时机的人，可以任命他为行政首长。

能审时度势，对人才、资源的状况以及使用都了然于胸，而且能恰当地选用官吏的人，就可以推拥他为君王。

明确户籍管理，审定村社组织，限定每个劳动力应有的田亩，制定刑罚制度，设立行政职位，重视农业生产，抑制工商业，注重教育事业，考核士人的才艺，精简政府机构，搞好国防建设，严明法制，核实赏罚的信誉，禁止无益的游戏，检举苛刻的官吏：这十五条，即使是圣人再世，也一定要这么说！

如果要想探讨一个国家的统治时间长短或兴衰，就应当把以上所阐述的为政之道作为根本的总则。

（二）权变策

赵蕤的权变策略没有霸王策略那么具体，更多形而上的思辨，主要阐述正反、是非、适变的转化原理以及反思的理论，因为其中包含了不少离经叛道的思想，担心"羡无所归"，所以最后做《正论》来"正"一下，确立正反之变之中的正理。

<h3 align="center">权正反之理</h3>

【原文】

理国之要，以仁义赏罚，此其大略也。然而用失其宜，反以为害。

由是言之，夫仁义礼乐、名法刑赏、忠孝贤智之道，文武明察之端，无隐于人,而常存于代,非自昭于尧汤之时,非故逃于桀纣之朝。用得其道则天下理,用失其道而天下乱。

孙卿曰[①]:羿之法非亡也,而羿不世出;禹之法犹存也,而夏不代王。故法不能独立,得其人则存,失其人则亡矣。

《庄子》曰:宋人有善为不龟[②]手之药者,代以洴澼絖为事[③]。客闻之,请买其方百金。客得之以说吴王。越人有难[④],吴王使之将。冬,与越人水战,大败越人,裂地而封。能不龟手一也,或以封,或不免于洴澼絖,则其所用之异。

故知制度者,代非无也,在用之而已。

【注释】

①选自《反经》。孙卿曰,今存《荀子》没有这几句引文。

②龟:同"皲",皮肤受冻开裂。

③洴澼絖为事,漂洗丝绵为职业。洴澼,漂洗丝绵。絖,古同"纩",丝绵。这则寓言见《庄子·逍遥游》。

④难:战争。

【译文】

在讨论治国的要领时,人们历来都认为仁义、赏罚是治国的最大策略。然而,如果仁义、赏罚使用不当,反而于国干民有害。

如此说来,那些标榜仁义礼乐、提倡名法刑赏、注重忠孝贤智等治国的思想,那些文韬武略、审时度势等行政的方略,并没有向任何人隐瞒,而且这些思想方略是代代都存在的。如仁义礼乐,不是因为尧、汤就自动彰显而发挥作用了,也并不是夏桀、商纣就故意逃离开当时的社会。这是为什么呢? 这是因为运用这些治国思想方略得当与否:运用得当就天下大治;运用不得当的,就天下大乱。

荀卿似乎说过这样的话:"古代羿的治国方略并没有遗失,只不过羿在中年就死了,没有继续下去;大禹的治国方略都还存在,但因没有接班人,没有继承下来。"所以治国方略本身不能独立存在,而要靠人去运用,用得好就存在,用得不好就消亡。

《庄子》里《不龟之药》的寓言正好说明了这个道理:宋国有一善于调制不

鞍手药物的人家,世世代代以漂洗丝絮为职业。有个游客听说了这件事,愿意用百金的高价收买他的药方。全家人聚集在一起商量:"我们世世代代在河水里漂洗丝絮,所得不过数金,如今一下子就可卖得百金。还是把药方卖给他吧。"游客得到药方,来游说吴王。正巧越国发动战争,吴王派他统率部队,冬天跟越军在水上交战,大败越军,吴王划割土地封赏他。能使手不皲裂,药方是同样的,有的人用它来获得封赏,有的人却只能靠它在水中漂洗丝絮,这是使用的方法不同。

所以任何思想方略或制度,任何时代不是有没有,关键在于用与不用和会用与不会用。

权是非之理

【原文】

夫损益殊途,质文异政。或尚权以经纬,或敦道以镇俗。是故前志垂教,今皆可以理违。何以明之?

［是曰］《大雅》云:"既明且哲,以保其身。"《易》曰①:"天地之大德曰生。"

［非曰］《语》曰②:"士见危授命。"又曰:"君子有杀身以成仁,无求生以害仁。"

［是曰］管子曰③:"疑今者察之古;不知来者视之往。"古语曰④:"与死人同病者,不可生也;与亡国同行者,不可存也。"

［非曰］《吕氏春秋》曰⑤:"夫人以食死者,欲禁天下之食,悖矣;有以乘舟死者,欲禁天下之船,悖矣;有以固兵丧其国者,欲偃天下之兵,悖矣。"杜恕⑥曰:"夫奸臣贼子,自古及今,未尝不有。百岁一人,是为继踵,千里一人,是为比肩。而举以为戒,是犹一噎而禁人食也。噎者虽少,饿者必多。"

［是曰］孔子曰⑦:"恶讦恶以为直。"

［非曰］管子曰:"恶隐恶以为仁者。"魏曹羲⑧曰:"夫世人所谓掩恶扬善者,君子之大义;保明同奸者,朋友之至交。斯言之作,盖闾阎之曰谈。所以收爱憎之相谤,非笃正之至理,折中之公议也。世士不料其数而系其言,故善恶不分,乱实由之,朋友雷同,败必从焉。谈论以当实为情,不以过难为贵;相知以等

分为交，不以雷同为固。是以达者存其义，不察于文，识其心，不求于言。"

班固云："昔王道既微，诸侯力政，时君事主，好恶殊方，是以诸家之术，蜂起并作，各引一端，崇其所善，以此驰说，取令诸侯。其言虽殊，譬犹火水相灭，亦能相生也。仁之与义，敬之与和，事虽相反，而皆相成也。"

《易》曰："天下同归而殊途，一致而百虑。"此之谓也。

【注释】

①选自《是非》。《易》曰：应该是《周易·系辞下》曰，是第一章最后一节，原文为："天地之大德曰生，圣人之大宝曰位。何以守位曰仁。何以聚人曰财。理财正辞，禁民为非曰义。"选文最后也出自《周易·系辞下》第五章的第一节，原文为："《易》曰：'憧憧往来，朋从尔思。'子曰：'天下何思何虑，天下同归而殊途，一致而百虑。天下何思何虑？日往则月来，月往则日来，日月相推而明生焉。寒往则暑来，暑往则寒来，寒暑相推而岁成焉。往者诎也，来者信也，诎信相感而利生焉。尺蠖之诎，以求信也。龙蛇之蛰，以存身也。精义入神，以致用也。利用安身，以崇德也。过此以往，未之或知也。穷神知化，德之盛也。"都不是《易经》的经文。

②《语》曰：《论语》说，前一句话见《论语·子张》："子张曰：'士见危授命，见得思义，祭思敬，丧思哀，其可已矣！'"后一句见《论语·卫灵公》："子曰：'志士仁人，无求生以害仁，有杀身以成仁。'"

③管子曰：《管子·形势》："疑今者察之古，不知来者视之往。万事之生也，异趋而同归，古今一也。"

④古语曰：这句引文出自《韩非子·孤愤》："今大臣执柄独断，而上弗知收，是人主不明也。与死人同病者，不可生也；与亡国同事者，不可存也。"

⑤《吕氏春秋》曰：这段引自《吕氏春秋·荡兵》。

⑥杜恕：字务伯（公元198—252年），三国魏京兆杜陵（今陕西西安）人。为人偃蹇任意，而思不防患。魏明帝太和中（公元230年左右）为散骑黄门侍郎，在朝八年，推诚以质，论议亢直，不结党援。出为幽州（今北京西南）刺史，为程喜所劾，徙章武（今河北黄骅西南）郡，卒。在章武期间，著《体论》八篇，又著《兴性论》一篇。《隋书·经籍志》又有《笃论》四卷。父亲杜畿，儿子杜预都是正直干练，勤于学问，善于书法。引文见《体论·君》篇。

⑦孔子曰:应该是子贡曰,《论语·阳货》的原文为:"'子贡曰:君子亦有恶乎?'子曰:'有恶:恶称人之恶者,恶居下流而讪上者,恶勇而无礼者,恶果敢而窒者。'曰:'赐也,亦有恶乎?''恶徼以为知者,恶不孙以为勇者,恶讦以为直者。'"

⑧曹羲:曹真的儿子,曹爽的弟弟,因父功封列侯。魏明帝曹睿去世后,曹爽和司马懿同受托孤辅政之命。曹爽排挤司马懿,将诸兄弟均晋封为朝廷要职,曹羲受封中领军,掌握禁兵。曹爽经常外出狩猎,曹羲恐他人暗算,出言劝谏,但不被采纳。曹羲深感忧虑,多次劝谏曹爽,意见不能被采纳。终于,司马懿借曹爽兄弟外出之际发动"高平陵事变",曹羲同兄长曹爽一样优柔寡断,不能下决心起兵对抗,不久以谋反罪被斩首,夷三族,党羽皆被剿灭。曹羲有学识,曾参与过《论语集解》的编著,引文见《至公论》。

【译文】

废除和增订是变革法令制度的两种不同的方法,而仁义和礼乐是推行政治统治的两种不同的方针。有的人崇尚用权力谋略来治理国家,有的人推崇用道德教化来安定百姓。因此,前代思想政治的典籍中留下许多的理论观念,我们都可以从中发现不少正反相对的论述。如何来说明这一现象呢?下面就试以正反对照的方法来阐述:

[肯定的]《诗经·大雅·烝民》吟诵道:"既明事理又聪慧,善于应付保自身。"《周易·系辞下》说:"天地之间最伟大的德行就是爱惜生命。"

[否定的]《论语》记载子张的话是:"有教养的人遇到危险应当舍身赴难,见义勇为。"孔子也教导我们:"君子只有勇于牺牲生命来成就仁,而没有因贪生怕死而伤害仁。"

[肯定的]《管子·形势》篇认为:"如果现实生活使人困惑,就应看看古人;如果想预知未来,就应读读历史。"《韩非子·孤愤》也认为:"与死去的人患同样的病,是不可能活命的;与灭亡的国家执行同样的政治路线,是不可不亡国的。"

[否定的]《吕氏春秋·荡兵》却认为:"见有人因吃东西噎死了,就禁止天下所有人吃东西,是乖谬的;见有人因乘船不小心淹死了,就禁止天下的人都不乘船,是乖谬的;见有人因战败而亡国,就取消天下所有的军队,是乖谬的。"三

国时魏国的名臣杜恕也认为:"奸臣贼子,从古到今,不是说没有,可是如果百年出一个,就认为是接踵而来;千里遇上一个人,就认为是比肩而至,并以此作为举荐人才的戒备,这就如同因为有人噎死就禁止大家吃东西一样,噎死的人虽然不多,但是饿死的人就多了。"

[肯定的]孔子的弟子子贡说:"敢憎恨那些揭发别人阴私的人,才是正直无私的人。"

[否定的]管子似乎说过相反的话:"敢憎恨那些隐瞒别人恶行的人,才是有仁爱之心的人。"三国时魏国的大臣曹羲在《至公论》同样认为:"世人所说的替别人掩盖恶行、弘扬善举,是君子最高的行为准则;保护、宣传共同的爱好,是朋友之间最深挚的情谊。这种说法,不过是市井俗人的胡说罢了。其实质是爱憎不同的人之间的互相毁誉。所以,这类集中起来的街谈巷议根本就不是诚实公正的道理。世上的读书人不琢磨其中的道理,只依据只言片语来下结论,因此善恶不分,是非不辨,世道人心的混乱其实就是这样造成的。朋友之间不分是非,什么事都一味地随声附和,这样一来,失败的种子就必定随之埋下了。当然,对任何事情,不管是发表看法,还是评论得失,都要以求实的精神为准则,大可不必相互苛求,相互指责。相知的朋友要以平等不欺的态度作为交往的前提,而不要把是非不分、随声附和当作是友情牢固的基础。因此豁达明智的人,只要大的道义保存,并不追求形式的一致;只要心灵相通,并不在乎随声附和。"

班固似乎说过:"从前王道衰微,诸侯各国竞相巩固自己的政权,由于当时各国的君主好恶不同,因而使诸子百家的学说蜂拥而起。他们各执己见,大力宣扬自己的理论观点,并且到处游说,争取让诸侯采纳。他们的学说虽然各不相同,但就像水与火的关系一样,相灭而又相生。仁和义,敬与和,虽然相反,然而它们却都相辅相成。"

《周易·系辞下》说:"天下人们的目标是一致的,而达到共同目标的途径却有各种各样;天下的真理是同一的,而人们思考、推究真理的思维方式和表述方式却是千差万别的。"正是所说的这个意思。

权适变之理

【原文】

昔先王当①时而立法度，临务而制事，法宜其时则理，事适其务故有功。

今时移而法不变，务易而事以古，是则法与时诡，而事与务易，是以法立而时益乱，务无而事益废。此圣人之理国也，不法古，不修今，当时而立功，在难而能免。

由是观之，故知治天下者，有王霸②焉，有黄老③焉，有孔墨④焉，有申商⑤焉，此所以异也，虽经纬殊制，救弊不同，然康济群生，皆有以矣。今议者或引长代之法，诘救弊之言[议曰：救弊为夏人尚忠，殷人尚敬，周人尚文者]；或引帝王之风，讥霸者之政，不论时变，而务以饰说。故是非之论，纷然作矣。言伪而辩，顺非而泽，此罪人也。故君子禁之。

【注释】

①选自《适变》。当，看待，根据。

②王霸：指用礼义教化、用刑赏制约的治国方法，《管子·王霸》："义立而王，信立而霸。"

⑤黄老：指综合运用仁义、刑罚、无为来治国的方法，思想基础是以稷下学派的"黄老之言"，"黄老"是指黄帝和老子。

④孔墨：指综合运用"德主刑辅""崇天尚同"来治国的方法。孔墨，即儒、墨两家思想。

⑤申商：指用循名责实、慎赏明罚的"刑名"治国的方法。申商，申不害、商鞅的思想。

【译文】

从前先王根据当时的实际情况建立政治制度，根据当时的任务制订，制度和政策。与当时的实际情况和任务相符合，国家才能治理好，事业才会有功效。

现在时间推移，但是制度和政策却没有改变，事务变异了，但是还在重复过去的老办法,这样一来,制度和政策就与时势背离,事务与目标变化了,制度和政策虽然制订了,可是现实社会更加混乱,目标无法实现,事业只能荒废。所以,圣人治国,一不效法古代,二不模仿他人。因时变法,只求实效。这样,遇到烦难也容易解决。

由此来看,便知道治国的方法是多种多样的:有王霸的方法,有黄老的方法,有孔墨的方法,有申商的方法,他们之间不但有区别,而且理论根源也不一样,纠正前代政制流弊的方式也不同。然而他们都有振兴国家、普济众生的愿望。如今,有的人或者援引施行比较悠久的制度,非难今人拨乱反正的改革观念[所谓"救弊"是指夏人崇尚忠诚,商人崇尚尊敬,周人崇尚文教礼乐];有的人以前代帝王的礼乐之风,讥讽成就霸业的政治措施,不顾时代的变迁,而用所谓不变之法、不易之理来为自己的学说辩护。因此,对变革赞同与反对的意见,纷纷出笼:有的措辞虚伪,还要诡辩;有的附会荒谬,还勉强自圆其说。凡持这些言论的人,都是历史的罪人啊!因此,有道德有头脑的人要起来制止这种做法。

正变之理

【原文】

论曰:范晔①称:"百家之言政者,尚矣!大略归乎宁固根柢,革易时弊也。而遭运无恒,意见偏杂,故是非之论,纷然乖当。

尝试论之:夫世非胥、庭,人乖鷇②饮,理迹万肇,化结万肇,情故萌生。虽周物之智,不能研其推变;山川之奥,未足况其纡险,则应俗适事,难以常条。何以言之?若夫玄圣③御代,则大同极轨,施舍之道,宜无殊典。而损益迭运,文朴递行,用明居晦,回遹于曩时,兴戈陈俎,参差于上世。及至戴黄屋,服絺衣,丰薄不齐,而致治则一。亦有宥公族,黥国仇,宽躁已隔,而防非必同。此其分波而共源,百虑而一致者也。

若乃偏情矫用,则枉直必过。故葛屦履霜,弊由崇俭,楚楚衣裳,戒在穷奢。疏禁厚下,以尾大陵弱;敛威峻法,以苛薄分崩。斯曹魏之刺④,所以明乎国风;周秦末轨,所以彰于微灭。故用舍之端,兴败资焉。

是以繁简唯时,宽猛相济,刑书镌鼎,事有可详,三章在令,取贵能约。

数子之言,当世失得,皆悉究矣。然多谬通方之训,好申一隅之说。贵清净者,以席上为腐议;束名实者,以柱下⑤为诞辞。或推前王之风,可行于当年,有引救弊之规,宜流于长世。稽之笃论,将为弊矣。"

由此言之,故知有法无法,因时为业,时止则止,时行则行,动不失其时,其道光明。非至精者,孰能通于变哉?

【注释】

①选自《正论》。范晔这段论述见《后汉书·卷四十九·王充王符仲长统列传》,有改动。

②鷇:小鸟刚生时由母鸟哺育。双音化作"鷇饮""鷇食"。这里借指人类初生的远古时代,如中国伏羲女娲式原始部落联盟时期。《庄子·天地》:"夫圣人鹑居而鷇食,鸟行而无彰。天下有道则与物皆昌,天下无道则修德就闲。千岁厌世,去而上,乘彼白云至于帝乡。"

③玄圣:指有大德而无爵位的圣人。《庄子·天道》:"以此处上,帝王天子之德也;以此处下,玄圣素王之道也。"

④斯曹魏之刺:阅读毕《诗经》中《曹风》和《魏风》的讽刺诗。斯,古同"澌",尽。

⑤柱下:老子曾经担任过周柱下史,所以用"柱下"代表道家。柱下史,周秦的官职,相对于御史,因为工作常常在殿柱之下,所以有这个名称。

【译文】

我们认为:范晔说过:"诸子百家关于政治的学说,是很高尚的啊!其要点是从根本上巩固政治制度,革除弊端,顺应时代的变化。然而国家命运和政治形势不是一成不变的,因而导致各种意见偏颇芜杂。所以对任何事情的是非评论,都会纷纷扬扬,互相矛盾。

现对此尝试性地做一些评论:现在的时代已经不是远古的赫胥氏、大庭氏的那个含哺而嬉、鼓服而游的时代了,而是各种道理千头万绪,人们千奇百怪的欲望和情感也在不断地萌生。即便有应付一切事物的智慧,也不可能去穷尽这世道人心的变迁;就是高山大川的险峻幽深,也无法用之比喻人心之难测。因而顺应时尚和世事之推移变化,就不能用常规的办法解决了。为什么要这样说呢?至于那有大德而无爵位的圣人来治理天下,能达到的天下大同和最高典范。但是国家兴衰的法则,也不应该有什么不同的典制。然而法规、制度的增补或废除,文明的或古朴的交替施行,或者是发扬光明,或者是保守传统,也只能在过去的范围内回旋。大动干戈或礼尚往来,也在上世交错使用。即便是做君王,有的乘坐豪华的专车,有

范晔

的穿着细葛布衣,奢华俭约虽然不同,但把国家治理好的宗旨却是一致的。也有的宽宥达官贵人,有的施行严刑酷罚,虽然宽松缓急有明显的区别,但是防范为非作歹的目的必然是相同的。不同时代的政治制度虽然有流派的差异,但渊源却是相同的;思维方式虽然千差万别,但目标却是一致的。

至于偏激而矫情用事的,就会出现矫枉过正的弊端。比方说吧,穿着凉鞋过冬,就犯了过分俭朴的毛病;天天都要衣冠楚楚,就应当警戒穷奢极侈的作风。禁令不严,对下属过于宽容,就容易出现尾大不掉、欺凌弱小的情况;权力过于集中,刑罚过于严酷,又容易导致分崩离析的局面。《诗经》的《曹风》和《魏风》极尽讥刺之能事,就可以明白《国风》的产生;周王朝末期和秦朝末年的政治衰败,在许多细小的事情上就已经表现出来了。所以采用或是舍弃什么样的制度,实在是决定一个国家的兴盛还是衰败的先决条件啊!

因此,体制、政策是繁杂还是简约,要根据时代的要求决定,宽松的政策与刚猛的政策要相互补充。刑书铸刻在鼎上,固然详细,然而约法三章,其可贵之处就在于简明有效。

诸子百家的学说,论述的都是当世政治的功过得失,我们已经都认真详细地加以研究过了。然而世人对为政之道大多存在误解,往往偏好于某一种学说。尊崇清静无为学说的道家,则视儒家学说为迂腐;拘泥名实的名家,却认为道家学说荒诞;有的人推崇古代的王者之风,认为现在依然可以实行;有的人征

引切时救弊的成规，认为应当流传于后世。其实如果认真考究，这些认识都各有各的弊病。"

如此说来，便知道有法与无法，应当根据时代的不同加以实施，时代结束了，适用于那个时代的政策法规也就应该停止；时代向前发展了，政策法规也要随时代而发展。只要行动不错过时机，前途必然光明。这除了聪明智慧超常的人，还有谁能够通晓权变的奥妙呢？

第四篇 《鬼谷子》释义通解

捭阖术第一

本篇提要

据辞海解释:捭为分开的意思;阖为闭合的意思。本篇所着重论述的就是如何选择说辞,如何掌握谈话的节奏和技巧。要根据谈话的时机、场合、对象等环境的不同,而适时地采取相对的捭阖之术。推而广之,从应用的范围来看:阳、动、刚、张、方等都可归为捭术;阴、静、柔、弛、圆则可归为阖术。变阳为阴或变阴为阳,以静制动或以动制静,以柔克刚或刚柔并济,都可以说是捭阖之术的延伸与推广。

本篇也隐含了发挥主观能动性变阳为阴或变阴为阳的"捭阖阴阳术",还有软硬兼施、刚柔相济的"刚柔张弛术"等等,只要我们善于抓住事物的关键便可运用自如、得心应手。

至于究竟采取何种策略,首先要根据内外的环境与形势来判断。当遇到有利于自己发展的机会时,就要采取"捭"的战略,及时主动出击,以便获取更大的胜利;当环境与形势不利于自己的时候,就应取"阖"的战略,身居暗处,以积蓄力量,等到有利时机再发动反击。

捭阖术在春秋战国时期应用极为广泛,由于各国实力的不均,许多弱小的诸侯国便通过相互游说联合起来,以抵抗强国,保全自身,其中最为著名者当属苏秦的"合纵"与张仪的"连横"。在战争中捭阖术的应用也比较普遍,利用张弛、静动、刚柔、方圆之道的相互转化,从而找到克敌制胜的办法。

捭阖是事物发展普遍存在的规律,所以也成了游说者必须掌握的法则,所以文中说到:"此天地阴阳之道,而说人之法也,为万事之先,是谓圆方之门户。"可见,只有处理好"捭"与"阖"的关系,才能够说服别人。

【原文】

粤若稽古①,圣人②之在天地间也,为众生之先③。观阴阳④之开阖以命物⑤,知存亡之门户,筹策⑥万类⑦之终始,达人心之理,见变化之朕⑧焉,而守司⑨其门户。故圣人之在天下也,自古至今,其道⑩一也。变化无穷,各有所归。或阴或阳,或柔或刚,或开或闭,或弛或张。

【注释】

①粤若稽古:这里指考察历史。粤:句首语气助词;若:顺;稽:考。

②圣人:指有道德有才能的杰出人物。

③众生之先:这里指广大生众的老师。

④阴阳:阴:本意为山的背阴面;阳:本意为山的朝阳面。古代指创造世间万事万物的二气,后引申为概括对立统一的两类事物或现象,属哲学范畴。

⑤命物:辨别事物。

⑥筹策:就是计算、谋划。

⑦万类:就是万物。

⑧朕:指征兆,迹象。

⑨守司:看守和管理。

⑩道:指大自然的规律。

【译文】

纵观上古历史,圣人生存在天地之间,就是芸芸众生的先导。通过观察阴和阳两类现象的开启和闭合来判断事物,并进一步洞察事物兴盛衰亡的关键,计算和预测万物从开始到结束的发展过程,通晓人们思想变化的规律,揭示事物变化的征兆,从而把握事物发展变化的关键。所以,圣人处在天地之间,从古至今,他们所信守的自然之道都是一样的。虽然事物的变化没有止境,但是他们最终都各有自己的归属。或者属阴,或者归阳;或者柔弱,或者刚强;或者开启,或者封闭;或者松弛,或者紧绷。

【原文】

是故圣人一守司其门户,审察其所先后,度权①量能,校其伎巧短长。夫贤、不肖、智愚、勇、怯、仁义,有差②,乃可捭,乃可阖;乃可进,乃可退,乃可贱,乃可贵;无为③以牧④之。审定有无以其实虚,随其嗜欲⑤以见其志意。微排其所言,而捭反之,以求其实,贵得其指⑥,阖而捭之⑦,以求其利⑧。或开而示之,或阖而闭之。开而示之者,同其情⑨也;阖而闭之者,异其诚也。可与不可,明审其计谋,以原其同异。离合有守⑩,先从其志。

【注释】

①权:权谋,这里指变通的计谋。

②有差:指各有不同,有差别。

③无为:道家指顺应自然规律的所为。

④以牧:用来掌握。牧:原指放牧牲畜,后泛指管理、统治、处置。

⑤嗜欲:喜欢,特殊的爱好。

⑥指:意同宗旨。

⑦阖而捭之:先用闭合的方法,后用开启的方法。

⑧利:所言之利。

⑨同其情:使对方与我方的心意相同。

⑩守:遵守,信守。

【译文】

所以,圣人要始终把握事物发展变化的关键,深入体察事物变化的先后顺序,揣摩人们的权谋机变,考量人们的才能,比较双方的技巧,辨别优劣长短。人的贤良、不肖、智慧、愚蠢、勇敢、胆怯,都存在一定的差别。根据不同的情况,有的可以开放,也可以闭合;有的可以晋升,也可以黜退;有的可以轻视,也可以敬重,以顺应天性来处置。通过考察确定对方的才能虚实有无,根据对方的嗜好和欲望来判断对方的志向和意愿,先略微排斥对方所说的话,然后加以反驳,进而探求实际情况,切实把握对方的真实意图;沉默不语而后发言,就寻求到了利益所在。有时要敞开心扉展示,有时要封闭心扉隐藏。敞开心扉,是为了换取真诚相待;深藏不语,是为了显示诚意不同。至于什么可行,什么不可行,就要把对方的计谋研究透彻,探索其中相同与不同的地方。无论双方的意见是相离还是相合,都要确定自己的意向并加以信守,同时还要注意顺应对方的意愿并加以考察。

【原文】

即欲捭之贵周^①,即欲阖之贵密。周密之贵微,而与道相追^②。捭之者,料^③其情也;阖之者,结^④其诚也。皆见其权衡^⑤轻重,乃为之度数^⑥,圣人因而为之虑。其不中^⑦权衡度数,圣人因而自为之虑。故捭者,或捭而出之,或捭而纳^⑧之;阖者,或阖而取之,或阖而去之。捭阖者,天地之道。捭阖者,以变动阴阳,四时开闭,以化万物。纵横、反出,反复、反忤^⑨,必由此^⑩矣。

【注释】

①周:周详。

②与道相追:指与规律相近的道理。道:道理、规律。

③料:估计、推测。

④结:缔结、交结。

⑤权衡:权原指秤锤,衡原指秤杆,泛指衡量、比较。

⑥度数:测量重量与长度的数值。

⑦中:符合。

⑧纳:收纳、接纳。

⑨忤:抵触、违背。

⑩必由此:必须通过开启与闭合的变化加以实现。

【译文】

如果要运用开启之术,重在考虑周详完备,如果要运用闭合之术,重在严守机密。周全与保密的关键在于精微地合乎自然规律。开启,是为了了解对方的实情;闭合,是为了结交对方的诚意。这些做法都是为了衡量对方的实力和计谋,适当地探测出对方谋略的性质和谋划的程度。圣人也是按照这样的方法进行思索的。如果衡量事物,谋略失策,圣人就会为此焦虑。所以,所谓的开启之术,就是或者通过开启展示出去,或者是通过开启接纳进来;所谓的闭合之术,就是或者通过闭合获取,或者通过闭合摒弃。开启和闭合,是天地之间各种事物发展变化的规律。开启和闭合,都是通过阴阳运行,四季交替,来促使万事万物发展变化的。天地万物的纵横交错、反复出入、相互抵触,都是必须通过开启与闭合的变化来实现的。

【原文】

捭阖者,道之大化,说之变①也;必豫②审其变化。口者,心之门户也;心者,神之主③也。志意、喜欲、思虑、智谋,此皆由门户出入,故关之捭阖,制之以出入。捭之者,开也、言④也、阳也;阖之者,闭也、谋也、阴也。阴阳其和,终始其义⑤。故言长生、安乐、富贵、尊荣、显名、爱好、财利、得意、喜欲为阳,曰"始"。故言死亡、忧患、贫贱、苦辱、弃损、亡利、失意、有害、刑戮、诛罚为阴,曰"终"。诸言⑥法阳之类者,皆曰"始",言善以始其事者;诸言法阴之类者,皆曰"终",言恶以终为谋。

【注释】

①说之变:指言说的变化。

②豫:通"预",预先。

③主:主宰。

④言:指可以言说。

⑤终始其义:指始终保持的义理,即善始善终。

⑥诸言:指各种言论。

【译文】

开启和闭合,是万物运行的规律,也是游说之术变化的依据;游说者必须事先慎重地考察对方的变化。口,是心灵的门户;心,是灵魂的主宰。人的志向意愿、爱好欲望、思维思虑、智慧谋略,都要通过口这个门户来表露。因此,用开启和闭合之术来把守这个关口,以控制语言的出入。所谓的"捭之",就是开启、发言、属于阳的方面;所谓的"阖之",就是闭合、缄默,属于阴的方面。阴阳谐调,始终恰当合宜。所以说长生、安乐、富贵、荣誉、名声、嗜好、财富、得意、欲望等都是属于阳的方面,叫作"始"。死亡、忧患、贫贱、羞辱、毁损、失意、灾害、刑戮、诛罚等,都是属于阴的方面,叫作"终"。凡是那些遵循阳道运行的事物,都可以称为"始",是指以谈论有利的方面作为事情的开始;凡是那些遵循阴道运行的事物,都可以称为"终",是指以谈论不利的方面作为谋略的结果。

【原文】

捭阖之道,以阴阳①试之,故与阳言者依崇高;与阴言者依卑②小。以下求小,以高求大。由此言之,无所不出,无所不入,无所不可。可以说人,可以说家③,可以说国,可以说天下。为小无内,为大无外。益损、去就、倍④反⑤,皆以阴阳御⑥其事。阳动而行,阴止而藏;阳动而出,阴随而入。阳还终始,阴极反阳。以阳动者,德相生也;以阴静者,形相成也。以阳求阴,苞⑦以德也;以阴结阳,施以力也。阴阳相求,由捭阖也。此天地阴阳之道,而说⑧人之法也,为万事之先,是谓"圆方⑨之门户"。

【注释】

①阴阳:这里指人物分成阴阳两类,阴指性情柔弱之人,阳指性情刚强之人。下句同。

②卑:低下。

③家:古代卿大夫的封地。

④倍:背叛。

⑤反:复归。

⑥御:治理、处理。

⑦苞:包含。

⑧说:劝说、说服。

⑨圆方:圆代称天,方代称地。

【译文】

开启和闭合之术运用的法则,要从阴阳两个方面来施行。因此与遵循阳道的人交谈,要依据崇高的原则引导对方;与遵循阴道的人交谈,要依据卑下的原则引导对方。用卑下来求索微小,以崇高来求索博大。由此说来,没有什么事情不能了解出来,没有什么事情不能深入进去,没有什么事情是不可以说服的。用这个道理,可以游说一人,可以游说一家,可以游说一国,可以游说整个天下。要做小事就没有内在的限制;要做大事就没有外在的界限。所有的损害与利益、离去与接近、背叛与归附等行为,都是运用阴阳的运转来处理的。阴的特性是运动、显露,阳的特性是静止、隐藏;阳通过运动显示出去,阴通过静止隐藏起来。阳发展到极点变成了阴,阴累积到了极点就变成了阳。凡是遵循阳道行动的人,道德就会与之增长;凡是遵循阴道静止的人,形就会凝聚而成。因此,用阳来求取阴,要靠道德来包容;用阴来求取阳,就必须施加力量。阴与阳相互追随,靠的就是开启和闭合的原则。这是天地之间阴阳运行的规律,也是游说他人的基本方法,是万事万物的前提,因而常被称为"天地万物运行的门户"。

【解析】

"捭阖"为《鬼谷子》的开篇,它在《鬼谷子》一书中被赋予了丰富的含义,但是基本含义还是指纵横驰骋,大开大合。鬼谷子认为,一开一合是事物发展变化的普遍规律,认识它是掌握事物的关键,也是游说活动中的行为法度。所以,它也是进行游说活动的最基本的和常用的方法。

"捭阖"的本义是"开合"。捭,本意为分开、撕裂。这里引申为开启。所谓"开",就是指引导对方发言,进而了解对方的基本情况,如他的意志、才能、嗜好、情趣等,以便探测对方的真实意图。阖,本意为门扇,这里引申为关闭。所谓"合",就是指隐藏自己的主见,沉默不言,以便观察实情,沉着应对。

其实,捭阖术就是告诉人们:在发现问题、分析问题、处理问题、解决问题时,应该多方面、多角度进行分析和思考,要考虑周详,同时严守机密,懂得灵活多变,不拘一格,把事物的正反两个方面都分析透彻,以便找出解决之道。

《鬼谷子》一书的"捭阖术"在中国传统智慧中是独有的,它是纵横家们在斗智及论辩中最行之有效的一术。在外交活动中,纵横家往往在充分估计对方的基本情况后,就千方百计使对方"开",这是为了进一步了解对方的实情,而"闭"则是坚定对方的诚意。一捭一阖的目的是为了让对方把意图和计谋全部暴露出来,再根据不断探测,实施说服。说服时也是或者捭之,或者阖之,有时需要沉默,因为说之必失,因而要阖;有时必须开启言路,用讲道理去游说人,游说家、游说国、游说天下。捭阖两者必须密切配合,不能顾此失彼。一开一合的反复,就像一个圆环,开合环绕其上,开到了极点又复归于合,合到了极点又复归于开。如此往复无穷地运用,就一定会成功。

在历史的进程中,大开大合也是常有的现象。所谓"捭阖者,天地之道也。"历史的巨变也常在开合中进行着。例如,我国建国后与美国等国"闭交",而二十世纪七十年代与美国建交,这种决策就是开合之术的最佳运用。

总之,开合谋略随着历史的发展不断变化形式,它将更有利我们民族的发展、国家的兴旺。当然,捭阖之术除了用于错综复杂的国际政治斗争中,在生活、社交、职场、从商中也很有用处。

【应用事例】

纵横家运用捭阖术的过程一般是:估量对方的贤、勇等方面的情况。依情况或者先使对方开启,即"捭之",或者先使对方"闭藏",即"阖之"。让对方开启是为了掌握对方的情况,让对方闭藏是为了坚定对方的诚意。一开一合的目的是为了让对方将实力和计谋全部显露出来,以便对对方做出准确的估计,然后根据不断探测,实施说服。说服时也是或者捭之,或者阖之,有时候口只能吃饭,而不能说话,说之必失,这时候就要阖;有时候口必须张开,用讲道理去游说人,游说家、游说国、游说天下。一开一合的反复,就像一个圆环,开合环绕其上,开到了极点又复归于合,合到了极点又复归于开。往复无穷地运用,没有什么不可以成功的。

司马懿"装痴卖傻"夺大权

社会群体中,有能无能、智慧愚蠢、勇敢胆小、守信无信等方面是因人而异的,要想了解对方,打败对方,这些差异就提供了突破口。所以,需要研究人的内心,利用这些差异就可以深入到别人的内心世界。要通过张扬、封闭收敛、进攻、退守、卑微、高贵等手段,根据具体情况采取手段,引导事态向着自己预谋的方向发展。

年轻人在职场中与人过招,最聪明的招数并非光芒万丈地上场,而是低调进场,高调做事,给人以障眼法,让对方摸不清虚实,从而获得成功。

魏明帝驾崩,小儿子齐王曾芳继位。官居太尉的司马懿和大将军曹爽奉遗诏同时辅政,本来两人配合的蛮不错,曹爽遇事不敢自专,一遇到大事必先请示司马懿。可是好景不长,曹爽这小子说变脸就变脸,背着司马懿引荐了他的心腹到了关键位置上,架空了司马懿。

此时的司马懿坐在自家的红木椅子上,暗自思量:"硬碰不行。曹爽这小子是宗室贵族,本就名正言顺,自己如今太尉的兵权已经被夺了,成了有名无实的光杆太傅,跟人家就是鸡蛋碰石头。得,养病吧,先让那小子忘了我吧。"

可是曹爽却忘不了死对头司马懿,他的心腹李胜要出任荆州刺史,曹爽抓住机会,让李胜去"探望"司马懿,看看虚实。

"报太傅,李胜进见!"一声通报惊醒了司马懿。司马懿马上招呼两个侍女搀扶着自己,颤颤巍巍地坐到了雕花大床上。李胜进屋时边看了这一幕:老态龙钟的司马懿伸手想要拿衣服给自己套上，衣服却不给面子地掉在了地上。司马懿目光呆滞地向侍女比画自己口渴，婢女马上端来一碗水，司马懿滋溜滋溜地喝光了，然后李胜便看到了透明的唾液顺着司马懿的嘴角流到了胸前，徐徐散开。

李胜恨不得当场拍大腿庆贺：“老司马不中用喽。”表面上却做出一副痛心疾首的模样：“大人呀，皇上年幼，缺了您的辅佐可不行呀，您病成这样，全天下人都会号啕大哭的。”

司马懿入戏极深，长叹一声，缓缓道：“我老喽，不中用喽。听说你出任了荆州刺史，好好干。恐怕，这一去，我是见不到你了。”

李胜赶忙纠正：“太傅公，下官是去本州，不是荆州。您老误会啦。”

司马懿知道李胜是荆州人，把荆州说成本州，但他演戏演到底，继续装糊涂：“君将出任荆州长官，好啊好，好自为之啊。”不理会李胜“是本州，不是荆州”的反复纠正。他继续说道：“君去荆州任刺史，立功在即，我老了，恐难再相见，有一事托付给您。我的两个儿子司马师、司马昭就劳您提携了。”说罢，呜呜地哭了起来。

李胜辞了司马懿直奔曹爽家，一进门便高兴得手舞足蹈：“大将军，这回您可不用愁啦，太傅神志不清，手拿不动东西，嘴说不利索，南北都分不清了，命不久矣。”曹爽听后，大喜过望，再不把司马懿放在眼里，更加肆无忌惮。

司马懿装傻装待到了第二年正月便有了转机。

正月伊始，小皇帝曹芳按规矩去高平祭祀，曹爽兄弟随驾，一路威风凛凛，好不得意。他们前脚刚走，后脚的“空城”里面便发生了翻天覆地的变化。装傻卖呆的司马懿一瞬间生龙活虎，立马召集亲信，部署兵马，飞速占据武库，控制了整个都城。布置好一切之后，他屯兵洛水浮桥，派人向曹爽兄弟送去一封信：“大将军曹爽背弃先帝遗诏，内则僭拟，外专威权，挟幼主以令天下。如秦朝赵高、汉朝吕后、霍光等乱臣贼子。我遵皇太后之命，罢免曾爽兄弟官职，令你们留下幼主及宫内一切侍从。你们自己乖乖回家，尚可恕罪；若违此令，格杀勿论！”

曹爽兄弟傻眼了，痴呆了一年的司马懿怎么突然间就站起来了呢，他们看着重兵压阵，再看着自己手中寥寥可数的仪仗队，不得不依言而行。

曹爽兄弟回到都城后，一面怀揣着司马懿不会对他们下手的美好愿望，一面试探着管司马懿要吃要喝。司马懿倒也给买面子，马上下令：“备一百斛大米,再多备些肉脯、盐、大豆、送到曹爽兄弟府上!"士兵们送来了这些东西,曹爽兄弟心中略显宽慰:司马懿不计前怨,看来自己可以免去一死啦!

但是司马懿的脸是三月天,说翻就翻,这边好吃好喝送去了,那边就下令:"统统抓到大牢里去。"结果,曹爽兄弟也关进狱中,最后以谋大逆的罪名,灭了曹氏九族。

就这样,老谋深算的司马懿靠着装疯卖傻,故布疑阵,击垮了富贵而骄的曹爽。装病也是"大智若愚"的一种表现,病入膏肓的样子传送给曹爽的信号是:司马懿再也不会对曹爽构成政治上的威胁了,曹爽的悲惨结局也就在于此。

鬼谷子说:"乃可捭,乃可阖;乃可进,乃可退;乃可贱,乃可贵;无为以牧之。"被老谋深算的司马懿运用得淋漓尽致,把曹爽玩弄于股掌之间。

从势均力敌,到将对方彻底击垮,不难看出司马懿对于纵横术的运用之妙。当敌人处于优势,位于明处之时,不可强攻。要仔细分析对方的特点,有何优势,有何缺点。避其锋芒,击其要害,最后一举中的。

职场中,面对竞争对手,要了解对方的特点,不仅是对方的优点,更是对方的缺点。然后避其锋芒,步步为营,一举出击,最后胜利。

适时收敛自己的锋芒

真正才高之人,就必须懂得什么时候该显示自己的实力,什么时候该收敛自己的锋芒。"才高被人忌"——这是古今职场的通病,下属只有学会低调处世、藏光隐辉才能保全自我,因为大部分的领导往往容不下太强者。

嫉贤妒能是一些人的弊病,虽然这对一般人而言,似乎很不公平,本来是自己通过努力,辛辛苦苦得来的一点成绩,却反而招致他人如此不友好的对待,这往往会给人带来一种极大的委屈和不甘。为了很好地发展,忍一时之气却是必要的,有事业心的人都想成功,而成功难免招致少数人眼红和嫉妒。在受到他人嫉妒时,最好能够学会韬光养晦、大智若愚,千万不要与他人争功。

通常情况下,一些识时务的能人俊杰,面对各种可能的嫉妒,总是采取圆滑稳重的处世方法来保全自己,以免招来暗箭的伤害。

三国时期的杨修,由于为人恃才自负,屡犯曹操之忌。曹操曾营造一所花园。竣工后,曹操观看,不置可否,只是提笔在门上写了一个"活"字,手下人都不解其意,杨修说"'门'内添'活'字,乃'阔'字也。丞相嫌园门阔耳。"于是再

·《鬼谷子》释义通解·

图文珍藏版

筑围墙,改造完毕又请曹操前往观看,曹操大喜,问是谁解此意,左右回答是杨修。

一天,塞北送来一盒酥,曹操在盒子上写了"一盒酥"三字。正巧杨修进来,看了盒子上的字,竟不待曹操说话自取来汤匙与众人分而食之。曹操问是何故,杨修说:"盒上明书一人一口酥,岂敢违丞相之命乎?"曹操听了,虽然面带笑容,可心里十分厌恶。

曹操性格多疑,谎称自己在梦中好杀人,告诫侍从在他睡着时切勿靠近他,并因此而故意杀死了一个替他拾被子的侍从。在埋葬这个侍者时,杨修喟然叹道:"丞相非在梦中,君乃在梦中耳!"这句话传到了曹操的耳朵,更增添了曹操心里的不悦。

曹操率大军攻打汉中时,与刘备在汉水一带对峙,曹操由于长时屯兵,进退两难。此时恰逢厨子端来一碗鸡汤,曹操见碗中有根鸡肋,感慨万千。这时夏侯惇入账内禀请夜间号令,曹操随口说道:"鸡肋! 鸡肋!"于是人们便把这句话当作号令传了出去。行军主簿即叫随军收拾行装,准备归程。夏侯惇见了惊恐万分,把杨修叫到帐内询问详情。杨修解释道:"鸡肋鸡肋,弃之可惜,食之无味。今进不能胜,退恐人笑,在此何益? 来日魏王必班师矣。"

曹操得知这种情况,以杨修造谣惑众,扰乱军心问罪,把他杀了。

杨修聪明有才智,是一个不可多得的人才,而他的死,就植根于他的聪明才智。因为他是恃才而傲,个性过于张扬,数次犯下曹操的大忌。杨修之死为我们在日常生活中为人处世留下了重要的启示,在适当的时候表现得收敛,是许多有"心计"者在宦海周旋中的法宝。收敛,并不意味着退缩,还是那句话"木秀于林,风必摧之"。是锥子,当然要脱颖而出,但那也看准一定的时机才行。历史故事里有太多的人舍不得放下所得,这是一种视野狭隘的表现,这种狭隘不但使他们享受不到"得到"的幸福与快乐,反而给他们招来杀身之祸。

第一,才不可尽露,尤其是在比自己权高位重的人面前。

第二,不要轻易点破他人心事。有些事情可说不可做,有些事情可做不可说,有些事情既不可说也不可做,只需内心明白就行了。他人的心事,在未明显之前,尤其是上司的心事,就更是如此。

以上两点,既是杨修的死因,也是我们在日常生活中的为人处世所要吸取的教训。

人生旅途中的确有很多东西是来之不易的,所以我们不愿意放弃。比如让一个身居高位的人放下自己的身份，忘记自己过去所取得的成就，回到平淡、朴实的生活中去，肯定不是一件容易的事情。但是有时候，你必须放下已经取得的一切，否则你所拥有的反而成为你生命的桎梏。

大文豪萧伯纳睿智聪明，且言语幽默，但是年轻时的他特别喜欢崭露锋芒，说话也尖酸刻薄，谁要是被他评价一句话，便会有体无完肤之感。

后来，一位老朋友私下对他说："你现在常常出语幽默，非常风趣诙谐，但是大家都觉得，如果你不在场，他们会更快乐，因为他们比不上你，有你在，大家便不敢开口了。你的口才确实比他们略胜一筹，但这么一来，朋友将逐渐离开你，这对你又有什么益处呢？"老朋友的这番话使萧伯纳如梦初醒，他感到如果不收敛锋芒，彻底改过，人们将不再接纳他，又何止是失去朋友呢？所以他下定决心，从此以后，再也不对他人讲尖酸的话了，要把口才天才发挥在文学上，这一转变造就了他后来在文坛上的地位。

这个例子告诉我们，平时锋芒毕露会使我们众叛亲离，走进死胡同，而适当地收敛锋芒，将才华用在有用的大事上，积蓄力量，必然能有光辉的前途。

无论是初涉世事，还是位高权重，无论是开拓一番事业，还是一般人际交往，锋芒都不可毕露。有了才华固然很好，但能在合适的时机运用才华而不被或少被人忌，这才算真正的智慧。虽是锥子，也要懂得把秃的一面朝人。这种才华才是对人对己对社会有真正用处的才华。

楚庄王三年不鸣一鸣惊人

"不鸣则已，一鸣惊人；不飞则已，一飞冲天"的典故家喻户晓，楚庄王以退为进、以静制动的智慧传唱了千年。当一个人处于表面静止的状态时，并不代表他没有动作或者预谋。

无论是上司还是同僚，平时看着不言不语，万事不出头，不要误以为他们是地道的"老实人"，他们也许是暗中观察，也许是蓄势待发，只等到关键时刻一鸣惊人。

公元 614 年，楚穆公去世后，他的儿子楚庄王继位。看到楚国政权更替，时局不稳，他们的老对手晋国便想利用这个机会恢复失去的土地，重谋霸业。他们利用已有的影响，把几个原来依附楚国的诸侯拉到了自己的阵营里，建立了以晋国为首的联盟。楚国势力大减，上下一片恐慌，纷纷要求楚庄王一展雄图，与晋国一决雌雄。

可是,楚庄王的反应让很多人大跌眼镜,他似乎事不关己,国事家事天下事,他事事不关心。自从继位以来,每天就知道寻欢享乐,留恋声色,长达整整三年时间。三年间,没有发布一道关于国家政务的命令,更没有一句关乎民生的建议。群臣大失所望,纷纷上书大王要节制淫乐,以国事为重。楚庄王置若罔闻,根本就是左耳朵进,右耳多出,甚至对那些苦苦劝谏的老臣们下了一道命令:"再有胆敢非议君主是非者,杀头勿论!"

楚庄王

暴政出顺民,命令下达后,果然没有人再上谏了。楚庄王终于可以随心所欲的寻欢作乐了。然而,并不是所有人都怕死,总有一些忠臣宁可杀头,不能罔顾自己的身份和责任。大夫伍举便是其中之一。一日,楚庄王正忙着跟妃嫔们嬉戏,伍举突然求见。玩在兴头上的楚庄王哪里有心情见什么大臣,本来想大手一挥,拒人之门外。但是毕竟是一国之君,不见大臣说不过去,心不甘情不愿地让伍举进来了。

伍举进来后,发现楚庄王陛下莺莺燕燕中坐在一大堆美女与乐器之间,笑声一浪高过一浪。知道伍举走到了近前,楚庄王才敛住了笑,一脸愤恨地对伍举说:"有要紧事快说,没看我正忙着呢吗?"

伍举把拱上来的怒火强压下去,因为他清楚现在发火只会让事情更糟糕,弄不好大王一个任性,自己的小命都不保。他微笑着说道:"事儿嘛,倒不是什么了不得的大事。只是臣下听说大王很喜欢猜谜语。臣下这里有一个谜语,很多人猜来猜去都没猜到,大王聪慧,不知道大王有没有兴趣替臣下猜一下呀。"

这可挠到楚庄王的痒处了,他天生就爱猜谜语,特别是听说别人猜不出来的,更起了兴致。推开身边的美人,兴致勃勃地问道:"快跟寡人说说。"伍举看到楚庄王已经入套,心里暗喜,小命无虞了。便一字一顿地慢慢说道:"山上有只鸟,三年不飞翔,三年不鸣叫。请问大王这是只什么鸟?"

楚庄王沉思片刻,满堂静寂,他明白谜语所指。可是他自己同意伍举出题的，又不好反悔怪罪，便只好故意做出一副失望的神情说道："寡人还以为是什么妙谜呢，原来就是这么一个呀，这有什么可奇怪的呢？三年不飞，一飞冲天；三年不鸣，一鸣惊人嘛。伍大人可以回去了，寡人明白你的意思了。"伍举满心欢喜地离开了，他以为楚庄王既然明白了自己的谜语，肯定会奋发图强，有所改进的。可是此后的几个月，楚庄王非但没有收敛，反而变本加厉，所作所为比以前有过之而无不及。大臣苏从忍无可忍，顾不上什么禁令了，上朝的时候慷慨陈词，希望楚庄王能认识自己的身份，以国事为重，把心思用在治理国家上，把霸主的地位从晋国手里抢回来。

楚庄王满脸的震惊，两眼直盯着苏从，任凭他往下说。等苏从把话说完了，楚庄王才慢悠悠地说出了一句任何人听了都会感到胆战心惊的话："难道你没有听到我的命令吗？"

苏从镇定地说"臣是大王的臣下，对大王的命令岂敢不知。如果我的死能够使大王成为一代贤王的话，臣心甘情愿去死。"众大臣听着君臣对话惊慌者有之、幸灾乐祸者有之、担心者有之，场面一时尴尬无语。

万万没有想到，楚庄王非但没有下达斩杀苏从的命令，反倒哈哈大笑起来。忠臣皆纳闷不语。直到楚庄王笑够了之后才说道："我等了整整三年，终于盼到了像你这样的忠臣。你们才是振兴楚国的希望所在。"

随后，楚庄王便下令清理了三年来围在自己身边的那些只知拍马奉承的官员和内侍，并下令整顿全国治安，杀掉了数百名为非作歹的小人，同时提拔了在这期间敢于上谏、治国有方的官员，例如伍举。大兴百业，任人唯贤。由于蛰伏三年，对内外形式早已看透的楚庄王出手必中，招招打在要害上。楚庄王三年不鸣，一鸣惊人。最终成为历史上有名的"春秋五霸"之一。

鬼谷子提倡以静制动，处变勿躁。浮躁会带来很多危害。想有所作为，而又不能马上实现，必然生出急躁之心。浮躁之气一生，行动起来就会态度简单、粗暴，徒具匹夫之勇，而无大智这样不是太糊涂了吗？

小不"忍"则乱大谋。一个没有肚量的人，注定不会成为一个优秀的领导者。楚庄王面对乱局，蛰伏三年，忍而不发，最后一飞冲天，则是忍功的最好诠释。

身处职场，如果没有必胜的把握，就先隐藏好自己，观察好形势。有利的，有弊的，什么可以利用，什么不能利用，心里盘算清楚，然后养精蓄锐，在最恰当的时刻站出来，这样则可"不鸣则已，一鸣惊人"。

得意不要忘形，谦虚赢到最后

运气好时，切莫得意忘形，乐极生悲，必须更加积极奋发，以使自己得到更大的发展。

美国南北战争时，北方军格兰特将军，和南方军李将军率部交锋，经过一番空前激烈的血战后，南方军一败涂地，溃不成军，李将军还被送到爱浦麦特城去受审，签订降约。

格兰特将军立了大功后，并没有骄奢放肆、目中无人。他很谦恭地说："李将军是一位值得我们敬佩的人物。他虽然战败被擒，但态度依旧镇定异常。像我这种矮个子，和他那六尺高的身材比较起来，真有些相形见绌，他仍是穿着全新的、完整的军装，腰间佩着政府奖赐他的名贵宝剑；而我却只穿了一套普通士兵穿的服装，只是衣服上比士兵多了一条代表中将官衔的条纹罢了。"

也许格兰特将军的自谦，值得赞美，而李将军以败将的身份，居然也昂首挺胸、衣冠整齐，似乎有些示之骄傲呢？其实不然，李将军虽然战败，但仍能坦然忍受耻辱，这正是他勇敢坚毅的地方。他这样做，是表示他把失败当作一种经验，而非一种耻辱，如果能再给他一次机会的话，他仍能挺身奋战、争取光荣。所以他也可以说是不失为一位伟大军人的风度。

格兰特将军不但赞美了李将军的态度，而且也没有轻视他的战绩。他认为自己的成功和李将军的失败，都是偶然的机会造成。他说："这次胜负是由极凑巧的环境决定的，当时敌方军队在弗吉尼亚，几乎天天遇到阴雨天气，害得他们不得不陷在泥潭中作战。相反的，我们军队所到之处，几乎每天都是好天气，行军异常方便，而且有许多地方往往是在我军离开一两天后便下起雨来，这不是幸运是什么呢！"

这一番谦虚的话听在人家耳里，远比无数次的自吹自擂好得多。唯有对自己的成就产生疑问的人，才爱在人家面前吹牛，以掩饰那些令人怀疑的地方。一个真正有"心计"的人，是不必自我吹嘘自我炫耀的，因为你的成绩，你的成功，别人会比你看得更清楚，而且会记在心上。

格兰特将军把一场决定最后命运的大胜利，归功于天气和命运，这正表示他有充分的自知之明，始终没有让理智被名利的欲念所埋没。曾经有人说："愈是不喜欢接受别人赞誉的人，愈是表示他知道自己的成功是微不足道的。"

看过特洛伊战争"木马屠城记"故事的人,都会记得特洛伊是怎样被毁灭的。

特洛伊人与入侵的希腊联军作战,双方互有胜负,后来联军中有人献计,假装全部撤退,留下一匹大木马,并将勇士藏在马腹内,其他的主力部队亦躲在附近。特洛伊人望见远去的舰队,以为敌人真的撤退了,于是在毫无防备下,将木马拖入城内,歌舞狂欢,饮酒作乐。就在他们睡梦中,木马中的敌人纷纷跳出,打开城门,里应外合,于是特洛伊灭亡了。

从这个故事中,教给我们一个做人的道理:得意时不要高兴太早,否则危机马上就到。

有些人因为顺境连连而甚感欣慰,愉悦之情不时流露于脸上。然而,不能光只是高兴,应该想想怎么才能维持好运,永保成功。

人生处在顺境和得意时,最容易得意忘形,终致滋生败象,乐极生悲。

得意忘形的人很多。得意而忘形,这是许多没有远见者的共性,他们本来就没有大志向也没有大目标,他们本来没想扎扎实实地做一番事业,只是想得到荣华富贵罢了,于是靠着自己的小聪明、小伎俩侥幸做成一点事业,便以为自己有炫耀的资本了,于是在一种虚荣心的驱使下向前奔跑,目的只是想博得众人的喝彩,等众人的掌声一响便认为达到了人生目的,便想躺在掌声中生活了,自然也就忘形了,认为自己可以不再奔跑,可以昂头挺胸地在人群中炫耀了。

得意而忘形,也是一些谄媚者的共性,他们本来生就一副藤的性格,不想自己长筋骨却想爬得很高,于是只能攀附于高位者,他们攀到了有权者的头上便以为自己有权了,他们攀到了有名者的头上便以为自己有名了,他们攀到了有钱者的头上便以为自己富有了……他们忘形于自己攀附的成功,也忘形于自己因攀附而得到的利益。

得意而忘形,说明一个人没有自己的追求和目标,有了一点点的得意便以为人生的荣耀不过如此了,这些人中有许多有才华的人有实力的人有发展前途的人,要是真的能尽力而为会成就一番事业的。只是有的人目光太短浅了,有的人又习惯于谄媚罢了。

忘形应该说是一种误解,一种把暂时的得意看成永久得意的误解,一种把暂时的失意当成永久失意的误解,只要我们明白,这个世上永远没有永恒的事物,一切都是暂时的相对的发展的,那就不会忘形了,那么人人都会生活得更美好。

假使你常常为芝麻小事而得意忘形,接受别人的称赞、自己拍自己的肩膀,把它当作一桩了不得的事情,那你无异是在欺骗自己,就像那些被魔术欺骗了的观众一样。从此你将走上失败之路,因为你早已没有自知之明,盲人骑着瞎马乱闯,怎么会有成功的希望呢?

实际上,只要我们仔细思考,就知道我们百分之九十九的成功,其实有不少是机动的成分夹杂在里边的,我们应该看清这些机运所在,将来如有同样事情发生,又缺乏这些机运时,知道怎样应用。

得意忘形背后潜伏着巨大的危机,所以,我们在得意之时切忌忘形。

未雨绸缪不时地给"冷庙"烧烧香

"冷庙"指那些看似用处不大,但却有贵人潜质的人。在平时的工作之中,学会多向"冷庙"上上香,对你自己来说,是没有什么坏处的。因为这些看似没有什么本事的人,以后极有可能成为你生命中的贵人,让你片刻间平步青云。

宋嘉茂是一名怀揣美国梦的有志青年,他攻读完法律专业、考取了律师资格证后,在美国开了家律师事务所。刚开业时,他连一台复印机都买不起。随着移民潮一浪接一浪的涌进美国,他接到许多跟移民有关的案子。因为勤奋,渐渐有了些成就。然而,天有不测风云,因为一念之差,他的资产投资股票几乎赔光了,更不巧的是,移民法进行了修改,移民名额减少,他的事务所顿时门庭冷落,从辉煌到倒闭,几乎是一夜之间的事。

这时,宋嘉茂收到一封信,是一家公司的总裁写的,愿将公司30%的股权转让给他,并聘他为总公司和其他两家分公司的终身法人代表。这好事真是来得太意外了,宋嘉茂有点难以置信,他按照地址找上门。开门的是个40开外的波兰裔中年人,宋嘉茂完全不认识。

"还记得我吗?"总裁问,宋嘉茂摇摇头。总裁微微一笑,从硕大的办公桌抽屉里拿出一张皱巴巴的5美元汇票,上面夹着宋嘉茂早年的名片。宋嘉茂更加诧异了。

经过短暂的停顿,总裁开口道:"10年前,我刚来到美国。去移民局办工卡那天,人很多,排了很长的队,轮到我时,移民局就要关门了。当时,我不知道工卡的申请费用涨了5美元,而移民局不收个人支票,我又没有多余的现金。如果那天拿不到工卡,雇主就会另雇他人了。这时,是你从身后递来了5美元。

当时为了还你钱,我索要了你的名片。"

宋嘉茂终于记起了这件事。这位总裁又说:"其实,我到公司上班第一天,就想把这张5美元寄给你,可我没那么做。单枪匹马来美国闯天下,我经历过许多冷遇和磨难。这5美元改变了我对人生的态度,所以,没有随随便便把它寄出去。"

这个故事看上去似乎有些传奇色彩。但请试想一下,如果宋嘉茂当初没掏出这5美元去帮助人,他怎么可能收到如此大的恩惠呢?他的帮助可能是无意的,最终却无心插柳柳成荫。因此,我们在工作中地无意间的对别人的一种帮助,可能会换来更大的回报。

如果能够在"冷庙"也烧烧香,要比你有事的时候临时抱佛脚要强得多。而那些平时不屑"向冷庙上香",事到临头再来"抱佛脚"的时候,就来不及了。一般人总以为"冷庙"的"菩萨"不灵,所以才成为"冷庙"。其实,职场中,常常会有"英雄落难,壮士潦倒"的情况,这些都是常见的事。这些人只要一有机会,一定会一飞冲天,与之前判若两人的。

因此,要学会为自己做好准备,未雨绸缪。这样,当你遇到困难或紧急情况,需要别人帮忙的时候,别人才有可能倾力相助。

冒顿单于大智若愚破东胡

智慧的人会静观事物的变化规律,深刻认识事物的变化规律,然后依照事物的变化规律来推测当前的事物变化的进展情况,有的放矢的筹划应变权谋、校验应变的能力大小,要根据不断变化的具体情况,校正技巧的可行性。

年轻人身处劣势时,往往需要一退再推,示弱后前行。让对方轻敌,让对方自己露出破绽是成功打击对方的有效手法。如此高深的要求如何才能做到呢?让我们来看看冒顿的故事吧。

冒顿单于是匈奴部落联盟的首领称号。于公元前209年(秦二世元年),杀死了父亲头曼单于自立为单于。他是中国少数民族中第一个雄才大略的军事统帅。

冒顿是匈奴单于头曼的大儿子。秦二世元年(前209年),头曼得了一个小儿子,非常喜爱,就想要废了太子冒顿而立小儿子,于是把冒顿送去了月氏做人质。没过多久单于头曼就发兵急攻月氏,想借月氏人之手杀死作为人质的冒顿。冒顿偷了一匹马逃跑了,头曼这个时候发现还是大儿子聪明,认为冒顿壮勇,于是不杀他了,还让他统率一万骑兵。

不久头曼死了,蛰伏多年的冒顿诛杀他的后母和曾经威胁他的幼弟,以及曾经不听从他的众臣,自己做了单于。

冒顿登位后,正是东胡强盛时期,东胡听说冒顿杀了父亲和庶母、幼弟,便派使者对冒顿说,他们想要头曼的千里马。匈奴部落哗然,冒顿征求大臣们的意见,大臣们纷纷表示,千里马是匈奴的名马,怎么能给东胡呢?冒顿却说:"奈何与人邻国而爱一马乎?"(《史记—匈奴列传》),意思是,一匹马而已,小意思,怎么能跟邻国因为一匹马而生嫌隙?于是把头曼的千里马送给了东胡。东胡乐坏了,认为冒顿是怕了他们,便得寸进尺,要完物就准备要人了,又提出想得到单于的一个阏氏。冒顿又询问大臣们,左右大臣都很愤慨:"东胡无理,得寸进尺,要完千里马,居然还敢索要阏氏,单于,我们不能再忍了,发兵打他们。"没想到冒顿却说:"奈何与人邻国爱一女子乎?"(《史记—匈奴列传》)意思是一个女人而已,怎么能因为一个女人跟邻居家闹不愉快了,于是便把一位自己宠爱的阏氏送给了东胡。

要千里马,千里马奉上,要女人,女人奉上。东湖上下欢腾不已,把冒顿彻底看扁,东胡愈发的骄横,充满野心地准备向西侵略。东胡和匈奴之间有一千多里的荒芜地区,无人居住,双方各自在自己的边界地区建立了哨卡。得到了千里马,得到了阏氏的东胡又派使者悠哉悠哉地对冒顿说:"两国之间的缓冲空地,我们想占有它。"冒顿询问大臣们的意见,此时有的大臣认为这是荒弃之地,可有可无,那就给了呗。谁也没想到冒顿却勃然大怒,吼道:"地者,国之本也,奈何予之!"(《史记—匈奴列传》)意思很简单:千里马可给,女人可以给,但是土地是国家根本,绝不轻易放手。说完便把主张给东胡土地的大臣杀了。冒顿集结国内兵力,发兵向东袭击东胡,下令全国士兵,有后退的全砍死。东胡早把匈奴看得很低,并无防备,等到冒顿引兵来犯,很快溃不成军,东湖王身首异处,冒顿掳掠了他的奴隶和牲畜。大兵回来后,又挥师向西打败了月氏,向南并吞楼烦和白羊河南王,又全部收回了秦将蒙恬所夺取的匈奴土地。以汉原河南塞为界,到达朝那、肤施,进而侵入燕、代两地。这时的汉军与项羽相持不下,中原地区被战争弄得疲惫不堪,无暇西顾,因此冒顿的势力得到了壮大,手下有能弩弓射箭的士卒达三十多万,设左右贤王二十四长,到此,匈奴王国称雄于大漠南北。

冒顿单于是运用"深藏不露、深不可测、大智若愚、喜怒不行于色"大智慧的典范。表面上看懦弱愚蠢，不断地满足东胡国的奢望，不断的显示自己的懦弱，挑逗东胡国得寸进尺，使之张扬直至张狂。一旦条件成熟，突然发起进攻，一举消灭了东胡国。

要想知道别人"有无""虚实"的真假，不要先夸夸其谈地表达自己，要顺着别人的嗜好欲望不断地满足他的欲望，让他心满意足、满心欢愉，然后就会意忘形毫不掩饰，这样他的真实面目就会逐渐暴露出来。此时，用巧妙的语言技巧吸引他，在他得意忘形的基础上再加一把火，让他更加得意忘形，此时还有什么秘密不能知道呢？如此这般，就可以得到他的真实意图了，先满足欲望，然后为己所用，最后一举拿下。

进退得宜，说话要讲究分寸

在偏僻的山区生活过的人都知道，山区里一般有两条山路：一条是他们走出来的，那是曲曲折折的羊肠小道；另一条是人们利用工具开凿出来的——可以行驶汽车的盘山公路。

不论是哪一条山路，都具有这样的特征：它们都是弯曲的。曲折险峻的山势让人们在它的面前也不得不低下高贵的额头；汽车之所以能够从山脚爬上山顶，除了它自身的动力作用以外，还有盘山公路帮它的忙了，盘山公路的好处就在于尽最大的可能地减缓坡度。这样一来，路程虽然远了一些，却能让你到达目的地。如果你开着车直线往上冲，非但达不到目的，弄不好还落得个人仰马翻。

这是一个非常简单的生活常识，几乎人人都明白这个道理。可是在现实生活中，在人与人的交往中，即使我们明白了这个简单的道理，却不明白由此及彼的道理，这是大有人在的。人人都想走捷径，都明白直线与曲线的距离孰长孰短。坦坦荡荡的人生道路从来就没有的，即使有那也只是相对的。

在人际交往中，说话心直口快，被人们认为是一种率直的品德。这种品德究竟是好还是坏，不能一概而论。在某些情况下，心直口快的确是一种良好的品德。例如，好朋友有了缺点和错误，在他还没意识到的情况下，为了不使他陷得更深，错得更远，直截了当地指出问题，使其尽快地回到正确的道路上来，这就很有必要的；又例如，当有人有困难需要帮助时，刚好我们也有帮助的能力，就应毫不犹豫地给予帮助；再例如，战场上，某一难攻的据点久攻不下，我们主动向指挥员请示，迎难而上，去拿下据点等等。在上述的那些情况下，说话心直口快，就是一种优良品德。

但是，如果换了其他的一些场合，若仍然以心直口快自居，就大成问题了。比如，当你在青春期的某个时期，突然发现自己爱上了某个令你痴迷的姑娘时，你的心情是那样的急切，以致茶不思饭不想，恨不得立刻把她拥入你的怀里，在此心态的驱使下，你不顾对方的意愿、情绪和心态，直截了当地向她表白自己的感情，你以为会让那姑娘头晕、脸红，会毫不犹豫地投入你的怀抱里，但你却没有想到，由于你的草率与鲁莽，不但没有把心爱的姑娘吸引过来，反而把她吓跑了。

又比如，在工作中，有同事误会了你，你事先没有经过调查，没有弄清事情的来龙去脉，便怒气冲冲、火冒三丈地与对方辩驳，强行要求对方把事情说清楚。结果，问题不仅没有弄清，反而却把同事得罪了。此时，为什么不转个弯，寻找其他的方式解决问题呢？

有些人在与人交往时，由于一味地追求直率与坦诚，总抱着一种毫无保留地与对方心心相印的态度，以致完全沟通的幻想。结果，一旦发现对方有些事情瞒着自己，便由此而产生对对方的不信任，更有甚者还抱怨对方不够真心等等。殊不知，我们每一个人都有自己的隐私，隐私是必须保密的。

如今是一个市场竞争十分激烈的时代，商业战争是一场没有硝烟的战争。它和真正的战争一样，也有险恶、诡秘、尔虞我诈等特点。许多心直口快的朋友不明白这一点，结果造成了重大失误，追悔莫及。

李四是一个性情率真的人，几年前，当商品经济的浪潮一阵紧似一阵地拍击中国海岸的时候，他在一位朋友鼓动之下投身商场。由于他一直以来心直口快，他总以为"诚信"为商业之本，所谓诚信，也就是真诚待人，所谓真诚，便是有话就说，直言不讳。结果，第一笔生意就因为这样让他失败了。

一天，经朋友介绍，他去与某公司主管洽谈一笔汽油生意。与主管见面后，对方并不急于切入正题，而是漫无边际地与李四聊起题外话来。从交通问题谈起，接着谈到乘车难，再由乘车难谈到了养车难的若干原因，转了几个弯之后，对方又好像很随意地问了一句："本地汽油行情看涨，不知贵地情况如何？"李四也不留心眼，便以实相告。这下可好了，待到正式洽谈到汽油的话题时，对方知道李四要货心切，便摆出一大堆汽油如何如何紧俏，如何如何难弄，弄到了又如何如何可捞上一笔之类的托辞。言下之意,我之所以愿意与你做这笔生意,还是很看在朋友的面子上,我也很讲信誉,但是价格上,却坚决不退让半步。结果那笔生意以李四的让步而成交,李四虽然也赚了一笔钱,但与原行预定好的差价相比,却不痛不痒地吃了一个大亏,白白地让对方多赚去几十万元。

要成为成功的商业精英,就应该掌握说话的分寸,以下这些内容在社会交往中是切忌谈的:

1.自己的健康状况

除了自己的亲朋好友,没有人会对他人的健康感兴趣。

2.他人的健康状况

患有重病的人,通常不希望自己成为谈话的焦点。不要在遇到病中友人的时候过于关切,如果他回来工作,应像平常人一样对待他,不要提起他所经历的病痛。

3.带有争议的话题

除非很清楚对方的立场,否则应避免谈到具有争论性的敏感话题,如宗教、政治、党派等,以免引起双方抬杠或对立僵持的状况。

4.某物品的价钱

一个人的话题若老是绕着"这个值多少钱?""那个值多少钱?"会让人觉得他是一个俗不可耐的人。某人的房子、汽车值多少钱与他人无关。

5.不幸的遭遇

不要和同事提起他所遭受的伤害,例如他离婚了或是家人去世了等等。当然,若是对方主动提起,则需表现出同情并听他诉说,但不要为了满足自己的好奇心而追问不休。与刚刚遭受到不幸的人谈话,你最好是让他多说。但如果不幸的主角是自己,则在工作时,应尽量不要插入自己不幸事件的话题,因为这将使人很为难——别人不知道该如何表示同情。

6.老生常谈或过时的话题

那些过时了的话题往往引不起他人的兴趣。

7.低级无趣的话题

低级的笑话在房间里说可能很有趣,但在大庭广众之下说,效果就不好了。常说低级的笑话的人会被认为是缺乏能力、无聊可耻的人,人们会认为你只有用这种方式才能吸引别人的注意力。

8.害人的谣言

工作、生活当中有很多散布对他人前途不利谣言的机会,当你要开始说这些害人的话之前请慎重地思考一下:无论是无中生有的,还是这些内容可能都是真的,一旦说出口都会对他人造成伤害。

司马错以拊阖之追胜张仪

一天,司马错和张仪在秦惠王面前争论战事。司马错主张秦国应该先去攻打蜀国,可是张仪却反对说:"不如先去攻打韩国。"

秦惠王说:"我愿听听你的意见。"

张仪说:"我们先跟楚国和魏国结盟,再出兵到三川,以挡住屯留的孤道,这样魏国和南阳的交通就断了,楚军逼近南郑,秦兵再攻打新城、宜阳,这样我们就可以兵临东西两周的城外,惩罚二周的罪过,并且可以进入楚、魏两国。周王在了解自己身处险境后,一定会交出传国之宝。我们拥有九鼎,再按照地图户籍,假借周天子的名义号令诸侯,天下人都会听从我们的命令,这才是以智慧建立霸王之业。至于蜀国,我们大可不必担心,它是一个野蛮人当酋长的国家,地处西方的边远之地,我们根本没有必要劳民伤财发兵前往攻打。臣常听人说:'争名的人要在朝廷,争利的人要在市场。'现在三川周室,乃是天下的朝廷和市场,可是大王却不去争,反而去争夺戎狄蛮夷之郊,这就距离霸王之业太远了。"

司马错听了张仪的分析,立即反驳道:"事情并不像张仪所说的那样,臣认为若想使国家繁荣富强,就必须把扩张领土作为首要大事;若想兵强马壮,就必须把人民富足作为重中之重;若想得到天下百姓的拥戴,就必须广施仁德。如果这三点都做到了,那么自然会获得天下。但事实是,现在大王所拥有的领土太狭小,百姓贫瘠,所以臣认为大王宜用秦国的兵力去攻打蜀国,因为秦国得到蜀国的土地后,便会扩大版图,得到蜀国的财富,进而使百姓富足。虽是用兵却不伤害普通百姓,却能让蜀国自动屈服。可见,我们只要做伐蜀一件事,就可以名利双收,还可以得到除暴安良的美誉。但是,如果现在我们去攻打韩国,就等于是劫持天子,这样不仅得不到任何利益,还会落得一个不仁不义的骂名。况且,周天子是天下的共主,同时齐国还是韩国与周国的友邦,如果周王知道九鼎要失去了,韩主知道三川要失去了,两国必然要联合起来,联络齐、赵去解楚、魏之围。两国会主动把九鼎献给楚国,把土地割让给魏国,这一切大王是制止不了的,这也就是臣所说的危险所在。所以,我认为先伐蜀国才是万全之计。"

秦惠王说:"很有道理! 寡人听你的。"

于是,秦国就出兵攻打蜀国,经过十个月的征讨,终于占领了蜀地,把蜀主的名号改为侯,并且派秦臣陈庄去做蜀的相国。

司马错通过对目前秦国的政治经济形势的分析,提出了"先伐巴蜀,再立霸业"的方略;更可贵的是,司马错能够认识到"捭阖者,天地之道。""纵横、反出、反复、反忤,必由此矣。"所以,他将其运用到游说之中,把国家富强与扩张领土、兵强马壮与人民富足、得到天下与广施仁德之间互为转化的对立关系一五一十地摆在秦惠王的面前,目的是让秦惠王顺着他的思路思考问题,认识实情,与时俱进,逐步地摄取对方的内心,认可自己的建议。而张仪虽然贵为连横派的领袖,但由于谋划失误、急于冒进、脱离实际,所以这次败给了同样滔滔雄辩、足智多谋的司马错。可见,将捭阖之术运用得恰如其分,不仅能帮助对方了解实情,调解思绪,也能促使对方认可自己的见解,使双方达到共鸣。这些都有利于事情的顺势发展。

子贡一开一合解除国难

公元前 484 年,齐简公派遣国书为大将,带领军队攻打鲁国。孔子听到消息后非常吃惊,连忙召集自己的学生商讨对策。子贡自荐,说自己有办法解除鲁国的危难。

子贡先拜见了齐国的右丞相陈恒,对他说:"鲁国的城池施工简单,很容易攻破,而且国君大臣都懦弱无能;而吴国城墙又高又厚,兵多将广,很难征服。"

陈恒听了很生气,子贡走近一步接着说:"我知道丞相和国书等人有矛盾。国书带兵攻打弱小的鲁国,很容易取胜,这样一来他就会因自己的功劳而对您构成威胁。"

陈恒脸上开始变色,显出急切的样子,子贡见状接着火上浇油:"如果您设法让国书攻打吴国,那么他将面临很大困难,甚至有可能身败名裂,这

子贡

国学经典文库

鬼谷子全书

·《鬼谷子》释义通解·

图文珍藏版

对丞相稳固自己的大权实在是太妙了!"

陈恒听了茅塞顿开,但是他又考虑到贸然让国书攻打吴国会引起别人的怀疑。

子贡似乎看出陈恒的心思,于是接着对他说:"只要丞相暂时叫国书按兵不动,我可以立即说服吴国救鲁伐齐,这样就可以名正言顺地攻打吴国了!"

陈恒欣然同意。子贡连忙赶到吴国,说服夫差救鲁伐齐,一场大战就这样开始了。吴国与鲁国合兵一处,很快打败了齐。

事实上,一开一合的目的就是为了让对方将实力和计谋全部暴露出来,以便对对方做出准确的估计,然后根据不断探测,实施说服。说服时捭阖两者必须密切配合,不能顾此失彼。一开一合的反复,就像一个圆环,开合环绕其上,开到了极点又复归于合,合到了极点又复归于开。如此往复无穷地运用,就一定会成功。而子贡游走于吴国与齐国之间,正是巧妙地使用了连环计,最终才解除了鲁国的危难。

闾徽因不懂"阖术"而被罢官

秦朝末年,在楚地有一个叫闾徽的人,他为人真诚和善,乐于助人,是远近闻名的大侠士。大家都知道,只要是闾徽答应朋友的事情,无论多么困难,他都会设法办到,从来没有失信于人。

楚汉相争时,闾徽成为项羽的部下,他曾几次献策,每次都使刘邦的军队吃了败仗。后来,刘邦当了皇帝后,想起这事,就气恨不已,想要捉拿闾徽问罪。

但是,平日里由于闾徽为人和善,侠肝义胆,很多朋友都在暗中帮助他。

一天,闾徽经过化装后到山东一家姓刘的人家当佣工。刘家明知他是闾徽,仍收留了他,并将其当作上宾一样招待。不仅如此,刘家又到洛阳去找刘邦的老朋友汝阴侯夏侯婴说情。刘邦在夏侯婴的劝说下撤销了对闾徽的通缉令,还封闾徽做了郎中,不久又改做河东太守。

闾徽很感谢刘家的收留之恩,他允诺一定要报答刘家的大恩。

后来,刘家遭小人诬陷,全家受到牵连,沦为囚犯。诬陷刘家的人便是闾徽的同乡人鄂俞,此人专爱结交有权势的官员,借以炫耀和抬高自己。

鄂俞听说闾徽又做了大官,于是马上去见闾徽。

闾徽听说鄂俞要来,就下定决心要紧紧抓住这次报答刘家的机会。

间徵见到了鄂俞,正准备训斥他一番,可没想到,鄂俞一进厅堂,就对间徵吹捧道:"我听到楚地到处流传着'得黄金千两,不如得间徵一诺'……"

间徵听了鄂俞的这番话,更加厌恶他。终于忍无可忍,没等鄂俞把话说完,便责问鄂俞为什么诬陷刘家,并手起刀落为刘家报了血海深仇。

结果,间徵为此被罢官发配充军。

间徵为人坦荡,大公无私,得到众人的敬佩和帮助。但是,因为他不懂得"阖术",有勇无谋,导致自己被免职发配。俗话说:忍一时风平浪静,退一步海阔天空。所以,凡事都要从多方面、多角度进行分析和思考,要考虑周详,懂得灵活多变,不拘一格,把事物的正反两个方面都分析透彻,这样才能更好地解决问题,让自己全身而退。

上官桀以"开"换取真诚相待

汉武帝在位时,他非常欣赏未央宫御马官上官桀,此人聪明机警,尤其精通养马之道。

有一段时间,汉武帝因身体欠佳,为了强身健体常在宫廷外骑马游猎。待汉武帝病体痊愈后,他发现宫中的御马比以前瘦了很多,心疼不已,立即把上官桀找来,气愤地指责他说:"你身为御马官,照料好御马是你的职责,为何御马如此瘦弱? 你是不是以为寡人会一病不起,连御马都没有办法看一眼了?"汉武帝说罢,准备命人把上官桀关起来,将他治罪。

这时,上官桀申辩道:"就算微臣吃了熊心豹子胆也不敢这么想啊! 臣得知陛下龙体欠安,臣就寝食难安,整日担心陛下的身体,根本没有心思喂养御马。这是臣的失职,如果陛下一定要治臣的罪,臣不敢有一句怨言,只要陛下龙体安康,臣死而无憾!"上官桀还没有把这一席话说完,就已泣不成声了。

结果,汉武帝被上官桀的忠心和真诚打动了,此后对他格外器重,提拔他为骑都尉。在汉武帝晚年时,上官桀又奉遗诏辅佐少主。

上官桀正是以"开而示之",换取了汉武帝的真诚相待和对他的重用。但要提醒大家在运用捭、阖两种游说技巧时,必须根据阴阳两种不同人物来加以使用,并从实际出发,根据实际情况决定用捭还是用阖;要认清对方是遵从阴道,还是遵从阳道。这是运用捭阖术的一个很重要的前提条件,往往影响交际的效果。

元昊用"捭阖之术"得以安存

元昊建立夏国后,兵力薄弱,势力也很小,但与其相邻的辽国和宋国都是兵多将广,实力雄厚的国家。为了占据西北地区,他采取了以"闭合之术"为主的外交政策。

元昊即位的时候,恰逢宋朝向辽国纳贡议和,他利用这个大好时机,根据实际状况采取了"联辽抗宋"的策略,再一次向辽国提出了联姻的请求,娶兴平公主耶律氏为妻,并亲自到边境迎亲。虽然他接受了宋朝的封号,但接诏书时故意不行跪礼,并慢待宋朝使节。

当时,宋夏边境十分混乱,不断有小规模的冲突出现,元昊据陕东征,更

元昊

结契丹,同时常常出兵进扰,导致宋朝陷入了"两面夹击"的困境,难于应付。当西夏经过了几次征战,兵乏势减之时,辽国乘虚而入,不仅收留了边境上的党项族叛民,还打着夏辽"甥舅之亲"的幌子,想要借此压服元昊。元昊面对这一现状,毫不畏惧,他也诱降了辽国边境的部族投奔西夏。他在与宋朝谈判时,不惧辽国的威胁,称男而不称臣,进而致使辽夏的关系变得十分紧张。

辽圣宗对此恼羞成怒,准备举兵问罪。元昊见形势不妙,便立即同宋朝签订合约,同意不再为"名义"问题而坚持长时间的争执。同时,他还派人偷入辽境,把辽军的粮草全部焚毁,彻底断了辽国出兵报复的企图。这样,就避免了他陷入两面作战的危难境地。

不久,元昊运用"诱敌深入"的方法在贺兰山大败辽军。随后,他优待辽俘,并派人同辽议和,照惯例纳贡,最终营造了宋、辽、夏三国处于鼎立之势的完美局面。

我国北宋时期的外交关系十分复杂,除了宋辽对峙外,西夏国也参与其中。元昊作为弱小的西夏国的元首,他能够根据宋辽实力的强弱,不断修正自己与两国的亲疏关系,多次在打了胜仗后议和,表现了他在制定外交政策时能够善于把握时机,懂得利用大国间的矛盾,以"闭合"之术,周旋于大国中间,使本国

始终处于安然无恙的地位。可见,在外交方略上,"开合"有度是最佳的方法。

闭合有度,而做"独狼"

1979 年一天,巴西奥拉里亚俱乐部的教练席尔瓦在街头见到这个来自贫民窟的十三岁男孩,问他道:"听说你球踢得不错,有没有想过以后能够成为一个专业球员?"

一个星期后,这个孩子正式成为了奥拉里亚少年队的一员,他就是罗马里奥。进入奥拉里亚俱乐部后,他非常努力,这使原本就有踢球天赋的他进步神速。

四年后,罗马里奥成为巴西奥拉里亚俱乐部的一线球员,开始谱写了他的那段传奇生涯。同年,十七岁的罗马里奥第一次登上国际舞台,为巴西队赢得了世青赛冠军。

不过,优秀的罗马里奥有一个令人十分头疼的问题,就是他无论是在俱乐部,还是在国家队,他都很难与队友和教练相处融洽,因为他在具有高超球技的同时,还有桀骜不驯的个性,讽刺教练、挤兑队友、殴打球迷,至于训练偷懒、擅自离队更是家常便饭。他的这种性格令所有人对他都望而却步,甚至是避而远之,这就导致他在日常生活中总是一个人独来独往,因此人们给他一个称呼——"独狼"。

罗马里奥在埃因霍温的主教练之一老罗布森就曾回忆说:"罗马里奥是我在毕生执教生涯中前所未遇的天才,但他也是我见过的最难合作的人之一,我无法改变他,只有绞尽脑汁,想办法和他相处得好一点。"

罗马里奥那种我行我素的行事风格,也给他带来了难以磨灭的苦难。由于他与队友相处得不融洽,久而久之便失去了队友对他的信任。但对于一个球队来讲,这是一个团体,而"相互信任"则是团队取胜的基石,若是缺少了这一重要因素,就意味着失去了一个球队的意义。所以,巴西队主教练扎加洛无奈把罗马里奥排除在国家队之外,最终巴西队也只得到了亚军。也许很多人都认为这是罗马里奥没有参加的原因。但在 2002 年日韩世界杯的时候,斯科拉里成了巴西队的主教练,而他依然顶住重重压力,还是没有让罗马里奥重返国家队,不过巴西队这次却夺得了冠军。这场比赛的结果把罗马里奥在"个人的超高球技"与"球队的团结力量"的博弈中定格为一个彻底的失败者,由此也验证了一个"独狼"难以在任何环境下"生存"的道理,因为一个一意孤行的独行者注定会被大环境淘汰。2007年年底,罗马里奥被检查出服用违禁药物而被禁赛,这一事件的发生促使他最终选择退役,永远离开了球队。

罗马里奥在足坛上谱写的传奇很难被复制,但他注定只是一匹"孤独的狼"、一个难以合作的独行者,所以他只能留下精彩的足迹,却留不住永恒的辉煌。

罗马里奥是一个有天赋的球员,可惜他不懂得开合之术,只是一味地按照自己的意愿行事,由于没有通过开启展示出去,或者是通过开启接纳进来,所以无法适应事物发展变化,最终难逃被淘汰的命运。可见,一个有超凡能力的个体一旦脱离了团队支持,失去了他人的信任,将很难继续展现个人的风采。

俗话说:三个臭皮匠,赛过诸葛亮。因为一个人的力量是有限的,即使是某一个人在某些方面有独特的才能,取得了成绩,也只能是暂时的。但凡成大事的成功人士,他们的成功与他们处理人际关系的能力是分不开的,不仅做到了"捭而出之,捭而纳之",还做到了"阖而取之,阖而去之"——"闭合有度",这样才能得到众人的支持和信赖,每当危急时刻,才会有人站出来助他一臂之力,最终使自己走向辉煌的成功。

魏征把握良机成功进谏

贞观十二年的一天,唐太宗宴请群臣以庆祝皇孙的诞生。

席间,唐太宗兴高采烈地说道:"贞观之前,助我夺取天下的功劳应归于房玄龄;贞观以来,帮我纠正各种谬误的功劳应归于魏征。"

说罢,命人取来两把特别精致的佩刀,分别赐给房玄龄和魏征。

房玄龄爽快地接了过来,而魏征却沉重地说道:"臣实在受之有愧啊!"

太宗奇怪地问道:"此话怎讲?"

魏征回答道:"近年来,政事已不大如贞观之初,这表示我并没有尽到纠正各种谬误的责任,所以受之有愧。"

太宗诧异地问道:"难道我的政事不如以前吗?"

魏征回答道:"陛下的权威比贞观初年是高了很多,但人心悦服就不如以前了。"

太宗不解地问:"何以见得呢?"

魏征答道:"陛下以前总是为国家忧虑,所以政绩越来越好,但现在以为国家已经治理好了,心安理得,所以自己就不如过去了。"

太宗说:"我现在所做的事和过去做的事没有分别,你怎么说不同了呢?"

魏征回答道:"贞观年初,陛下唯恐群臣不提意见,经常鼓励大家要勇于表态,若遇到有人进谏,也能欣然地接受。但近年来,虽然陛下也接受了一些意见,可心里不服啊。"

魏征

太宗听了魏征的话,很吃惊,忙问道:"你这样说,有什么根据吗?"

魏征顺势回答道:"陛下刚即位时,判元律师死罪。大臣孙伏伽进谏,提出不应该判以死刑,陛下接受了意见,而且还嘉赏于他。有人说赏得太厚了,可您认为,孙伏伽是您即位以来第一个向您提意见的人,所以要厚厚的奖赏他。您这样做也是为了鼓励他人主动进谏。"

魏征又接着说道:"前几天,皇甫德参上书,认为修洛阳宫是劳民伤财,收地租会给老百姓带来沉重的压力。陛下当时还要惩办皇甫德参,只是因为臣苦苦地规劝,陛下才没有治罪于皇甫德参。其实,这就是勉强接受意见了。"

唐太宗因为喜得孙儿,兴致大好,所以听了魏征的一席言语后,不但没有恼怒,反而笑言:"我要把你刚才所说的话一字一句抄录在屋中的屏障上,早晚阅读以提醒自己,还要史官将其写入历史中。"

人生最大的憾事就是信息、时机与自己擦肩而过;人生最大的惊喜是信息、时机被你及时把握,而使你命运亨通。成功者之所以成功,就在于他们具有与圣人相同的智慧,不仅懂得开阖之真谛,且善于洞察事物发展变化之关键,更善于把握时机,无论是行事,还是进言,他们都能凭借信息对不同的情况做出最正确的反应。魏征正是乘着唐太宗心情愉悦的时机,恰如其分地批评太宗,向他进谏,使太宗欣然地接受了他的进言。可见,开合之术用于游说上层决策者的时候,一定要把握良机,只有这样,才能事半功倍。

高洋韬兴养晦成就霸业

北齐时,高欢辞世之后,长子高澄继任大丞相,都督中外诸军,在晋阳执政;次子高洋则被封为京畿大都督,在邺都辅佐朝政。

高澄与高洋虽然是两兄弟,但他们在为人处世,待人接物上则有着天壤之别。高澄为人凶暴残忍,大胆妄为,狂妄不羁,往往自恃功高而到处显露锋芒,他总揽朝政,不可一世。而高洋为人谦逊有礼,温文尔雅,讷言少语,他对国家大事往往表现出不以为然,得过且过的姿态。也正因为如此,文武百官素来都看不起他,认为他成不了大器。

高洋对兄长高澄从来都是百依百顺。无论高澄的行为有多不耻,高洋都会睁一眼闭一只眼,一笑而过。久而久之,高澄就认为高洋是胆小怕事之人,他常说:"我的这个弟弟若能富贵,那么预言吉凶贵贱的相面书就没有办法解释了。"

退朝后,高洋回到家中常常是闭门静坐,他一天说的话都能数得过来,即使对妻妾也说不了几句话。有时,他则脱了鞋,光着脊梁在院子里奔跑不停。但就是这样一个被大家忽视的愚钝憨厚之人在局势突变时转变成了一个令人称赞不已之人。

一次,高澄因对皇帝元善不满,亲自来到邺都,与几个心腹大臣密谋废立之事,但不幸的是,最终高澄却被家奴兰京聚众刺杀身亡。

高洋得知这一情况后,处变不惊,沉着以对,他率兵赶至邺都,把兰京等人全部捕杀。事后,他对外宣布高澄只是在家奴造反时受了点伤,并无生命危险。接着,他又向皇帝元善请求护送高澄返回晋阳养伤。元善应允了他的请求,此时皇帝的心里暗喜,认为高澄受了伤,而高洋胆小无谋,难成大器,威胁不到帝室了。

高洋回到晋阳后,立即召集群臣布置政事,他不仅革除弊政,且根据客观实情推行新法,一年后,高洋将晋阳治理得井井有条,国泰民安,文武百官对此惊叹不已。直到此时,高洋才宣布高澄已经去世,为其兄发葬。

元善认为高洋不是野心勃勃之人,便晋封他为大丞相,都督中外诸军。几个月后,高洋率兵抵达邺都,逼迫元善帝禅位。高洋手捧玉玺,登台面南,改国号为齐。

所谓的"韬光养晦"正是一种隐藏才智,不露真心,蛰收锋芒,待时而动的谋略。北齐开国皇帝高洋正是因为精通这种高超的谋略,以"闭"为自守之策而成就帝王大业的。

陈平一言"同其情"

陈平投奔刘邦后,被提拔为都尉,刘邦非常信任他。这遭到了朝廷中很多臣子的嫉妒,尤其是周勃和灌婴,他们经常在刘邦面前诋毁陈平:"虽然陈平的长相姣美,就像戴着帽子的玉石一样,但肚子里却是空空的,没有奇谋异策,为人也不懂得变通;在魏国的时候,由于做事不当,难以容身,所以才归顺了楚王;归顺了楚王后由于不合心意,才来投奔汉王。如今,大王非常器重他,还让他做了高官。可我们听说,他常常接受将领们的行贿,给得越多待遇越好,给得越少待遇就越差。所以,请大王千万不要轻信这个反复无常,做事没有原则的人,对他的言行也要认真地审查才好啊。"

刘邦听了大臣之言,心中自然有些顾虑,于是,他将陈平召来,责问道:"你侍奉魏王未能投合,就离开了魏王去投奔楚王,现在又投奔。这一点让我很不理解,试问诚实守信之人怎么能够如此三心二意呢?"

陈平回答说:"大王您有所不知,当初我追随魏王,魏王不器重我,所以我离开他。而楚王满腹疑虑,不相信任何人,他所任用的除了项氏本家就是他夫人的兄弟亲戚,即使是奇谋之士,他也绝不重用,我为此而离开他,应该能够说得通。我之所以投奔汉王您,是因为听说您任人唯贤,重视人才。我独自一人前来,若不接受钱财根本无法生活。如果我的谋略有些许价值,敬请大王加以采纳,如果我的谋略没有任何价值,我收受的金银还在,可以请大王封存起来交给官府,我也请求离开。"

汉王听了陈平的话,才了解陈平是

陈平

国学经典文库

鬼谷子全书

·《鬼谷子》释义通解·

图文珍藏版

一个胸怀大志、深谋远虑之人,不仅向陈平道歉,还重重地赏赐他,并任命陈平为护军中尉,监督所有的将帅。

陈平能够用简略的语言打破了周勃和灌婴等人的谗言,最终重获汉王的信任,并得到封赏,就是因为他懂得遵循开启和闭合之术的法则。他根据汉王责问的目的,先略微排斥对方所说的话,然后加以反驳,将真实情况展示给对方,让对方知晓真相,进而以崇高来求索博大和信任。

另一方面,陈平能够利用对立和顺合的规律进行考察,选择适合自己的贤明君主,进而建功立业。职场新人,初涉职场,如能有这样明智的心态和视角,就具备了很高的职业成熟度。不过,需要提醒职场新人,由于经验和阅历尚浅,所以,起初最好采取"太极式"的开合有度之术,即与领导和同事说话应委婉、含蓄,绵里藏针。当面对对方咄咄逼人之势时,说话时避其锋芒,明话暗说,甚至装糊涂,善用隐语,从而达到"同其情""异其诚"之效。

李嘉诚捭阖有度创佳绩

20世纪60年代,香港政府修改建筑条例,并公布要在五年后正式实施。这个消息一出,许多地皮拥有者,为了避免新条例实施后吃亏,都极力赶在政策施行前建房。一时间,炒风空前炽热,一些专业炒家也应运而生。在这股风起云涌的炒风中,有一个人却始终保持着清醒的头脑,他就是李嘉诚。他有别于那些目光短浅的商人,以长期投资者的身份出现在地产界,而且他还是长期投资者中的保守派。他认为:买空卖空是做生意的头等大忌,其实,投机地产就如同投机股市,有很大的风险,"一夜暴富"的后面,往往就是"一朝破产"。

果然,几年后,香港明德银号宣告破产,究其原因,就是"参与房地产投机,使其缺少流动资金,丧失了偿债能力"。此时,那些激进冒险的地产商、或观望、或破产,而"保守"的李嘉诚却仍在地产低潮中稳步拓展。

1966年年底,香港房地产从低迷中呈现出一线曙光,地价、楼价也随之回暖。各大银行经过一年多的"闭关修炼",元气渐渐恢复,能力复苏后,开始重新资助地产业,一些地产商借此机会,跃跃欲试,准备东山再起。但就在此时,香港掀起了"五月风暴",触发了自二战后第一次大移民潮。移民大多是有钱人,他们纷纷以低价抛售物业,但整个房地产市场卖多买少,很多新建楼盘无人问津,出现了有价无市的尴尬局面。地产商们个个焦头烂额,一筹莫展。此时,拥有众多地盘和物业的李嘉诚也忧心忡忡。他不时听广播,看新闻报纸,密切关注事态发展。

李嘉诚通过仔细研究得出结论,香港的"五月风暴"也不会持续太久。

他经过深思熟虑,做了一个惊人的决定——人弃我取,趁低吸纳。

于是,李嘉诚逆境而行,坚信乱极则治,否极泰来。大规模移民潮虽然渐渐退去,但移居海外的业主仍急于将其产业贱价脱手。他认为这是拓展事业的最佳时机,于是,他把塑胶盈利的款项和物业的收入尽量积攒下来,用这些钱把买下的旧房翻新,再出租出去。他又利用地产低潮、建筑费低廉的良机,大量兴建物业。

到了20世纪70年代,香港百业复兴,地产市场转旺。李嘉诚凭借自己独特的智慧,最终成为这场地产大灾难中的大赢家。

李嘉诚的成功正是因为他在思考问题时,不以投机作为赌注,而是坚持从细微之处着手,思考周全,并随机应变,懂得何时用捭术,何时用阖术,何时该进,何时该退,才让他不断地走向事业顶峰。

生活中,许多人都感叹命运不公,抱怨着自己的聪明换不回最终的成功,却从未想过,他们之所以遇此境遇,是因为在动脑筋时不注重细节。如果没有看清情况就仓促行动,很可能会使人做出蠢事。真正的智者,他们在行动之前的决定都是由一连串的判断产生的,深思熟虑,并能在做细的过程中找到机会,从而使自己走上成功之路。

以"阖"求"捭",另辟新径

十九世纪,从美国加州传来了让世人欣喜若狂的消息——在这里发现了金矿。对于许多人来说,这是一个千载难逢的发财机会,所以来自世界各地的人都纷纷奔赴加州挖掘金矿。

当年,有一个刚满17岁的男孩,也是淘金队伍中的一员,同别人一样历尽千辛万苦,到达金矿宝地的加州。当每一个人都陶醉在这个淘金事业之中,而且随着发现金矿消息的广泛流传,越来越多的人纷至沓来,一时间加州遍地都是淘金者。慢慢地,金子和淘金者捉起了迷藏,金子变得越来越难淘,一切不能尽如淘金者的意愿。不但金子很难淘出,而且淘金者在这里的生活也变得越来越困难。因为美国加州的气候非常干燥,水源奇缺,这样的不利环境,导致很多不幸的淘金者不但没有圆致富发财之梦,反而丧身此处。而那个男孩和所有的人一样,经过一段时间的努力,不但未淘到金子,反而由于长时间的挖掘工作,常常饥渴难耐。

一天,听着淘金者不断抱怨缺水的叹息声,男孩望着水袋中那所剩无几而舍不得喝的水,突然想到:既然在这里淘不到金子,还不如卖水赚点钱,而且自己也可以解决口渴的难题,一箭双雕,何乐而不为呢?

于是,男孩毅然放弃对金矿的执着,将手中挖金矿的工具变成挖水渠的工具,从远方将河水引入水池,再用细沙过滤,如此一来,清凉可口的饮用水呈现在他的面前,这让男孩开心不已。他将这些水装到瓶子里面,卖给那些淘金者。

当时,很多人看到男孩放弃金矿,去开凿水渠,人人都嘲笑他,说他胸无大志:"千辛万苦地来到了加州,不挖金子发大财,却干起这种蝇头小利的小买卖,这种生意在哪儿不能干,又何必跑到这里来?"然而,男孩对于别人的嘲笑却毫不在意,继续挖水渠,卖他自己的水。他心想:走到哪里都不能有这样的好买卖,把几乎没有成本的水卖出去。虽然水在其他的地方是不值钱的,但在这里,水却成了最宝贵的物质。

俗话说:物以稀为贵。所以,水在这里才能拥有如此庞大的市场。最后,很多淘金者都空手而归,而这个聪慧的男孩,由于他懂得遵循客观规律,及时转换思维,知难而退,以退为进,使自己在很短的时间靠卖水赚到了几千美元,这在当时,可算是一笔非常可观的财富了。

故事中的男孩非常聪明,他在观察了实际状况后,发现淘金之路不好走,所以毅然放弃了这条不归路——"阖"之,随即又根据客观现象,另辟新径,开拓了水的市场——"捭"之,最终得以"阖而捭之,以求其利"。

可见,只有那些善于灵活运用自己思维的人,才是真正的智者。他们的思维能放亦能收,能够迅速判断出哪条路是可行的,哪条路是不可行的;知道什么时候该退,什么时候该进。无论在什么情况下,他们都能寻找到一条致富的途径,不让成功和财富与自己擦肩而过。

老者以"阖术"成就辉煌

有一位老者,他是个非常成功的企业家,但他有一个习惯:从来不吃早餐,也不吃保健品。一般到这个年龄,各个方面的压力都比较大,身体也会处于一种亚健康状态,而他的身体非常健康,每天都是红光焕发,喜笑颜开。

有一天,一个老友好奇地询问他其中的奥妙,他笑着回答道:"其实也没有什么特殊的秘诀,我就是一个字——傻。我什么都不懂,只懂经营管理和喝酒。"其实,谁都清楚像他这样成功的人,他的成功之路绝不会是一块没有人间烟火的净土,在商场的竞争中,也绝不会缺少人情世故的干扰和与竞争对手之间的较量。但正是一个"傻"字将一切都遮掩过去了,因为"傻",没人为难他,因为"傻",没人伤害他,因为"傻",不用为计谋而劳神,更不用为算计而费心,如此一来,反而为自己赢得了一份好心情、一个好环境,能够集中精力做自己该做的事情了。所以,他才会享受成功带来的喜悦。

故事中的老者从来不把别人当傻瓜,反而将自己当"傻瓜"的原则,正是对"捭阖术"的最好运用,这是一种很高的智慧和境界。大道至简,但简易不等于容易,简单也不等于愚钝,单纯更不等于幼稚。

我们都知道一种娱乐活动——下棋,这是一个能够真正考验双方智商的玩法。在弈棋时,往往有这样一个定律:低手下棋会有一厢情愿的思路:"这盘棋,我想怎么赢就能怎么赢,因为我懂得棋术。"但事实上对手的棋术远超于他,一厢情愿的思路全是漏洞,当然很容易被对手打败。而高手恰恰相反,他在思考棋局的时候,不是把敌人当弱智,而是替对手设想出一个最强的应对方案,再为自己制定一个能够破解那个方案的计划。这样就会把对手的一切活动都掌握在自己的手中,正所谓:"大直若屈、大巧若拙、大辩若讷、大勇若怯、大智若愚",都是告诫世人不要自以为是,否则将会弄巧成拙、得不偿失。

美人计挤走孔丘

春秋前期,齐国出了位大政治家管仲,他辅佐齐桓公,九合诸侯,一匡天下,成为五霸之首,鲁国也得听令于齐。可是,自管仲死后,齐国却一蹶不振。直到春秋后期齐景公时,齐国又出了一位贤相晏婴,国势才又出现上升势头,才又呈现出压倒鲁国之势。

但在这时,鲁国却也出现了一位思想家孔丘,并逐渐得到鲁定公的任用。在齐鲁夹谷之会上,鲁国因有孔丘辅佐,齐国就没讨到便宜。为此,齐景公很是忧愁,便对大夫黎弥说:"鲁国日见强盛,有压倒我国之势,如何是好?"黎弥说:"这个容易。擒贼擒王,把关键人物制住,就不怕鲁国压倒我国了。只要把孔丘挤走,鲁国就强盛不起来,"齐景公说:"这道理我也知道。可孔丘如今正得宠,怎能把他挤走呢?"黎弥说:"这好办。俗话说:饱暖思淫欲,贫穷起盗心。鲁君本是好色之徒,其手下臣僚中亦不乏好色之辈。孔丘却是讲'政者正也',强调国君要做表率的。我们送一队女乐给鲁君,让他沉迷其间。孔丘见国君如此,必定生气,觉得前途黯淡,就会自动离开。"景公说:"好!"便依计而行,令黎弥去挑选了八十名美女,教以歌舞,授以媚术。训练成熟之后,又选出 120 匹好马,特别修饰,配以雕鞍,连同美女,一起送到鲁国,暂时被安排到鲁都城南门外驿馆中。

鲁国重臣季斯本是好色之辈,抢先得到这一消息,心中乐不可支,便偷换便服,乘车去南门外偷看,以探虚实。只见齐国美女正在轻歌曼舞,妖声遏云,舞态弄风,直把季斯看得目瞪口呆,意乱神迷。自此之后,他天天微服去南门外欣赏,连朝见君主的事也忘了。直到定公三番五次宣召,才把他召进殿里。定公把齐国赠送美女、名马的信交与他看,商量定夺之策。他一口答应,并添油加醋地描述起齐女之美态,直把定公说得按捺不住,立时换上便服,与季斯前去偷看。其实,齐使是认识这位定公的,见他偷偷来看,便知事情成了一半,于是暗中传令,让舞女使足媚劲,加力表演。舞女得令,摆臀摇胸,扬手亮腿,巧笑媚视,手引眼勾,直把定公看得神荡魂飘,齿酸涎流,立即回宫,传见齐使,接受美女名马。自此,"春宵苦短日高起,君王从此不早朝。"鲁定公一心只在美女身上,早把国家大事抛在九霄云外。

孔丘闻说,连连叹气,子路便劝他离鲁周游,以求明君。孔丘并不甘心,说:"不几天便是郊祭大典了,看国君的表现再说吧!"哪知郊祭那天,定公心不在焉,草草祭完,连祭肉都没顾上分割发送,便急急忙忙回宫享乐去了。孔丘长叹一声,终于下定了决心,离开鲁国,开始了他那长达 14 年的周游。自此之后,鲁国一蹶不振,成了齐国的附属国。

"观阴阳之开阖以命物,知存亡之门户",就是通过观察阴阳、分合等自然现象的变化,对世间万事万物的变化进行辨别,并进一步了解和掌握事物的本质属性,从而找到解决问题的关键所在。而在处理事件中最关键者莫过于去掉对方的关键人物。这就是"擒贼先擒王"的道理。齐国设美人计麻痹鲁国君臣,气走使鲁国走向强盛的关键人物孔丘,鲁国从此一蹶不振,并沦为齐国的附属国,从而达到了制服鲁国的目的。

利用水、火助攻

秦末项刘争霸之时，刘邦派韩信率兵攻下齐国，齐王田广狼狈逃窜，退至高密（今山东高密西）固守，并飞骑向项羽求救。项羽派大将龙且支援。龙且急于交战邀功，不听别人劝阻。于是，与齐楚联军在潍河两岸摆开了阵势。

头天晚上，韩信派人先到上游，用一万只泥袋将潍河主流堵住，汹涌的河水顿时减缓了许多。第二天，韩信率领一半人马涉过潍河攻击龙且。

龙且亲率兵马迎战。交手不久，韩信佯装不敌，撤回河西岸。龙且一见大喜，立即挥兵涉河，追杀韩信。韩信命人扒开堵住河的泥袋，积蓄了半夜的河水卷着波涛，汹涌而下，一下子把涉河的龙且兵马截成两半。河中的兵士被冲走。过了河的兵马一看后无援军，也无心恋战，被韩信返回头来杀得抱头鼠窜，龙且也被杀死。没过河的兵士失去了指挥，也像无头苍蝇般乱撞。河中水流过后，又恢复了平日的流量。韩信带兵渡过潍河，乘胜追杀，大获全胜。

火也是战争中的关键凭借物。火烧赤壁，大挫曹操大军的故事已为大家熟知。几十年后，东吴陆逊又用此计大破刘备。

刘备大将关羽目中无人，被东吴杀掉。刘备为替义弟报仇，不顾联吴大局，率20余万大军杀奔东吴。东吴求和不成，派镇西将军陆逊率5万人马迎战。两军相持了半年，未分胜负。时值盛夏，天气炎热，刘备便命大军沿江扎营，40余座大营相连，绵延700余里。陆逊见状，命人带上火种，顺风放火，隔一营烧一营，霎时，40余营皆被引燃，成了一条700余里长的大火龙。蜀军损兵折将，刘备也险些被俘，自此大伤元气。

"见变化之朕焉，而守司其门户"，就是及时发现事物发展变化的征兆，从而把握和利用事物发展变化的关键，以求因势利导。水也好，火也罢，作为战争中的关键之物，在于人去运用。两军相争，智者取胜。你能根据天、地、时等具体情况，巧妙地运用它，你就可能取胜制敌；否则，被敌人运用，你便会惨败。关键在于你能否会利用，会不会"守司"。

白花油守司品牌

白花油企业的创业者颜玉莹原是做糖果、面包等小生意的。结婚后妻子刘氏从娘家带来一则祖传秘方白花油，这种药油由薄荷脑、冬季绿油、桉叶油、熏

国学经典文库

鬼谷子全书

·《鬼谷子》释义通解·

图文珍藏版

衣草和樟脑等天然草药配制而成。主治肚痛、感冒鼻塞、防治蚊虫叮咬等小毛病。原本这自制药只是家用,因药效特好,亲朋好友纷纷来讨用。有鉴于此,颜玉莹突发灵感,决定试销白花油。

为了打开白花油销路,使白花油家喻户晓,颜玉莹用出奇制胜的手法大肆进行宣传。他亲自和伙伴们一起,到港九新界每个角落张贴街头广告,或钉上铸有白花油字样的铁皮商标以广招顾客。后来他又想法子把铁皮商标钉在流动船只上,以吸引市民注意,而每月付给船主的广告费仅一元或几角就够了。这种广告费用少,收效大。他最成功的一次宣传,也许要算1953年在香港的义卖救灾运动中,因捐钱最多而摘取慈善桂冠,因此,白花油销路直线上升。为了长期吸引人们使用白花油,他还在香港开设了白花油慈善会有限公司。凡报名成为会员的,只要每月购买一瓶白花油,此人去世后,其遗产继承人便可以领取一笔可观的抚恤金。这种做法很吸引人,该慈善会吸收会员最多时达一万人。白花油的声誉也随之兴起,变得家喻户晓。

白花油所以能够长销不衰,除效果好、宣传有力外,以不变应万变的策略也是很重要的一个原因。该企业从开创至今,60年来它的配方成分始终没变,就连它的玻璃瓶子的设计和外壳包装也一成不变。颜玉莹认为,一种为消费者欢迎的商品形象,是经过长年累月的经营才建立起来的,它的包装形象已深入用户脑中,不应轻易改动。一种药能够风行几十年,是经过了用户的考验,认为确实有效才能生存下来。既然它已被用户所接受,贸然更改成分肯定是不明智的。

在商战中,树立商品的品牌形象,"守司其门户"以不变应万变取得成功的不乏其例。白花油企业深谙变与不变的道理,60年来不仅药油的配方成分始终没变,就连它的玻璃瓶子的设计和外壳包装也一成不变,成功地维护了商品的质量品质和固有形象,使自己在激烈的市场竞争中立于不败之地。

火牛阵田单复齐

战国时期,燕国曾一度被齐国灭掉。后来,燕昭王即位,设"黄金之台",广招人才,准备报仇。而齐泯王却蒙在鼓里,听从燕王间谍苏秦之谋,攻占宋国,引起了诸侯恐慌。燕昭王趁机联合秦、赵、韩、魏,发大兵攻齐。半年时间,齐国除莒城(今山东莒县)、即墨(今山东平度)两城外,其余70余城尽被燕将乐毅率领的联军攻占。

固守即墨的守将是田单,他是个很懂得计谋权术的人,指挥军民共同固守,使乐毅打了三年,也没攻下来。等到燕昭王去世,燕惠王即位后,田单派人去燕都施"反间计",让燕惠王用武夫骑劫代替了老谋深算的乐毅。田单又施"刚柔弛张计",派城中老者到城外骑劫大营献上黄金,说城中粮草将尽,兵员大减,守城者多为老弱妇孺,田单已准备投降。用"软"的一手麻痹燕军。田单又派人准备了一千头牛,给牛画上怪异花纹,犄角绑上尖刀,尾巴拴上浸了油膏的苇草。又挑选了五千名壮士,让他们吃饱待命。

夜深了,燕军听说齐人准备投降,便放松了警惕。田单令人凿开城墙,放开城门,点起牛尾巴上的油草。牛被烧疼了,瞪圆眼睛,冲出城外,见人就挑。燕军从睡梦中惊醒,只见一群怪物头顶尖刀冲来,吓得扭头就跑。五千壮士跟在牛后面掩杀过去。燕兵抱头鼠窜,溃不成军。

田单一气收复了齐国丢失的70余城,恢复了齐国。

这是刚柔兼施、软硬并用的"火牛阵田单复齐"的历史故事。古人在使用刚柔弛张术时,不但"软""硬"交替使用,也常常"软""硬"同时使用,以"软"蔽"硬",以"硬"辅"软",两法兼用,相得益彰。

哈默柔招创品牌

第二次世界大战期间,为了节约粮食,美国政府禁止酿酒。极具经营头脑的哈默已算计到:威士忌必定成为缺门货。行情看准后,他急忙买下了美国酿酒厂的股票6000股,此时每股的价格几十美元。他向酒厂提出,用酒作股息付给他。酒厂老板自然应允,这等于给酒厂扩大了业务,哪有不答应之理?两个月后,股票的价格已经跳到每股150元,威士忌酒价格猛涨。按股息,哈默得到了6000桶酒。他把这些酒统统装进特制的酒瓶里,贴上商标,抛向市场。市场上威士忌已很难买到,所以哈默把这种酒一送上柜台,立即就销售光了。店铺门前还能常常看到人们为买酒而排了长队。很快,作股息付给他的酒销出去了一半。

酒厂的老板们看到哈默用他们酒厂生产的酒发财,心中很不情愿,联合起来对付哈默。他们想通过倾销低价的混合威士忌酒把哈默挤出酒市场。他们先把每瓶酒降到8美元,哈默跟着把每瓶酒降到7.49美元,这个价格虽然赚不了钱,但也不会亏本,哈默利用薄利多销的办法,还是有利可图的。可是酒厂老板们见这个价压不倒哈默时,他们就在酒里掺了35%的谷物酒精,以此来降低成本,每瓶酒标价只有4.49美元。哈默得知信息后,立即将所有的威士忌降价成每瓶4.45美元出手。

有人不解地说:"酒厂卖的是混合酒,成本本来就不高,现在你将真的威士忌卖得这么便宜,是在做无利的买卖,值得吗?"

哈默很有把握地说:"诀窍就在这里。顾客自然会对两种酒做比较用4.49美元买的是假酒,用4.45美元买的是真正的威士忌酒,那人们当然都愿意买我们的酒,这样我们的酒牌子就打响了。今天我虽然少赚点钱,但花钱创品牌也是值得的。从长远看,我们的酒能争得市场。"

果然如哈默预料的一样,他的企业出售的丹特牌威士忌酒不久便成为名酒,价格虽重新以名酒标价,但销量一直不衰,每年销售达100万箱。哈默又一次获得成功。

"变化无穷,各有所归。或阴或阳,或柔或刚"。哈默根据形势的变化,对威士忌酒股票的行情做出了准确的判断,然后悄无声息地以低价买进大量股票,是柔招;而用酒作股息付给他,是柔招;他采用薄利多销的办法,是柔招;最后,少赚钱甚至不赚钱只为创品牌,用的也是柔招。

诸葛亮精心择官

诸葛亮以其隆中策预见天下三分,显示其大才;以其鞠躬尽瘁尽忠蜀汉,显示其大德。其人如此,其择官也以德才兼备为准则。

诸葛亮第一次北伐向刘禅上疏,即《前出师表》,疏中说:

"亲贤臣,远小人,此先汉所以兴隆也;亲小人,远贤臣,此后汉所以倾颓也。先帝在时,每与臣论此事,未尝不叹息痛恨于桓、灵也。"

桓帝、灵帝是东汉末年的皇帝,二人都信任宦官,大兴党锢之祸,杀戮贤臣,以致社会动荡不安。诸葛亮上《前出师表》时,刘备已去世,由他执政辅佐刘禅,故在出征前总结了先汉与后汉兴亡的经验教训,谆谆告诫刘禅,不要学桓、灵二帝"亲小人,远贤臣",要学先汉"亲贤臣,远小人",才能使蜀国兴隆,以复兴汉室。

诸葛亮在《十六策》里指出:"治国之道,务在举贤。若夫国危不治,民不安居,此失贤之过也。夫失贤而不危,得贤而不安,未之有也。"因此,诸葛亮在治理蜀国时特别重视选拔德才兼备之士。

他推荐董允为侍中,领虎贲中郎将,统宿卫重兵,负责宫中之事。刘禅欲增加后宫嫔妃,董允认为古时天子后妃之数不超过 12 人,今已足数,不应增加。刘禅宠爱宦官黄皓,黄皓为人奸佞,想干预政事,董允上则正色匡主,下则数责黄皓,他在时,黄皓不敢胡作非为。

蒋琬、姜维都是诸葛亮精心选拔的接班人。

蒋琬入蜀,开始时任于都县令。刘备前去巡视,正看见蒋琬饮酒醉倒,不理政事,非常生气,要杀掉他。诸葛亮深知其人,为之说情:

"蒋琬,社稷之器,非百里之才也。其为政以安民为本,不以修饰为先,愿主公重加察之。"

刘备敬重诸葛亮,听到他所言,没有惩罚他。后来诸葛亮提拔蒋琬为丞相府长史,每次出征,他都足食足兵以相供给。诸葛亮经常赞蒋琬为人"忠雅",可与他一起辅佐蜀汉大业。诸葛亮死前,秘密上表给刘禅:

"臣若不幸,后事宜以付琬。"

诸葛亮死后,蒋琬执政,其人大公无私,胸怀广阔,能团结人。同时他能明知时势,做到国治民安。

姜维继诸葛亮复兴汉室之志,屡次北伐,虽无大胜,但魏兵也不能侵入。等到司马昭派大军伐蜀,刘禅昏庸,不听姜维派兵扼守阴平的主意,终于使邓艾得以偷渡而直捣成都。

刘禅献城投降,并命令姜维也投降。姜维想假借投降的机会,杀掉钟会,复兴蜀汉,最后没有实现。其夙愿虽未实现,足见其忠烈。

刘备死后,有诸葛亮及其后继者蒋琬、姜维等辅佐,刘禅昏庸之主,才能坐帝位达 40 年之久。而曹操死后,其子曹丕篡汉,魏立国虽有 45 年,但早在 17 年前司马懿就发动政变夺取曹爽的军权,魏政权已归司马氏,魏已名存实亡,魏政权存在实际只有 28 年。孙权死后,孙亮立为吴帝,内部不和,国势日弱,遂被晋灭,孙权后人掌权只有 27 年。三国相比,蜀汉政权比较稳固,没有内部互相倾轧、争权夺利的事情,这正是有德才兼备的人才辅佐的缘故。

"度权量能,校其伎巧短长"意思是任用人才要度量其智谋和能力的优劣,考核其才能道德的短长,这也可以看作是选人用人的评判标准。诸葛亮为刘禅精心选择有才能的官员,正是遵循了这一原则,以使有能之士各司其职,各尽所能。

利而诱之用人才

春秋时期，子产担任郑国的宰相。他不但精通政治大事和治国之道，而且能够根据别人的优点和缺点，扬其长，避其短，挖掘出别人最大的潜能。

伯石是个很有才华的人，但唯一的缺点就是重利益和爱面子，可子产仍然很重用他。一次，他派遣伯石独自外出到别的国家办事。临行前，子产还没有交代任务，就问他：

"这次出去你任重而道远，要是完成得出色，我会重重赏赐你。你想要什么奖赏呢？"

伯石毕恭毕敬地回答说："为大王做事是我应尽的义务，我愿意为您效忠，还谈什么赏赐呢？"

子产和蔼地笑着说："有功即可受禄。事成之后，你就搬到西城街上的那幢富丽堂皇的房子里去住吧！"

伯石已经心有所动，但表面上仍然露出一丝难色，答道："这样不太好吧，一来我还不知道能否完成任务，现在领赏别人会在背后议论；二来我现在的住处和那里相隔甚远，马上就要走了，一时也不能搬过去……"

子产打断他的话说："这些都是无关紧要的事，你放心去办事，这些事情我会安排妥当的。"

伯石高高兴兴地走了，一旁的门生不解地问子产："他身为大臣，为国家办事效劳是应该的，而且本身就拿了俸禄，您为何还要另外给他赏赐？更何况其他大臣从来没有这样的待遇，难道他有什么值得特别嘉奖的吗？"

子产回答说："每个人的性格都是不一样的，我明白伯石这个人，他很看重利益。虽然表面上说得很好听，其实那都是虚伪之辞。每个人都有私欲，更何况是他！如果我给他一点利益，他就肯定会尽心尽力地办事，而且我相信他有这个能力！"

"但是你不满足他的私欲也不会有什么坏结果，毕竟那是他分内的事情！"门生还是不解。

"你这样想就错了！"子产回答说，"那样他只是因为畏惧大王的威严去办事，就算完成了，他也会心怀嫉恨。时间长了，说不定会做出什么坏事来。对于这种人就是要利而诱之,才能引发他的能力,为己所用。"

伯石回来后,就住进了那座大房子里。子产又和郑王商量赐给他一座城邑,伯石乐不可支,但是又作势交回封地,子产也就故意收回。过了几天,又重新发布命令赏赐给他。如此这般三次,伯石才接受。

门生又好奇地问:"第一次不要就算了,要么就一次就赏给他,为何还要这样推来推去?"

"我是故意这样的。他这个人虚伪,这样既显得他谦虚礼让,又满足了他的私欲,一举两得。"

子产知人善任,不仅没有因为别人的欲望和虚伪弃而不用,还利用别人的缺点,做到了人尽其用。由于子产对伯石的优点和缺点了如指掌,在他掌权时,伯石的地位始终没有超过他。

"夫贤不肖、智愚、勇怯、仁义有差"意思是说人的性格各不相同,所以对待各色人等的态度和方法也应灵活掌握。子产成功用人之处便是抓住了伯石的虚伪与好利,从而以利诱之,使其忠心为己做事。

入情入理逐佞臣

齐桓公拜管仲为相后,齐国在管仲的治理下日益富强,管仲也被尊称为"仲父"。

不幸的是,他年事日高,身患重病。齐桓公专程探望,见到管仲病中的凄惨模样,不禁在一旁垂泪。

"恐怕我不久就要离开人世,再也不能为您效劳了。您也应该考虑一下合适的人选来填补相国的空缺之位。"管仲说。

"我这些日子也想过,只是不知道把国政交给哪一个才放心!您看鲍叔牙怎么样?"

鲍叔牙是管仲多年的朋友,也是他的恩人。听完齐桓公的话,管仲立即回答说:

"鲍叔牙这个人德才兼备,但是他不适合做相国。他对别人的过错和缺点深恶痛绝,一旦牢记在心,就久久不忘。作为相国没有虚怀若谷的胸襟怎么能与其他大臣和睦相处呢?如果这一点都做不到,又怎么能处理好国政呢?"

"那易牙可以吗?"齐桓公又说出一个名字。

管仲马上摇头,说道:"我正要提醒您呢,易牙、竖刁、开方这三个人千万不能用!"

桓公大吃一惊,问道:"这是为什么?举国上下都知道他们三人对我忠心耿耿啊。"

"我也知道易牙曾经把自己的孩子杀了,蒸熟了饱您的口福。但是所谓'道是平常心',他这样超乎常情常理的举动,恐怕不是什么好事!"

"但是他爱我胜于爱子,对我仁至义尽,这还有什么值得怀疑的吗?"齐桓公还是有些不解。

"'虎毒不食子',今天他能对自己的亲生骨肉下毒手,明天对您还有什么做不出来的吗?"

桓公又问:"那竖刁呢?为了能侍候寡人,他阉割进宫,拿自己的身体回报我。这应该没有什么可以怀疑的吧!"

"这样的人如此狠心,连自己的身体都不爱惜,到关键时刻会不摧残君主您吗?"

桓公接着提起开方,问:"他是堂堂卫国公子,却舍弃尊贵的地位,甘愿做寡人的臣子。人情莫亲于父母,他父母去世时,他忙于辅佐我竟然没有回去奔丧。他对我的忠心日月可鉴,对他,我没有半点怀疑!"

"他舍弃富贵必定是想得到更多的富贵。您想想,一个人对父母尚且如此,还能指望他一心一意地回报他人的恩情吗?您不要一味地为那些人特殊的言行感动。异于常情之举,必定暗藏企图!"

桓公觉得管仲所说很有道理,于是把他的嘱咐铭记在心,渐渐疏远了三人。

"乃可揵,乃可阖;乃可进,乃可退;乃可贱,乃可贵"意思是对所了解的人可以利用,可以废黜,可以使其低贱,可以使其富贵。管仲在以平常心洞察出隐藏在齐桓公身边小人的险恶时,力劝其切不可重用易牙、竖刁等人,所以后来桓公逐渐疏远了三人。

阳为人谋阴为己

战国后期,楚国谋划出兵攻韩,韩国十分紧张,忙向已附属于自己的东周征调兵丁、粮草、武器。但东周此时自顾不暇,哪有多余的人力、物力支援韩国?再说,又怕这样一来,激怒了邻国楚国,楚国一怒之下会把自己灭掉。故而,东周王接连好几日忧心忡忡。苏代见状，忙问原因。听东周王讲了前因后果之后，他笑了笑说："不必担忧。我到韩国走一趟，不但可使他们不再向我们征兵征粮，还可让他们白送我们一块地盘。"东周王半信半疑地把苏代送走了。

苏代到了韩国，对韩相国公仲侈说："我来之前，曾听说楚国的大臣向楚王说：'韩国久战，已十分疲惫，国空民乏，粮食奇缺，无力持久坚守。我们出兵，不出一个月，定能攻下韩国都城。'但楚王没抓到真凭实据，对这些话将信将疑，没敢发令攻打。但在这样的紧要关头，您却向东周征兵征粮，不是正把自己的弊端暴露给敌人，让楚王下决心猛攻韩国吗？"公仲侈说："哎呀！我怎么没想到这一点！您说该怎么办？"苏代说："我为您打算，倒不如这么办：马上停止向东周征调兵丁粮饷，再把米粮川高都送给东周，以显示自己的实力强大。"公仲侈说："我不征调东周人、粮，已够仁义了，岂能白白将高都奉送给东周？"苏代说："将高都送给东周，东周必然死心塌地跟随韩国。楚国一看，必与东周断交。以高都作代价，取得一个死心塌地的邻国，为什么不办呢？"公仲侈一听，连声叫好，依计而行。楚王见了，以为韩国国力强盛，难以攻下，也没敢发兵。而东周不仅没有被征调兵丁、粮草和武器，反而白白得到米粮川高都，成为最大的赢家。

"其不片权衡度数，圣人因而自为之虑"，就是说圣人对对方的实力和计谋做出测度和分析。假如这些分析有失轻重之理、不合度量之数，那么圣人也只好舍弃不用，另谋良策了。苏代从东周的立场出发，反对韩国向已附属于它的东周征调兵丁、粮草、武器，因此表面上是在为韩国（为人）谋划，实际却是在为东周（为己）效力。

迟半步捭阴为阳

在商战中，"迟人半步"的方法往往会收到奇妙的效果，其关键在于这条妙计将强大的进攻溶入看似平静的防守之中了。

新产品的开发，国外许多大公司都有自己独到的手段，但"迟人半步"的方法更受人青睐，使采用者受益颇深，被奉为新产品开发的良策。

日本的日产汽车公司，为了开发生产"SANI"汽车，不惜动用大量的人力物力在全国公开征求车牌，花大钱搞推销宣传，获得了极大成功。这一成功也使得丰田公司欣喜若狂。原因何在？因为"SANI"汽车的大宣传在日本全国激起了人们对汽车的兴趣。这对丰田公司来说，不啻为它铺了一条通向成功的康庄大道，借着人们对汽车着迷的热潮，丰田公司充分研究了"SANI"汽车的优缺点，制造了比这种车更好的"科罗娜"车。

"科罗娜"投入市场后，使丰田公司获得比日产公司更佳的经济效益。

日本的松下电器公司，也是采用"迟人半步"方法的得益者。有人称它是一家模仿公司，对此，松下公司毫不介意，因为它从这种做法中收到了极大的益处。

美国国际商业机器公司，几乎从未首先在市场上推出过尖端新技术产品，它都是从比它领先的公司中得到教训，吸取经验。正如有些专家们分析说：国际商业机器公司的新产品经常比其他公司设计得好，都得益于比人慢半步。数字计算机公司总结这方面经验时也说："我们有意在技术上落后二三年，我们让试用户，如政府部门，推着我们走，然后，我们研制出一种可靠的商品供最终用户使用。"

休勒特一派克德公司更有自己的诀窍：凡是别的公司新产品问世，他们公司的工程师在用户那里检查本公司设备时就向用户探寻那种新产品的优缺点，探寻用户有什么具体要求，用不了多久，他们的推销员就登门来推销完全符合用户自己要求的新产品了。结果是：用户满意，收益大增。

这些公司总是迟人半步，甘居第二，并不是因为他们的技术能力差，而恰恰是在这迟迈的半步上做出了好文章。

在商战中，"迟人半步"的方法往往会收到转阴为阳，后发制人的奇妙效果。其关键在于，这条妙计将强大的进攻溶入看似平静的防守之中，充分调动企业的主观能动性，积蓄力量，潜心研究，从领先自己的公司中得到教训，吸取经验，创造出设计更先进、更符合市场需求的产品，从而取得更好的经济效益和巨大的成功。

卧薪尝胆终灭吴

春秋末年，正当各诸侯国争霸之际，吴、越两国兴起于现在的江苏南部和浙江一带，它们与楚国相邻。开始，吴国较强，越国较弱，两国素来不和。后来，晋国曾联吴制楚，而楚国则联越制吴，吴越两国更成了世仇。公元前496年，越王允常刚逝世，吴王阖闾乘机攻打越国，但由于时机不成熟，吴军被越国打败，吴王阖闾中箭受了重伤而死。

　　公元前494年,吴王夫差为了报杀父之仇,发动兵马,向越国进攻。吴军在梅山之战大获全胜,越军被打得落花流水,几乎全军覆没,退守在会稽山。越王勾践后悔当初没有听范蠡的劝告而导致了家破人亡,最后与众臣商议,决定跟吴王讲和。吴王提出了一个条件,他要越王夫妇到吴国给自己当仆人。夫差的大臣伍子胥极力反对,要求直接杀死勾践,以绝后患。但夫差有心要羞辱勾践,便拒绝了伍子胥的建议。勾践与大臣文种和范蠡经过一番谋划之后,答应携着妻子心甘情愿侍奉夫差。从此以后他们天天侍奉吴王,处处安分守己,时时小心谨慎,为吴王打扫马厩,执鞭牵马,甚至亲口尝夫差的粪便,来观察夫差的病情。夫差叹息道:"勾践今日如此对我,这些是我宠信的大臣和儿子都做不到的啊!勾践对我的确忠心耿耿!"感动之余,吴王决定放勾践夫妇回国。

　　勾践回国以后,发愤图强,笼络群臣,教养百姓。十年卧薪尝胆,国力大大增强,他便等待时机讨伐吴国,以雪耻辱。勾践虽然报仇心切,但并未鲁莽行事,他时常对众人说:"两国交兵,除将士有必死之心,战马有一日千里之力外,后方补给是很重要的,有许多国家征伐别国时,都是因为后方补给跟不

卧薪尝胆

上,才被迫撤离的。我军若与吴国交战,一战必胜还可,若成两军对峙,便不妙。所以欲灭其国,先灭其粮草,此乃上上之策啊!"于是,勾践趁吴使前来讨债要粮之际,便命令百姓将粟米蒸熟,然后来官府换取两倍的生粟米。百姓们见有利可图,都日夜不停地蒸粟米。不几日,勾践便派人将十万斛熟粟米交给了吴王,并称这种粟米最适合播种之用。吴王见米粒大而饱满,便相信他,命人拿去播种。可百姓播种后却都不发芽,吴国因此大闹饥荒。再加上此时的夫差狂妄自大,连年用兵,总想凌驾于各个霸主之上。而且他又迷恋酒色,贪图享乐。尤其是勾践把西施献给他以后,使他感到勾践对他仍是忠心不渝。当伍子胥向他提出忠告时,反而引起了他的憎恶。最后派人给伍子胥送去一把宝剑,逼得伍子胥自杀而亡。

　　公元前478年,越国发动了对吴国的战争,越军获胜。公元前475年,越军围困吴国都城姑苏,整整三年,使吴国军民无衣无食,纷纷逃离。吴王夫差见已

是山穷水尽了,忽然想起了前几天伯嚭曾经对他说过的话:"当年越王乞和存越,甚至不惜自身为奴,大圣何不仿效呢?"于是就派人向越求和。勾践问各位大夫的意见。范蠡说:"我请大王不要忘记越国的经历。20年来,我们日夜想念的是什么?世代争夺的是什么?请大王好好考虑!"勾践接着说:"对,当年,老天爷把越国赐给吴国,吴国不取;如今,老天爷把吴国赐给了我们,我们岂能违抗天意而不取呢?请你转告吴王,我可以让他当个百户人的君主"。夫差绝望了,随即拔剑而起,仰天长叹:"我实在没有脸面去见伍子胥啊!"说罢,伏剑自杀而死。称霸一时的吴国,最终被越所灭。此后,越国曾强盛一时,越、楚之间也有过激烈的争夺。到战国时期,越逐渐衰弱了。在公元前306年,越国为楚国所灭。

从本篇的捭阖之术来看,勾践运用的也是阖术。他先是主动求和,保全了性命;而后忍气吞声在夫差膝下为卑为奴,在柔弱示之的情况下得到信任,被释放回国,从而取得了一雪前耻的最好机会;接着在暗中积蓄力量,又不露丝毫的痕迹,以等待有利时机发动反击。在形势对自身有利后,便利用对方力量日渐削弱的时刻,以"捭"术主动出击,从而取得了大胜。

巧舌诡辩蒙楚王

公元前314年,齐宣王和楚怀王结成了联盟,声势很大。秦惠文王原计划打算去攻打齐国,但无法得逞。苏秦死后,"合纵"的局势并未完全改观,要想实行张仪的"连横"策略,非把齐、楚联盟拆开不可。于是,秦相张仪来到了楚国。张仪聪明过人,更兼巧舌如簧。他先找到楚王最宠信的大臣靳尚,又是送礼又是许愿,极尽拉拢之能事,然后去见楚怀王,表示秦王愿同楚王交好。

楚王直言不讳地说:"秦王一向霸道,总是向别人索取土地,不给就打,怎么交好?"

张仪说:"现在天下就剩下七个国家,其中又数齐、秦、楚最为强大。如果秦、齐联盟,齐国就比楚国强大;如果秦、楚联盟,楚国就比齐国强大,这就看您怎样选择了。现在秦王愿同楚国交好,还愿把商于一带的600里土地送给楚国,你何乐而不为呢?"

楚王是个目光短浅而又刚愎自用的人,一听说能得到商于之地600里,就很高兴地说:"如果能得到秦国的信任,削弱齐国的势力,更能得到600里的土地,我当然愿同齐国绝交。"

大臣们见风使舵,都纷纷拜贺,唯有客卿陈轸反对说:"齐、楚联盟,才使得秦国不敢攻打齐国或是楚国。秦国愿送 600 里土地给楚国,目的就是要拆散齐、楚之间的联盟。如果同齐国断了交,而张仪又背信弃义,不肯交出土地,那该怎么办? 到那时,如果齐国和秦国再联合起来攻打楚国,楚国岂不是要灭亡了吗? 大王不如先向秦国接受商于之地,再去同齐国绝交,这样才能万无一失。"

三闾大夫屈原则当庭斥责张仪是个反复无常的小人,劝楚王万不可信张仪的谎言。只有勒尚已被张仪收买,主张接受张仪的意见。

楚怀王不辨忠奸,被眼前的蝇头微利所蒙蔽,听信了张仪和勒尚的话,一边派人去同齐国绝交,一边派逢侯丑跟张仪去秦国接收土地。

张仪工于心计,一路上同逢侯丑打得火热,使他坚信不疑。等到了咸阳城外,张仪略使小计,装作喝醉了酒,从车上掉下来摔坏了腿,让手下赶紧抬到城里去。从此一连三月,逢侯丑怎样求见也见不到张仪。逢侯丑无计可施,只得写信给秦王。

秦王答复说丞相应允的事他一定照办,但他不知楚国是否同齐国完全绝交,所以不能兑现张仪许下的诺言。

逢侯丑把这些情况写信如实地报告楚王。昏庸的楚王信以为真,居然派人去齐国大骂齐王。齐王十分恼怒,同秦王约定一起攻打楚国。

逢侯丑一直苦苦地守候在张仪上朝的必经之路上。一天,逢侯丑终于见到了张仪,张仪反而问道:"你为什么还在这里,难道还没有得到那块土地吗?"

逢侯丑说:"秦王说要等您病好了才能交割土地,现在请您和我一起见秦王,具体办理割地事宜。"

张仪这时才露出出尔反尔的真面目,他摆出一副若无其事的样子,吃惊地说:"为什么要见秦王? 我要把我自己的 6 里土地交给楚国,不必告诉秦王。"逢侯丑此时才恍然大悟,责问张仪为什么表里不一。

张仪坚决地说:"秦国的土地都是靠将士的鲜血一寸寸地争夺过来的,岂可轻易送人,别说 600 里,就是 10 里也不行。我没有说过要把秦国的商于之地 600 里割让给楚国。"

逢侯丑一无所获地狼狈回家,把经过跟楚王一说,楚王恼羞成怒,立刻派屈匄为大将,逢侯丑为副将,率 10 万大军征讨秦国,发誓拿到张仪要食肉寝皮,以解心头之恨。

秦国听说楚国来犯,派魏章为大将进行抵抗。秦军本来军容整齐,军纪严明,战斗力强,又加上齐国派兵策应,轻而易举地打败了楚国。楚军伤亡惨重,连大将屈匄、副将逢侯丑都阵亡了,10万人马只剩下3万人逃回楚国。韩、魏等国一见楚国失败,也趁机侵掠楚国的土地。

楚王走投无路,只好让屈原去齐国赔罪,让陈轸去秦国求和,并万般无奈地献上两座城池,这件事情算告一段落。楚怀王不顾群臣劝谏,逞匹夫之勇,一心想杀张仪,居然派人到秦国提出以黔中的土地来换张仪。秦国那些与张仪不和的人就鼓动秦王答应,认为以一个人换大片土地是占了绝大的便宜。秦王尚在犹豫不决,倒是张仪主动要求去楚国。张仪一到楚国就被扣押下来,楚怀王准备选个日子杀掉他祭祀祖宗。谁知张仪果然有通天之能,他竟然买通狱卒,与靳尚取得了联系,并千方百计拉拢楚怀王的宠后郑袖,一起去迷惑怀王,劝他释放张仪。

怀王心无主见,居然答应了他们的请求,释放了张仪。就这样张仪平安地回到了秦国。怀王的昏庸导致亡国的结局,秦国在张仪的策划下再次攻楚,并最终灭亡了楚国。

"阳动而行,阴止而藏"就是说要抓住有利的形势积极运动前进,当遇到不利的形势时就停止行动而隐藏自身。张仪在此便做到了这一点。他不失时机地采取捭阖之术来游说各方:先是以600里土地使楚怀王与齐国绝交,接着拖延时间,直到齐楚两国断交后再露出本来面目,这两步可以说都是采取了守势,采取了"阖"术,见机行事。最后,当时机成熟时,就主动出击,采取"捭"术,灭掉楚国。

装疯卖傻保性命

关汉卿的戏剧《窦娥冤》一上演,就受到了人们的普遍欢迎。由于戏剧无情地揭露了官吏的昏庸无道和贫穷民众的艰辛困苦,因此老百姓争相传诵。但是当朝者却认为关汉卿蓄意诋毁朝廷,有所图谋,就下令通缉他,并四处张贴他的头像,要把他捉拿归案。

关汉卿得知这个消息后。立即决定离开这个危险的地方,暂时避一避。这天晚上,关汉卿正急着赶路,对面走过来几个巡夜的捕快。他想转身逃走,但这样不仅会招来嫌疑,而且还可能会落入他们的手中,便冷静下来,站在那里和对方斡旋。那几个人看他书生模样,行色匆匆,立即拦住他。

"这么黑的天到哪里去? 干什么的?"一个班头模样的人厉声问。

关汉卿看着眼前的情景,像在自言自语,说:"三五步走遍天下,七八人统领千军。"

班头一听答非所问,还有几分文气,而且口气不小。他本人特别喜欢戏剧,多少还懂一些,不甘示弱地说:"你以为我听不出吗? 你是不是唱戏的? 快说! 别磨蹭!"

关汉卿不为所动,继续胡说一通:"或为君子小人,或为才子佳人,登台便见;有时欢天喜地,有时惊天动地,转眼即成空。"

其他的捕快有如听闻天书一般,直嚷嚷:"抓起来! 抓起来!"

班头是个戏迷,平日也喜欢看关汉卿编演的戏,听到这些话语,顿生疑虑。他把灯火靠近关汉卿的脸一照,失声喊道:"我看你像……"

关汉卿急了,赶紧抢过话茬,笑嘻嘻地说:"你看我非我,我看我,我亦非我;我装谁像谁,谁装谁,谁就像谁。"

前后几番话都说到班头的心坎里了,人生不过就是一场戏。现在他已经确信面前的人就是关汉卿,但内心非常矛盾:"拿下吧,自己不忍心。关汉卿确实是戏剧大家,不仅自己喜欢,百姓对其也敬重有加,说不定因为捉拿了他,自己要臭名远扬;放过去吧,500两的赏银可是一个不小的诱惑,说不定还要担当失职的罪名。"

在一旁胡言乱语的关汉卿很快就看穿了班头的心思,随口又吟出一句道:"台上莫逞强,纵使厚禄高官,得意无非俄顷事;眼下何足算,到头来抛盔卸甲,下场还是一般人。"

班头细想品嚼,悟出了其中的弦外之音。现在贪图一时之利,到头来功名利禄也是一场空,说不定没有好的下场,自己又何必呢? 于是接着自己刚才的话,训斥道:"我看你神经有问题!"说完,一招手,对手下的人说:"我们走! 不要在这个迂腐的书呆子身上浪费时间了!"一行人趾高气扬地走了,关汉卿算是躲过了一劫。

从本篇的捭阖之术来看:关汉卿便成功运用了其中的方圆之道,在不利的形势下装聋作哑,痴痴呆呆,而内心却特别清醒。以此达到麻痹对方的目的,从而使其放松对自己的警觉,而暗地里随机应变,等待时机寻找脱身之计。这种方法的关键是表演逼真,不露破绽,否则被对手识破就非常危险。

善待别人终脱身

战国时期,齐国有一位公子孟尝君,他以轻财好施、善待宾客而闻名天下。其他各个国家的人物都纷纷投奔到他的门下,他所供养的食客多达数千人,家中汇集了各个地方的人才。孟尝君之所以能将这些人才收于自己的麾下,最主要的一个原因就是:无论这些人出身多么尊贵多么卑贱,他都一视同仁,和他们平等相处。

每当有一个新客人来拜访时,孟尝君总会亲自接见,盛情款待。他和来客坐在一起促膝谈心,亲切地询问客人家中的境况。这时,他会安排自己的侍从隐匿在屏风后,把他们谈话的内容一一记录下来。等客人离开后,孟尝君会派人到来客家中去,奉送丰厚的礼品,表示慰问。他的食客对孟尝君这种一视同仁的态度尤其感激。所有的客人都以为孟尝君对自己最好,和自己是最亲密的,因此每个人都想报答他的知遇之恩。

一天,有两个人先后前来拜访孟尝君。这两个人都不是什么正道中人,没有什么真本领。其中一个人善于学鸡叫,还有一个人竟然是个小偷,模仿起狗来惟妙惟肖。孟尝君打算接纳这两个人,但其他的宾客都反对说:"虽然我们也有出身卑微的,但是这种鸡鸣狗盗之徒加入我们之中,实在是难于接受。"孟尝君却坚持收他们为自己的食客。

有一次,秦昭王把孟尝君囚禁起来,准备杀掉他。孟尝君赶紧派人向秦昭王的宠姬求救。那位宠姬说:"孟尝君要是把他的那件狐白裘送给我,我就帮他的忙,保证他平安无事,化险为夷。"

孟尝君的确有一件狐白裘。这件狐白裘一袭雪白,一根杂色的毛都没有,价值连城,但他早就把它献给了秦昭王。现在这件衣服还收藏在秦宫之中,唯一的办法就是把这件衣服从宫中偷出来。他向门下的食客求助,那个小偷马上站出来说:"偷,我是很在行的!我保证能取出来,而且万无一失。"当夜,他搬出了自己的拿手好戏,装扮成一只狗,潜入秦宫,轻而易举地就偷出了狐白裘。宠姬得到了梦寐以求的狐白裘后,果然在秦昭王面前为孟尝君说好话。秦昭王答应释放孟尝君。

孟尝君变更姓名,逃出了咸阳,后半夜到了函谷关。可是,秦昭王感觉后悔了,立即派人来追,形势危急,而这时城门紧闭。秦国有项规定,鸡叫时才能打开关门,如果等到鸡鸣天亮后,恐怕逃跑就更难了。前有雄关挡路,后有秦军追赶,形势十分危急。孟尝君的门客中那个善学鸡叫的人得知公子的危险后,决定帮他脱险。他一声长鸣,远近村庄的鸡跟着都叫了起来。守关人虽然觉得天色尚早,但听得一片鸡叫,还以为天亮了,马上开关,孟尝君趁机顺利逃出。

孟尝君供养的那几千食客,原来都同他素不相识。他从不担心他们不为他效力,对他们一律给以关怀和馈赠,也更不计较什么小人、君子的地位和出身。结果正是这些鸡鸣狗盗之徒救了自己的性命。

"以阳求阴,苞以德也"的意思是欲想以阳势求助于阴势,需要用恩德去感召。孟尝君之所以能从秦国逃脱,依靠的正是不被人看好的鸡鸣狗盗之士。其中的主要原因就是:无论出身多么尊贵、多么卑贱的人,孟尝君都一视同仁,和他们平等相处,从而赢得了更多人的尊敬。终于有了后来出乎意料的时刻,被常人最瞧不起的门客救了自己的性命。

以静制动平谣言

四川益州自古是兵家必争之地,历朝历代都派能人去镇守。张方平曾奉朝廷之命调任益州太守。正准备起程上任时,突然传来一个很坏的消息:西南少数民族中的依部川的首领四处散播谣言,说壮族首领依智高在南诏正蓄积粮草,大队人马马上就要来侵犯四川。益州城内人心惶惶,一片混乱。

朝廷接到益州的急报,火速派兵前去支援。与此同时,朝廷又命令张方平尽快赴任,主持四川地区防御事务,张方平接到命令后,便连夜赶往四川。途中,他仔细打探消息,又经过几日仔细思考,总觉得事情有点蹊跷。众侍从忙问原因。张方平说道:"南诏离四川有两千余里,道路艰险,自古飞鸟难逾。并且南诏各族之间语言不通,又没有隶属关系,难以统一指挥。如此看来,定是有人在散布谣言。"侍从们都认同此理。

在考虑妥当后,张方平遣回了援军。进入四川境内后,他又发出命令告诉四川的少数民族："如果南诏的依智高来犯，我定会派兵抵制的。只要是良民，朝廷都会给予保护，但若要胡说八道、乱造谣言，不论是谁，一律杀头！"接着，张方平把正在修筑城墙的士兵们全部遣回，然后秘密派人去邛部的少数民族里找一个能说汉文的人。恰好当地正逢上元节，张方平下令益州城四门大开，通宵不闭，任人自由进出，观看彩灯，不受任何盘查。百姓们见此情景，渐渐没有了当初的恐惧，安下心来，四川重又安定下来。

不久，派到邛部少数民族的人找到了一个懂汉语的良民。张方平向其问明原因，果然是有人故意制造混乱。于是下令将最先散播谣言的人处斩。至此，益州之乱得到圆满解决。

从张方平处理事情的整个过程来看，他在听到那个坏消息后，并没有自乱阵脚，而是"以治待乱，以静待哗"，认真分析事情的原委，并遣回援军，大开城门，最终稳定了民心，平息了混乱局势。

以逸待劳、以静制动属于"以阴结阳，施以力也"，是我们常用的战略战术。在军事和政治上都有着很重要的意义。这与孙子所言的"以治待乱，以静待哗"，有异曲同工之妙。警示我们在人际交往中，做事一定要稳住阵脚，不可急躁冒进。而运用"以静制动"的策略，就能更有效地观察和把握对方的动向，从而制定出相应的对策。

软硬兼施惩县令

薛宣担任左冯翊长吏期间，他所管辖的高陵县令杨湛、栎阳县令谢游都是贪婪狡猾、作奸犯科之徒。但由于他们掌握着一县的大权，以前的郡守曾经多次想对他们的违法行为予以追究，苦于无凭无句据，最终都不了了之。

薛宣走马上任以后，杨、谢二人立刻到府衙拜见。薛宣也当即设置酒饭，热情招待他们。

过了一段时间，薛宣暗中寻找他们的罪证，经过努力调查，终于获得了他们全部受贿勒索的证据。

薛宣观察到杨湛似乎有改正错误的愿望，也能够听从劝告，于是他亲手写了一封信，把他所犯的罪行一一列举出来，随后把信交给杨湛，并告诉他：

"各位吏民检举揭发你的罪行,我已一条条排列在信上。还有人状告你犯中饱私囊的'主守盗'之罪,作为县令,我敬重你,不忍心把你的事情张扬出去,所以秘密写了这封信告诉你。我希望你能够妥善地处理这些事情,以便今后能重新清白做官。如果你没有这些不法之事,那么就将这封信封好后再还给我,我一定会为你申冤昭雪,还你清白之身。"

杨湛知道自己所犯的罪行,又见薛宣的语气相当温和,无意伤害,就立刻解下县令的大印,交给县吏,并写了一封信感谢薛宣,未有半句怨言。

而那位栎阳县令谢游却自以为是大儒,颇有名声,认为薛宣拿自己没办法,根本就看不起薛宣。

薛宣知道谢游的傲慢态度后,当即发出正式公文,对他进行公开的指责,公文中写道:

"告栎阳令:你手下的县吏和百姓告发你治理县政细琐苛刻,随意贬罚吏民,做苦差的人高达千人;用不正当的手段敛取钱财数十万,供私自大兴土木之用;又听任富吏操纵物品价格。以上所有事情已经全部调查清楚,我本来想派遣官吏前来审讯此案,但又怕辜负了当初推荐你的人,以致给儒士们带来耻辱,所以暂时停止你的县令职务。"

谢游见到公文后,只得灰溜溜地辞官而去。

软硬兼施是"阴阳相求",对不同的对象采取不同的惩治方法。高陵县令杨湛已有悔过之心,所以薛宣顺水推舟,让他在自己的罪状前悔过,省去了很多麻烦。而栎阳县令谢游非但无悔过之心,而且还不把薛宣放在眼里,所以薛宣以硬对硬,把罪证扔给他,免去他的官职。薛宣软硬兼施,一拉一打,运用的力度可谓恰到好处。

刘秀忍耐之后显峥嵘

古今中外,凡成大事者都有忍耐的品质。忍耐是强者的心态,这是一种不达目的誓不罢休的坚韧。它要求一个人必须看得长远,看得透彻,只有这样,其决策能力和行为能力才能提高到超过常人的水平。而善于忍耐、待机而动正是"捭阖术"的运用。

刘秀之兄刘绩是最早起兵反抗王莽的，威名远扬，众心拥戴，这便遭到更始皇帝刘玄的猜忌，结果被无端杀害于宛城。

地皇四年，起义军各路将领为了要扩大队伍，增加号召力，认为应立一刘氏宗室做皇帝，他们看中了生性懦弱、又无兵权、便于控制的刘玄，让他即皇帝位，建立"更始"政权。在攻克宛城和昆阳之战中，刘縯和刘秀都起了决定性的作用，在起义军中声威大震。刘縯虽然没有公开争夺皇帝的宝座，他的部将却都为他没能当上皇帝而愤愤不平。因而在刘玄称帝时，刘稷

刘秀

就气愤地说："此次起兵图谋复汉大事的，本是刘縯、刘秀兄弟，今天称帝的这位可又干了些什么？"刘玄因此怀恨在心，任刘稷为抗威将军，以示惩戒。刘稷不肯受命，刘玄即下令逮捕。当要诛杀刘稷时，刘縯站出来表示反对，并为之争辩。一些嫉妒这些将领早就主张除掉刘縯的大臣，这时趁机劝刘玄杀刘縯，这正中刘玄下怀。于是，刘縯与刘稷在同一天惨遭杀害。

当消息传到刘秀耳中时，尽管他内心悲愤异常，但表面上却显得异常镇定。此时的刘秀处在弱势地位，他清楚地知道，此时自己只要稍有问题，就会遭到杀身之祸。于是，他采取"阖"的策略，摆出了合作的态度，立即前去朝见更始帝，向他谢罪。而对于自己在昆阳所立的战功，却从来不向别人提起。他也不为刘縯服丧，吃喝谈笑一如往常，好像压根儿就没有发生胞兄被杀之事一样。刘秀的坦然神情，终于使更始帝等人解除了猜忌，也使得更始帝觉得对不起刘氏兄弟，便拜刘秀为破虏大将军、武信侯，刘秀终于避免了杀身之祸。其实刘秀是将仇恨压在心头，他经常暗中哭泣，泪湿枕席，决心为兄长复仇，最后终于取刘玄而代之。

三个月后，刘秀以破虏大将军行大司马事的身份到了河北，镇慰州郡，罗致人才，招兵买马，开始了统一中国的事业。

鬼谷子说:"阳动而行,阴止而藏;阳动而出,阴随而入;阳还终阴,阴极反阳。"刘秀采用"阴"的策略,暂时的委曲求全,最终阳动而出,大显峥嵘。

厮卒摇舌救赵王

大泽乡起义之后,陈胜等人和六国贵族后裔纷纷自立为王。

其中第一个称王的当然是陈胜,其次是陈胜的老朋友武臣,再次是田儋、魏咎、韩广等人。陈胜国号"张楚",为楚王,其余依次为赵王、齐王、魏王、燕王。韩广原系武臣部将,武臣对其自立为王十分不满,因此便表面上示以恩惠,暗地里却与右丞相张耳、大将军陈余率兵进驻燕、赵交界的地方,意欲相图。韩广得知消息,急令边境戒严,增兵防守。一天,武臣突发奇想,竟扮作平民百姓潜入燕境,想窥探对方虚实。谁知他刚刚进去,即被韩广的亲兵认出,被七手八脚地捆了起来。几个随从,连忙逃回去报信。

张耳、陈余听说,大吃一惊,连忙派人往说韩广,表示愿用金银珠宝赎回赵王。韩广却提出,赵国必须割出一半土地给他,他才肯放回赵王。张耳、陈余当然不能答应,便又派人前去劝说。不料,韩广竟将赵国派去的使者陆续杀死。张耳、陈余大怒,恨不得立即挥兵杀入燕境,把韩广一刀砍死,但转念一想,又投鼠忌器,怕一旦开战韩广先行杀掉赵王。二人抓耳挠腮,两三天也没有想出一个良策。这时,有一厮卒对同伴说:"我如果去得燕国,包管救出赵王,平平安安地把他送回来!"同伴们不禁笑道:"你是不是要去寻死? 十多人奉命赴燕,都被杀死,你有什么本领能救赵王?"这厮卒也不多言,换了一套装束便悄悄前往燕营。

燕兵将他拘住,去见燕将。这厮卒一见燕将,便施礼问道:"将军知道我为什么而来吗?"燕将道:"你是什么人?"厮卒道:"赵人。"燕将道:"既系赵人,无非是想做说客,迎回赵王。"厮卒道:"将军可知道张耳、陈余是什么样的人吗?"燕将道:"虽有贤名,今天想也没有办法了。"厮卒道:"你了解他们的愿望吗?"燕将道:"也不过是想救回赵王。"厮卒忍不住吃吃发笑,燕将怒道:"有什么好笑的!"厮卒道:"我笑您不知敌情。张耳、陈余与武臣一起北行,他们岂不想称王? 只是因为初得赵地,不便纷争,才按年龄资格推武臣为王,以维系人心。今赵地已定,二人正想平分赵地,一同为王。所以,他们表面上派人要求你们送回赵王,暗中却巴不得你们将他杀死,然后好一面自立为王,一面借口报仇而合兵灭掉燕国。到那时,人心思奋,何战不克?你们再不醒悟,可要中他们的诡计了!"燕将听了,不禁点头称是,说道:"据你说来,还是放还赵王为妙?"厮卒道:"放与不放,权在燕国,我怎敢多嘴!但为燕国打算,不如放还赵王。这样一可打破张、陈二人的诡计,二可让赵王永远感激燕国。即使张、陈二人要攻打燕国,有赵王从中牵制,也难以得逞!"燕将把这一情况报告了韩广,韩广也信以为真,遂放出武臣,以礼相待,并给车一乘,就让厮卒送他归国。张耳、陈余见自己苦思多日,反不如厮卒一张利口,都惊叹不已。

巧于迂回是说辩活动中经常使用的一种策略,也是"捭阖术"的一种运用。使用这一策略由于不从正面的话题入手,故往往容易消除对方的戒备心理,使之在不知不觉中接受了自己的观点。也就是说采用"阖"的手段,隐藏自己的真实想法,试探对方的诚意,当对方消除戒备之时,就是游说成功之时。

石勒瞒天过海擒王浚

鬼谷子主张,管兵的人必须是大智大勇,"材质不惠,不能用兵"。主张谋之于阴,成之于阳,也就是说在暗中、在人所不知不觉中已经以实力战胜了对手。石勒便是一位善听人言,大智大勇的管兵之人。

石勒是"五胡"十六国军事纷争中涌现出的羯族首领,后赵的建立者。石勒于公元312年攻占襄国后,力量大大加强。不久便被前汉昭武帝刘聪任命为散骑常待,封上党郡公。

当时王浚任晋帝国的大司马,都督幽冀诸州军事。此人在幽州骄奢淫逸,民心背离。原来依附于他的鲜卑和乌桓人也离他远去。因此石勒决心吞并王浚。

于是石勒想先派使者作实地观察。他征求右长史张宾的意见。张宾说:"王浚虽然是晋国的藩臣,但他一直在想凭借自己掌握的军权南面称帝,只是担心四海英雄不予支持。将军已经威震天下,现在您可以用最谦卑的词语、最厚重的礼物去结交他,使他对您不猜疑,然后采用奇谋妙计,他也不会防备了。"

石勒认为张宾说得很
对,就派王子春、董肇等人,
带了大批的金银财宝去蓟城
晋见王浚,并上书劝他即位
做皇帝。书上写道:"我石勒
只不过是个小小的胡人,遭
遇乱世饥荒,逃亡到冀州,聚
集些人马,只为了保全性命。
而今晋国国运已衰,中原无
主,百姓无所依靠。殿下是
四海英雄仰慕的明公,能当

石勒

帝王的除了您还有谁呢? 我之所以舍弃生命,兴义兵,诛暴乱,就是为了给殿下
扫除障碍。切望殿下能应天顺时,早日登上皇位。"

王浚正在为手下无将而发愁,听说石勒愿意归附,自然大喜过望。但他还
有疑虑,便问王子春等人:"石公也是豪杰,占据着北方的许多土地,为什么对我
称臣呢?"王子春回答说:"石将军确实如您所说的那样英明能干,力量雄厚,但
与明公相比,就好像月亮比太阳,江河比大海啊! 自古以来有胡人成为名臣的,
但没有成为帝王的。石将军并不是不喜欢当帝王,而是因为帝王是不可以用智
慧和力量夺取的,如果强取,就一定不为天下人所容。这也是石将军的智谋超
过一般人的地方。希望明公不要多疑。"王浚听后非常高兴,便封王子春等人为
列侯,派使者带了土特产和财物给石勒,作为回报。

不久,王浚镇守范阳的司马派密使投降石勒,石勒把密使杀了,把人头送给
王浚,表示自己的忠诚。王浚就更加信任石勒,不再怀疑了。

一年之后,王子春等人和王浚的使者一起回到襄国。石勒把他的精锐部队
和优良的武器装备全都藏匿起来,让王浚的使者看的尽是些空虚的仓库和老弱
士兵。石勒对使者毕恭毕敬,面朝北方向他行礼,又恭恭敬敬地接过王浚的信。
王浚送给石勒一个麈尾,石勒假装不敢拿在手中,把它挂在墙壁上,早晚向它叩
拜,说:"我不能见到王公,现在见到王公的赏赐就跟见到王公一样。"他再派董
肇上表章给王浚,约好日期亲自去幽州,向王浚奉上皇帝的尊号。另外又写信

给王浚的亲信，请他为自己美言，希望能任并州牧，封广平公。王浚的使者回到蓟城，报告说：石勒兵马很少，力量微弱，款待使者热诚真挚，毫无二心。王浚大悦，完全相信石勒，对他再也不做防备。

当年三月，石勒的精锐部队抵达易水。王浚的督护孙纬派人飞报王浚，同时准备迎战。王浚手下的将领都请求出击石勒。王浚大怒道："石公这次前来，正是要拥戴我，谁再敢说要出击石勒，定斩首不赦！"大家不敢再说什么了，王浚下令设宴等待石勒。

第三日凌晨，石勒带兵到达蓟城，高声喊开城门。城门打开之后，石勒还恐怕里面有伏兵，先驱使几千头牛羊入城，声称是给王浚送的礼，实际上是要堵塞大街小巷，使王浚无法发兵。这时王浚才害怕起来，坐卧不安，不知所措。还没等他想出主意，石勒已经来到王浚的住处，命人把王浚抓来。并命部将把王浚押解到襄国去。王浚半路上投水自杀，护送人员把他从水中拖出，在襄国街市上斩首。

石勒的实力和王浚相比，并不比王浚弱多少，但他善用计谋，采用"阖"的策略，隐藏自己的意图，给王浚以软弱、可靠的假象，使王浚放松对他的警惕，而使自己能轻而易举地进入王浚的腹地，生擒王浚。

暗藏锋锐，以柔克刚

鬼谷子所提出的"捭阖术"，主要是游说的一种策略。从应用的范围来看：阳、动、刚、张、方等都可归为捭术；阴、静、柔、驰、圆则可归为阖术。变阳为阴或变阴为阳，以动制静或以静制动，以柔克刚或刚柔并济，都可以说是捭阖之术的延伸和推广。至于采取何种手段，还要根据环境和形势来判断。

在劝说过程中，如果遇到对方气盛火旺，就要控制好自己的情绪，待对手气衰势竭之时，再战而胜之。这也是以柔克刚的一种策略。

在罗斯福任总统时，他非常器重一个叫巴鲁赫的人，想请他出山辅佐自己。哪知这个巴鲁赫不愿从政，不领总统的情。但罗斯福并不死心，多次派人前往游说，但巴鲁赫从未松口。后来，罗斯福派当时物价管理署的署长詹姆斯·丛恩斯去见巴鲁赫，并带去了自己的亲笔信。

这一次，巴鲁赫终于被罗斯福的诚意打动了。罗斯福非常高兴，告诉巴鲁赫他将被任命为战时生产署署长，主管战时全部生产事宜。这是个相当重要的职任，巴鲁赫也感觉到罗斯福对自己期望很高，因此决心尽心竭力将工作做好。

第二天，正当巴鲁赫要前往白宫时，忽然觉得身体很不舒服，于是，他先到医院做了检查。结果，医生很严肃地告诉他，他患的可能是癌。顿时，巴鲁赫觉得天旋地转。他觉得不可能，他从未感觉自己的身体有什么异常。于是，三天后他又做了一次检查。结果，这次的诊断结果证明他患的不是癌。这下巴鲁赫心中的一块巨石落地，赶紧前往白宫报到。

但是，正当巴鲁赫在总统的候客室等着罗斯福的召见时，总统的私人秘书告诉他：总统已改变主意，不再让他担任战时生产署署长。

巴鲁赫顿时火冒三丈，自己本来就对政治不感兴趣，只因罗斯福再三邀请盛情难却，才答应他出任生产署署长。可是，正当自己费尽周折前来报到时，总统却莫名其妙地把自己解雇了。巴鲁赫越想越来气，便去找罗斯福理论。

罗斯福见到巴鲁赫，知道他此时怒火正盛，便压根不提解聘之事。他先让巴鲁赫坐下，然后滔滔不绝地讲道：

"伯尼，你知道白宫有鬼吗？女佣说她确实在我的寝室内见到过鬼，而且她肯定这个鬼即是林肯总统。我个人倒没有在白宫见过鬼，但我确实在白宫见过许多笑语。最可笑的是，去年国庆日，我们在白宫举行招待会，我坐在轮椅内，各国使节挽了自己的夫人列队上前来同我握手。"

讲到这里，罗斯福发现巴鲁赫的脸色已经比刚才缓和了许多，知道他已被自己的故事吸引了，便继续讲道：

"队伍缓缓前进，忽然见到一位大使夫人裙子下静悄悄地溜下一个粉红色的东西。大家仔细一看，原来大使夫人的内裤不小心掉了下来。从大腿一直滑到脚尖。更令人叹服的是，那位夫人竟若无其事一样把双腿从内裤中跨出来继续前进，而我们那位黑人侍者乔治更是机敏，他见状，就托了一个空盘，走向前去，拣起内裤，往空盘内一丢，好像是收餐巾一样，大家都对乔治十分佩服……"

正在这时，那位秘书走进来打断了罗斯福的谈话："总统先生，丘吉尔首相的电话。"

于是，罗斯福借机告辞。

国学经典文库

鬼谷子全书

·《鬼谷子》释义通解·

图文珍藏版

此时巴鲁赫已经完全沉浸在罗斯福刚才讲的那个笑话中去了。满腔怒火不知不觉中竟已烟消云散。这时巴鲁赫也明白了罗斯福的用意,只好无可奈何地告辞而去。

在这个故事中,罗斯福并没有好言相劝,安慰正在气头上的巴鲁赫,那样只能引发争执。聪明的罗斯福采取以柔克刚的办法,先讲一些幽默的小故事,转移巴鲁赫的注意力,消消他的火气。达到目的后,悄悄走开,巴鲁赫也只能无可奈何地离去。

以柔克刚就像中国武术中的太极一样,可以"杀人于无形",看似温顺缠绵,实则绵里藏针,能给对手致命一击。

据说,有一位商人见到诗人海涅(海涅是犹太人),对他说:"我最近去了塔希提岛,你知道在岛上最能引起我注意的是什么?"

海涅说:"你说吧,是什么?"

商人说:"那个岛上呀,既没有犹太人,也没有驴子!"

海涅笑着答道:"这个好办,我们俩一起去,就可弥补这个缺陷!"

避实就虚,先避其锋芒,再图进取。以柔克刚,温柔也可以变成无形杀手。

反应术第二

本篇提要

反应术可以说是捭阖术的更进一层。捭阖篇多是谈到游说的种类和方法,简略地阐述了适用的环境变化,而本篇的反应术则更为全面、辩证、历史地看问题,它需要运用者有更为灵活多变的头脑,要善于把握说话的技巧。明进退之道,当刚则刚,当柔则柔,能直能屈,能进能退,刚柔并济,进退自如,这些都可以说是反应术中技巧性的方法。

运用反应术要重点掌握以下几个方面:

一是知己知彼,百战不殆。了解别人的最好的方法是从了解自己开始,因为人是有共性的,了解了自己,就可以用相类似的方法去了解他人,把知己和知彼结合起来,便是反应术的最高境界。二是博学多识,随机应变。不了解对方,要学会投石问路;了解了对方,要善于察言观色,学会在各种情况下采取行之有效的对策。三是刚柔并济,张弛有道。刚愎自用之人,多是吃软不吃硬,以柔弱示之反倒有可能达到理想效果。该张扬时就要把才华显露出来,以便得到重用;该收敛时就要保持沉默,以免狂妄而招来灾祸。

本篇提及了说客在运用"反应术"中常用的几种技巧:知己(知己知彼)、钓语(设饵钓鱼)、张网(张网捕鱼)等等,具体说起来有投石问路、欲擒故纵、打草惊蛇等。

【原文】

古之大化者①,乃与无形②俱生。反以观往,覆以验来③;反以知古,覆以知今;反以知彼,覆以知己。动静虚实之理,不合来今,反古而求之④。事有反而得覆者,圣人之意也,不可不察。

【注释】

①大化:即大道化物,指深远广阔的衍变。大化者,指能影响社会、转化人心,用大道来教化众生的古代圣人。

②无形:没有形迹。

③反以观往,覆以验来:覆,通"复"。反和覆都是返回、重复的意思。意指追溯过去的事情、经验,根据以往的教训经验来面对当前的问题,进而考虑其解决方法。

④动静虚实之理,不合来今,反古而求之:动静,指言行。虚实,指思想。不合,即不合常态。来今,未来与现在。全句意为,若对方言行思想不合情理,出现反常,则可通过周围或以往的情况去推究。

【译文】

古代具有深远教化的圣人,是与无形的自然之道(自然规律)共生的。回首以观察既往的历史,然后再据以向前去验证未来;回首以了解历史,然后再据以了解当今;回首以认识他人,然后再据以认识自己。动静、虚实的道理,若与现实不符,就追溯到历史中去考察前人的经验。有些事情往往需要反复探索才能把握,这是圣人的见解,不可不认真地加以考察。

【原文】

人言者,动也。己默者,静也①。因其言,听其辞。言有不合者,反而求之。其应必出②。言有象,事有比;其有象比,以观其次③。象者。象其事。比者,比其辞也。以无形求有声④,其钓语合事,得人实也⑤。若张罝网而取兽也,多张其会而司之⑥。道合其事,彼自出之,此钓人之网也。常持其网驱之。其言无比,乃为之变⑦。以象动之,以报其心,见其情,随而牧⑧之。己反往,彼复来,言有象比,因而定基⑨。重之袭之⑩,反之复之,万事不失其辞。圣人所诱愚智,事皆不疑。

【注释】

①人言者,动也:人言,指对方发言,意思是让对方讲话,使他处于动态之下。己默者,静也:己默,指自己沉默不语,意思是自己沉默不语,使己处于静态之下。

②"言有不合者"句,意思是:对方的言辞如果不合实际情况,你就可以反复问难,这样,对方就一定能够道出真情来。

③象:法象,模仿。比:比类,类推。象比,指在言谈中,以某类事物象征着所要谈论的事物,使对方更易明白通晓。

④以无形求有声:根据无形状的道理来探求有声音的语言。

⑤钓语:像钓鱼投饵一样,为了引诱对方说出实情,你可以在发言时故意说些刺激对方的话头,这即所谓"钓语"。合事:符合道理、事实。得人实:得到对方的实情。

⑥罝:捕捉兔子等野兽的网;网:捕鱼等水产动物的工具。取:捕获。会:聚合、汇合,这里指野兽会聚之处。司:通"伺",候望,等待。

⑦其言无比:如果对方发言不合。乃为之变:便改变方法来对付。

⑧牧:驱使、驾驭。

⑨己返往,彼覆来:我方返回去,对方覆过来。一来一往,就使谈话得以继

续下去。言有象比,因而定基:谈话中有了法象和举例,因此也就有了基础。

⑩重:重复;再次。袭:也是重复,因袭的意思。

【译文】

别人说话,是动态的;自己缄默,是静态的。以静观动,可以从中摸清他的真实意图。如果对方言辞有矛盾,就抓住矛盾反复追问,对方真正的应答就会出现。语言有可以模拟的形态,事物有可以类比的规范。因为有形象与比喻,所以要观察藏在言辞下面的含义。一般地说,形象可以模拟事件,比喻可以比附言辞,然后以"无形"的规律来求得有声的言辞,引诱对方说出我方所要知道的事,从而得到与人、事相吻合的真相。这就像张开网捕野兽一样,多张一些网,等待野兽出入,伺机捕获它。如果把捕野兽的方法用在人事上,只要方法合宜,对方就会自己"出来",这便是钓人的"网"。我们可以经常拿着"网"去诱导对方,如果从对方的言辞上不能进行比较,这时就要变换谈话的方法,举一些例子来触动对方,从而探察对方的内心深处,把握对方的真实意图,进而控制对方。当我们的说法与对方有异时,对方一定会提出不同的意见。双方言辞均有形象、类比,于是心中就有数了。反复地观察,多次地验证,事虽万变但不失于"言辞",用"言辞"申明大道。圣人以此诱导感化愚人、智者,那么谈话取得成功是不容置疑的。

【原文】

古善反听者,乃变鬼神①以得其情。其变当也,而牧之审也②。牧之不审,得情不明。得情不明,定基不审③。变象比,必有反辞,以还听之④。欲闻其声,反默;欲张,反敛;欲高,反下;欲取,反与。欲开情者,象而比之⑤,以牧其辞⑥。同声相呼,实理同归⑦。或因此,或因彼,或以事上,或以牧下。此听真伪,知同异,得其情诈也。动作言默,与此出入,喜怒由此以见其式⑧,皆以先定为之法则⑨。以反求复,观其所托⑩,故用此者。

【注释】

①乃变鬼神:指使用各种变幻莫测的手段。

②其变当也,而牧之审也:如果手段适当,则能周密地驾驭人言。变:指上句"变鬼神"。审:周密。

③定基不审:指不能稳固地奠定事业的基础。

④以还听之:反复提问而静听。还:循环往复。

⑤象而比之:以模仿和类比来套引。

⑥以牧其辞:这样就可以掌握对方的言辞了。

⑦实理同归:实事与情理同归于我,被我掌握。

⑧喜怒由此以见其式:由此透露出喜怒哀乐的规律。式:定式、规格、规律。

⑨皆以先定为之法则:这些都是一个人的本性所决定了的法则。先定:本性固有。

⑩观其所托:观察对方情之所托。可理解为观察对方的出发点与目的。

【译文】

古代善于反过来听取人言的人,可以通过变幻莫测的手段而获得实情。对手的变化是得当的,因而掌握对手的情况就能周密详细。不详细调查了解,得到的情况就不明确,得到的情况不明确,奠定的基础就不稳固。对方讲话的形貌与比较的事例变化了,一定要有相反的言论。让对方先说,静听对方言论,想要对方发言自己要保持缄默,欲使对方张开自己反而收敛,欲达到升高就要先下降,欲获取反而先给予。想要开启情怀,可以通过象比引动对方,再以此考察对方言辞情况,与对方心理契合发生呼应,就能得到真实情况。可以从这条线索开始,也可以从那条线索开始,可以从谈论侍奉君主的事开始,也可以从谈论统治国家的事开始。这是为了辨别其中的真实与虚假,考察其中相同与相异之处,弄清是实情还是虚假。行动举止、言语多寡,都与此相关,喜怒情绪都可以从这里看到先兆,都是于情理之中的。反反复复,观察对方情之所托,都是用这种方法。

【原文】

己欲平静,以听其辞,察其事、论万物、别雄雌。虽非其事,见微知类。若探人而居其内,量其能,射其意;符应不失,如腾蛇之所指,若羿之引矢。

【译文】

要用这种方法,首先要使自己平静下来,以便听取对方的言辞,进而考察言辞中的事理,探讨事物的兴衰,辨别事物的真伪异同。即使对方所谈不是我们急于想要得到的信息,属于比较次要的信息,但是我们可以根据其中细微的征兆,发现某些事物变化的迹象,进而推断出重要的信息。就像刺探敌情而深居敌境一般,要首先估计敌人的能力,其次再摸清敌人的意图,像合乎符验一样不失基准,像蛇扑向目标一般准确,像后羿张弓射箭一样百发百中。

【原文】

故知之始己,自知而后知人也。其相知也,若比目之鱼①;其见形也,若光之与影②;其察言③也不失,若磁石之取针,舌之取燔骨④。其与人也微⑤,其见情也疾⑥;如阴与阳,如圆与方。未见形,圆以道之⑦;既见形;方以事之⑧。进退左右⑨,以是司之。己不先定,牧人不正,事用不巧,是谓忘情失道。己审先定以牧人,策而无形容,莫见其门,是谓天神⑩。

【注释】

①比目之鱼:鲽形目鱼类。古人认为此鱼一目,成双成对才能生存。这里比喻人与人相互了解,就像比目鱼须两两相伴一样不可分离。

②其见形也,若光之与影:承上句,仍是说人们之间相互了解的神形关系,就像光和影一样相随不可分离。

③察言:考察对方言论而了解实情。

④燔骨:烧过的骨头。

⑤微:微妙,不见形色,隐蔽。

⑥疾:速度快,敏捷。

⑦未见形,圆以道之:在形貌尚未显现时,就以圆的方法引导它。

⑧既见形,方以事之:在形貌已经显现后,就以方的法则对待它。

⑨进退左右:指用人升迁、黜退、左贬、右升。

⑩天神:指善于探察实际情况,达到纵横捭阖,运用圆熟的状态。

【译文】

所以要想掌握情况,要先从自己开始,只有了解了自己,然后才能了解别人。只有了解了别人后,才能像相亲相近的比目鱼一样没有距离;透过对方的外形,就可以探知他的心灵世界,就像光和影子一样相随不可分离。如此观察对方的言辞,就不会出现偏差,其容易程度有如磁石吸钢针、舌头舔烧骨一般了。与人交往也是如此微妙,只要观察对方不偏差,了解其意图也很快,就像阴变阳、方变圆互相转换那样浑然自如。在情况还未明朗时,可以用智慧来诱惑对方,在情况明朗以后,就要用谋略来战胜对方。无论是向前还是退后,无论是向左还是向右,都可用这个方法来对待。如果自己不首先确定策略,领导和管理别人就无法谈到正确。办事不讲究方法和技巧,叫作"忘怀感情,失却正道"。假若能首先端正自己的品行,就能威而不露,不动声色地统帅之,让众人像没有见到大门却又不知怎么进了大门一样,这样的人才可以称为"天神"。

【解析】

反,指反复试探;应,指对方回应。本篇阐释了一种反观、复验的方法技巧。在对客体的观察中,只有回环往复地试探、观察对方的反应,要把自知和知人恰当地结合起来,综合运用周详的计谋和沉着应对的灵活技巧,才能最大可能地了解对方,掌握客体的真相。

鬼谷子认为,凡事都要"重之、袭之、反之、复之",万事不失其辞。我们常说:"触类旁通""举一反三""由此及彼""由表及里"等成语也反映出了"反之、复之"的推理、类比哲学。而被人们所推崇的"圣人之道"之关键,也正是通过反观历史来验证今天,并依此预测未来。

古往今来的成大事者都是大智若愚、深藏不露、虚怀若谷的,他们最看重的是如何认知事物的内在本质。为了解开事物的谜底,他们往往不会采取直截了当的方法,不会把时间浪费在观察表象上,而是通过表象类推出这一现象发生的原因,再用一种反观、复验的方法技巧进行思考,通过很多正面和反面的线索进行推理、类比,这样得出的判断准确度和真实度会更高,制定的应变谋略也会更有效。

另外，本篇还提出了把握对方谈话之道的"钓言之道"，即让对方说出真话，这是发挥主观智能的最佳捷径。但在实际应用中，要注意两个问题：一是要事先了解对方实情，认识正确，以辨清对方是真情还是诡诈，进而制定针对性的策略；二是要注意做事情应因人而异，根据实际情况采取多种多样的反观、复察的方法，找出应变之道。

鬼谷子阐述了一种通过"表象""类比"推测出事物未来的变化趋势的方法，这是无敌的大智慧。其实，人的语言都有与之相匹配的表象，任何事物所呈现于我们面前的现象都是可以进行类比的。而这些所谓的表象实际上都是剖析事物本质的重要依据及前提，我们可以通过对事物的表象进行类比，仔细分析和推理，就可以预知到事物下一步的变化趋势了。

比如，若想了解一个人的本质，就要从观察这个人的所作所为开始，再通过他的言谈举止进行对比、类推。用隐蔽无形的眼光观察，再用"钓言之道"诱导对方主动并真诚的陈述。当然，还要通过对他的言与他的行进行反复类比，以便得到对方的真实意图。在确定对方与我方心意相同，诚意相近之时，再以巧言去说服他，反反复复、进退有度，言谈中要具备随机应变的智能，以防对方的意图发生转化。

总之，由"此"推测"彼"，由"彼"推测"此"，万事万物都有通过"反"而得到"复"的类推规律，掌握这种类推技巧的人就具备了成大事的前提。

【应用事例】

本篇阐释了一种回环反复的思考方法。这种方法能使人更接近事物的客体，获得真知灼见。鬼谷子认为，在辩论或游说时，要"重之袭之，反之复之"，这样才能更准确地把握对方的真实意图，从而说服对方，使之听从自己。此法的关键，在于掌握"反"的诀窍。反观历史，才能更好地了解今天；反观自己，才能更好地了解他人。运用"反"的方法，前提是自己要"静"，要冷静地观察和分析对方。在此基础上，再运用所谓的"钓言之道"，让对方说真话，从而在辩论中立于不败之地。

在低调中完美自己

在低调中提高自己，在低调中完美自己。低调做人是一种看似平淡、容易，实际上并不是人人都可以做到的，低调做人进可攻、退可守，可以使你在工作的旅途中获得很多机会，有了机会，才有可能成功，好的开始是成功的一半，低调做人是跨进成功之门的钥匙。只有做人低调，谦虚谨慎，才能认识到自己的不足，才能不断地充实、完善自己，缔造完美人生。

在工作生活中经常可以遇见这样的一类人：个性张扬，追求与众不同，彰显自我风格。在各种场合他们都肆无忌惮的表达自己的想法，高调地表现自己，他们经常高唱怀才不遇，得不到可以施展本领的机会，却没有从自身找原因，他们认为其他成功的人都不如自己，认为自己命运不好。事实上复杂的人际关系是做人成功的一部分，亲和力太小，摩擦力太大，总是高高在上，自认为鹤立鸡群，与众不同。一不小心，天时、地利、人和所有的一切都离你而去，从而导致失败。纵使是个非常有才华的人，也有可能因为高调失去机会，而踏踏实实低调行事的人，往往会获得很多机会。

美国原国务卿赖斯的奋斗史就是个很好的例子，在美国，国务卿是美国内阁成员中最有影响力的一个职位，赖斯从一个备受歧视的黑人女孩成为著名外交官员，奇迹般地成功令人难以置信，赖斯质朴、低调，在担任国务卿期间，她从没考虑为自己树立形象，而是把主要精力放在工作上，并为此兢兢业业，勤勤恳恳。小时候，赖斯就是一个低调处世的人，为了能够"追赶在白人前头"，她数十年如一日，勤奋的学习，积累各种知识充实自己。她除母语外，还精通俄语、法语、西班牙语；赖斯考进丹佛大学拿到博士学位；26岁的她已经成为斯坦福大学最年轻的教授，随后又出任斯坦福大学历史上最年轻的教务长。然而赖斯并没有洋洋自得，她坚信有耕耘就有收获，低调地默默地努力着。

在1987年斯坦福大学的晚宴上，赖斯得到了她成功的机会，她简短而又令人印象深刻的致辞改变了她的一生。赖斯永远记得那一天，时任福特总统国家安全事务助理的布伦特·斯考克罗夫特发表了演讲，很多重要的外交人士都出席了宴会。斯考克罗夫特觉得席间言谈索然无味，直到赖斯博士开始讲话，情况才发生变化。他发现赖斯对苏联的看法与他的政治现实主义不谋而合，赖斯低调的个性、勤恳的态度，这一切都使他认定了赖斯将会成为他的工作伙伴。从此赖斯踏上了政治舞台，迈出了她成功的第一步。

每个人都希望得到他人的重视，高调的人只看到了自己的长处，处处显示自己的本领，希望得到他人的附和，却忘记要检讨自己的不足，改正自己的错误，这样的人只会惹人厌恶，无形之中就拉开了自己与他人的距离，产生了隔膜，这样的人又怎么能获得成功的机会呢？

凡事都要留一手

这个世界远非你想象中那么简单，做人做事，不妨先给自己加一个"保护层"。

三国时期的曹操是个老奸巨猾的谋略家，此人精通权术，诡计多端。他深知留一手的妙处，为了防止部下对自己发生不利的行为，就告诉他周围的侍从说："在我睡觉时。你们不能随便靠近我，靠近了，我就会杀人，这样做了之后自己还不知道，你们应当时刻注意这一点。"有一天，他假装睡着了，有一个好心的侍从看见他盖的被子掉了，就上前想给他盖好，不料曹操突然坐起来，挥剑把侍从杀死了，接着又躺下睡觉。

曹操

醒了以后他假装不知地问道："是谁把侍候我的人杀了？"自从这件事发生以后，每逢他睡觉，再也没有人敢靠近他。曹操说："要是有人想害我。我的心里就有所感觉。"大家听他这样说，都将信将疑。有一天，曹操把他最宠信的侍从叫到身边，对他说："你怀里藏把刀，悄悄地来到我身边，我一定会说心里有所感觉，要是抓你对你用刑，你只要不把这件事的实情说出去，保管对你不会有什么损害，事成之后我还将重重地赏你。"这个侍从信以为真，所以在被捕以后一点也不害怕,最后被曹操下令处死。这个人临死前才知道上当,但为时已晚。从此以后,人们都以为曹操确实有这种遇危心动的本领,想谋害他的人也就不敢动手了。

在人际交往中,免不了会遇到出卖、故意中伤、陷阱等种种料想不到的事情。如果事先预料这些事的发生,并加以防范,才能确保安然无恙。

唐朝郭子仪平安史之乱的事迹已为人所熟知,但很少人知道,这位功极一时的大将为人处世却极为小心谨慎,与他在千军万马中叱咤风云、指挥若定的风格全然不同。

唐肃宗上元二年(761年),郭子仪进封汾阳郡王,住进了位于长安亲仁里的金碧辉煌的王府。令人不解的是,堂堂汾阳王府每天总是门户大开,任人出入,不闻不问,与别处官员宅门森严的情况判然有别。客人来访,郭子仪无所忌讳地请他们进入内室,并且命姬妾侍候。有一次,某将军离京赴职,前来王府辞行,看见他的夫人和爱女正在梳妆,差使郭子仪递这拿那,竟同使唤仆人没有两样。儿子们觉得身为王爷,这样子总是不太好,一齐来劝谏父亲以后分个内外,以免让人耻笑。

郭子仪笑着说:"你们根本不知道我的用意,我的马吃公家草料的有500匹,我的部属、仆人吃公家粮食的有1000人。现在我可以说是位极人臣,受尽恩宠了。但是,谁能保证没人正在暗中算计我们呢?如果我一向修筑高墙,关闭门户,和朝廷内外不相往来,假如有人与我结下怨仇,诬陷我怀有二心,我就百口莫辩了。现在我大开府门,无所隐私,不使流言蜚语有滋生的余地,就是有人想用谗言诋毁我,也找不到什么借口了。"

几个儿子听了这一席话,都拜倒在地,对父亲的深谋远虑深感佩服。

中国历史上有大功于朝廷的文臣武将,多数的下场都不好。郭子仪历经玄宗、肃宗、代宗、德宗数朝,身居要职60年,虽然也几经沉浮,但总算保全了自己,以80多岁的高龄寿终正寝,给几十年戎马生涯画上完美句号。这不能不归之于他做人的谨慎。

在为人处世上,如果不给自己留一手绝招,恐怕会受制于他人。有"心计"的领导都会留一手,以防不测。只有你手中留有一手可以制胜的绝招,才能形成向心力,才能有效地防止下属的叛逆之心,任何时候,你都能处变不惊,因为你可以静观时变,而后全力出击挽狂澜。

所谓预留退步,有两重意义:一重意义是为个人的安危荣辱计,避免兔死狗烹的结局,功成身退,挂冠归去,蹈入山林,就像范蠡泛舟五湖,张良弃人间事从赤松子游那样;另一重意义是为事业成败计,使你的上司能用人不疑,放手专任,而不敢于临敌变计,临阵易将,以免功败垂成。

事物总有看不透、不可料的一面。世事诡谲,风波乍起,非人所尽能目睹,有"心计"的人会主张立身唯谨,避嫌疑,远祸端,凡事预留退路,不思进,先思退。满则自损,贵则自抑,所以能善保其身。

凡事留一手,才能防患于未然,才能少吃亏,避免被别人暗算。

选准了目标,成功了一半

如果一个人没有目标,就只能在人生的旅途上徘徊,永远到不了成功的顶点。人的一生中,最主要的是选择自己的目标,目标确定了,就等于成功了一半。

一个成长在旧金山贫民窟的小男孩,小时候因为营养不良而患上了软骨病,6岁时,双腿因病变成弓字形,使小腿进一步萎缩。

但是他从小心中就有一个"伟大"的目标,就是将来要成为一个美式橄榄球的全能球员。他是传奇人物吉姆·布朗的忠实球迷,每逢吉姆所属的福布朗士队和旧金山四九人队在旧金山举行比赛时,小男孩都不顾双腿的不便,一拐一拐地走到球场去为吉姆加油。可是,他太穷了,根本买不起门票,只好等到比赛快要结束时,乘工作人员推开大门之际溜进去,观赏最后几分钟。

在他13岁时,他在看完福布朗士队与四九人队比赛之后,终于在一家冰激凌店与心中的偶像碰面,这是他多年的愿望。他勇敢地走到布朗面前,大声说:"布朗先生,我是你忠实的球迷!"吉姆·布朗说:"谢谢你!"小男孩又问:"布朗先生,你想知道一件事吗?"布朗转身问:"小朋友,请问何事?"

小男孩骄傲地说:"我记下了你的每一项记录,每一次射门。"吉姆·布朗快乐地微笑着说:"真不错。"小男孩挺直胸膛,双眼放光,自信地说:"布朗先生,终有一天我会打破你的每一项记录。"

　　听完此话,吉姆·布朗微笑地对他说:"孩子,你叫什么名字,真的好大的口气!"小男孩十分得意地笑着说:"先生,我叫澳仑索!澳仑索·辛甫生。"

　　多年以后,澳仑索·辛甫生正如他少年时所讲,他打破了吉姆·布朗一切的记录,同时又创下一些新的纪录。他的成功依赖于他从小就选择了目标,并为此付出坚持不懈的努力。

　　不同的选择将会有不同的结果。如果你选择伟大,你的人生也可能因此而走向伟大;如果你目光短浅,你的人生也可能就只能有小成就。

　　在一个炎热的夏日,一群工人正在铁路的路基上工作,这时,一列缓缓开来的火车打断了人们的工作。火车停了下来,最后一节特别车厢的窗户被人打开,一个低沉的友好的声音响了起来:"杰克,你好吗?"

　　杰克——这群工人的负责人回答说:"噢,吉姆,见到你真高兴。"

　　于是,杰克和吉姆·墨菲——铁路的总裁,进行了愉快的交谈。在长达一个多小时的交谈之后,两个人热情地握手道别。

　　杰克的下属立刻围了起来,他们对于他是墨菲总裁的朋友这一点感到非常震惊。杰克解释说,多年前,他和吉姆·墨菲在同一天开始在一家铁路工程公司工作。

　　其中一个工人半认真半开玩笑地问杰克:"那为什么你现在仍在骄阳下工作,而吉姆·墨菲却成了总裁呢?"

　　杰克非常伤感地说:"23年前,我为1小时1.75美元的薪水而工作,而吉姆·墨菲却是在为一整条铁路而工作。"由此可见,选择目标有多重要。

　　一个人只有先有了目标,才有成就大事的希望,才有前进的方向。没有目标,等于失去行动的方向,这个道理再简单不过了,但为什么有很多人总是找不到自己的目标呢?原因就在于他缺乏确定自己目标的能力。那些做事有心机者,非常善于在行动之前,通过自己的思维和判断来找到一个适合自己能力发展的目标,因为在他们看来,找准目标就等于成功了一半。

　　目标是做事的一个灯塔,我们所有的精力与力气都是为它储备的。目标的大小直接决定着成功事情的大小。正如拿破仑所说:"我成功,因为我志在成功。"想要把模糊的梦想转化成成功的事实,前提是选择目标。目标会指导你的设想,而坚定的信念会决定你的工作。一旦你选择了目标,就已经成功了一半。

做事有谋略的人善于在行动之前选择自己的目标,因为他们深信选择目标,就等于成功了一半。

　　选择最可能实现的目标

　　在选择人生目标以及做事的时候,重要的是面对现实,扬长避短。谁把握了最可能实现的目标,谁就掌握了命运,抓住了成功。

　　贝尔纳是法国著名的作家,一生创作了大量的小说和剧本,在法国影剧史上有特别的地位。有一次,法国一家报纸进行有奖智力竞赛,其中有这样一个题目:

　　如果法国最大的博物馆卢浮宫失火了,当时的情况只允许抢救出一幅画,你会抢救哪一幅?

　　结果在该报收到的成千上万回答中,贝尔纳以最佳答案获得该题的奖金。他的回答是:"我抢救离出口最近的那幅画。"

　　成功的最佳目标不是最有价值的那个,而是最有可能实现的那个。

　　卢浮宫是有很多价值连城的珍稀名画,抢救出其中最值钱或者最具艺术欣赏的画是最理想的。但是我们反过来想想,最好的画是否也有最好的保护措施? 在大火的情况下,你贸然地冲到博物馆里面,可能连画的外层保护都来不及打开,你和博物馆就一同化为灰烬,到头只能落个人画两空! 贝尔纳却不同,他选择的是最有可能实现的办法! 在离出口最近的地方既可以顺利地抢救到画,有可以保护自己的生命,尽管这幅画可能不是卢浮宫最好的,但是和人画两空相比较,当然贝尔纳的方法是最佳的选择!

　　生活当中,选择理想与现实相结合,是走向成功的最佳答案。方法比想法更重要,或者说没有方法对应的想法,是没有价值的。

人弃我取,反向思维的妙用

　　"己反往,彼复来,言有象比,因而定基,重之袭之,反之复之,万事不失其辞。圣人所诱愚智,事皆不疑。"

　　一个人做一个行业有十分利,十个人做一个行业有一分利。看看现在的富豪榜,里面的新兴产业占了很大一个部分,而这些行业的鼻祖初涉这些行业时也许人人都不看好。但是他们偏偏拾起了这些"废弃物",使其变废为宝,这正应了鬼谷子的"以退为进"之道。

旧报纸往往被人们不屑一顾,但是在郭的眼里,这些则是人弃我取的"无价宝"。他凭借这份眼光,已经创建了自己的生日报文化发展有限公司,成了从旧报纸堆里挖掘出大利润的投资者。

这家注册资金只有几万的公司,在创建短短半年时间内就创造了每月两万元的营业额,而且这种买卖成本极低,市场竞争小,独辟蹊径。它的主要业务是找到与顾客出生日期相同的旧报纸,附以精美的包装,做成抢手的"生日报"卖给顾客。目前,郭所主要的经营范围是全国性报纸,其中20世纪六七十年代的报纸是市场热点,占到了整体销售额的90%以上,20世纪八九十年代的报纸也没有被冷落,被郭的公司当作了收藏品储存,以备将来销售。

地产商李的创业经历,也正得益于他的"人弃我取"的高招上。他独特的视角,敏锐的分析,运用"人弃我取"策略,将头几年积累的财产,投入某橡胶园,与人合作推介"郊区绿野生活"概念。

当时有一个橡胶因由于经营不善,虽然投资多时,但是土地和橡胶树都显得贫瘠得可怜,效益低下。再加上临近大都市,劳动成本和各项费用都很高,经营者早就挂牌转让,把这片麻烦转手。李慧眼独其,在别人放弃之时,他注资购入,把这片农业地开发成配合自然生态平衡的住宅区。一幢幢设计别致的豪华别墅坐落于园林之间,景色极美,对于生活在喧闹城市的人们具有莫大吸引力。当他的"绿野生活"概念推出后,周边的购买者纷至沓来。李不但从此项投资中获得了巨大盈利,而且博得了同行们的赞赏,声名鹊起。

人弃我取,人嫌我用,慧眼独具,反其道而行之,成了一些成功人士的发家之道。

事物总有其两面性,当别人放弃时,也许是捡起的最好时机。当众人都说其无用时,也许这是一块金子,这不仅需要火眼金睛,更需要虚虚实实,回环反复的心理。不要轻信,不要绝对。看准了才有可能变废为宝,发家致富。

放弃银子,是为了换回钻石

放弃是为了获得,放弃一个机会,是为了抓住另一个更好、更难得的机会。

菲尔·强森的父亲开了一家洗衣店，他把儿子叫到店中工作，希望他将来能接管这家洗衣店。但菲尔不喜欢洗衣店的工作，所以懒懒散散的，提不起精神，只做些不得不做的工作，其他工作则一概不管。有时候，他干脆"缺席"了。他父亲十分伤心，认为儿子不求上进。

有一天，菲尔告诉父亲，他希望做个机械工人——到一家机械厂工作。什么？一切从头开始？父亲十分惊讶。不过，菲尔还是坚持自己的意见。他穿上油腻的粗布工作服，去从事比洗衣店更为辛苦的工作，工作的时间更长，但他竟然快乐的在工作中吹起口哨。他选修工程学课程，研究引擎，装置机构。当他在1944年去世时，已是波音飞机公司的总裁。如果他当年留在洗衣店不走，他和洗衣店究竟会变成什么样子呢？

菲尔·强森如果满足于父亲给他的现成的事业，就从这个眼前利益出发，去干洗衣店的工作，那么就不会实现他自己的长远目标，他就会成为千千万万的小小洗衣店的老板之一。菲尔·强森没有受眼前利益的驱使，他志不在此，志在高远，所以，他选择了适合自己发展的事业，于是他成功了。

"善于放弃"是一种境界，是历尽跌宕起伏之后对世俗的一种轻视，是饱经人间沧桑之后对财富的一种感悟，是运筹帷幄、成竹在胸、充满自信的一种流露。只有在了如指掌之后才会懂得放弃并善于放弃，只有在懂得并善于放弃之后才会获得成功。

报纸总是将不同的内容分开，以便不同的读者各取所需，可是，有些读者不会放弃，他不知道他可以扔掉哪些东西，结果把自己弄得无所适从。

鱼和熊掌不可得兼，舍鱼而取熊掌。有谋略的人常在权衡利弊得失后做出选择和放弃，保证利益的最大化。

做事有谋略的人懂得在事业中充分发挥自己最大的优势，做自己最擅长的事，所以能更快地找到成功之路。

乔·吉拉德1929年出生在美国一个贫民窟，他从懂事起就开始擦皮鞋，做报童，然后又做过洗碗工、送货员、电炉装配工和住宅建筑承包商等等。但由于没有找到最适合做的事，他没有取得成功。朋友都弃他而去，他还欠了一身的外债，连妻子、孩子的吃喝都成了问题。为了养家糊口，他开始卖汽车，步入推销生涯。

乔·吉拉德以极大的专注和热情投入到推销工作中,只要碰到人,他就把名片递过去,不管是在街上还是在商店里,他抓住一切机会,推销他的产品,同时也推销他自己。三年以后,他成为全世界最伟大的销售员,谁能想到,这样一个不被看好,而且还背了一身债务、几乎走投无路的人,竟然能够在短短的三年内被吉尼斯世界纪录称为"世界上最伟大的推销员"。他至今还保持着销售昂贵产品的空前纪录——平均每天卖 6 辆汽车!他一直被欧美商界称为"能向任何人推销出任何商品"的传奇人物。

乔·吉拉德做过很多种工作,屡遭失败。最后他把自己定位在做一名销售员,终于获得了成功。成功的最直接、最实用的方法就是做自己最擅长的事,否则,你将在众多人的参考意见中无所适从,找不到自己的方向。

每个人都有自己最擅长的事,最喜欢的事。

明是一位机械师。他已经做了十多年的机械工作,可他一直不喜欢自己的工作,总是想转行,却迟迟下不了决心,已经做了十多年的机械工作,如果突然换一份其他工作,需要从头再来会感到很不适应,尽管他不喜欢,却无法抛开累积十多年的机械专业知识。

他想改变,但又抛不开过去的包袱,自然无法突破。其实,既然知道自己再继续做下去也不会有兴趣,就应该果断地做出决定:转行! 做自己喜欢的事情更容易激发自己的想象力和创造力,并获得成功。

每个人都有很多能力,但总有一种能力是最擅长的。只有找准自己最擅长的事,才能最大限度地发挥自己的潜力,调动自己身上一切可以调动的积极因素,并把自己的优势发挥得淋漓尽致,从而获得成功。

一个人要充分地估测自己,给自己找准位置,充满信心,真诚地做自己能做的和应该做的事,就有可能成为自己所希望的那种人。多少杰出成功人士的经历说明:假如你不仅知道自己能干什么,而且知道自己不能干什么,在充分发挥才能优势的基础上,在扬长避短的前提下选择你的起点、着力点和努力方向,你就能少走弯路。

人的能力是有限的,一个人不可能样样都行,要知道自己能干什么和不能干什么。能给自己准确定位的人,才是真正有谋略的人,才能取得成功。

做事有谋略的人都懂得抉择的重要性,他们能反复地比较自己的优势和强项,选择适合自己的人生定位,并通过选择,在做事中充分发挥自己最大的优势。

学会与领导相处的艺术

身在职场,要学会与领导相处的艺术。能够与自己的领导保持好人际关系,这对一个人的职业生涯是相当重要的。对于这个问题,人们常常会有两种错误的倾向:一种是认为,处理好上下级之间的人际关系,这是领导的事,自己只是个员工,只要尽职尽责的工作就可以了,其他的不用去操心;另一种是认为与领导搞好关系,是一种庸俗的方式,那些奉承、讨好领导的行为,既丧失了个人人格的尊严,又对工作没有任何帮助,所以做还不如不做。

但是,不管你认可与否,在一个人的职业生涯中,领导的作用是不容小视的。他可以决定你的前途及发展,因此,有必要与他们搞好关系。与领导搞好关系,最需要把握的就是分寸,这其中的重中之重,就是要掌握交往的尺度,学会委婉地拒绝领导的个别"好意"。

云雅宾馆是一家集吃、住、购、娱乐为一体的大型旅游公司。由于老板经营有方,生意十分兴隆,在当地有一定的知名度。

婷婷是云雅宾馆公关部的职员,二十多岁不仅身材高挑、容貌秀丽,而且谈吐高雅、气质不凡。加上她天资聪颖,乐于助人,在宾馆影响极好。

老板孙总平时为了顾及面子,维护自己的形象和威信,在自己经营的宾馆保持着一本正经,极少对女员工表示亲切。

但是,婷婷的出现,让他方寸大乱,他终于压抑不住自己的欲望,以谈工作为名把婷婷叫到了办公室。

"婷婷呀,你来宾馆几个月了,有什么问题吗?"

"没什么,挺好的,谢谢孙总关心。"婷婷礼貌地回答道。

"我听你们部门经理说,你的工作很有成绩,好好干,不要辜负了我的希望。"说着,他取出一条金项链,"婷婷,这是我送给你的,作为对你这一段工作的奖励,也是我的一点心意。"

说着话,他走到了婷婷身边:

"来,我给你戴上,看看怎么样?"

婷婷已经从他的眼神中看出了他的心思,出于女性的本能,她推开了孙总说:

"孙总,谢谢你。不过,这首饰我不能要。宾馆好像也没有这个先例。"

"哦,那就算我个人送给你的还不行吗?"

"不行。孙总,这样我更不能收,谢谢。对不起,我还有工作,如果没有事我就告辞了。"

说完,不等孙总回答,她转身走了出去。

学会委婉拒绝领导的"好意",这是自我保护的一种方式,也是与领导相处中最不容忽视的一个生存环节,如果尺度把握得好,就能够让领导知趣而不伤面子,他会更加看好你,重用你。

鬼谷子说,想要了解情况,就要先了解自己,先了解自己,在了解别人。观察对方的言行,掌握对方的特点,制定计谋,对症下药。没有走不通的路,只有不会走的人,看来难上登天的事,巧妙安排,也会功到自然。

妙法脱身"金蝉脱壳"

当处于极端不利的地位时,拼不得、退不得,进退两难,就要临险设谋,突出重围,以便寻找机会东山再起。这就要求人们行大智谋,方能保存实力,以期后用。

南宋抗金名将毕再遇,以智谋闻名。一次,他率军与金兵对垒,久战不决,金兵援军赶到,兵力十倍于宋军,战必不胜,毕再遇准备退兵。可在强敌面前,若贸然撤退,必受敌人追杀,后果是十分危险的。

怎么谋得退兵之策呢?毕再遇苦思良计,想到了"金蝉脱壳",于是秘密安排起来。首先传令军中,做下三天干粮,士兵们自带,营帐、旗帜一律不动。又传令手下找来几只活羊,将它们后腿吊起,前腿放在更鼓上,缚好。夜深了,毕再遇传令,马勒嚼链,兵士衔枚,不准点火,悄然集合,一队队趁夜幕掩蔽向南撤退。

再说金兵主师早就恨透了毕再遇,今得机会困住毕再遇,定要活捉他,于是传令附近兵马速来增援。但他知道毕再遇是一智谋非凡的将领,形势明明对宋军不利,他会谋路撤退。于是,金兵主帅派出多路哨兵,盯住宋营,一旦有宋军撤退的迹象,马上来报告,即刻便挥师掩杀过去,并严令哨兵恪尽职守,误者军法从事。哨兵们接到命令,一个个都找好位置,向宋营瞭望。只见今夜宋军像往常一样,入夜后即灭灯入睡。旗帜依旧,并不时传来"咚咚"的更鼓声。原来,毕再遇退兵前,已让手下人放开羊前腿。羊被吊疼了,便四蹄挣扎,前腿蹬得更鼓"咚咚"直响。蹬一阵子,羊累了,便停下来。过一会儿,羊有了劲就又挣扎,更鼓就又响起来。远远听了,活像人打更一般。

更鼓响了一夜,天明远望宋营旗帜仍在,故而哨兵们也没人去报告。太阳出来了,金兵主帅传令手下,吃饱饭后全线攻击,务必一举歼灭宋军,活捉毕再遇。尔后,他上了高坡,向宋营望去,以作具体部署。却见宋营中太阳老高了也不见人影,而一些乌鸦却落在营帐上。情况反常,金兵主帅忙令哨兵们贴近观察,才知道宋军已悄然撤走,留下了一座空营。眼见的"煮熟的鸭子"飞了,气得金兵主帅吹胡子瞪眼。

毕再遇利用"金蝉脱壳"的方法稳住了敌军,巧妙地撤退,保存了实力。如果贸然退兵,很可能遭到敌人的追杀,很难全身而退。

以退为进,曲线成事

鬼谷子教导学生要善于韬光养晦,螺旋上升。既保护自己不受猜忌和伤害,又容易为自己的事业成功创造条件,一鸣惊人。

刚刚大学毕业的迈克想要进入一家大型的机械公司,但是该公司对人才的要求很高,没有经验的大学生很难被录用。

他先找到公司人事部,提出愿意为该公司无偿提供劳动力,请求公司分派给他任何工作,他愿意不计任何报酬来完成。公司起初觉得这简直不可思议,但考虑到不用任何花费,也用不着操心,于是便分派他去打扫车间里的废铁屑。一年来,迈克勤勤恳恳地重复着这种简单但是劳累的工作。为了糊口,下班后他还要去酒吧打工。这样虽然得到老板及工人们的好感,但仍然没有一个人提到录用他的问题。

有一个阶段,公司的许多订单纷纷被退回,理由均是产品质量有问题,为此公司将蒙受巨大的损失。公司董事会为了挽救危机,紧急召开会议商议解决,当会议进行一大半还未见眉目时,迈克进入会议室。在会上,迈克把这一问题出现的原因作了令人信服的解释,并且就工程技术上的问题提出了自己的看法,随后拿出了自己对产品的改造设计图。这个设计恰到好处地保留了原来机械的优点,同时克服了已出现的弊病。总经理及董事会的董事见到这个编外清洁工如此精明在行,便询问他的背景以及现状。迈克将自己的意图和盘托出,经董事会举手表决,迈克被聘为公司负责生产技术问题的副总经理。

原来,迈克在做清扫工时,利用清扫工到处走动的特点,细心察看了整个公司各部门的生产情况,并一一做了详细记录,发现了存在的技术性问题并设计了解决办法。为此,他花了近一年的时间搞设计,做了大量的统计数据,为最后的一展才华奠定了基础。

只有志向远大,才可能成为杰出人物。但要成为杰出人物,光是心高气盛还远远不够,还必须从最低级的事情做起。在你默默无闻不被人重视的时候,不妨试着暂时降低一下自己的物质目标、经济利益或事业野心,做好一个普通人的普通事,这样你的视野将更开阔,或许会发现许多意想不到的机会。

一位留美计算机博士学成后在美国找工作。因为有个吓人的博士头衔,求职的标准当然不能低。结果他连连碰壁,好多家公司都没聘他。想来想去他决定收起所有的学位证明,以一种最低身份再去求职。

不久他就被一家公司录用为程序输入员。这对他来说就是大材小用,但他仍然干得认认真真,一点儿也不马虎。不久老板发现他能看出程序中的错误,不是一般的程序输入员可比的。这时他才亮出了学士证,老板给他换了个与大学毕业生相称的工作。

过了一段时间,老板发现他时常提出一些独到的有价值的建议,远比一般大学生要强,这时他亮出了他的硕士证书,老板见后又提升了他。

再过一段时间,老板觉得他还是与别人不一样,就对他"质询",此时他才拿出了博士证书。这时老板对他的水平已有了全面的认识,毫不犹豫地重用了他。这位博士最后的职位,也就是他最初理想的目标。

这个博士的办法是聪明的,他先放下身份和架子,甚至让别人看低自己,然后寻找机会全面展现自己的才华,让别人一次又一次地对他刮目相看。

如果刚一开始就让人觉得你多么的了不起,对你寄予了种种厚望,可你随后的表现让人一次又一次的失望,结果是被人越来越看不起。这种的反差效应值得人们借鉴。人家对你的期望值越高,越容易看出你的平庸,发现你的错误,相反,如果人家本来并不对你抱有厚望,你的成绩总会容易被人发现,甚至让人吃惊。

很多刚走上工作岗位的人,不懂得这种心理,往往希望从一开始就引人注目,夸耀自己的学历、本事、才能,即使别人相信你,在形成心理定式之后,如果你工作稍有差错或失误,往往就被人瞧不起。试想,如果一个本科生和博士生做出了同样的成绩,人家会更看重谁?人家会说本科生了不起。你博士的学历高,理应本领高些,可你跟人家一样,有什么了不起?心理定式是难以消除的。所以,有谋略的人,刚走上工作岗位时不会过早地暴露自己,当他默默无闻的时候,会因一点成绩一鸣惊人,这就是深藏不露的好处。如果交给你一项工作,你就说"我保证能够做好",那几乎和说"我不会"一样糟糕,甚至更糟糕。'你应当说:"让我试试看。"结果你同样做得很好,也许得到评价会大不相同。

俗话讲:退一步路更宽。要退,必先学会忍。事实上,退是另一种方式的进。暂时退却,养精蓄锐,以待时机,这样的退后再进则会更快、更好、更有效、更有力。退是为了以后再进,忍住一时的欲望,暂时放弃某些有碍大局的目标是为了最后实现最大的成功。这退中本身已必然包含了进,这种退更是一种进取的策略。

那位留美计算机博士的求职艺术堪称极妙,最初对理想目标追求得太迫切,反而白白增添烦恼而又不能达到目的,倒不如隐忍一时,退而求其次,以退为进,走一条曲线成功之路。

以退为进,由低到高是一种做事的谋略。后退几步,再加大冲力,成功的可能性更大。

史玉柱的"点、线、面"双赢策略

史玉柱的发家史一直被人们所津津乐道,他的机遇,他的手腕成为后辈创业者取之不尽的智慧源泉,在他的创业经历中,关于品牌的缔造之路则成了很多品牌商模仿的标准,就是他的"点、线、面"之道。

一个企业想要做大,不得不做品牌。但是做品牌难,做领先品牌难上加难,很多中小型企业前赴后继,不断尝试,前面人跌倒,后面人跟进。正应了坊间的那句名言:"不做品牌等死,做品牌找死"。

两害相较取其轻,很多人选择了放弃。史玉柱对比了现在的状况,偏偏不信这个邪。

"中国之大,难以尽述,龙有龙道,蛇有蛇路,虽然我筹备脑白金,一没钱,二没人,更没有资源,但是也不能说领先品牌是那些大公司的专利。"史玉柱分析,大公司主打的保健产品也从无到有,从小到大,一步步长成的。只要方法找对,策略用对地方,塑造脑白金品牌不是难事。

于是,史玉柱聚焦力量,集中优势资源,率先在有竞争优势的区域市场——江阴建立属于自己的根据地。创造了"点、线、面"的品牌战略。

接着,史玉柱又积蓄力量、训练团队,不断地总结经验教训、等待机会,在蚕食与点、线、面策略的牵引下,逐步扩大"脑白金品牌根据地"领域范围,再抓住机会发动较大规模的市场战役,打通"品牌根据地"之间的连接,化被动为主动,变防守为进攻,最终实现脑白金全国的胜利,创建全国性的领先品牌。当脑白金的广告铺天盖地,老少皆知时,脑白金的品牌战略已经宣告初步成功了。

而所谓的点、线、面策略,则是支撑和实现蚕食策略,创建全国性领先品牌的战略思想和策略保障。

史玉柱在早期创建的小区域"根据地"仅仅是一个点,中期通过"蚕食策略"占领的地盘仅仅是一条线,只有成为目标市场(全国或全球)的领先品牌才是一个面。

不长的时间内,史玉柱东山再起,将原本在保健品市场默默无名的脑白金运作成家喻户晓的保健品,靠的正是娴熟的运用蚕食和点、线、面策略的结果。他的谋略不仅让业内惊叹,也成了营销史上的一个奇迹。

在江阴成功后,史玉柱接着推行蚕食策略,以点及线、以线到面,史玉柱开始着手启动整个江苏省及紧邻江苏的上海、浙江。依托蚕食和点、线、面策略,史玉柱用了一年多的时间就把全国大市场顺利联动起来。

随着"点线面"策略的步步胜利,脑白金的销售额呈几何式增长:1998年销售额三四十万,1999年上半年,每月销售额态势:60万、80万、100万、300万、500万……1999年开始到800万、1000万,直到12月份脑白金产品单月回款已经突破1个亿。

史玉柱试销的规模是由小到大的,每一个试点的市场工作,都尽可能做到饱和。史玉柱运用蚕食和点、线、面策略,淋漓尽致地发挥了聚焦资源策略带来的优势,一步一步稳健地扩大脑白金的区域范畴,积蓄资源,最终成了国内保健品的品牌之一。

鬼谷子说如果自己不事先确定策略,统帅别人也无法步调一致。做事没有技巧,叫作"忘情失道",自己首先确定斗争策略,再以此来统领众人,策略要不暴露意图,让旁人看不到其门道所在,这才要以称为"天神"。

年轻人要做大事业,一个完整的版图规划是少不了的。但是蓝图过泛,则有空虚之弊端,蓝图过于详细,则很难应对不期然的变数。这个时候就要制订一个适度、低调的计划,在众人反应过来之前,一一出手。

欲擒故纵看清本质

生活中,很多事情不能够只看到它的表面现象,要从更深一层次,更广一层次的意义上去看问题。只有这样,我们才能够认清事实的本质,少受欺骗。

北宋包青天的美名家喻户晓,而他的铁面无私更是千秋永垂。包大人断案,大到怒铡驸马爷,小到百姓的鸡毛蒜皮之事,他都一丝不苟地秉公而断。

包拯在天长县任县令时,审过两桩牛案,让人回味无穷。

第一桩牛案发生在春耕季节。一天,东村农民王二和张三在田里耕地。休息时,他们坐在田埂上闲聊,两头耕牛在坡上吃草,吃着吃着,两头牛抵起角来,王二和张三没当一回事,反而觉得好玩,竟在一边看热闹。可是抵来斗去,一眨眼的功夫,王二的牛忽然把张三的牛抵死了。这下子两个好朋友翻了脸,张三一纸状子告到县衙门,要王二赔他的牛。当时的县令审案时,觉得此案不好判,判赔,王二吃亏;不判赔,张三吃亏,而两人都不想吃亏。前思后想无良策,就把两人暂时收进了监狱。

包公上任不久,听说有两个农民在监狱里,胡乱骂人,便命手下提出来问缘由。知道了事情的原因后,包公不由大笑起来,两个农民莫名其妙地想:早听说有个包拯办案认真,却原来也是糊弄百姓啊!刚要发牢骚,就听包公笑道:"你们本是一对好邻居,因为一时疏忽,牛相互抵角死了,朋友反目成仇,实在不应该啊!今天,本官劝你们言归于好。"说完了就提笔写了四行字:

"二牛抵角,不死即活;活牛耕地,死牛同剥。"两个农民听完判决,口服心服,都说公平合理。他们相互歉意地一笑,谢过包公,两人说说笑笑走出了公堂。

此案刚结,村西农民刘全来报:"小民今天早晨正要牵牛下地干活,来到牛圈时大吃一惊,我的大黄牛满口血淋淋,牛舌头不知被谁割掉了!"包公看罢状子,心想:这很可能是刘全的仇人干的。但不能对他明说,得想一个两全其美的办法:既不能让刘全亏本,又能破了案。他想了想对刘全说:"这牛恐怕也难活了,你不如把牛宰杀了,肉可以卖。我再资助你一些钱,买一头牛吧!"刘全感激万分,挥泪叩别了包公。包公随即出了一张禁杀耕牛的布告:

本县晓谕黎民百姓:为确保春耕春种,严禁私自宰杀耕牛。如有病牛,须请牛医诊治;诊治无效的,先报呈县衙,经核实后方可宰杀。否则,擅自杀牛的一律严惩不贷。有人告发杀牛者,官府赏钱300贯。

此布告一出,刘全的邻居李安即前来报告了刘全杀牛的事。包公推测:村中之人一定都知道,刘全宰杀的是残废牛,而此人明知杀残牛而来告发,是想诬陷刘全。看来,李安一定和刘全有仇。包公出布告本意就是引出肇事者。刘全昨天告诉过包公,李安和他有芥蒂,看来,割牛舌之人非李安莫属了。包公立即开堂审讯,李安只得如实供认,他为报复刘全不借他耕牛使用之仇,所以偷偷割去了牛舌头,见布告后又来诬告他。

割掉牛舌继而以私宰耕牛为名诬告于人,说明害人者的狠与狡猾。包拯看清了问题的实质,知道害人者不达目的是不会罢休的,于是欲擒而故纵,使害人者自己暴露出来。

郑庄公为见母掘地十丈

春秋时期,郑国国王郑庄公的母亲姜氏一手策划他的弟弟造反,郑庄公将此事平定后,发誓说:"不及黄泉,无相见也!"意思是说,有生之年,他再也不见他的母亲了。但庄公回到国都后,因长期没有见母亲,慢慢地心生悔意,常常自言自语道:"我是一个罪人啊,不仅亲手杀了自己的弟弟,还把自己的母亲赶走了!"

当时,郑国有一个叫颍考叔的人,此人为人正直,大公无私,品德高尚,尤以孝敬父母、诚信交友而名气大振。

颍考叔得知此事,说:"母子亲情永不再,为人母一心为孩子着想,即使爱的天平有高有低,也没错,但做儿子的不能体谅母亲,就是大不敬,庄公今天的举动有伤风化。"于是,颍考叔便带上数头鸮鸟,以进贡野味的名义,来求见庄公。

庄公见到颍考叔,指着鸮鸟,问道:"你拿的是什么鸟啊?"

颍考叔回答说:"这种鸟的名字叫'鸮',它有个特性,幼时靠母亲抚养,长大后就把含辛茹苦的母亲给吃掉了,这是一种不孝之鸟,因而必须把它吃掉。"

郑庄公

庄公听了颍考叔的话,突然面露愧色,沉默不语。

就在这时,厨师来献蒸羊,庄公撕下一条羊腿给颍考叔。颍考叔小心翼翼把好肉撕下来,用纸包好,收藏起来。

庄公见状,感到很奇怪,问他:"为什么把肉包起来?"

颍考叔回答说:"请主公见谅,因小臣家中有年迈的老母,家中贫困,每日三餐只能用野味饱肚,他老人家从来没有享受过如此美味。所以,我想把好肉收藏起来,带回去孝敬老母。"

庄公感慨道:"你可真是一个孝子啊!"说罢,庄公不觉长叹一声。

颍考叔问:"主公为何长叹啊?"

庄公说:"你有老母可以尽孝,得尽人子之心。寡人贵为诸侯,却没有这个颖考叔装作什么都不知道,接着问:"姜夫人现在还很康健,何为无母呢?"

庄公将姜氏与太叔(庄公之弟)共谋造反一事告诉了颖考叔,并说道:"之前因一时之气发下了'黄泉'之誓,现在追悔莫及。"

颖考叔说:"如今,太叔已经过世了,对于姜夫人而言,您是她唯一的儿子,若是主公不奉养她,那与鸦鸟有什么不同呢?如果以黄泉相见觉得为难,小臣倒有一计,可以解决主公的这个难题。"

庄公好奇地问:"什么计策,说来听听。"

颖考叔说:"掘地直至见到泉水,建造一个地下室,把姜夫人接来,让其居住在地下室,并将主公想念之情告知她,她一定会答应的。这样,主公就能在地下室中见到母亲,也可以在以后的日子尽孝道,这并没有违背当初的'黄泉'之誓,可谓是一举两得啊。"

庄公听后,不禁大喜,立即命颖考叔招募五百名壮士,于曲洧牛脾山下,掘地深十余丈,终见泉水涌出,并在此修建地下室。地下室建好后,颖考叔快马加鞭去见姜氏夫人,并把庄公的思念之情告诉她,邀请她前往地下室相见。

至此,郑庄公与母亲冰释前嫌,其孝子美名也流芳千古。

颖考叔巧妙地运用了类推的方法,解开了郑庄公的心结,也为郑庄公解决了难题,颖考叔把鬼谷子的纵横学说运用得淋漓尽致,令人叹为观止。

墨子以"象比"平战乱

公输般生长在一个工匠世家,年轻时就成了鲁国著名的工匠。

一次,楚王请公输般前来为楚国制造攻城的云梯,想用其攻打宋国。墨子得知此事后,不远万里,来到楚国,见到公输般后,对他说:"先生,我在宋国就听说您的成就,我昼夜兼程,赶来见您,是想借助您的力量帮我除掉一个人。"

公输般说:"我是讲道义的,从来都不杀人。"

墨子说:"听说您在造云梯,用来攻打宋国,宋国有什么罪?你口口声声说讲道义,不杀人,如今攻打宋国,这分明是不杀少数人而杀多数人啊。关键是,无论是杀多数还是杀少数都是要杀人的,请问你攻打宋国是什么道义呢?"

国学经典文库

鬼谷子全书

·《鬼谷子》释义通解·

图文珍藏版

公输般听了墨子的这番话,觉得很有道理,于是便答应他的要求,为他引见楚王。

墨子见到楚王,对他说:"如果有一个人,他拥有锦丝织成的衣服却不穿,一心想去偷邻居的粗布短衫;他拥有豪华的彩车却不坐,一心想去偷邻居家的一辆破车:他家里有可口的美味佳肴却不吃,一心想去偷邻居的酒糟和糠皮。请问大王您认为这是个什么样的人呢?"

墨子

楚王说:"一定是有偷东西癖好的人。"

墨子接着说:"如今,楚国有众多名贵的树种,如松树、梓树、楠树、豫樟树等,而在宋国却没有,这就如同用锦丝衣裳和粗布短衫相比,相差甚远;楚国拥有五千里的土地,而宋国只有五百里的土地,这就如同用华美的彩车和破车相比较,差距太大:楚国有云梦泽,其中有大量的犀牛、麋鹿,而宋国却是一个连普通家禽都不产的地方,这就如同用美味佳肴和糟糠相比,不具可比性。总结下来,我认为大王欲进攻宋国,就与那个有偷东西癖好的人差不多。"

楚王说:"有道理,那好吧,我决定不去攻打宋国了。"

古代那些善于从反面听取言论的人,常可以用鬼神莫测的手段来获得实情。手段变化得当,就能够清楚地了解真相。如果情况掌握得不清楚,得到的言辞信息就不明确了;得到的言辞信息不明确,做事时就没有把握和根据。运用言辞的象征和比拟,对方必有回应的言辞,让对方先说,这样就可以通过言辞来了解对方的真实意图。墨子爱好和平,主张"兼爱""非攻",也擅长游说,首先通过"杀人"这一诱语,使公输般上钩,同意为自己引见楚王。见到楚王后,通过形象的类比把楚国攻打宋国的行为比喻成是小偷行为,让楚王明白不知足者就犹如那些有盗窃癖的人一样,会落得骂名,使楚王觉得违背常理,无奈停战归和。

国学经典文库

鬼谷子全书

·《鬼谷子》释义通解·

图文珍藏版

司马懿冷静沉着逼退蜀军

公元234年,诸葛亮率军抵达郿的渭河南岸的塬上,此时,司马懿率军渡过渭河,背水筑垒,与诸葛亮相持。

诸葛亮为准备长期作战,屯田于五丈原。这期间,诸葛亮多次挑战,司马懿均不应战。诸葛亮给司马懿送来一些妇女的衣服,羞辱司马懿不是男子汉。

封建社会中,妇女的地位很低,当时妇女是愚昧无知,懦弱胆怯的象征。诸葛亮故意给司马懿送去女人衣服,是把他视为妇人,这对司马懿而言,无疑是个莫大的侮辱,其目的是想激怒他,逼他出战。

司马懿身为魏军大都督,换作其他人,是绝对咽不下这口气的,但司马懿隐忍取静,对当时的形势作了冷静分析:

司马懿

一是蜀国弱小,军力微薄,虽然积累了三年之力伐魏,但蜀道崎岖,距离很远,三十万大军的粮食供给问题不易解决,无法长期作战;二是现实状况对蜀国很不利。诸葛亮六出祁山,士气正强,但在战败后,兵力受损,如果贸然出战,取胜的概率太小了,所以速战速决是蜀国的唯一出路。但魏国则不同,物资雄厚,国大人多,战场离渭水平原很近,补给也很便利,以逸待劳是不错的选择。

司马懿做到了知己知彼,他在出师前就与魏主共同制定了以守为攻的作战方略。所以,司马懿心里愤怒却强作笑颜道:"孔明视我为妇人啊?"边说边接过衣物,厚待来使,继续坚守。

此后,司马懿仍坚壁高垒,静待抗蜀的最佳时机到来。当然,司马懿没有白白忍耐诸葛亮对他的羞辱,由于长期相持,蜀军的军粮供给不足,军心涣散,而且盟友吴军在与魏军征战中,兵败合肥,结果蜀军只能无功而退。

司马懿接受巾帼素衣,懂得忍耐,不逞匹夫之勇,不为辱骂所怒,不争强,不上当,始终保持清醒的头脑,并运用类推的大智慧,从蜀汉使者处得到了"诸葛亮事必躬亲,身体欠佳,支撑不了多久"的重大军事情报,进而避免了"小不忍则乱大谋"的坏结局,更使魏军免遭损失,这就是智者"知之始己,自知而后知人也"的智能。

陈泰以"反应术"胜姜维

公元251年,姜维、夏侯霸同为西蜀大将,他们亲自率领数万强兵进攻曹魏的陇西。

魏雍州刺史王经是一个自以为是的人,行事往往主观臆断,不听旁人的劝告,面对此次大军来犯,他自信地对将军陈泰说:"我得知姜维把兵分成三路:一路向石营;一路奔祁山;一路赴金城。对此,我们当然也要相应分兵三路,与其抗衡。所以,以我所见,将军应同时出兵侧翼保石营;派讨蜀护军徐质保祁山;调凉州军至枹罕保金城。"

陈泰是一位沉着冷静,心思缜密的人,他善于推敲事情真相,对王经的话,他有不同的看法,他认为:以姜维的实力一定不会分取三路,而且自己的兵力也不能分开,以免削减实力。于是,就对王经说:"先别急,先仔细分析一下形势,了解敌人的意图再做定夺。"

后来,姜维果然没有分兵三路,他率领全部兵力抵达枹罕,想要夺取狄道,觊觎关陇。陈泰在确定敌人的意图后,立即派王经去守狄道,并反复叮嘱他:必须待大军到后,再与姜维交战。陈泰自己则率军抵达陈仓,想要从侧翼发动攻击,以达到出其不意的效果。

可是,谁承想王经率兵至目的地后,没有听从陈泰的嘱咐,不但不守狄道,反而率军前进与姜维交战于故关,结果大败,急忙逃到狄道,收拾残军一心防守。但此战的失利已经给敌人制造了可乘之机,姜维乘胜引兵前进,把狄道包围起来。陈泰得知狄道形势紧迫,知道原来的侧翼攻势毫无用处了,便立即命令五营前行,自己便率领大军随后跟随,去解狄道之围。大部队刚到上邽,邓艾、王秘等人也领兵赶到。

邓艾对陈泰说:"王经的精兵已被姜维打得溃不成军,目前的形势对我方十分不利,敌强我寡,难以抵挡。而将军所率领的部队实为乌合之众,失败之后,士气大大消沉,军心溃散,陇右动荡不安。为今之计也只有忍受小失而保全大局了。陇右的危险大过蝮蛇,狄道不正是不守之地吗? 姜维的部队乘勇前进,我们现在不能迎风而上,否则损失就会更严重。所以,我们不如放弃狄道之守,先求自保,待兵力恢复,士气增强后再设法进兵陇右,这才是最佳的计策。"

陈泰思考片刻后,说:"姜维率领轻兵深入远地,对他们而言,最大的问题就是军粮不足,所以,他们必定要速战速决。我命王经高壁深垒,坚守不出,以挫其锐气,消耗其能量。但王经不知形势,擅作主张与敌速战,正是中了敌军的计谋,所以才使敌人得志进兵包围了狄道。倘若姜维在攻破狄道后,引兵东进,把栎阳粮米之地全部占领,驻兵此处,再招降纳叛,勾引羌人,东征关陇,那么,姜维就会占领此处四郡,其势力将会顷刻间变得更加强大,这样一来,我们想要与其对战取胜,就更不可能了。但是,如果不征讨的话,姜维觊觎中原已久,危险时刻存在;如果征讨,姜维派兵据城坚守,攻守形势不同,我军也难以取胜啊。现在,姜维调集大军深入,急于交战,这就表示他们的粮草一定不继,此时正是我军攻破敌人的最佳时机,只要全力出兵攻击,顺势而发,姜维必破无疑。而且现在作战对我军是有利的,因为我军现在占据高地,而姜维勒兵桃水低处,以上击下,易如反掌。对于实力强大的敌寇,不能轻视,但也不可纵容,被围的狄道不会坚持太久,诸位将军为何有如此消极的心态呢?"

邓艾等人听了陈泰的这番分析,认为很有道理,所以大家答应与其并肩作战。

于是,陈泰立即进兵跨越高城岭,准备解狄道之围。陈泰心想:姜维用兵狡诈,他既然兵围狄道,一定会在山路险阻之处设兵埋伏。陈泰决定避其锋芒,便命令部队趁夜潜行,绕过敌军可能设伏的北路,率军一路向南,抵达狄城东南的高山之上。结果,真的绕过了姜维的伏兵。陈泰大军在高山之上多举烽火,击鼓鸣角,城中兵将见救兵已到,信心满满,士气大振。姜维见对方的救兵突至,大为震惊,军中上下顿时慌乱不已。姜维立即引兵与陈泰交战,但由于地势不利,最终退败。

后来,陈泰乘胜追击,断绝了姜维的退兵之路。姜维得知连忙引兵遁去,至此,狄道之围成功被解。

所谓"反应术"也可以说是反视对方,就是反过来站在对方的立场、角度观察事物,观察对方,了解对方,并审察自己。由"此"推测"彼",由"彼"推测"此",如此循环,使认识问题不断深化,以便争取胜利。就如在狄道之战中,陈泰的"反应"智谋表现得淋漓尽致,他欲先守住姜维进兵的必由之路——狄道,后从陈仓发动侧翼反攻。但由于王经的自作主张,导致此战失利,狄道危急,侧翼反攻无法实施,面对这一现状,陈泰冷静分析,推敲出姜维会设伏,于是派出奇兵绕过埋伏,最终保住了狄道。此战一胜,连司马懿对陈泰也是赞不绝口。

郭子仪"以象动之"赢和平

唐末藩镇割据,朝政腐败不堪,君臣互相猜忌,文臣武将皆感自危,甚至连私下的交往都深觉恐惧。当时,很多人都怕引起别人的怀疑,恨不得一入深宅,便与世隔绝,和谁也不相往来。但是,唯有汾阳王郭子仪与众不同。郭府每天大门敞开,任人出入,他竟不闻不问。

有一天,郭子仪麾下一位将军离京赴职,前来告别,看见郭子仪在夫人和孩子面前,有如仆人一样随便,甚感惊讶。郭子仪的儿子们也觉得父亲做得太过分了,于是劝他说:"您功业显赫,为何不尊重自己呢?不管贵贱都随便进入你的卧室。古代的圣人和权臣也不会这样做。"

郭子仪笑着对儿子说:"你们怎么知道我的用意。我有马五百匹,部属、仆从数千人。如果我修筑高墙,关闭门户,大门不出,二门不迈,与朝廷内外不相往来,倘若与人结下私怨,再有嫉贤妒能之人挑唆,那我们全家的大祸也就不远了。现在我坦荡无邪,四门洞开,纵有人谗言污我,也找不到借口加害与我,这是一种自我保护之道。"

儿子们一听,若有所思地点了点头。

郭子仪不但在家中如此,在战争中也处处表现得机智勇敢,坦荡无私。

仆固怀恩是唐朝有名的叛将,他为了一己私利,煽动吐蕃和回纥两国联合进兵中原,一共三十万大兵,一路连战连捷,直逼泾阳。

当时,郭子仪奉命在泾阳抵挡敌人的进攻,而他只有一万余名精兵。面对强势的敌人，郭子仪知道形势十分严峻。恰巧就在这时，叛将仆固怀恩病死了。而吐蕃和回纥失去了联络人以后，彼此之间的矛盾逐渐激化，他们都想争夺指挥权和领导权。最后，两军各驻一地，互不联系往来，这给郭子仪提供了极大的便利。

事实上，郭子仪在安史之乱的时候，就曾经和回纥将领并肩作战，共同抵抗安禄山。这种合作背景给了郭子仪启示。于是，他秘密派使者前往回纥营中转达自己的合作意想。当回纥都督药葛罗听说郭子仪

郭子仪

就在泾阳，十分高兴，也有与对方合作的想法，提出要与郭子仪面谈。

郭子仪听到回报后，决定亲自到回纥营中面见药葛罗，但各位将士却持反对态度，认为这样做太冒险。而郭子仪为了表现自己的诚意，毅然前往，并且只带领了少数随从。

药葛罗看到这种情形深受感动，并设宴招待郭子仪，两人谈得十分投机。席间郭子仪说道："大唐、回纥关系甚好，回纥在平定安史之乱时立了大功，而吐蕃如今想利用你们与大唐作战，他们好乘机得利。"

药葛罗怒道："老令公说得有理，我们是被蒙骗了，以后我们要和大唐一起攻打吐蕃。"于是，双方立誓联盟。

吐蕃看到形势骤变，深知与己不利，不敢再与对方交战，于是连夜拔寨撤兵。郭子仪与回纥合兵追击，把吐蕃大军赶出了中原土地，从此边境又恢复了和平。

郭子仪深通"象比"之术，所以他始终做到言行一致、表里如一，使那些奸佞小人、战争对手无懈可击，这些最高境界的处世哲学，在郭子仪身上都体现得淋漓尽致。在这场战争中，郭子仪更是以"以象动之，以报其心"的方略，抓住了有利时机，从敌人内部获得突破，把会面转变成合兵洽谈，感化了对方，这样

在瓦解敌人阵营的同时,也为自己带来了胜利。其实,在人际交往中,也需要具备郭子仪的这种大智慧,当与他人发生冲突时,直言相对不如隐讳表达,横眉冷对不如一笑置之,以求营造一个心平气和的环境。与对方交谈,交谈中可以运用纵横术,使对方的敌意瞬间瓦解,以求在最短的时间内取得和平之果,进而避免两败俱伤的不良后果。

郭淮以"反应术"巧避杀身之祸

建安二十五年,曹丕接受了汉献帝的禅让,建立魏国,改年号为黄初,称魏文帝。

此时,各地闻讯后都派人前来祝贺,征羌将军郭淮受左将军张郃的派遣,也在贺客之列。但在途中,郭淮生了一场大病,所以没能赶上曹丕的登基大庆。

郭淮到达京城后,曹丕在君臣之宴上,责怪郭淮道:"大禹曾在涂山召集各路诸侯集会,防风氏就是因为晚到才被杀死。现今魏国建立,普天同庆,而你是最晚到的,你有什么好说的?"

郭淮听后,不慌不忙地回答道:"听说黄帝时一直是以德来教导百姓,夏朝时由于政治衰退,才逐渐使用了刑法。而我生活在政治清明、百姓和乐的唐虞盛世,根本没有刑法之用,所以知道不会像防风氏那样由于晚到而被杀,这才敢来迟啊。"

曹丕听后不但没有愤怒,反而还很高兴,他不仅没有处罚郭淮,而且将郭淮提升为雍州刺史,加封射阳亭侯。

巧言斡旋解救危机,在历史上也不乏其事。语言的机变性常能转变局势,化险为夷。这也是反应术的高超之处。故事中,曹丕向郭淮讲了防风氏被杀的典故,就是提醒郭淮要当心自己的小命,在这种危急关头,郭淮回答好了就能度过此劫,否则将会遭受杀身之祸。庆幸的是,郭淮懂得运用"类比"的方法,巧妙地把曹丕比作唐虞,间接地称赞其为人英明,统治清明,如此一来,不仅救了自己的命,而且还得到加封,真可以堪称是随机应变的智者。

鲁公侯巧施谏言获魏惠王赞赏

魏惠王魏婴在范台宴请各国的诸侯,喝到高兴的时候,魏惠王向鲁公侯举杯敬酒。

鲁公侯站起身,离开自己的座席,谨慎地说:"从前,舜帝的女儿仪狄酿出味道很美的酒,仪狄把酒献给了禹,禹喝了之后也觉得味道醇美。但因此疏远了仪狄,戒绝了美酒,并说:'以后一定会有因为美酒而使国家灭亡的君主。'齐桓公有一天夜里胃口不好。易牙为他烹调了一些美味可口的菜肴给他送上,齐桓公吃得很满意,一觉睡到天亮,醒了以后说:'以后一定有因贪美味而使国家灭亡的君主。'晋文公得到了美女南之威,接连三天没有上朝理政,于是就疏远了南之威,说道:'以后一定会有因为贪恋美色而使国家灭亡的君主。'楚灵王登上强台远望崩山,左边是长江,右边是云梦泽,他登临徘徊,独享山水之乐而忘记人之将死,于是发誓不再登临强台,并说:'以后一定会有因为游玩高台、山坡、美池而致使国家灭亡的君主。'现在大王您酒杯里盛的好似仪狄酿的美酒;您吃的佳肴无异于易牙烹调出来的美味佳肴;您左边的白台,右边的闾须,都是南之威一样的美女;您前边有夹林,后边有兰台,其乐如同楚王的强台。但如果占有这四者中的一种,就足以导致国破家亡。现在大王四者都具有了,作为您的臣子如果此时不提出告诫,那我岂不是失职吗?"

魏惠王听后,连声称赞鲁公侯的谏言之好。

鲁公侯在向魏惠王谏言时,抓住了事物可比拟的范围,以美酒、美味、美女、美景等事物为道具,历数过去君王大禹与美酒、齐桓公与美味、晋文公与美女南之威、楚灵王与美景楼台的典故,将其作为类比的依据,成功地说服魏惠王,使其适时觉醒,鲁公侯能够将"反应术"运用得恰到好处,实在难能可贵。

郭隗以"反应术"成功自荐

燕昭王即位之时,燕国正处于内忧外患的危难境地,他决心励精图治,复兴燕国,洗刷先王的耻辱,一心要报齐国破燕杀父之仇。不过,他并没有完全依靠兵力和利器,而是先从招揽人才、虚心求教着手,这是明智之举。

燕昭王首先去见郭隗先生,说:"齐国乘我国内乱,发动突然袭击,攻破了燕国。我深知燕国势单力薄,无力报复。如果能得到有才干的人,与他们共同管理国家,来洗雪先王的耻辱,这是我的愿望。请问先生我应该怎么做呢?"

郭隗先生回答说:"明智的国君把贤者当成老师,共同商议朝事,不仅如此,明君还把贤者当成自己的知心好友,共商大事。只有愚昧的灭国之君,才会把贤者当成报仇的仆役,这样必然不能保全国家。所以,如果能够折节屈尊地侍奉贤者,屈居下位接受教诲,那么,比自己才能超出百倍的人自然会归从。如果凭靠几案,挂着手杖,盛气凌人地指挥别人,那么来的只会是那些供人驱使跑腿当差的人。如果为人放纵骄横,行为粗暴,那么,就只有唯唯诺诺的奴隶和唯命是从的人来了。大王若得到天下贤者的鼎力相助,就要亲自登门拜访,天下的贤人听说大王的这一举动,就一定会赶着到燕国来。"

昭王说:"我应当先拜访谁才合适呢?"

郭隗先生说道:"如果现在大王真的想要招揽人才,就请先从我开始吧;像我这样的人尚且被重用,更何况那些比我还有才干的人呢?他们难道还会嫌千里的路程太遥远而不到燕国来吗?"

于是,燕昭王为郭隗专门建造了房屋,并尊他为师。

慢慢地消息传开了,乐毅从魏国来到了燕国,邹衍从齐国来到了燕国,剧辛也从赵国来到了燕国,有才干的人争先恐后地集聚燕国。

燕昭王又在国中祭奠死去的人,安慰活着的人,和百姓同甘共苦。

就这样,二十八年后,燕国殷实富足,国力强盛了,士兵们生活安逸,都愿意为国效命。直到此时,燕昭王才任命乐毅为上将军,与秦、楚及三晋赵、魏、韩等国联合策划攻打齐国,结果齐国大败。

实施"反应术"就像渔人一样多打开一些网,等待对手落入,只要方法得当,把引诱之辞作为诱饵,对手必定禁不住诱惑而落入网中。如果拿着网使对方说出的情况还不够用,就需要用模仿和比较的方法让对方将心里的东西都表达出来,进一步暴露实情,以便掌控全局,控制对手。郭隗正是运用这一高超的智慧,成功自荐,得到了燕昭王的器重。而燕昭王由于做到了知人善任,使燕国出现了繁荣富强、国泰民安的盛世局面。

·《鬼谷子》释义通解·

图文珍藏版

李世民为政之道让众人臣服

李世民称帝后，便封赏有功之臣，房玄龄、杜如海等人都受到了重用，被视为股肱之臣。但李世民大封天下，却引起了许多旧部的不满，尤其是李世民的叔父李神通大为不悦。

淮安王李神通说："我是最先拥戴高祖的人，曾起兵关西。但现在就连房玄龄都位居在我之上，再说，我还是李氏家族的长辈，无论如何我是不会服气的。"

李神通的这番言语引起了不小的反响，之前那些没有得到升迁的秦王府的旧人，也人云亦云，开始抱怨起来。

李世民见状，心平气和地对李神通说："叔父是我的至亲，我非常尊重您。但是，论功行赏的规则，我相信您也是十分清楚的，当初您虽首倡义军，但无功于国家，这自然不能受赏。而且，起兵目的是为了躲避祸患，您先后在山东两次大败。如果没有房玄龄等人的救助，我们早就被敌人打败了。所以，我不能因为您是我的叔父，就把您和开国元勋同功论赏，您说是吧？"

李神通听了李世民的一席话，哑口无言，羞愧难当。

李世民看到了李神通的神情，便接着说道："为政之道，只有无私才能让众人心悦诚服。行赏只能按功而论，任用有用之才，才能保我河山。秦王府的人虽是我的旧部，但有的人却缺少才能，毫无德行，只会空发怨言，如果对这样的人还奖赏，那我不成了昏君了吗？这怎么称得上是治国安邦的大计呢？"

李世民的一番言辞，让众将心服口服，大家都说："陛下如此大公无私，对至亲的叔父和旧部都没有一点私心，我们何来忧虑呢？此后唯有尽力报效国家，效忠陛下了。"

李世民具备了作为一个领导者的美德和智慧，他在治理天下时，大公无私，赏罚分明；与李神通对话时，懂得运用表象和类比的方法引动他，让他了解异同与对错，主动让贤。更可贵的是，李世民作为一个国家的统治者，能够居高而临下，善于处于下方，容纳天下万物，维护部下和百姓的利益，实属难能可贵，天下人归从于他，竭尽全力效忠于他也在情理之中了。

用胆量和智慧抒写传奇人生

　　1925 年,李·艾柯卡出生在美国宾夕法尼亚州伦敦,他的父亲是一个意大利移民。由于家庭的教育十分严格,也造就了他严于律己、积极上进的品格。从小学、中学一直到大学,他不仅学习成绩名列前茅,而且兴趣非常广泛,对音乐、舞蹈、文学、体育都有狂热的爱好。

　　1946 年,李·艾柯卡来到了底特律,凭借着自身优秀的条件,他成了福特公司的一名见习工程师。在这里工作期间,他那独创的分期付款的推销方法让福特公司的年销量猛增了 7.5 万辆,如此惊人的业绩也使他名声大振。

李·艾柯卡

　　十几年后,李·艾柯卡负责的"野马"型新车在第一年的销售额竟然高达 41.9 万辆,创下了全美汽车制造业的最高纪录,同时也为公司创收纯利达 11 亿美元。三年后,在他的引领和指导下,一直处于"冷冻期"的林肯分部先后推出"侯爵""美洲豹"和"马克Ⅲ型"高级轿车,从此"冷冻期"也逐渐转化为了"白热化阶段",特别是"马克Ⅲ型"再一次给公司带来了巨额利润。

　　1970 年年底,李·艾柯卡趁"野马"和"马克"汽车大获成功之势,终于如愿以偿地登上了福特汽车公司总裁的宝座,从此,在这家美国第二大汽车企业中,他拥有了仅次于福特老板"一人之下,万人之上"的地位。

　　然而,在八年后的一个下午,亨利·福特免去了李·艾柯卡的职务。突如其来的打击,让他在一瞬间体会到了从权力之巅被推入到人生谷底的感觉。此时,他的潜意识中突然闪现出父亲的教诲:"太阳虽然有下落,但它总有升起的时候。要勇往直前,不要半途而废。"于是,他鼓起勇气,下定决心从逆境中奋起,重振雄风。

这时候,许多大公司也纷纷邀请李·艾柯卡,但他只对汽车行业感兴趣。最终他接受了一个新的挑战——应聘到濒临破产的克莱斯勒汽车公司担任总经理一职。在公司处于生死存亡的关键时刻,他没有气馁,更不想退缩。为了拯救克莱斯勒,他把自己 36 万美元的年薪降为 1 美元,这种做法在美国企业界是一个先例,所以很自然地引起了轰动。终于在 1982 年底,他使克莱斯勒公司奇迹般地走出谷底,第一次出现盈利,公司出现了 9.25 亿美元这一历史上最高的利润。

一年后,克莱斯勒还清了所有债务。而恰恰是 5 年前的这一天,亨利·福特开除了他。不过此时的他已经超越了自我,通过永不言败的精神,不仅给衰落的美国企业带来了复兴的希望,同时也抒写了自己的传奇人生。

自古以来,凡是被人们称为"商业奇人"的成功者,都与古代的圣人一样,与无形的大道共生共存。他们懂得通过反观过去而检验现在,所以从来不会在意眼前的失败得失。如果动静和真伪的道理,与现实不相符合,他们就要回溯历史去探求原因。他们相信如此反复考察认真研究,就不会在相同的事情上失败第二次。万事万物在不停地变化,在变化中蕴藏着无穷的机遇。熟视无睹,或无力抓住机会者,便会遗憾终生,而那些敢于接受挑战,勇于尝试者,则会终有所成。

哈默随机应变成为最大赢家

有一次,哈默急急忙忙赶到太平洋煤气与电力公司,心中拿定主意准备要和这家公司签订为期 15 年的天然气出售合同。但让他没想到的是,到了那里却碰了一鼻子灰,太平洋煤气与电力公司三言两语就把他打发走了。他们对他说:"对不起,目前我们不需要您的天然气,因为在最近的一段时间里,我们已经耗费巨资准备从加拿大向旧金山修建一条天然气管道,大量的天然气可以从加拿大通过管道输来。"这对哈默来说,无疑是在给他的自信心泼了一盆凉水,他一下子变得六神无主。但等他冷静后,却很快找到了一条釜底抽薪的办法,以征服太平洋煤气与电力公司。

于是,哈默赶往洛杉矶,因为太平洋煤气与电力公司将天然气卖到该市,是天然气的直接承受单位。他与该市的议员,绘声绘色地描绘了他计划从拉思罗普修筑一条直达洛杉矶市的天然气管道的设想,他将以低于太平洋煤气与电力公司和其他任何公司的价格供应天然气,以此来满足洛杉矶市的需要。

听到这样伟大的创意后,议员为之心动,准备接受哈默石油公司的计划。哈默使用的这个办法果然非常有效,当太平洋煤气与电力公司得到消息后,一下子不知所措,于是他们主动找到哈默,并表示愿意接受他的天然气。这时哈默占据上风,他居高临下,提出了一系列苛刻的条件,此时对方也只能被迫接受。

哈默的聪明之处在于:他善于抓住每一次时机,敢想敢做,随机应变,并有一种化"不利"为"有利"的本领,而这正是他最终成功的关键所在。

巧言应变留楚国

战国时期,张仪以客卿的身份居留在楚国。起初楚王对他非常友好,但后来对他越来越冷淡。张仪心想:这样下去,恐怕自己有朝一日在楚国就没有立锥之地了。不久,张仪想出了一个计谋,于是他满怀信心地去拜见楚王。

张仪毕恭毕敬地对楚王说:"最近,我在这儿没有什么用处,只是白白地浪费您赐予我的俸禄,我想到魏国去,不知大王意下如何?"

楚王听后,漫不经心地说:"既然你的主意已定,我也就不苦留你了。"

张仪见楚王并没有挽留之意,并不失望,于是接着说:"为了答谢您对我的知遇之恩,等我到了魏国,只要您想要的东西,我会竭尽全力得到,给您送过来。"

"我各种宝物应有尽有,黄金、宝石、象牙也不足为奇,想必魏国也没有什么值得我羡慕的东西。"楚王傲慢地说。

"不过据我所知,中原美女如云,个个貌似天仙!"

楚王听了张仪的一番鼓动,不觉心有所动,于是靠近张仪说:"我早就听说中原美女妙不可言,只是从未见过。好吧,我就要美女。"说完,赏赐张仪一箱黄金作为盘缠。

这个消息很快就传到楚王王后南后和侧室郑袖的耳中,她们非常担心中原美女来了之后和自己争宠。两个人正在着急,一时却又想不出好办法,于是派人给张仪送去一盒珠玉,说是张仪要离开楚国,王后送来的礼物。

临行前,楚王设宴款待张仪,大方地说:"现在战乱纷纷,道途艰辛,今天特意为你饯行,还期望你能给我送回几个美女。"

在送别宴上,张仪见楚王有了几分醉意,突然说:"王宫上下都说楚王您宠爱的两个女子仪态万千、貌若天仙,她们素日对我不薄,今日一别,不知什么时候才能回来,我想借您的美酒向她们表示我的敬意……"

楚王笑着说:"这个好说!"随即让南后和郑袖进来。

张仪一见二位女子到来,就跪在楚王面前说:"请饶恕我吧,我犯下了欺君之罪!我曾对您说中原多美女,现在一睹眼前两位美女,可见还是王宫美女多啊!我又怎么能找到比王后和郑袖更漂亮的女子呢?"

楚王听后,得意扬扬地说:"无罪,无罪!起初我就料到肯定没有比她们更漂亮的女子。我想中原的女子也没什么过人之处,你也不用去为我找美女了。"

一旁的南后和郑袖听了张仪对自己的一番赞美,喜不自禁,极力在楚王面前为张仪说好话。最后张仪又在楚国王宫里留了下来,而且重新获得了楚王和两位美女的信任。

张仪不愧为战国时期最有名的说客之一,他反应之敏捷、头脑之灵活实非常人可及。在这个故事中张仪便成功地运用了钓语。先以离开楚国来观察楚王的态度,后以寻求美女把楚王"钓"到了自己张开的网中,接着在有利时机献上自己的奉承话,不禁博得了南后与郑袖的欢心,也最终得到了楚王的信任。真可谓一箭双雕。

调虎离山败魏军

公元 234 年,诸葛亮领兵伐魏,六出祁山。魏明帝曹睿闻报,命司马懿为大都督,领兵 40 万至渭水之滨迎战。司马懿屯大军于渭水之北,命先锋夏侯霸、夏侯威领兵 5 万渡河至渭水南岸扎营,又在大营后方的东原筑城驻军,进可攻、退可守,稳扎稳打,务使魏军立于不败之地。

诸葛亮深知,自己最根本的弱点是远离后方,粮草困难;他同时也深知司马懿正是看准了自己这一点，一直在设法使蜀军断粮，从而困死或逼蜀军撤退，然后乘机取胜。于是诸葛亮便将计就计，在粮草上设诱饵，以此引"他"离山。

首先，分兵屯田，与当地百姓一起就地生产粮食，以供军需，摆出一副持久作战的架势。果然司马懿的长子司马师沉不住气了，他对司马懿说："现在蜀兵屯田，作持久战的打算，如何是好？何不约诸葛亮大战一场，以决雌雄！"司马懿虽说奉旨坚守，不可轻动，心里其实非常着急。

诸葛亮的另一个措施就是自绘图样，命令工匠造木牛流马，长途运粮，蜀营粮草由木牛流马源源不断从剑阁运抵祁山。司马懿闻报大惊："吾所以坚守不出，因为他们粮草不能接济。今用此法，必久不思退。怎么办呢？"

诸葛亮料到司马懿急于破坏蜀军屯田、运粮计划，于是进一步引他上钩。他一方面在大营外造木栅，营内掘深坑，堆干柴，而在营外周围的山上虚搭窝铺草营，造成蜀兵分散结营与百姓共同屯田屯粮，而大营空虚的假象，引诱魏军前来劫营；另一方面在上方谷内两边的山坡上虚置许多屯粮草屋，内设伏兵，同时让士兵驱动木牛流马，伪装往来谷口运粮。而他自己则离开大营，引一支军马在上方谷附近安营，以引诱司马懿亲领精兵来上方谷烧粮。

司马懿虽烧粮心切，却极为谨慎小心，深恐中调虎离山之计，也用声东击西、调虎离山之计来应战。他亲领魏兵去劫蜀兵祁山大营，但一反过去每战必让主攻部队走在前面的惯例，让部将冲锋在前，直扑蜀营，自己在后，引军接应。他这样做，一是担心蜀营早有准备，怕中埋伏；二是他指挥魏军劫蜀军大营本属佯攻，目的是调动蜀军各营主力，趁机自领精兵奇袭上方谷，烧掉蜀方的粮草。

然而，司马懿的这个调虎离山计，却被诸葛亮料到。当魏军直扑蜀军大营时，诸葛亮只是安排蜀军四处奔走呐喊，虚张声势，趁司马懿离山之机，另派精兵夺取渭水南岸的魏营，而自己却在上方谷等待司马懿来烧粮，以便瓮中捉鳖。

司马懿果然中计。他见蜀军都奔大营救援，便趁机领司马师、司马昭及一支亲兵杀奔上方谷。接着被蜀将魏延依诸葛亮的安排，用诈败的方法诱进谷中，被截断谷口。一时山谷两旁火箭齐发，地雷突起，草房内干柴全都着火，烈焰冲天。司马氏父子眼看就将葬身火海，幸亏突来一场倾盆大雨，才救了司马氏父子三人及少数亲兵的性命，只得大败而归。

钓术的运用也可以看作是引诱法的使用，其特点就是利用不利的天时、地利等条件困扰敌人,用人为的方法诱惑敌人,因为自己主动进攻有危险,诱敌来攻则对己有利。

在这个战争故事中,司马懿原本决定深沟高垒、坚守不出,结果却仍被诸葛亮"钓"下山,本想计烧掉蜀军粮草,却反中了诸葛亮的"调虎离山"计。

圣米高张品牌网

在马狮百货公司里,所有的商品,无论是服装、鞋类、日用品或是食品、酒类,都是一个牌子:"圣米高"。这是马狮公司经营中的最大特色之一。

单一的牌子,顾客没有选择余地,那么为什么还能吸引众多的消费者呢?关键在于"圣米高"这个牌子本身就是高品质的象征,是价廉质优的代名词,因此,对顾客有强大的吸引力。在其他商店里,顾客面对不同牌子的商品,要做出正确的选择并不是一件轻松的事,他们需要靠过去的经验或是从广告中得到的印象去挑选,但这些并不一定可靠,有时牌子越多,越使顾客无所适从。但是,马狮的"圣米高"商标却是一分钱一分货,如果同是圣米高牌子而货品标价不同,那么,价格高的那种商品肯定比价格低的质量高。顾客可以根据自己的经济情况选择商品,决不会上当。于是,许多工作繁忙的职业妇女都愿意到马狮购物。

马狮的经营思想是:让劳动者买得起以前只有富贵人家才能享用的、甚至质量更好的货品。这种经营思想和相应的经营方法,争取到了大多数的劳工阶层消费者。

为了实现这一经营思想,以尽可能低廉的价格出售最优质的商品,他们在设计一项产品时,首先考虑的是售价是否在大众消费能力之内,一般的劳工阶层是否负担得起,因此,他们总是先定价格,然后再估算成本。在既定价格下,设计师和制造商一起去探寻既能保证质量又能保证一定利润的条件,尽可能为广大平民大众提供他们有能力购买的高品质产品。如果按一般的商品生产那样,先算出成本,然后是售价,往往会使商品的价格高出消费者的购买欲望,从而影响销售。而马狮的货品不一定是市场上最优质的商品,但在同样价格下,圣米高牌子的产品必定是市场上最好的产品。

马狮百货由原来两人合伙经营,只有数百英镑资本的百货店,经过激烈的世界市场竞争已成为英国第一大百货公司,拥有 260 家商店,员工 4600 多人。被经济学家称为"世界上最经营有术的企业"。

"其张置网而取兽也,多张其会而司之",就是说做事如同张开网诱捕野兽一样,要多设几处拉网的地点,汇集在一起形成一个恢恢天网,才能捕获到野兽。"圣米高"这个品牌本身就是高品质的象征,是价廉质优的代名词,是一张无形的网。而它的经营思想、设计理念及商品价格又何尝不是一张张"钓"人的网呢?

魏国虚与实取之

战国时七国混战,时而合纵,时而连横。

这年,秦国联合赵国打魏国,许以胜利之后,以魏之邺城作为谢礼送给赵国。魏王怕受到赵、秦东西夹击,十分惊慌,忙召集大臣商议对策。芒卯说:"秦赵原本不和,今日联合,不过是为了利益,想瓜分我国,各讨好处。他们都各有各的算盘,只要略施权术,他们的联盟就会解散。"并献上一计。魏王同意了他的计谋,让张倚依计去游说赵王。

张倚见了赵王,说:"邺城这地方,照目前的形势看,我们是保不住了。大王与秦国联合攻打我国,无非为争夺土地。为了避免战争,我们大王有意把邺城献给大王,不知大王意下如何?"赵王听后自然十分高兴,但又怕魏国玩弄什么花招,便问:"两军还未交战,魏王就主动献地,到底是为了什么?"张倚解释说:"两军交战,兵凶战危。大军过后,荆棘遍地。战争之后,必有荒年。尸骨遍地,百姓遭殃。我们大王从仁慈出发,不愿生灵涂炭,故有此举。"赵王问:"那么魏王对我有什么要求吗?"张倚说:这自然。我们是来谈判,并不是来投降。赵魏两国曾多次结盟,是友邦。与其将土地沦落于夷狄秦国之手,不如交给朋友管理。也希望大王从友邦利益出发,与秦断交,与我国恢复友邦关系,我们奉上邺城作为报答。如若不允,我国只有全国动员,拼死一战了。请大王仔细考虑斟酌。"赵王想了一番,说:"我好好考虑一下,明天定然给你答复。"张倚走后,他找来大臣们商议。相国说:"与秦联合攻魏,胜利了也不过得到一个邺城。现在不用动手就可以达到目的,何乐而不为呢?再说,秦本虎狼之国,其目的绝非仅仅灭一魏国,一旦攻灭魏国,其势力更为强大,下一个目标就是我们赵国了。不如答应魏国,让他们在两边抵御强秦,这才是长久之计。"于是,赵王答应了魏国,宣布与秦断交。

秦王一听大怒,赶忙撤兵,谋划报赵背盟之仇。赵王见秦撤兵,忙欢天喜地地派兵前去接管邺城,正碰上芒卯在边境陈兵等候。赵将说明来意。芒卯一听大怒:"我们的土地,为什么好端端送人?"赵将忙说这是张倚早许诺下的。芒卯仍在发脾气:"张倚是什么东西!我们大王亲口答应过此事吗?我只接到大王让我镇守此地的命令,没接到交出此地的命令。你想硬夺,问问我的将士们同意否。"赵将一见魏军列阵以待,自料不是他们的对手,忙回兵报告赵王。赵王一听,上了当,又气又恼,准备发兵攻魏。可这时已传来消息,说秦为报背盟之仇,正游说魏王联合攻赵。赵王闻听大惊,忙割了五个城给魏,以收买魏国与自己联合抗秦。这样,魏先以虚假的"与"答应赵国,不但从赵国那里"取"到了不与秦合兵攻魏的结果,还"取"到了五个城池。

是否能成功地运用此"欲取反与术",关键在于你的智慧是否高超,计谋是否巧妙。看似"与"而实不"与"或少"与",而终有所"取",是使用此计的目的。

推销商欲擒故纵

加斯加与迈克同是加州的味精公司老板,他们在夏威夷都开辟了新市场,竞争将不可避免,但非常明显,加斯加公司产品的销路很不景气。而迈克的各种准备工作要充分得多,他通过广告将自己的产品打入了各大商场和超市,生意在短时间内做得非常热门,直到两个月后,他才发现加斯加的各类产品已在那儿消失了,这使他有了一种沾沾自喜的荣耀感,这次竞争迈克似乎得出了"加斯加"不堪一击的结论。因此,在夏威夷他竭尽全力与其他同类产品进行竞争,果然不错,那块肥腴的市场被他强占了。

然而天有不测风云,一年后,当迈克正放心地输送自己的产品到夏威夷的时候,他才发现,在各种居民聚居的地方,已出现了若干家挂有加斯加门牌的味精专卖店,他还没有做出反应,电台、报刊、招牌种种形式的商业性质广告像雪花一样飞来,全都是加斯加的宣传品。这且不说,加斯加还施出了一条毒计:他的零售店同时向顾客免费赠送一万袋自己的产品和迈克的味精,他让顾客自己来做充分的选择,想好了后再买,一周后,全部送完,不同的是他的产品比迈克的东西包装更好,而且味道似乎更带有传统的美国牛排味。这一招果然无比灵验,再加上加斯加的东西除了在大商场及超市可以见到,还可以在居民的家门口买到,大大便利了顾客。一个月后,迈克的产品销售全方位直线下降。两个月后,几乎失去了整个市场,他辛辛苦苦开拓出来的市场在短时间内即被"程咬金"抢走了,他只得收拾"行李"打道回府,另创天地了。

加斯加成功便在于最初他争而不争,使迈克产生了胜利的错觉,而当他费了九牛二虎之力赶走别人时,加斯加却似如约而至,这时候对加斯加来说,竞争对手仅此一家,压力明显减小,再加之他认真选择了零售地点,人们也愿意因为这点"恩惠"而改变一下自己的口味,但加斯加本人的形象却带着味精走进了千家万户。

"欲高反下,欲取反与",在商战中这样欲擒故纵的例子比比皆是。加斯加最初不与争锋,借以使竞争对方放松警惕,而自己暗地发展,最后再一个火爆的反戈,给予对手致命的打击。

邓艾用智败蜀军

三国魏齐王曹芳嘉平元年(公元294年),蜀将姜维攻打魏国的雍州(今陕西西安),依曲山(今甘肃岷县内)修筑了两座兵城。曹魏派征西将军郭淮迎击蜀军。郭淮派陈泰和邓艾包围两座兵城;自己率兵截断蜀军援军的道路。姜维无奈引兵退走。郭淮想借此机会进击两城中的蜀军,以除后患。邓艾劝谏道:"以往蜀军作战惯使回马枪,今次说不准他们还会再打回来,我们还是预先提防为好。"于是,郭淮分出一拨兵马,让邓艾率领驻在蜀军来路上的白水(在川陕甘交界处)北岸。

三天之后,姜维果然派将军廖化率兵杀回,遇到阻击,便在白水南岸与邓艾隔河结营。当时,邓艾兵少,廖化兵多,但廖化并不急于进击。邓艾见状,对部将说:"蜀军杀回来去救被我们困在两兵城中的同伙儿,敌众我寡,理当架桥急攻我们,但他们并不急于架桥进攻,可见是另有所图。白水附近有一洮城,是军事重镇,说不定姜维会偷偷率重兵去袭击。"于是他分出一拨人马,当夜去 60 里外的洮城(今甘肃临潭)增援。

天亮,姜维果然率大军渡河来抢洮城,由于邓艾早做了准备,没有得手,被邓艾阻在白水以南。两城中的蜀军久盼不到援军到来,粮草用尽,只好开城门投降了曹魏。

这里,邓艾善于用以往蜀军的作为来推知他今次所用的战术,能够从对手一反常规不急于架桥攻击以援救被围困的自己人的细微动作中推知对手另有所谋,因而审时度势,预先作了防范,料敌机先,堪称得"见微知类术"之精髓。杰出的军事家最善于运用此术,去预计战争发展的形态,去预算对方部署的战术,然后因势为制,因招为制,战胜对手。

公孙鞅料事如神

商鞅姓公孙,是战国时期卫国人。后来他到了魏国,由于智慧过人,很快就成为魏国公叔痤的家臣。

不久,公叔痤就发现商鞅有治国安邦的才能,打算向魏惠王推荐,不料自己生起病来,而且越来越重。魏惠王闻讯,亲自到相国府来探望公叔痤,并委婉地问道:"先生万一有个三长两短,寡人的社稷靠谁扶助呢?"

公叔痤道:"我正要向大王推荐一个人。我有个家臣名叫公孙鞅,是个治国安邦的奇才,大王如能将国家委托给他治理,我相信一定能使魏国迅速强盛起来。"

魏惠王低头没有作声。过了一阵,魏惠王要告辞,公叔痤连忙屏去左右,悄悄地对他说:"大王如果不能重用他,就要赶快杀掉他,千万不能让他离开魏国。"

魏惠王应允而去,等他一走,公叔痤就唤公孙鞅过来,向他赔罪说:"刚才大王问我谁可以担任相国,我推荐了你,大王没有作声。我身为大臣,不能不忠于国君,所以又对魏王说如果不能重用你,就一定要杀掉你。大王已经答应了,如今我先公后私,又告诉你,你赶快逃跑吧,不然就来不及了。"

公孙鞅听了,淡淡一笑,从容不迫地说:"大王既然不肯听你的话重用我,又怎会听你的话杀掉我呢?你放心吧,我不会有危险的。"

果然,魏惠王离开相府后,并没有像公叔痤所说的那样去抓公孙鞅,而是长叹一声,对左右的人说:"公叔痤病得太厉害了,真令人伤心啊!他竟然要寡人将国家委托给公孙鞅治理,如若不成,又要杀掉他。这不是太糊涂了吗?"

公叔痤死后,公孙鞅听说秦孝公正在召贤,就应召到了秦国,受到了秦孝公的重用。后来实行变法,使秦国很快富强起来。

由小及大,见微知类。公孙鞅之所以没有被公叔痤的话吓跑,来源于逻辑推理,由普通的话语了解到了魏惠王的为人,才胸有成竹地留了下来。因为魏惠王既然不肯听公叔痤的话重用公孙鞅,又怎么听他的话杀掉公孙鞅呢?

温成同应变竞争

一个身无分文、一贫如洗的难民,在短短的 8 年之间竟然成为占整个香港铝业工程界产量的 3/4、工人的 1/3 的"同记铝业工程有限公司"总经理,这一成就着实令人惊叹。这个奇迹的创造者就是善于见微知类的温成同先生。

在一次搬运建筑材料时,温成同不小心摔坏了一扇铝合金窗户。在好奇心的驱使下,他把摔坏的窗户反复拆装了好多次,仔细琢磨它的制作程序和构造。接着,他就利用工地的边角废料和一些简单的工具学着干了起来。"世上无难事,只怕有心人。"他一边钻研,一边有意识地接近技术工人,偷看图纸,暗中苦学技术。功夫不负有心人,经过半年的摸索与学习,他终于弄清了制作铝合金门窗的一套完整工序。

他的第一笔交易是四扇窗户、两扇门,这是为一个私人住宅定做的。由于做工精细,选料考究,加工价格便宜,供货及时,因而得到了房主的赞誉。这笔交易周转的环节少,而且直接服务到门,因而使他获得了 5500 港元的收入,除去成本净赚了 3500 港元,相当于他 1 个月的收入。意外的成功之"微"使他心中萌生了用铝合金代替木材制作门窗的想法之"类"。铝是地壳中含量最多的金属,加工方便,价格便宜,不但在木材奇缺的香港极为需要,即使在整个亚洲也会颇受欢迎的。于是,他毅然辞去了先前的工作,开始独自经营铝合金门窗的生意。由于他的产品质优价廉,服务周到,加上他为人热情,乐于助人,广交朋友,很快便赢得了很多的客户。他又用积攒的资金搭了一个小工棚,找了两个帮手,买了几件简单的工具,"同记铝业工程有限公司"就诞生了。

温成同善于揣摩顾客的心理,凡经他接待的顾客,没有一个告吹的。他总是区别对待不同的对象,灵活多变,懂得如何揣摩人心,投其所好。有时为了获得几项高额交易,他会把客人的日程安排得满满的,以使客户没有时间再与其他同类公司接触。当你和他谈生意时,你会产生一种不与他成交就欠他情的心理。

温先生善于揣摩手下工人的心理,并善于调动他们的积极性,唤起他们对企业的同情和支持。一次,刚到的铝材要马上卸货,可正巧赶在快要下班的节骨眼上。温先生便迅速赶到工地,如实地向工人们说明了困难,工人们把企业的难处看成是自己的事,情愿加班卸货,他也和工人一起干起来。仅两个小时铝材就全部进了仓,省了一天的压舱费。紧接着,他在海鲜酒家定了两桌酒席,犒劳加班的工人,宴席后又给大家发了加班费,工人们尽欢而散。他花的这点开销,与压舱费相比真是小巫见大巫。

温成同的事业取得了如此辉煌的成就,这当中不排除有一些偶然的因素,但他善于揣摩人心,善于见微知类,才是他成功的根本原因。

"虽非其事,见微知类",即使所谈的内容并不是实际的信息,甚至无关紧要,但是仍可以从细微的征兆中探知重要的信息,即所谓触类旁通。温成同先生通过仔细琢磨铝合金窗户的制作程序和构造,弄清了制作铝合金门窗的一套完整工序,进而产生了经营铝合金门窗生意的想法。温成同还善于揣摩顾客及手下工人的心理,以诚相待,以情动人,终于取得事业的成功。

知己知彼智退敌

公元前666年,楚文王去世,王后息伪是一位倾国倾城的美人,楚文王的弟弟公子元想讨好嫂嫂,得到美人的欢心,在息伪寝宫附近的馆舍中日夜歌舞。息伪知道公子元的用意,感叹道:"我的丈夫文王,问军事,未曾向国外扬威,致使声望日下。阿叔身为令尹,不奋发图强,重振国威,却沉醉于靡靡之音中,真令人担心!"息妫的话传到公子元耳朵里,公子元想讨好嫂嫂,决定率领大军去攻打邻邦郑国。

郑国兵力远不及楚国。面对来势汹汹的侵略军,郑文公惊慌失措,急忙召人商讨对策。叔詹不慌不忙地说:"从前,楚国出兵,从未有这么大规模。据我所知,公子元这次出兵,不过是讨好他的嫂嫂,没有什么其他目的。楚兵若来,老臣自有退兵之计。"

不久,楚军先头部队直抵都城。叔詹下令军队埋伏在城内,大开城门,街上商店照常做买卖。百姓来来往往,熙熙攘攘,秩序井然,毫无紧张气氛,楚军见到这番情景,出乎意料,料定城中早有防备,是在故意诱敌深入。他们满腹狐疑,不敢贸然杀进,下令就地扎营,等候主帅的指示。

公子元率领大部队赶到,大吃一惊,见城内秩序井然,似有埋伏,心里踌躇。他想到郑国与齐、宋、鲁有盟约,眼下城内有埋伏,万一不能取胜,齐、宋、鲁援军一到,前后夹击,楚军失利,脸上无光,嫂嫂会瞧不起自己。再说这次出兵,已攻下几个地方,几天之间,就打到郑国都城,也算是打了胜仗,目的已经基本达到,还是见好就收吧!

于是,公子元连夜班师回国,又怕郑军追击,命令所有营帐保持原样,遍插旗子,也想摆一个空城计,疑惑郑兵。

次日,叔詹登城遥望楚营,一会儿,便高兴地叫到:楚兵撤走了! 众人都不相信,叔詹指着远处说:"凡是军队驻扎的营地,必定击鼓壮威,以吓骇鬼神。你们看那里有飞鸟盘旋,证明军营里连一个人也没有了。我料定楚军怕齐国援军赶到,被内外夹击,连夜撤走,还摆下一座空营计来迷惑我们。可惜,公子元会摆空营计,却识不破我的空城计!"

空城计采用的是一种心理战术,使用的关键是要清楚地了解并掌握敌方将帅的心理状况和性格特征。敌方指挥官越是小心谨慎多疑,所得的效果就会越好。这种方法多是在兵力不足的情况下所采取的一种应急措施,如果被敌人识破,敌军乘虚而入,就会变得非常危险。

左右逢源得所求

战国时,中山王宠爱着两个贵妃阴姬和江姬,她们明争暗斗,都想做王后。

有一位谋臣名叫司马憙的，很有谋略，弄钱手段也相当高明。他看出两妃争宠的情形，想趁机会敲他们一笔，便暗中使人去致意阴姬，告诉她："要做王后不是开玩笑的，争得到手，自然掌有权威，贵甲天下，傲视全民；万一失败呢，那就危险了，自己的生命保不住还不算，要祸延家族哩！所以，不争则已，要争必要胜利。如果想成功的话，除非去请教司马憙先生！"

阴姬听说，果然心动，便秘密地亲身去请教司马憙。司马憙便使足干劲，鼓其如簧之舌，说得她点头点脑，千恩万谢地说："如果事情成功的话，一定大大的酬谢！"并且先孝敬司马憙一笔茶资。

于是，司马憙即刻上书中山王，告诉他有一个计划可使本国强盛，邻国衰弱。

中山王很感兴趣，堆下笑来问他："我非常欣赏你这个建议，要怎样做才行呢？"

司马憙说："我先要亲身去赵国跑一趟，名为访问，暗地侦查赵国的险要地方和风土人情，了解它的政治和军事动向，回来才可以订出一个详细计划，所谓知己知彼，才能百战百胜！"

中山王听了又送给他一份礼，打发他去赵国访问。

司马憙见到了赵王，公事完毕，在私谈问便对赵王说："听说贵国是出产美人的地方，但我到这里已经几天了，总看不到哪一个算得漂亮。老实说，我足迹遍天下，也见过无数女人，总觉得没人比得上我国那位阴姬了，不知道的，还以为她是仙女下凡哩！她的美，不是笔墨所能描写得来，语言所能说得出，她那高贵的仪表，唉！胜过母仪天下的王后！"赵王怦然心动，忙问："可不可能把她弄到这里来？"

司马憙故意把话锋一转："我只不过随便说说罢了，至于大王意图怎样，弄不弄得到手，我可不能参加意见，阴姬虽然妃子身份，却是国君所宠爱的。这些话，请千万不要传开去，否则要杀头的。"

赵王奸笑一下，表示非达到目的不可。

司马憙回到本国，报告给中山王的就是："赵王根本是一个混蛋，没有道德观念，只晓得玩女人，听淫乐，不知仁义是什么东西，开口讲打，闭口讲杀。还有，我听到一个可靠的消息，说赵王这个混蛋正在暗中设法想把大王的宠妾阴姬弄过去呢！"

"混蛋，岂有此理！"中山王不听犹可，一听则怒骂起来，"混账东西，竟把脑筋动到我头上来了！可怒也——"

"大王！请冷静一点。"司马熹说，"从目前形势来看，赵国比我国强盛，打是打不过他。赵王要索取阴姬，实在没有办法可以不给。不给马上就亡；要给，一定被人耻笑，笑大王懦弱，连国王的爱妃都会送给人！"

"那怎么办？"中山王虽然无名火动，到此时也不能不低声下气请教司马熹了。"照我看，"司马熹从容不迫地说，"只有一个办法才可以避免，就是大王立即册封阴姬为王后，死了赵王的邪念。在列国中，从没有谁敢要别国的王后做妻子的，就是想要，也为列国摒弃，骂做禽兽！"

"很好！"中山王转怒为笑，说："就照你的办法去做，看他这个癞蛤蟆还敢不敢想吃天鹅肉！"

因此，阴姬便很顺利地做了王后，赵王也死了心，司马熹不用说已是王后娘娘的大恩人，地位和金钱自然更有保障了。

了解了对方的喜好与性格特点后，便可投其所好地施展游说之法，或利诱、或奉承、或蒙蔽等等。司马熹首先从阴姬想做王后开始设计，而后采用了出使赵国这一虚招。其目的便是为阴姬在中山王心中赢得好感，为登上王后做铺垫。最后，在中山王盛怒的情况下说出心中的计谋，圆了阴姬的梦想，也使自己得到了荣华富贵。

刚柔并济治郑国

春秋末期，郑国的宰相是子产。他善于执政，把国家治理得有条不紊，深得民心。他的执政之道就在于刚柔并济，把握住高压和怀柔两种政策的最佳尺度。

当时，许多大国都觊觎郑国。子产认为，郑国要求得生存，当务之急是加强国力。于是子产一面提倡振兴农业，另一方面为确保军事费用，决定征收新税。一时间，民怨四起，对他恨得咬牙切齿，甚至有人还密谋杀害他。他的家人和朋友都纷纷劝他改变主张，朝中大臣也站出来反对他的政策。

国学经典文库

鬼谷子全书

·《鬼谷子》释义通解·

图文珍藏版

面对来自各个方面的压力,子产没有丝毫的动摇。他力排众议,义无反顾地继续实施既定的政策。

"我所做的一切都是为了国家和人民着想,即使牺牲我自己的名利也在所不惜。如果虎头蛇尾,我殚精竭虑想出来的兴国之道就会付诸东流。我决心一如既往地贯彻我的政策。老百姓的责难只是因为我的政策没有立竿见影的效果。过一段时间后,他们就会明白的。"子产这样对别人解释。他不改初衷,面对责难仍然坚持己见。

过了几年,农业的振兴计划收效甚大,人民的生活水平日益提高。军队也逐步强大起来,足以抵抗外来的入侵。郑国在诸侯国中逐渐树立起不可动摇的地位。

子产的政策并不都是如此"刚硬",他在教育政策的制定上就表现得非常"宽容"。

郑国为了大力培养知识分子,在各地普遍设立了称之为"乡校"的学校。但是许多对当政者不满的人就利用乡校传播与统治者相反的观点。若任其发展,就会不利于民心安定,对统治也造成威胁。因此,许多大臣提议关闭乡校。

子产却不以为然,反驳道:"如果那些人聚集在乡校谈论政治,我们可以听取他们好的意见,不断改良我们的政策,这样看来,不是一件好事吗?"

子产借用了一个比喻,继续说:"人们的言论就好比是河川里的水一样,如果我们钳制他们的言论,就如堵塞河水一样。尽管暂时控制住了,不久那些不满就会像洪水一样滚滚而来,堤坝和堰塘终将被冲毁。与其这样,还不如疏通流水,引导它们畅通无阻地流出来,这样不是更合适吗?"从此以后,郑国的教育文化事业得到了繁荣。

由于子产广开言路,集思广益,在他为政期间,郑国国泰民安,国家呈现出一派欣欣向荣的景象。

阴阳之道与方圆之说,与刚柔张弛的运用策略是相通的。绵里藏针,柔中存刚是成功的为人之道,刚柔并济更是行之有效的处世手段,治理国家同样如此。子产深知,如果君主严刑峻法,过于苛刻,就会使人们畏而远之;如果太宽松,就会使臣子骄纵跋扈,不易驾驭,所以必须恩威并济,把握好时机和火候。

恩威并施善待人

汉朝时,朱博因善于用人而名扬一时。

有一次,他手下的府功曹对他说道:"长陵有一名叫尚方禁的富豪,颇有才华。现在供职于副守尉。以他的才能,完全可以当守尉。"

朱博听从府功曹的建议,派人去暗中调查他。调查的人回来说:"此人年轻的时候行为不检点,曾与别人的妻子私通,后被发现。现在他的脸上有一处刀疤,就是那时候被人砍伤的,府功曹可能是因为受了尚方禁的钱财,才为尚方禁说话的。"

朱博点头不语。过了几天,他又以了解治安情况为由把尚方禁召来,仔细看他的脸,发现果然有一处很深的疤痕。朱博命众人退下,独自留下尚方禁,问他脸上的伤是什么原因。

尚方禁如实做了回答,然后跪在地上请朱博饶恕。朱博大笑,对他说:"男子汉大丈夫,有一点过失算什么?我准备为你洗刷掉原先的羞耻,你看如何?"

尚方禁感动得泪流不止。朱博又趁机说道:

"如果我为你洗刷了羞耻,你可愿为朝廷效力?"

尚方禁连连应诺,朱博就告诉他:

"这次谈话你知我知,没有其他人知道。你以后的任务就是遇到奸邪之事就记录下来。"

然后朱博撤销了尚方禁蒙羞的案底,并张贴告示"澄清"尚方禁的冤枉,他在一天之内召见尚方禁三次,以表示亲近。

尚方禁早出晚归,四处奔走,揭发了境内多数盗首及其亲信。短短一年,由尚方禁提供线索而侦破的案卷达两尺厚,朱博借机提拔尚方禁为遵县县令,尚方禁感恩戴德的赴任去了。

朱博又召见了那个府功曹,责问道:"你收受他人贿赂,依刑律该如何处置?"

府功曹吓得脸色惨白,跪地谢罪。朱博便以将功折罪为由,命府功曹将历年来所受贿赂及其他不义之财,一文不少地记录下来交给他。那府功曹十分害怕,就把自己获得的财物全部都写了下来,交给了朱博。朱博看了记录。知道他已老实交代,就对他说:

"此事只有你我二人知道,我有心惩治你,可又委实不忍;如果不给你一个罪名,如何对得起刑律和皇上,你看怎么办?"

府功曹坐在那里,一言不发。朱博命令道:

"你马上坐下来写一个改过自新的赦文,然后……"朱博扔给府功曹一把刀,"把你刚才所记的一切全部销毁。"

府功曹如逢大赦,急忙写完赦文,拿刀把刚才所记的竹简划烂。

朱博便让他仍归旧职,府功曹从此以后小心谨慎,再也不敢做错事。

从"如方与圆,如圆与方"中所得的启示是做事应明方圆之道,朱博在此就成功把握了这一点。金无足赤,人无完人。下属有错,必须纠正,但不必一棍子打死,否则便无人可用。朱博恩威并施,可谓深谙用人之道。看到尚方禁的羞耻心仍在,说明其良知未泯,仍然可救;府功曹虽贪婪却又惧怕刑法,免其罪责,他必不敢犯错。可见,用方圆之道变通地对待他人,往往能激发其热情,更加忠诚地为自己做事。

孔明设伏擒张任

《鬼谷子·反应篇》中指出:"己不先定,牧人不正,事用不巧,是谓忘情失道。"意思是说,如果自己不事先确定策略,就不能正确管理别人,做事就没有合适的技巧,这叫作"忘情失道"。只有知己知彼结合起来才能达到反应术应用的最高境界——"天神"。三国时期的诸葛亮可以说是运用"反应术"的高手。

庞统被蜀将张任射杀,孔明闻听十分震惊,便亲自统兵前往四川。孔明派张飞先行。张飞所到之处,蜀兵望风归顺。张飞到达雒城后,见到了刘备。刘备、张飞几次与雒城守将张任交锋,各有胜败,但雒城依旧在张任手中。

正在这时,孔明率人马来到雒城,询问了雒城的情况。降将吴懿说:"守将张任,是蜀郡人,很有胆略,不可轻敌。"孔明决定先捉张任,然后攻取雒城。

在雒城东有一座桥叫"金雁桥"。孔明骑马到桥边绕河看了一遍。回到寨中,对黄忠、魏延说:"离金雁桥南五六里,两岸都是芦苇丛,可以埋伏。魏延带领一千枪手伏在左面,单戳马上的敌兵;黄忠率一千刀手伏在右边,单砍敌兵的坐骑。杀散了敌军,张任必定从东面小路逃走。张飞率一千人马,埋伏在这条路边,擒捉张任。"接着,又令赵云埋伏在金雁桥北:"等我诱引张任过桥后,你就把桥拆断,然后列兵在桥北,使张任不敢往北走,逼他向南撤退,进我们的埋伏圈。"调兵遣将完毕后,孔明亲自去诱敌。

张任得知孔明前来攻城,忙教张翼等人守城,自己与卓膺分别率领前队和后队,出城退敌。孔明带着一支不整不齐的队伍,过金雁桥与张任对阵。孔明乘坐四轮车,头戴纶巾,手摇羽扇。两边有一百多骑兵簇拥着,远远地指着张任说:"曹操仗着百万军队,听到我的名声,吓得望风而逃。你是什么人,敢不投降?"

张任见孔明军伍不齐整,在马上冷笑道:"人说诸葛亮用兵如神,原来是有名无实。"说完,把枪一摆,率军一齐杀过来。孔明丢了四轮车,上马向桥后退走。张任从背后追赶过来,一直追过金

诸葛亮

雁桥。正在这时,只听一阵大喝,刘备从左边,严颜从右边,一齐冲杀过来。张任知道自己中计,急忙回军,却见金雁桥已被拆断。正想朝北退却,只见赵云率军隔岸摆开,于是不敢北去,直往南绕河逃走。

走了不到几里,到了芦苇丛杂的地方。魏延一军从芦苇丛中忽然出现,用长枪乱戳;黄忠一军伏在芦苇里,用长刀只剁马蹄。张任的骑军纷纷摔倒被俘。步兵见势不好,哪敢再来?张任只带着几十个骑兵往山路而退,正撞着等候在那里的张飞。张任正想夺路而逃,张飞大喊一声,众军齐上,把张任活捉了。部将卓膺见张任中计,也早就投降了赵云。

张飞押着张任,来到刘备的帐中。孔明也在刘备身旁坐着。刘备对张任说:"蜀中的各位将领,纷纷望风而降,你为什么不早点投降呢?"张任怒目而视,叫喊说:"忠臣怎能事从两个主人呢?"刘备说:"你不识时务啊!投降即可避免一死。"张任说:"今日就是投降了,日后也会变节的。你快把我杀了吧!"刘备不忍杀他,张任破口大骂。孔明令人斩杀张任,保全他的名节。刘备感叹不已,让人收敛张任的尸首,葬在金雁桥旁,以表彰他的忠诚。

在这个计谋当中,诸葛亮先是摸透了张任的品性,紧接着又摸清了地形特点,在知己知彼的情况下,巧妙设下计谋。在诱敌出兵的过程中,诸葛亮用言辞刺激张任,又示以其不整齐的队伍,他料到张任的反应必是贸然出击。事实果如诸葛亮所料,张任跳进了诸葛亮所设之网,兵败被擒,身首异处。

张仪入楚，虚与实取

《鬼谷子·反应篇》中指出："欲闻其声，反默；欲张，反敛；欲高，反下；欲取，反与。"也就是说，想要倾听对方讲话，自己反而要先保持沉默；想要对方敞开心扉，自己反而要先闭声收敛；想要升高，自己反而得先下降；想要从对方获取好处，自己反而先得付出利益。在这里，我们以"欲取，先与"为例说明。欲取先与可以有多种不同的运用，战国时的张仪抓住了楚怀王的贪婪之心，虚与实取，既破坏了齐楚之盟，又获得了楚国的城邑。

张仪在外交上的成功是我们所熟知的，他和苏秦同以三寸不烂之舌著称于战国时代。

话说秦国在威服东邻魏、韩之后，便进一步打出国门之外，大踏步东进。当时，除秦国以外，齐、楚两国也是大国。为了防患于秦国的吞并，齐、楚两国缔结了共同抗秦的盟约。显而易见，拆散这个同盟是秦国的当务之急。

为此张仪建议秦王免掉自己的相国一职，秦惠王依计将张仪免相。于是，张仪于周赧王二年又假装委屈地跑到了楚国。

当时的楚国，虽然地广兵多，但大而无实，尤其政治上极其腐败，守旧势力盘根错节，张仪早已认识到了楚国的衰弱。他一来到楚国，使用重财厚礼收买靳尚，使他感恩于己。靳尚受人之物，自然乐意效劳，极尽溢美之词向楚怀王推荐了张仪。楚怀王听说张仪声名赫赫，颇有韬略，特地把他安置在高级馆舍，并谦恭地问："先生辱临敝国，将有何见教？"张仪先对楚怀王的感情深表谢意，继而对怀王的虚怀若谷恭维了一番，然后不胜惋惜地说："秦王派我前来，意在和贵国修好。很可惜，我来迟了。"楚怀王对秦国本来就望而生畏，万没想到秦王会主动派使者前来修好，不胜惊讶，忙问："怎么来迟了呢？"张仪长叹一声道："大王不是已经和齐王结成同盟了吗？"楚王一怔，沉吟半晌，说："楚国之所以和齐国结成同盟，无非是为了防范被人攻打而已。难道你不认为这种危险存在吗？"张仪软中带硬地说："这种危险当然存在，而且由于楚国和齐国缔约结盟，这种危险就更大了。很明显，齐楚联盟是用来对付秦国的。秦王本想与天下诸侯交好，可一旦有人故意要与秦王为敌，秦王恐怕不会等闲视之。"

张仪见楚怀王面露疑虑之色，继续说道："齐王一向野心勃勃，欲与秦王争高下，他与大王联盟，无非是想利用大王而已。试想，如果秦、楚两国一旦交战，齐国会不惜损兵折将前来救援吗? 肯定不会。齐王巴不得秦、楚两败俱伤,他好坐收渔利,以图霸业。请大王想想,到那时候楚国的处境会怎样呢?"楚怀王一时拿不定主意,试探着问:"依先生之见呢?"

张仪说:"其实,秦王和我最喜爱的是楚王而最恨的是齐王。大王如果能闭关绝齐,废除盟约,我愿请秦王将商於之地六百里献给楚国,并使秦女做大王箕帚之妾。秦、楚娶妇嫁女,结为兄弟之国。这样,楚国北弱齐国,西交强秦,可谓一举而三利俱全。"昏庸贪婪的楚怀王一听此言,顿时眉开眼笑,深恐夜长梦多,当即拍案而定:"好,就照你的意见办!"

楚国多有庸碌之臣,纷纷上前恭贺楚王。唯有谋臣陈轸满面愁容,忧心忡忡。他竭力规劝楚怀王道:"秦国现今所以看重楚国,无非是有齐国结为外援。倘若闭关绝齐,楚必孤立。秦岂能爱楚国,而予之商於之地。一旦张仪骗楚,大王必再次结怨于秦国。此则一举而树东西两敌,后果将不堪设想。依臣之见,不如跟齐国假意断交而暗地合作,同时立即派人跟张仪去秦国。如果秦国真的把商於之地交给我们,那时候再与齐国彻底断交也不迟;一旦是个骗局,我们也有备无患。"

利令智昏的楚怀王早就听得不耐烦了,断然道:"请你不要再说了,你就等着我得到商於一带的六百里土地吧。"陈轸无奈,只有默默长叹。

楚怀王唯恐张仪产生疑虑,从而失去这样一个千载难逢的好机会,于是,他给了张仪丰厚的馈赠,并把楚国的相印授给了这个不速之客。并且当即宣布,与齐国废除盟约,断绝往来。然后,派将军逢丑父随张仪至秦,讨取土地。

张仪回到秦国,假装失足坠车,摔伤了脚,卧病不朝。一直等了三个月,逢丑父仍未讨到土地。于是,逢丑父便投书秦王,申明前约。秦王说:"如果真有前言,须待齐、楚绝交之后,才可践约。"逢丑父无奈,只好派人将消息转告楚怀王。怀王深恐绝齐不深,惹得秦国不满,便挑选了一位强悍的勇士,手持楚国符节,匆匆赶赴齐国去辱骂齐王。齐宣王见楚怀王如此背信弃义,而且派人骂上门来,不禁愤怒至极,于是,他决定报复楚国。不过,齐宣王非常清楚,光凭齐国的力量,不足以战胜楚国。尽管齐宣王极不情愿与秦国联盟,但目前只能走这条路了。他要抢在楚国前面,率先与秦国交好,并约秦国一同进攻楚国。

张仪见大功告成,这才上朝理事,并对焦急万分的逢丑父说:"你为什么还待在这里,不去取土地呢?"逢丑父莫名其妙:"地在哪里?"张仪故作诧异道:

"我有奉邑六里,不是答应献给楚王了吗?"逢丑父闻之愕然,情知不妙,但仍据理力争道:"我奉楚王之命,前来接管商於之地六百里,这可是您对我楚王的亲口承诺,言犹在耳,怎么短短三个月的工夫竟变成奉邑六里了呢?"

张仪坦然地微微一笑,道:"那肯定是你的楚王听错了。我说的是我的封地六里。秦王的土地,别说是六百里,就是六十里,我也没有权力馈赠于他人呀!"

此时,逢丑父明知被欺,却已无可奈何,只得归报楚王。楚怀王正迷醉于扩大疆土六百里的美梦中,闻逢丑父空手而回,细说原委,怒不可遏,恨不能将张仪碎尸万段,踏平秦国。盛怒之下,已失去理智,根本听不进陈轸"伐秦非计"的谏阻,命大将屈匄率精兵十万,向秦国发动了声势浩大的进攻。周赧王三年,楚、秦两国交战于丹阳。楚国与秦国刚一交战,齐国便从侧翼向楚国发动猛攻。秦齐两面夹击,楚国腹背受敌,死伤八万余人,楚将屈匄被俘。秦国还趁机夺取了丹阳、汉中等地。怀王且羞且恼,又举倾国之师,复战于兰田,结果又遭败绩。此时,韩、魏两国也趁火打劫,南袭楚国。连遭重创,楚国已无力再战,只好以割让两个城邑为妥协条件,忍气吞声地与秦国讲和。

令秦王忧心忡忡的齐楚联盟,秦王不费吹灰之力,只凭张仪一人出使楚国一趟,就使其土崩瓦解,互相残杀。秦国还趁机夺取了楚国的土地。

张仪游说楚国的方法就是合理利用了对方贪婪的心理,口头上答应给楚国六百里的封地,而最后却矢口否认,这种办法虽然不合君子之道,但却有效地瓦解了齐楚之盟,让秦国坐收渔利。看来想要从对方之处获取利益,还真得以己之利相诱,不管最后是真的给予还是假的给予,反正你要得的是得到了。欲取先与这一招还真的灵验。

赵高巧言成其谋

公元前210年,统一中国后的秦始皇开始了他的第五次出巡活动,丞相李斯、中车府令赵高以及"百官"随行出巡。

李斯是历史上有名的丞相之一,年轻时曾就学于荀子,学习辅王治国的方法,他在告别老师荀卿时说:"我听说机会出现就要把握住,千万不可轻易放过,当今正是千军万马争天下的时候,只有出去游历各个国家,向君王们游说陈述自己的主张,才有可能实施学到的治国方法,现在秦王想吞并各国,统一天下,这正是像我这样的布衣老百姓纵横驰骋,大显身手,建功立业,成就功名的绝好时机,所以我准备西去,游说秦王,开始我的功业。"

李斯告别荀子后到了秦国,先是投到了当时的丞相吕不韦的门下做舍人,并深得吕不韦的赏识。后被任命为秦王的侍郎,从此开始了他的政治生涯。赵高的身世则比较复杂,据说出身"诸赵疏远属",可以说是沾点赵贵族的边。有几分之一的贵族血统吧!他的父母都是秦国的罪人,也有说是秦国统一战争中灭赵时的俘虏,他父亲受了秦国的宫刑,母亲则做了宫中的奴婢,赵高兄弟几人都是在秦宫中出生的"私生子",也是生而为奴的人,"世世卑贱",被人瞧不起,后来秦始皇听

秦始皇

说赵高身强力壮,并且还懂得些"狱法",提拔他做了中车府令,就是专门负责管理宫廷内乘舆车和印信、墨书的太监头子。秦始皇还让自己的小儿子胡亥跟着赵高学习法律,到了随秦始皇出巡的时候。赵高已开始负责职掌传达皇帝命令和调兵的凭证"符"和"玺"了,事情虽不多,但非常机要、关键。

秦始皇这次出游,一路游山玩水,自然是舟车劳顿,到了平原津病倒了。赵高奉命写遗书给当时在河套监军的秦始皇长子扶苏:"与丧会咸阳而葬。"信写好,也盖好了封印,还没有送出,秦始皇就死在沙丘行宫。丞相李斯认为皇帝死在外边,两个公子一个在外监军,一个随秦始皇出巡,因此,不便马上立太子,为了政局的稳定,决定对外秘不发表,照常行事,知道事情真相的只有五六人。

赵高扣留了秦始皇赐给长子扶苏的玉玺和书信,并找到了胡亥商量,两人有了如下的对话:"皇上已经驾崩了,生前没有封诸子为王,唯独在身前踢给了长子扶苏一封长信。扶苏接信后一到咸阳,就将被立为皇帝,而你可就一点地位也没有啦,你看该怎么办呢?"

胡亥回答说:"这是理所当然的事,我听说明君知臣,明父知子,父皇既然已经死了。就该封长为王,我还能说什么呢!"赵高说:"不能这么说,当今天下生死存亡的大权掌握在你、我和丞相李斯手中,希望你好好想一想,况且别人向你称臣与你向别人称臣,统治别人与被别人统治,是大不一样的,怎么可以同日而

胡亥说："自古以来，废除兄长而立弟为皇，就是不义的行为；不服从父亲的诏书而怕死，是不孝的表现；能差力弱，才疏学浅，勉强靠别人的力量做了皇帝，是无能的做法，三条都是违背道德的，这样做天下不服，只会落得自身倾危，社稷颠覆。"

赵高说："臣听说以前汤、武各杀其主，天下却都称赞他们的行为是仁义之举，并不认为这是不忠的行为；卫君杀了他的父亲，卫国的人将它作为德行记载下来。就连圣人孔子也将此事写在书上，也不认为是不孝的行为。做大事要不拘泥于小节，积大德就不要在小事上谦让。乡曲间各有所宜，就是百官的标准与要求也不可用同一个功勋来衡量，因此顾小而忘大，将来一定是祸害；犹豫不决，以后必定要后悔的。只要你决断而果敢地干，就连鬼神也要躲避你，尔后就必定成功，希望公子你如愿以偿。"

胡亥长长地叹息道："现在父皇棺木未葬，正在大行期间（还没有发表），这个时候打扰丞相不太合适吧？"

赵高说："现在时间太紧了，来不及详细谋划了！正如两军打仗，用马驮着粮食往前赶，还唯恐来不及，怎么能再犹豫不决哩！"

经此一番对话，胡亥接受了赵高的意见。赵高又说："此事不跟丞相商量，恐怕大事难成，我去替你找李斯。"

赵高找到丞相李斯，对李斯说："皇上驾崩之前，曾经赐给长子扶苏一封信，要他回咸阳参加丧礼，并立他为皇帝，书信还在我这里没有送出去。现在皇上死了的消息，外面还都不知道，给扶苏的书信和符玺，也在我们这里。确定谁立为太子，全凭您、我之口，你说到底应该怎么办呢？"

李斯听赵高这么说吓了一跳，"你怎么能说这种亡国的话呢？这可不是我们这些当臣子的应该议论的"。

赵高并不害怕，他对李斯说："您自己估量一下，与扶苏身旁的大将蒙恬相比，你们俩的才能谁强？功劳谁大？谋划谁更深远、精确？谁更得天下老百姓的人心？与将要立为皇帝的长子扶苏的关系谁时间更长，更能得到信任？"

李斯说："我这五个方面都不如蒙恬，但是你为什么要如此刻薄地责问我呢？"

赵高说："我赵高原本就是一个内宫的厮役，只不过懂得一些文墨，才得当了这么个管舆车与印信之类的中车府令,进宫二十多年了,我还从未见过秦国罢免丞相,功臣的赏封能够传及下一代的,他们的结局都是被诛死。皇帝有二十多个儿子,这你是一清二楚的,长子扶苏刚毅武勇,讲究信义而喜欢用旧人,他即位后必定要用蒙恬做丞相,你最终可能连一个列侯的印都留不住,到时被遣归乡里,还不是一目了然的事吗!我受先皇之诏教胡亥学法律,胡亥仁慈笃厚,轻财重士,秦国的其他公子都不如他,他可以做皇帝,你想个计策,争取把这件事定下来。”

李斯说:“我李斯本是上蔡间巷中的一个布衣。有幸被皇上看中,升我做了丞相,皇上本来就是要将国家存亡的安危重任交给我,我还有什么可以说的呢?是忠臣就不会怕死,虽然是孝子但不勤劳的话也会有危险,请你不要再说了。”

赵高却说:“我听说圣人迁徙无常,像龙一样因时而变,是因为他们能够见末而知本,观察人所指就能知道其意图所在,事物是不断变化的,这是固然的,怎么可以有常法呢?现在天下的权力和命运,悬在胡亥手里。赵高我是肯定能够得志了。从外制中采用的是迷惑众人耳目的方法,而从下制上则用的是欺君窃国之计。所以秋霜降而草枯花落,春水动则万物复苏,这是世间运行的必然结果。您为何到现在还不明白这个道理呢?”

李斯说:“我听说晋国因换立太子,三世不得安宁;齐桓公兄弟之间争夺帝位,他的兄弟公子纠被戮身死;殷纣王残亲害戚,不听谏言,他的国家后来也化为荒丘废墟。以上三人都是违逆天行,结果也都落得宗庙不保,祖宗不安的下场。我李斯也是个人,怎么能和你们合谋干这伤天害理的事!”

赵高说:“上下同心合力,就可以长久,里外一致,也就分不出表里了,您若听了我的计策,保您可以长久封侯,世世为官,一定会像古代仙人王子乔、赤松子那样高寿;有圣人孔子、墨子那样的智慧。如果今天放弃了这个机会,不仅你自己自身难保,恐怕还会危及你的子孙,这还不够让您感到寒心吗!善于变化的人能够转祸为福,您将选择哪一条路呢?”

听到这里,李斯无话可说,仰天长叹。流着眼泪说:“我既然不能以身殉死,还能把我的生命寄托到哪里去哩!”

于是李斯听从了赵高的计策,与赵高、胡亥密谋,决定一面由李斯出面,装作受了秦始皇的命令,宣布立胡亥为太子;一面伪造了秦始皇给扶苏的信,严词谴责,“赐剑自裁”,令他自杀。最后胡亥在咸阳继位,成为“二世皇帝”。

在这里,赵高用"象比"说服了胡亥和李斯。胡亥担心自己称帝会落下不孝不义之名,又恐自己能力不足,这时赵高便用"象比"的游说术,列举了一些弑主继位,反受称颂的例子,使胡亥下定了决心。李斯对赵高之举表示反对时,赵高同样运用了"象比"的游说术,从正反两面引诱和压迫李斯,李斯最终也被说服,胡亥继位便成了史实。

张网退避,一网打尽

"欲擒故纵"是三十六计中的一计,在鬼谷子的谋略中也有所表述。"欲闻其声,反默;欲张,反敛;欲高,反下;欲取,反与。欲开情者,象而比之,以牧其辞。"

将兵术变辩术亦复如此:"纵"只是手段,"擒"才是目的。面对强敌,不能强攻,就先张网退避,示敌以虚,待敌骄纵冒进,再反守为攻,一网打尽。

美国著名的成人教育家卡耐基在纽约举办训练班时,用的是一家大饭店的礼堂。

训练班办到一半,他突然接到通知,要求他付出比原来多三倍的租金。后来打听到,原来是饭店经理为了赚更多的钱,打算把场地出租给另外的人举办晚会。

卡耐基找到了饭店经理,对他说:"假如我处在你的地位,或许也会写出同样的通知。因为你是这家饭店的经理,你的责任是让饭店尽可能多盈利。……大礼堂不出租给讲课的,而出租给办晚会的,你的确是获大利了,因为举行这类活动的时间不长,他们能一次付出很高的租金,比我给的租金当然多得多。租给我,显然你吃亏了。"

卡耐基松弛了对方的戒备情绪,缓和了气氛之后,继续说:"但是,你要增加我的租金,结果将会是降低收入。因为,实际上等于是你把我赶跑了。由于我付不起你所要的租金,我势必再找别的地方举办训练班。要知道,这个训练班吸引了成千的有文化的、受过教育的中上层管理人员,这些人要到你的饭店来听课,实际上起了免费为饭店做活广告的作用。可以这么说,你即使花5000元在报纸上登广告,也不能邀请到这么多人亲自到你的饭店来参观,可我的训练班给你邀请来了,这难道不合算吗?"

在卡耐基的说服下,饭店经理放弃了增加租金的要求,让训练班继续办下去。

卡耐基辩说的成功，就在于采用了欲擒故纵术。先纵，给予认同，以取得彼此心里相容，使对方放松戒备。"但是"一转，直陈利害，比较得失，使其放弃了原来"增加租金的要求"。

"欲擒故纵法"体现的是机智和敏锐。它既需要智慧和耐心，更需要善于把握战机——当纵则纵，当擒则擒。这方面最能说明问题的例子，是发生在英国关于惠斯勒名画的法庭辩论。

美国画家惠斯勒的一幅题为"黑色和金色夜曲"的画在英国伦敦展销。这幅画画的是流星在夜空中爆炸的情景，定价200美元。这幅画同惠斯勒的其他作品一样，落墨简洁，风格独特，不落俗套。

但是在一般人看来，这似乎是"毫不费力"画成的，因此在标价上，遭到了许多人的非议。评论家约翰·拉斯金攻击说："……根本不应该准许近乎有意欺诈，缺乏修养而夜郎自大的艺术家之作品入选。以前我看见过，也听说过许多伦敦人的厚颜无耻，却从来没有想到会听说一个花花公子向观众脸上扔了一罐颜色而讨价200美元。"这位评论家还毫不客气地点出了惠斯勒的名字。

惠斯勒十分愤慨。一怒之下，他向法庭起诉，控告拉斯金犯了诽谤罪。

在法庭中，惠斯勒遇到了麻烦。检察长、被告的辩护人，他们都瞧不起惠斯勒的画，百般替拉斯金辩护。惠斯勒心中明白，自己能否胜诉，同检察长的关系极大。不能硬顶，只能智斗，以理服人，改变对检察长的态度。

检察长挑衅地问惠斯勒："你完成那幅'夜曲'要多长时间，能否告诉我吗？"

对检察长的提问，惠斯勒完全可以用"与本案无关"为由拒绝回答，但他仍心平气和地说："检察长先生，请再讲一遍。"听了惠斯勒平淡的回答，检察长立刻意识到自己提问的唐突，因此他有点不好意思地说："我怕我是用了一个也许更适用于我自己职业的术语……"惠斯勒看出了检察长的窘态，索性给他一个台阶下：

"我记得，大约一天，要是第二天画没有干，就再补几笔。因此我该说，是工作了大约两天。"

检察长终于按捺不住了，他赤裸裸地表白了自己的无知可笑的观点："两天的工作，要索价200美元吗？"

惠斯勒早料到检察长会像其他庸人一样,提出这样愚蠢的问题。他提高了声音,一字一句斩钉截铁地说:

"不,我要的是终生学识价。"

检察长顿时语塞,这才明白惠斯勒的真正意图,他从心里钦佩惠斯勒的机智和正直。

最后法官判拉斯金向惠斯勒致歉。惠斯勒打赢了官司,取得了道义上的胜利。

"终生学识价。"回答得多好!

终生学识价,该有多少呢?1923年,美国福特公司的一台大型电梯发生故障,请侨居美国的德国专家施坦敏茨解疑。施坦敏茨在大型电梯旁走走、看看、敲敲、算算,整整两天过去了。最后施坦敏茨在电梯上画了一条线,减了十六圈,故障排除了。他在付款单上写道:"用粉笔画了一条线,一美元;知道在哪里画线,9999美元。"

让检察长提"与本案无关"的问题,并且给他台阶下;回答了这个检察长不该提问的问题;这些都是惠斯勒机智的"纵"。

"不,我要的是终生学识价。"两天的劳动成果是终生学识的运用,是终生常识的结晶。而终生学识价,200美元哪会多?道理明确,理由充分。逼得对方没有退路,无言以对。这是惠斯勒把握时机,及时出击的"擒"。

欲擒故纵,终于胜辩。"终生学识价"也终在中外法庭论辩史上留下了脍炙人口的名篇。

运筹帷幄之中,决胜千里之外,胸有成竹方能欲擒故纵。如果纵之难擒,则不免后悔莫及了。

大胆用间,获取情报

《鬼谷子·反应篇》中说:"其钓语合事,得人实也。其犹张置网而取兽也,多张其会而司之。道合其事,彼自出之,此钓人之网也。"也就是说,就像设饵钓鱼、张网捕兽一样,你要摸到别人的底牌,探得他人的情况,就要使用手段,投其所好而引诱之,从而达到目的。

在经营活动中,运用"张网得实"谋略最重要的手段就是"用间",通过"用间"掌握大量有价值的商业情报,可以刺激企业经营得以不断充实、完善、发展。

将"用间"所得的商业情报,渗透到自己的企业经营中,无疑可以"补短"。及时掌握竞争情报、市场情报、环境情报,有利于企业调整经营战略和产业结构,使之进入更高层次的企业良性运行轨道。

当今世界,信息已成为一种重要财富,谁先掌握了信息,谁就有可能捷足先登,压倒竞争对手。因此,一些国家为了实现获取政治、军事、经济情报的目的,运用张网得实的谋略,采取各种方式开展间谍战。尤其是在市场经济不断发展的过程中,信息市场已成为极其重要的组成部分,不容忽视。在国际经济交往活动中,在企业与企业之间激烈的竞争中,各企业一向以最大的技术力量和巨额资金建立新的研究机构,以最快的速度更新技术装备,不断进行产品更新,加强市场竞争能力,一面更加重视建立庞大的工商业情报机构,窃取、截获对手经营机密,寻找对手弱点,发挥自己的优势,以力图击败对手,占领市场阵地。

在传统观念中,往往认为"用间"是一种卑劣、阴险的行为。然而,随着市场经济的发展,这种观念也在不断地演进,通过各种渠道猎取情报是企业经营决策必不可少的。要参与市场竞争,就必须耳目灵通,就必须通过包括"用间"在内的各种手段获得情报。

据资料介绍,目前世界上经济间谍的数量占各类间谍总数的70%-80%以上。以前,由于我们囿于闭关自守的封闭性经营方式及陈腐保守观念,缺乏市场竞争"用间"意识,而又不注意防间、反间,所以吃过不少亏。日本设有一个独立的广播监听室,有8名工作人员,昼夜24小时连续监听和收录我国各地的电台广播节目,并进行整理,制成卡片,分类存档。随着我国改革开放的不断深化,日本的情报人员溜进我国到处窥探,费尽心机,有时甚至以"美人计"、金钱诱惑等手段以收买我方有关人员,刺探经济情报,且看下列一系列实例:

我国对治疗偏瘫的某种花素精心研究了许多年,取得了突破性的进展。日方了解到这一情况后,采取了"请君入瓮"的间谍手段,假意邀请我方人员去讲学,实质上是曲线获取我方科研情报。而我方人员对日方的"诚意"毫不设防,曾参加此项科研攻关的某大学教师竟然带去全套科研资料,潇潇洒洒地到东洋留学进修去了,其结果可想而知。

日本钢铁巨商来华推销钢材,我国外贸人员心无芥蒂,漫不经心地告诉日商,我们将大量进口钢材。日方人员以其极强的情报意识,马上托词中止了洽谈。随后串通西方几个主要出口钢材的国家,同时猛抬钢材价格,令国家蒙受了重大经济损失。

我国生产的胱氨酸在国际上享有盛誉，是创造外汇的"拳头产品"之一。外国厂商想方设法想掌握这一产品的生产工艺。按道理，我们应当严加防范，但某化学助剂总厂先后数次接待外国客商，都由总工程师详尽地解说，并引导参观全部生产流程，甚至允许拍照录像。就这样给了外国经济间谍以大量可乘之机，使胱氨酸的核心机密几乎成了可以免费索取的资料，以至于使这一化工产品已成了"行货"，我方失去了独特的优势。

类似上述情况在我国比比皆是，造成的经济损失令人触目惊心，究其原因，就在于我们缺乏竞争中的情报意识，没有悟出用间、防间、反间的重要经济意义，使经济间谍得以乘虚而入。曾经有位以华侨身份出现的访问者，很轻松地拍摄了我国制造景泰蓝的全部过程，使国外一家首饰厂不久便制造出同样的产品，抛向国际市场，竟然能够堂而皇之地与我们竞争。甚至我国在世界上独一无二的宣纸制造技术，包括原料样品，都被外国经济间谍以"友好的"方式窃走，随之在国际市场上竖起了与中国宣纸制造技术竞争的大旗，这些教训既令人啼笑皆非，也应当使我们猛醒。

在市场经济体制不断发育、完善的过程中，如何抢占技术制高点，把握市场经营活动的主动权，是企业兴旺发达与否的关键所在，也是企业经营机制转换的要求。而这个市场不仅仅是产品销售市场，还包括信息、技术、资金等诸多生产要素市场。因此，要抢占技术制高点，首先应在信息情报上胜人一筹，这就必须在观念上不断更新，不要在"用间"问题上缩手缩脚。以"用间"手段获取市场信息、生产技术并不是资本主义企业经营的"专利"。在这方面，我们的一些企业已经深有所悟。

我国有家电器总公司，就非常重视多渠道获取有关信息，因而制定出了独特的"市场策略"。这家总公司的负责人说："企业的生产对于市场来说，总需要有一定的提前量，而掌握好提前量的关键在于通过获取、运用经济情报来占领技术制高点。"这家公司，曾利用南斯拉夫客人来访之机，与其签订了引进电冰箱生产线的意向书。后来，公司派出了既懂经济规律，又通专业技术的高级人员到南斯拉夫了解情况方才得知，真正的"电冰箱王国"在意大利，南斯拉夫的冰箱生产线都是意大利的舶来品。于是，公司当机立断。派人赴意大利考察，了解到意大利的产品质量、性能都比南斯拉夫高出一大截，而且报价还低

300多万美元。这个数字对公司来说不外乎天文数字——它相当于当时这个厂家100多年的利税总额！就这样,他们果断决定直接引进意大利的冰箱生产线。后来的企业发展证明了这一决策的正确性。而真正给他们留下深刻印象的是,善于发挥懂行的人的作用,采取多渠道,多手段获取情报,尤其是深入"敌腹"掌握真实情况,对企业经营来说是何等重要。

"用间"并不都是单一地破坏对手,更重要的是,"用间"可以为企业的经营发展,在市场竞争中架起一座通向胜利的桥梁。高明的企业家,应当深悉用间是"张网得实"的一种手段,在用间与用人的结合上应该深谋远虑,大胆实践。

内揵术第三

本篇提要

内揵术主要讲述的是臣子如何向国君进谏献策,如何拉近与游说对象的关系。内通"纳",也就是指向君王进谏,以取得君主的欢心与信任;揵通"键",原意是锁的意思,此处指向君主进献计策,以辅佐国君成就一番大的事业。

本篇共分了四层意思:第一层介绍了君臣之间建立关系的种类,有远而亲的,有近而疏的,有以道德为基础相交的,有以志同道合相交的,有以钱财货利相交的,有以声色娱乐相交的,不管是哪一种,只要事先摸清了对方的意图和想法,我们便可来去自如,欲亲则亲,欲疏则疏。第二层介绍了进谏者如何才能得到宠信、使君主接受自己所提出的建议。有的靠品德换信任,有的以钱财为诱饵,有的用美色去勾引。只要投其所好,便可玩弄谋臣于股掌之间。第三层讲到谋士或说客进谏时应该掌握的技巧。首先应该把握游说对象的心理变化,顺势而为,便可应和人意;其次说到选择适当的时机,才能更好使建议与对方的心愿相吻合;最后提到还应该善于根据游说环境的变化去灵活变通地改变说辞。

在内揵术的运用中,"内"主要是游说对方,能够与对方说上话、搭上腔,侧重于言辞技巧;"揵"是要迎合对方的心意,侧重游说的效果。从"内揵"的根本来看,最关键的是要摸透对方心意去说服、控制对方的思路变化,从而使对方有种心心相印、兴趣相投的感觉,接着便可灵活多变地采用游说之法,使自己进退自如。

【原文】

君臣上下之事,有远而亲①,近而疏②;就③之不用,去④之反求。日进前而不御⑤,遥闻声而相思。事皆有内楗⑥,素⑦结本始。或结以道德,或结以党友,或结以财货,或结以采色⑧。用其意,欲入则入,欲出则出,欲亲则亲,欲疏则疏,欲就则就,欲去则去,欲求则求,欲思则思。若蚨母⑨之从其子也,出无间,入无朕⑩,独往独来,莫之能止。

【注释】

①远而亲:看似疏远,其实极亲密。

②近而疏:看似亲密,其实极疏远。

③就:靠近、趋近。

④去:离开。

⑤御:原指驾驭马车,这里引申为使用。

⑥内楗:内:本指内情相守,这里指要从内心与君主勾通关系,以达到情投意合、楗开任意的目的。楗,通"楗",本义为关门的木闩,这里指交结。《庄子·庚桑楚》:"夫外革者,不可繁而捉,将内楗;内革者,不可缪而捉,将外楗。"

⑦素:平常、向来。

⑧采色:这里指美女。

⑨蚨母:又名螲蟷,即土蜘蛛。这种蜘蛛的母爱极强,因此每当出入巢穴时,都要把穴口加盖以防外敌。

⑩朕:缝隙。

【译文】

君臣上下之间的关系既复杂又很微妙,有的距离很远却很亲密;有的看似亲密却很疏远;有的投奔而来却不被重用,有的在离任后反被到处寻找。有的天天在君主眼前却不被信任,有的遥闻其名却被思念。这是因为凡事都有其内在规律,任何平常的东西也都与本源相合。有的以道德相结,有的以友情相结,有的以钱财相结,有的以美色相结。所以,要想了解对方的意图,就要做到想进来就能进来,想出去就能出去;想亲近就能亲近,想疏远就能疏远;想投奔就能投奔,想离去就能离去;想要有所求就能有所求,想被思念就被思念。这就像蚨母一样,细心地保护它的幼虫,出来时不留洞痕,进去时不留标记,独自前往,独自返回,谁也没法阻挡。

【原文】

内者,进说辞也;楗者,楗所谋①也。故远而亲者,有阴德②也;近而疏者,志不合也;就而不用者,策不得③也;去而反求者,事中④来也;日进前而不御者,施不合也;遥闻声而相思者,合于谋待决事⑤也。故曰:不见其类⑥而为之者,见逆⑦。不得其情而说之者,见非⑧。得其情乃制其术⑨,此用可出可入;可楗可开。

【注释】

①楗所谋:进献计谋。

②阴德:心意暗合。

③得:指适用。

④中:合。

⑤决事:谋大事,指参与决断国家大事。

⑥类:类似,共同点。

⑦见逆:被抵触,指不被采用。

⑧见非:遭到非议,指被否定。

⑨术:指技能、手段、方法。

【译文】

所谓"内",就是采纳意见;所谓"楗",就是进献计谋。所以说,与君主相距很远却被亲近的人,是因为能与君主心意暗合;距离君主很近却被疏远的人,是因为与君主志向不一;就职上任却不被重用的人,是因为他的计策不适用;革职离去却被返聘的人,是因为他的主张被后来的现实证明可行;每天都能出入君主面前却不被信任的人,是因为他的措施不得当;距君主遥远却被君主思念的人,是因为他的主张与决策相符,君主正等他回来决断大事。所以说:在情况不明朗之前就去游说,定会事与愿违。在不了解实情时就去游说,定会受到非议。只有了解真实情况,再依据实际情况制定策略,这样去推行自己的主张就可以出去,又可以进来;既可以进谏君主,坚持己见,又可以放弃自己的主张,随机应变。

【原文】

故圣人立事①,以此先知而楗②万物。由夫道德、仁义、礼乐、计谋,先取《诗》《书》③,混说损益④,议论去就。欲合⑤者,用内;欲去者,用外。外内者,必明道⑥数⑦。揣策来事⑧,见疑决之。策无失计,立功建德。治名入产业⑨,曰"楗而内合"。上暗不治,下乱不寤,楗而反之。内自得⑩而外不留说⑪,而飞⑫之。若命⑬自来⑭,已迎而御⑮之。若欲去之,因危与之。环转因化,莫知所为,退⑯为大仪⑰。

【注释】

①立事:建立事业。

②楗:此处指把握。

③《诗》《书》:即《诗经》《尚书》。

④损益:减少增加。

⑤合:与离相对。

⑥道:指规律。

⑦数:指方法。

⑧揣策来事:推理判断未来的事情。揣策:推测、推算:

⑨产业:生产作业。产:谋生,财产;业:事情,经营功绩。

⑩自得:自以为自己聪明,得计。

⑪不留说:不接受他人的主张。

⑫飞:表扬、赞扬。

⑬命:召令。

⑭自来:指君主有令召来。

⑮御:防御、抵制,这里是指拒不接受。

⑯退:保全、完成。

⑰大仪:好办法,大原则。

【译文】

圣人立身处世,都是以这种方法来了解事物真相,进而把握万事万物的。

他们从道德、仁义、礼乐、忠信、计谋出发,先是吸取了《诗经》和《书经》的精髓,来验证自己的学说,再综合分析利弊得失,最后讨论用于世还是不用于世。若要相合,就要在内情上努力;若是分开,就要在外情上下功夫。无论用内情还是用外情,都必须预先明确理论和方法。想要预测未来的事情,就要善于在各种疑难面前临机决断。运用策略时没有失误,就能建立功业积累德行。辨察名分,治理百姓,从事生产,这叫作"计谋与内情相合"。如果国君昏庸不理国家政务,臣下纷乱不明事理,这就是计谋和内情不合。君主自鸣得意,对外不接受正确建议,那就用恭维赞扬的话使他有所改变。在这种情况下,如果朝廷征召,就积极地接受任命,按照国君的心意行事。如果想要离开就要趁乱离开,以保全自己不受伤害。做事要像圆环旋转往复一样,使别人看不出自己的真实想法,在这种情况下,全身而退也是最好的办法。

【解析】

"内楗"是《鬼谷子》中关于进献计谋的方法。所谓的"内",就是使人采纳自己的策略;所谓的"楗",则是设法坚持自己的策略。要设法使自己的道德主张拉近与游说对象的关系,以达到与被游说者暗合的目的。同时要设法使自己的志向与被游说者一致,以便得到重用。此外,还要使自己的行为合乎事理,使自己的谋略与决策者一致。想要做到这一点,就需要掌握被游说者的想法和意图,不可贸然行事,待完全掌握情况后,才能控制对方。

本篇讨论臣下向君主、下级向上级进献说辞,要寻求进说者与施说对象之间的心理默契,作者首先分析了君臣关系有远近亲疏,还指出进献说辞要掌握时机,并学会固守自己的计谋,结合内情和外情,以便获得对方的信任。

古代的君王声威赫赫,臣子也常在"一人之下,万人之上"的位置上,二者的关系是很微妙的。君王应如何权衡与臣子的关系,令其为自己效忠;臣子应如何明哲保身,受到君主的重用,则他们分别面临的首要难题,如何解决更是一门大学问。鬼谷子的主导思想是以"情"字为网络事物的中心,为应变事物以变通之法。只有得"情"自合,失"情"自去,才是建功立业的根本。在古代,游说君王的谋士们深谙纵横之法,他们往往"晓之以理,动之以情,行之以义",灵活机警,不自傲,不自恃,最终往往成功。

现实社会中的人际关系也是很复杂的,本篇所论及的人与人之间的关系是在"内揵"的前提下,有清醒的交往目的与原则。比如,在上下级关系中,身为领导者应以情为重,仁义宽容,而身为下属则应体谅大度,恪尽职守。

【应用事例】

所谓"内"就是采纳意见;所谓"揵"就是进献计策。想要说服他人,务必要事先进行揣测;度量、策划事情,务必要循沿顺畅的途径。暗中分析是可是否,透彻辨明所得所失,以便影响上层的思想。说服别人要判断选择恰当的时机,也就是应合时宜。以便与上层的谋划相合。详细地思考后再来进言,去适应形势。凡是内情有不合时宜的,就不可以实行。就要揣量适应形势变化,从便利处入手,来改变策略。用善于变化来争取被采纳,就像一把钥匙开一把锁一样顺当。

坚定但委婉地向领导进言

工作中,领导常常会为了某件事情或某些事情聚集在一起开会,开会的目的就是大家聚集在一起商讨对策和看法。这就要求大家善于发表自己的看法和见解,把自己的想法拿出来大家一起探讨、对比。领导固然喜欢听赞美的话,但是为了前途和利益着想,在大事面前,他更愿意听到有建设性的建议和意见。因此,我们需要不失时机的驳论领导的意见,大胆的表达自己的一些看法和见解。

鑫是某公司的生产一线管理员,经常在生产一线上巡视,跟车间员工关系都不错。一天,厂长召集管理员开会说:由于生产订单时间紧,准备马上出通知要求各生产线上的员工加班,每人每天要延长上班时间4到6个小时。其他的管理人员虽心里不满意,但是都没有提出异议。这时鑫想到,车间员工长时间工作,一方面会出现疲劳操作的现象,容易发生安全事故,另一方面恐怕会引起一些员工情绪的抵触。而且据鑫的观察,计时员工还有较大的激发空间。于是鑫对厂长说:"不如我们改变劳酬的计算方式试试看,我觉得这个方法比延时工作会比较有效。"接着鑫把相关的想法说给了厂长听,厂长听完拿不定主意,眉头紧皱,因为订单确实非常的赶,如果不及时采取措施肯定不能按时完成。大家知道厂长平时的习惯,如果下属提出的意见不具有建设性的意义不仅不采用,而且会遭到严厉批评甚至苛扣奖金等,于是大家为鑫捏了一把汗。会议没有立即定是否采用鑫提出的方案,在紧张的气氛中结束。

两天后,公告上贴出了鑫的意见,建议让厂长改变计薪的方法,把计时改成计件,并写明了有效期。鑫被叫到厂长办公室:"我去车间考察过,你的建议在理论上应该行得通,这也避免了可能潜在的劳动纠纷,厂里会酌情给予你一定的奖励,希望你大力配合工作,保证订单按时完成。"鑫拍着胸膛答应了。不用加班冒险,又可以赚更多的钱,同事们打心眼里感谢鑫,干劲也马上提起来。结果,订单比预计的早10天左右完成任务,经过公司的合计,鑫的提议给厂里节省了不下3万元成本,厂长喜笑颜开。不久,厂长看中鑫的才能和敢言,把他升为厂长助理,帮助管理厂务工作。

当然,在绝大多数时候,领导的意见一般会是正确的,如果领导人没有一定的基础和能力就不可能升为领导。因此,我们在判断事情、提出想法之前一定要慎重考虑,切记不可鲁莽顶撞。

面对领导的提议,你认为有更好的"两全其美"的方法时,不妨大胆提出你的想法意见。如果最后事实证明你的意见确实高明,那么领导就会更加欣赏你。

当领导的决定错误时,要勇敢地说"不"。因为执行人是你,你有权利和义务去检验决定的准确度。不用担心领导会对你产生反感心理,找个合适的时间单独跟领导说清楚个中的利害关系,注意措辞和方式,拒绝执行领导的错误决定。这样领导不但会对你感激在心,更会对你刮目相看。

为公司保密,为自己保前途

任何一家公司的发展和壮大都是靠员工的忠诚来维持的,同样,一个员工也只有具备了忠诚的品质才能受到老板的器重,最终取得事业上的成功。

公司的任何资料都含有一定的信息。一些文件如材料购买清单、银行往来记录,甚至连员工宿舍扩建计划等等,虽看似是普通文件,但对某些特定对象而言,是极具有利用价值的。一旦泄密,将造成不可挽回的损失。

当然,判断什么样的文件应划入机密文件当中确实很难。因此,和为公司的一员,你必须养成一个好习惯:不要随便把公司的文件给外人看。

除了文件的保管要谨慎之外,在与客户接触时也要养成谨言慎行的习惯,管好自己的嘴,避免和外人说起公司内部的事。比如,公司考虑要投资新产品的开发,你总是口无遮拦,在闲聊中把它透露出去,这就让竞争同行有了准备。再比如,你很可能在闲谈中说:"最近,某某公司与我们接触频繁。公司副总将于下月去某地与其进一步洽谈业务合作事宜……"该消息若传到公司对手那里,他就有可能比你们公司副总早一天抵达,而与对方签订协议。

一旦养成保密习惯,老板才会放心地把重要任务交给你,让你把握公司的前途。同样,坚守秘密的你也就保住了自己的前途。对工作的忠诚是你无往不胜的法宝,就像那样因为忠诚的品格的人,成了原本行业竞争对手的抢手人才。

在一些高新技术公司,保守秘密视为员工基本的职业操守之一,尤其对于知识型员工及高层管理者,他们了解大量的核心技术和商业机密,这是公司至关重要的核心资源,所以很多公司对主要技术人员和中高级管理人员都要签订保密协议。

在竞争与互利面前,保守工作中的秘密,这是一个人忠诚的最好体现。在竞争日益激烈的现代职场,一个能严守秘密的员工,更能受到老板的欢迎。因为,在信息高速发展的今天,各个领域都离不开信息,信息的安全保密关系着一个公司的兴衰。所以,每一个公司的老板都希望自己的员工具有高度的保密意识,牢固的保密安全观念。即使离职,也不能将过去工作过的秘密信息透露给他人,特别是竞争对手。

任何公司都不缺乏有能力的人,但那种既有能力又忠诚的人,才是所有公司最想要的。有时,公司宁可任用一个能力一般却绝对忠实的人,而不愿重用一个缺乏忠诚的人。东汉贾诩乱世中审时度势

要想推行自己的主张,就要做到想进来就进来,想出去就出去;想亲近就亲近,想疏远就疏远;想接近就接近,想离去就离去;想被聘用就被聘用,想被思念就被思念。就好像母蜘蛛率领小蜘蛛一样,出来时不留洞痕,进去时不留标记,独自前往,独自返回,谁也没法阻止它。

人在职场,进与退是一个大智慧,三国时期被称为"跳槽王"的魏王谋士贾诩则是深谙其道的行家。

贾诩出身凉州,跟赫赫有名的大军阀董卓是老乡,所以早年他投靠了董卓。董卓趁着何进招兵之际入京,为非作歹,无恶不作,贾诩却默不作声,继续在董卓的幕僚机构中担任闲职,协助董卓的女婿牛辅驻守陕西,抵抗讨伐董卓的关东军。

如果事情到此为止，那么贾诩不会出现在众星云集，一般人物不会上榜的"三国英雄录"上。在后世皆知的董卓戏貂蝉导致被设计的吕布杀掉之后，董卓军的李傕、郭汜、张济、樊稠四部被迫带领残下的飞熊军逃亡了陕西，此时命运的牵线把身居陕地的贾诩推上了舞台。因王允放话说"今虽大赦天下，独不赦此四人"，四位熊兵虾将六神无主，各说各话，自己老大被人宰杀，各自打算着作鸟兽散。这时，名不见官谱的贾诩站了出来劝阻说："此法不可。如果各位一旦分散，各走各的，结局只会是被人一一捕杀，小小的亭长也能捉到你们。为今之计，只能集结所有兵力，孤注一掷，杀向京城，为董卓报仇。如果成功，则可坐拥京城号令天下，如果失败，再逃也来得及。"于是李傕、郭汜四散留言："王允要杀尽凉州人啦！"整个京城人心惶惶，人人举旗造反，迅速召集了十万人。

李傕、郭汜大军围攻长安，十日后攻破都城，屠城烧杀，惨不忍睹，王允也身死城下。最后长安城生灵涂炭，民不聊生，数十万人的大都城一下子沦为空城。

此时贾诩政治生涯的开端，但也是最为后人诟病的地方。如果不是他怂恿李、郭大军杀进京城，也许不会有后世的乱局出现。尽管屠城非其本意，但是也难逃干系。但是无法否认的是，贾诩在进退、取舍之间，虽然出于自保，但是去挽救了他自己一方的势力，扭转了局面。春秋无义战，三国更无圣人，王允当家或是郭李上台，结局也许相差无几。

正因为贾诩的出发点并非功名，所以当郭李攻城大肆封赏之时，他辞去了封侯的机会，他推辞说："我提出的只是救命之策，哪有什么功劳？"最后只当个掌管选举事务的尚书。无论是出于自责，还是出于无奈，此时的贾诩退得好。

事后多年，贾诩利用自己的名望，多次充当郭李的和事佬，在不断地冲突间，保持了平衡和自己的安全。

曹操兵到城下，贾诩进言，劝阻他们速战，结果差点被斩了。于是他便趁机隐退回到了乡里，投靠了较有名望的段煨。

选择段煨，并非此人多么志向远大，才貌双全，而是贾诩看中了他的"跳板"功能。虽然段府上下对贾诩礼遇非常，但是他还是暗中跟张绣联系，张绣是东汉末年的大军阀张济的侄子，张济死后，部下被张绣接受。人们惊异段煨开出的条件那么优厚，贾诩为何还要跳槽呢？家人怎么办呢。贾诩说："段煨虽然开价高，但是他性情多疑，而且有嫉妒我的意思，虽然此时礼遇，但难长久。此时我走，他也许乐见其成，让我帮他争取外援。"

好聪明的贾诩，何时进、何时退、何时取、何时舍，拿捏得恰到好处，深谙鬼谷子纵横数的精髓。

果然，张绣以厚礼待之，段煨也把贾诩的家眷照顾得舒舒服服。贾诩的此次跳槽不仅成就了自己，也成就了张绣。张绣后来和曹操几次冲突，势不两立，甚至杀死了曹操的大儿子和他的爱将典韦，梁子结深了。也许谁都以为张绣和曹操会做一辈子的仇人，但是意外就是出现了，出现在了这位贾诩先生身上。

张绣和曹操的梁子众人皆知，所以当袁曹大军对战之前，袁绍来拉拢张绣结盟之时，连张绣自己都要点头答应了，这时贾诩站了出来，拿出各种理由把袁绍当面数落了一顿，大大方方、毫不避讳地指出袁、张二人的结盟。张绣惊得目瞪口呆，不知道贾诩葫芦里卖的是什么药。袁绍走后，贾诩一语中的：此时可以投靠的，只有曹操。

两千年后，人们也许不会惊异贾诩的选择，因为曹操披荆斩棘之后成了当时的无冕之王，但是贾诩却看中了当时处于微时的曹操，不得不赞佩他的眼光了。面对张绣的疑惑，贾诩解释道："虽然我们与他有旧仇，但是此时，只能选择此人。原因有三：曹操奉天子以令诸侯，名正言顺，此其一。袁绍强大，我们人马不多，必定不受重视；反观曹操势单力孤，得到我们一定特别高兴，此其二。曹操胸怀壮志，必然会摒弃私怨，向世人展现他的胸襟，此其三。"

这步让所有人都捏了把汗的险棋下赢了。如果贾诩判断有误，那么张绣死无葬身之地。曹操得知张绣率众来降，握着他的手，设宴款待，并且结为儿女亲家，优待异常。后来张绣立下不少汗马功劳。正因如此，贾诩完成了他人生中的最后一搏：调到了曹操身边。从此也成为曹操左右手，参谋决议，贡献良多，成为三国时期不可或缺的一位谋士。

古代的政治生涯就像是现代的职场，无非是在做选择，选对了，步步高升，选错了，也许永不翻身。贾诩善于选择，善于抓住时机，懂得保护自己，在投资场上懂得长线回报，赢到最后。该进则进，该退则退，该搭桥则搭桥，该放弃则放弃。此鬼谷子深意也。

巧妙说圆场话

在一次同学聚会上，大家见面后分外亲热，聊得十分开心。这时，一位男士对一位女士有口无心地说："你当初可是主动追求我的，现在还想我吗？"按理说,在老友久别重逢的气氛中,这些话虽然有些不妥,但也无伤大雅。但这位女士由于某种原因,竟然脸色一变,气呼呼地说:"你神经病!谁会追求你这种心理龌龊的人。"她的声音很大,在场的人都惊讶地看着她,那位男士觉得很尴尬,场面一下子僵持起来。这时,另一位女士站了起来,笑着说:"我们小妹的脾气还没变啊,她喜欢谁,就说谁是神经病,说得越厉害越让人受不了,就表明她越喜欢。你们说说,我说得对吧?"一番话,让大家都回想起大学时的美好时光,你一言我一语,大家互相开起玩笑来,一场风波也就平息了。

通过这个事例可以看出,在交际交往中遇到尴尬的场面时,做到准确把握双方的心理,然后运用说话的技巧,借助恰到好处的语言及时出面打圆场,化解尴尬,显得十分的重要和宝贵,同时也是十分必要的。

要想成功地打圆场,可以针对实际情况,灵活对待,或用幽默的语言转移话题,制造轻松气氛;或指出各方观点的合理性,强调尴尬事件有其合理性;也可以故意歪曲对方的意思,而做出双方都能接受的解释;还可以肯定双方看法的合理性,找到双方都能接受的解决方法。具体来讲:

1.转移话题,制造轻松气氛

在社交场合中,如果因为某个较为严肃、敏感的问题弄得双方都很对立,甚至阻碍交谈的正常顺利进行时,我们可以暂时让它回避一下,通过转移话题,用一些轻松、愉快的话题来活跃气氛,转移双方的注意力,或者通过幽默的语言将严肃的话题淡化,使原本僵持的场面重新活跃起来,从而缓和尴尬的局面。

比如朋友之间为了某个问题争得面红耳赤,僵持不下时,可以适时说一句"要把这个问题争明白,比国家足球队赢球还难";或者说一个笑话,让双方的情绪平和下来,在轻松的气氛中解除尴尬的局面,使交谈活动顺利进行。

有时候当人们因为固执己见而争论不休时,造成僵持的局面的原因往往已经不是双方的看法本身,而是彼此的争胜情绪和较劲心理在作怪。实际上,对某一问题的看法本身并不是固定不变的,随着环境的变化和角度的转移,不同甚至对立的看法可能都是合理和正确的。因此,我们在打圆场时要抓住这一点,帮助争论的双方换一个角度来看待争执点,灵活地分析问题,使他们认识到彼此看法的相对性与包容性,从而使双方停止无谓的争论。

2.寻找借口,给对方台阶下

有些人之所以在交际活动中陷入窘境,常常是因为他们在特定的场合做出

鬼谷子全书

图文珍藏版

了不合时宜或不合情理的举动,于是就造成整个局面的尴尬和难堪。在这种情形之下,最行之有效的打圆场的方法,莫过于换一个角度或找一个借口,以合情合理的解释来证明对方有悖于常理的举动在此情此景中是正当的、无可厚非的和合理的,这样一来,对方的尴尬解除了,正常的人际关系也能得以继续下去了。

有一次,著名演员新凤霞和丈夫举办敬老晚宴,请了文艺界许多著名的前辈。高龄90多岁的著名画家齐白石在看护的陪同下也前来参加,老人坐下来后,就拉着新凤霞的手目不转睛地盯着她看。看护带着责备的口气对白石老人说:"你总盯着别人看什么呀?"白石老人不高兴了,说:"我这么大年纪了,为什么不能看她?她生得好看。"说完,老人家气得脸都红了,弄得大家都很尴尬。这时新凤霞笑着对白石老人说:"您看吧,我是演员,不怕人看。"在场的人都笑了,场面气氛也缓和下来了。在这里,新凤霞恰当地运用了打圆场的技巧,强调事件发生的合理性,以"自己是演员"为理由,证明白石老人看自己是正当且合理的,这样就顺利地摆脱困境,也给对方找到了行为的理由,交往活动也就能正常地进行。

3.故意曲解,化干戈为玉帛

在交际活动中,交际的双方或第三者由于彼此言语之间造成误会,常常会说出一些让别人感到惊讶的话语,做出一些怪异的行为举止,从而导致尴尬和难堪场面的出现。为了缓解这种局面,我们可以采用故意"误会"的办法,装作不明白或故意不理睬他们言语行为的真实含义,而从善意的角度来做出有利于化解尴尬局面的解释。

例如文章开头同学聚会的事例,批评哪一方面都是不合适的,只能加剧矛盾的激化,破坏聚会的气氛。这时候另一位女士从善意的角度,对双方的语言做出"歪曲"的解释,故意把女士的话理解为是一种"喜欢",引导大家一起回忆大学的美好时光,在这样的气氛中,大家会很快地忘记尴尬和不快,本来很尴尬场面也就烟消云散了。善意的曲解并不是单纯地和稀泥、捣糨糊,而是弥补别人一时的疏忽,消解别人心中的误解和不快,保证人际交往的正常进行,因而是一种很有效的圆场技巧。

4.择势而动,使各方都满意

有时在某种场合,当双方因彼此不满意对方的看法而争执不休时,很难说清谁对谁错,作为调解者应该理解争执双方此时的心理和情绪,不要厚此薄彼,以免加深双方的差异,并对双方的优势和价值都予以肯定,在一定程度上来满足他们的自我实现心理,在这个基础上,一再拿出双方都能够接受的建设性意见,这样就容易为双方所接受了。

有一次,学校举行文娱活动。教师和员工分成两个小组,每组自行编排和表演节目,然后进行评分。表演刚刚结束,坐在下面的人就分成两派,吵得不可开交。眼看活动要陷入僵局,主持人灵机一动,对大家说:"到底哪个组能得第一,我看应该具体情况具体分析。教师组富有创意,激情四溢,应该获得创作奖;员工组富有朝气,精神饱满,应该获得表演奖。"随后宣布两个组都获得了第一名。

因为主持人清楚文娱活动本身的目的并不在于真正地分出个高低,重要的是激发教职员工参与文娱活动的激情。基于这点考虑,在评比出现矛盾的局面时,他并没有和人们一起争论孰优孰劣,而是强调了两个小组的不同特点和优势,对两个小组的努力都给予肯定,结果就很容易地被大家所接受了。

圆场话不好说,但是说好了圆场话,就既能帮助别人解决矛盾、解除尴尬,又能使自己成为一个更受欢迎的人。

用好奇心秒占市场

人人都有好奇心,成功的生意人懂得在经营中就善于利用人们的好奇心,设法引起众人的注意和兴趣,以此来促进交易。每个人都喜欢新奇事物,对于一眼就能看穿的东西总是不懂得珍惜,创业需要销售产品,赢取利润,善于制造神秘感,激发顾客的好奇心是一种获利策略,在进行产品的销售或者要推出新的东西时,只要能保证产品的新、奇、特,或者是让产品的名称有噱头,就会使顾客对产品产生好奇心,一旦这种好奇心上来了,顾客总是会花更多的时间去关注,去尝试,当然就有利润了,创业也就自然而然成功了。

印度小儿麻痹症日的广告就给读者留下了很深的印象,广告既没有用名人宣传,也没有花费大量资金。广告的焦点集中在杂志上一个非常小的角落,但这并没有影响广告的效果。翻开杂志,读者发现在页面右上角只画着一双鞋子,而鞋子的上面被遮住了。看到这些,很多人产生好奇心,想看看被折叠住的地方是什么。于是他们下意识地打开了被遮住的页面。当他们把被折叠的地方打开后，整个广告的真面目就呈现在眼前：一条因为小儿麻痹而留下后遗症的腿和一句广告语：万一你忘了……1月7日是小儿麻痹症日。

这是一个非常有策略性的杂志广告，它充分地利用了人们的好奇心，在媒介的选择和发布形式上可谓独具匠心。通过激发读者的好奇心和主动参与，读者们主动记住了小儿麻痹症日。在印度的许多地方，人们对预防小儿麻痹和注射疫苗存有误解和抵触，加强对这一特殊节日的宣传非常必要。在这则广告中，既直观地告诉你不注射疫苗的严重后果，同时也很好地提醒着人们，尤其是孩子的家长，1月7日是小儿麻痹症日，通过这个广告，印度主动接受疫苗的人群逐步增长，一页小小的版面广告吸引了众多客户，就在于它充分利用了人们的好奇心，加深了人们对该事物的印象，从而更容易的接受。

如果人们能对你卖的东西产生好奇，就意味着会有越来越多的人对你的产品关注，也就意味着你拥有越来越多的潜在客户，一种产品，尤其是一种刚刚问世的产品，商人如能巧妙地利用人们的好奇心，就很容易达到促销的目的。

巧言劝走饶舌常客

孔子曰："有朋自远方来，不亦乐乎！"有朋友来访，促膝长谈，表达友情，交流思想，不仅是生活中的一大乐事，也是人生道路上的一大益事。

在现实生活中却有与此截然相反的情况。茶余饭后，你刚想静下心来读点书或是做点事，不料不请自来的饶舌常客扰得你意乱心烦。他东家长西家短的，唠叨个没完没了，一再重复你毫无兴趣的话题且越说越来劲。你勉强敷衍，心不在焉，焦急万分，真想对他下逐客令而又怕伤感情，难以启齿。如果你继续陪聊，那么你将一事无成，因为时间是世界上最宝贵的东西，而你的时间被别人白白地占去了。鲁迅先生说："无端的空耗别人的时间，无异于谋财害命。"任何一个珍惜时间的人都不会甘心于任人"谋财害命"的，也不会甘心于饶舌常客牵着自己的鼻子到处走。

怎么样才能劝走那些饶舌常客呢？其实最好的办法就是：运用高超的语言艺术，把劝走的话说得美妙动听一些，这样既不会挫伤饶舌客的自尊心，又会使饶舌客以后变得知趣。下面就是我们常见的五种逐客令的语言技巧：

1.婉言柔语法。说婉言柔语的话来暗示和提醒饶舌常客：主人没有太多的时间与你瞎谈、胡聊。与盛气凌人的命令的说话方法相比，这种说话方式是容易被对方理解、接受的。

譬如:"今天晚上我有空,我们可以好好地谈一谈。但是从明天开始我就要全身心地投入到写职评小结中去,因为我希望这次能评上工程师。"其言外之意就是:请您明天不要找我畅谈。"今天晚上我有空,我们可以好好地谈一谈"这是主人表达对客人的礼貌,是一种欲拒先纳的策略而已。又比如:"最近我妻子的身体不太好,吃得少睡得早。咱们是否可以把说话的声音压低一点?"此话虽然用的是商量的语气,但是传递的信息十分明确:你的高谈阔论打扰了女主人的休息,还是请你少说为妙吧!再比如:"这是我第一次发表的文章,请您指正。我想今后尽量多挤些时间来写写东西,毕竟还年轻,很想有所作为啊。"这一番话表面上似乎很尊重对方,但"请您指正"只是虚晃一枪,而"很想有所作为"的感叹却是在提醒您:请你以后别有事无事地再来纠缠我了。

2.张贴字样法。有些饶舌常客的文化水平不高,不能正确理解婉言柔语的另外意思,所以逐客令常常难以奏效。对于这一类人,不妨用张贴字样的方法,表达使人一见就明的意思。

影片《陈毅市长》里有一位著名的科学家在家里客厅的墙上贴上"闲谈不得超过三分钟"的字样以提醒来客:主人正在争分夺秒的搞科研,请饶舌者自重。看到这张字样,纯属"闲谈"的饶舌者谁还会好意思喋喋不休地说下去吗?我们可以根据具体情况贴一些如"我家孩子即将参加高考,请勿大声喧哗""主人正在自学英语,请客人多加关照"之类的字样,制造一种奋发向上、惜时如金的学习氛围,使饶舌常客望而止步。按照常理讲,字样是写给所有的来客看的,并非针对某一位,因而不会使哪位来客有太多的难堪。当然,在饶舌常客知趣地告辞时,主人可以送他们到门口并说:"真抱歉!但愿我的孩子能托您的福,在高考中取得优异成绩。""谢谢您的关照,如果我在自学英语上有所突破,我不会忘记您的支持。"

3.热情招待法。用热情的语言、周到的招待代替冷若冰霜的表情,使饶舌常客在热情的主人面前感到不好意思多登门拜访。饶舌常客一到,你就笑脸相迎,沏香茗一杯,捧出瓜子、糖果、水果,这样很有可能会把他吓得下次不敢再贸然过来。你用贵宾的高规格接待他们,他们一般会感到很不自在的,这就是生活的辩证法。以热代冷的方法,既不失为礼貌,又能达到"逐客"的目的,效果之佳,方法之妙,不言而明。

4.先下手为强。用主动出击的积极姿态堵住饶舌常客的登门来访之路,总结出饶舌常客一般是在每天何时到你家的,你不妨在他来访之前一刻钟先"杀"上门去:"您多次来访,礼尚往来,我也应该回访你,否则就有失礼仪了。"于是你由主人变成了客人,他则由客人变成了主人。这样,你就争得了主动权,你想何时回家,就何时告辞:"最近我有些急事要处理,我们择日再谈吧!"更重要的是,你杀上门去的次数越多,你就越能把他牢牢地粘在家里,原先每天必上你家的定势行为就有所改变了。过了一段时间之后,他也就知趣了。转守为攻,先发制人,这是一种特殊形式的逐客令。

5.积极引导法。上面的四种方法都是"堵"的方法。我们发现,饶舌常客之所以说一些无聊的话,这是因为他们既无理想又无高雅的兴趣爱好。如果我们用疏导的方法,使他们感觉到有计划要完成,有目标要实现,有感兴趣的事情要做,那么,他们也就无暇光顾你家了。显然,以疏代堵法,如釜底抽薪,能从根本上解除饶舌常客的上门干扰之苦。那怎样进行积极疏导呢?如果他是一位青年,你可以列举胸有大志的事例进行教育,也可以用发人深省的语言予以教育:"人生在世,岂能没有一点真才实学?你我都要好好努力才是啊。"如果他是一位中老年人,你可以根据他的性情,培养他们某种兴趣爱好,或种花,或读书,或练书法,或养宠物等等。"老张,您毛笔字的基础非常好,如果努力练练,完全可以在书法大奖赛中获奖!"此话一出,一定会使他欣喜万分,跃跃欲试。一旦有了自己的兴趣爱好,你请他来做客他还不一定来呢!

除了以上五种方法之外,我们还能举出一些,但不管使用何种方法,主人必须掌握两条原则。

1.有情。饶舌常客一般是邻居、亲戚、同学、同事,主客之间相当熟悉,切忌用冷若冰霜的表情和尖刻刺耳地语言刺伤对方,也不宜用爱理不理、显得很不耐烦的样子,免得以后见面时十分尴尬,一定要让对方感觉到主人对他还是很有情谊的。

2.有效。要达到饶舌常客听了你的得体话后明显减少上你家的次数,缩短闲扯的时间。这样,主人的语言技巧才真正起到了作用。如果主人的语言失当,客人上你家的热情有增无减,闲扯的兴致越来越高,那主人还得认真地学学语言的表达能力。

巧言中的"巧"是指既达到了劝走饶舌常客的目的,又没有使双方感到难堪。

精彩地说出善意的谎言

生活中会有许许多多、这样那样的谎言。只要不是有意去伤害别人，善意的谎言往往能出彩。

人生离不开善意的谎言，因为谎言不以人的意志为转移，自然而然地就产生了。生活中，在有些情况下，你不能不说谎。在一些非常时刻，甚至只能说谎，才能够更为完满地解决问题。

《最后一片叶子》是美国作家欧·亨利的一部短篇小说，它的故事是这样的：

在某医院的一个病房里，身患重病的病人的窗外有一棵树，秋风一刮，树叶一片一片地掉落下来，病人望着落叶萧萧、凄风苦雨，病情也随之每况愈下，一天不如一天，他想：当树叶全部落完时，我也就要死了。一位老画家得知后，被这种悲泣深深打动了。他用画的树叶装饰树枝，使那位濒临死亡的女病人坚强地活下来。

作为小说故事，也许有点夸张，但现实生活中，类似于这样的事例应当是不少的。这种谎言是生活中必要的，没有这个谎言，那位女病人就会死去，要给她生存的希望，只能制造谎言。

还有一类谎言是社会礼仪中必须说的奉承话，这些话里大多是水分，夸张、空话连篇，听着那些千篇一律的空话套话，虽然心里并不一定十分愉快，但人类如果缺少这些空话与谎言，礼仪就无法成立了。

从前有这么一个故事：

王员外家添了一个孙子，在满月酒的那天，来了许多祝贺的宾客，大家都看着孩子在有意无意地闲谈。

李秀才说："令孙将来一定福寿双全、飞黄腾达、富贵荣华、光宗耀祖！"

罗秀才说："人都是一样的，这孩子将来也会长大、变老死去！"

李秀才受到热烈的欢迎，待为上宾，而罗秀才则受到客人的鄙视和主人的忌恨与冷遇。

难道罗秀才说的不是实话吗？当然是实话，可是实话是难听的。相反，李秀才说的极有可能是假话，一个人"福寿双全"是很难的，但就是假话却讨得了主人的欢心,因为主人正是这么期望的。

生活原本是平淡无奇的,天上掉馅饼的事总是罕见的。而天灾人祸倒是常常不知不觉地走过来。人类本身的天性全是向往美好的、喜欢富有刺激、带有浪漫色彩的生活。如果我们把什么事情都从实道来,世界上有些事也许就成为没有意思的事了。所以,不少人爱谎言胜过爱真理。

礼貌语言和奉承话给人们的幻想与虚荣心带来极大的满足,使人们从困境与艰难中摆脱出来。它让人觉得自己在别人的生活中是受到尊重与重视的,因此,它在生活中也是必不可少的。卢梭在《忏悔录》中说:"我从来没有说谎的兴趣,可是,我常常不得不羞愧地说些谎话,以便使自己从不同的困境中解脱出来。有时为了维持交谈,我迟钝的思维、干枯的话题迫使我虚构,以便有话可说。"

人,总是要面对生活的。生活中,真实是重要的,真诚更加重要,这对人生、对社会无疑是有更大价值的。然而,我们所处的社会是纷繁复杂的,大家都是凡人,都期望能出人头地,每个人心中都有这样或那样的欲望和梦想,不加选择、不分对象、不分场合地把什么都和盘托出,那在人际交往中是很难游刃有余的。

生活中,面对有些情景,我们讲的实话对人、对己、对事都无益。既然真话会伤害别人,我们可以制造一些"谎言",它可以起到润滑的作用。在人与人的交往中,适当地用一些小小的"谎言",可以使人际关系更融洽、更亲近一些。

重视包装独到树立品牌形象

想要成功的人那么多,如何才能在人才大军中崭露头角?想出名的艺人那么多,怎么样才能成为明星。一个艺人想要成为明星首先要做到的是家喻户晓,只要被大家接受了、被大家熟悉了才能叫作真正的明星,别人叫不出名字的明星不是真正的明星,最多也只能被称为是艺人,同样,在如今的竞争激烈的社会,再也不是过去那种酒香不怕巷子深的年代了,一个人想要成功,必须要先树立产品的品牌形象,把自己包装好,推销出去,每个地方都需要包装,产品包装好了才能给顾客印象深刻,企业家包装好了,才会让人对他的名字耳熟能详,免费的为产品宣传,企业包装了就增强了企业的形象乃至品牌,提高了顾客对产品的信心。所以说包装是如此重要的应用在每一个角落,所以创业者一定要比明星更擅长自我包装。

人们都听过"买椟还珠"的寓言故事,其大意是说,古时候有个人买了珠宝后,只取其"椟"(盒子),而把珠子还给了卖者。它向人们揭示了买者(消费者)的不识货,讽刺那些不知轻重,知识浅薄的愚笨之人。当时的我们都会觉得买珠子的人太傻,用买宝珠的钱买了一个盒子回家。然而在商品开放的今天,虽然我们会觉得买珠人确实有点荒唐可笑,但要思考一个问题:"椟"与"珠",相差如此悬殊,绝非一个"笨"字概括那样简单。为什么会有"椟"比"珠"珍贵的认识错位呢?主观上是买者知识的欠缺,但客观上肯定是"椟"所用包装设计精巧、所用材质好,或者图案装饰精美绝伦,不然买者怎会爱不释手呢。相信这个寓言故事一定会给今天的创业者们另外的启示——好的包装也可以卖出宝珠的价格。包装业可以作为产品的一部分出卖,买的人开心,卖的人赚钱,何乐而不为呢?

从1968年开始创业建立自己的公司到现在,Calvinklein已在时装界纵横了四十多年,享有盛名,他之所以能成功并被认为是当今"美国时尚"的代表人物就在于他善于包装自己以及自己的产品,让人看见cK就联想到了时尚。1968年,CalvinKlein首度推出女装大衣,他将大衣线条干净与造型内敛的设计包装成一种舒适愉快的穿衣态度,立即受到纽约百货公司的青睐,并下了大量订单,让Calvinklein知名度大开;更奠定日后庞大时尚产业的基础。

Calvinklein将自己的服装产品包装成干净完美的形象,在服装中,他运用丝、缎、麻、棉与毛料等天然材质,搭配利落剪裁,呈现一种高尚的格调,直到今日也从未改变。广告是Calvinklein表现创意的最佳焦点,也是CK包装自己的最有效手段。

产品不仅要会销售,更要会包装,只有包装得当,才能吸引住人们的眼球,市场上的竞争越来越激烈,同类产品也越来越多,想要脱颖而出,没有好的包装是不行的,想要被顾客所牢记,没有好的包装是不行,一句宣传语,一个有创意的广告就是对产品很好的包装,仔细想想,凡是人们熟悉的品牌,一定有它耳熟能详的品牌故事,这就是包装的技巧。

抓住对方的性情,顺"藤"说话

家庭中常常发生争执的原因,是彼此不能协调一致,彼此互不理解。如果知道对方的心性,掌握对方的思想感情,顺着对方的性情说话,那么,夫妻就不会发生各种争执,就会拥有幸福美满的家庭生活。

邦迪在家里总是找不到作为丈夫的那种一家之主的感觉,因为他的妻子丽莎是一个倔强过头的女人。邦迪每次要妻子做什么事,她总是对着干,而且总是以她自己的意愿干到底。邦迪真拿她没办法。虽然邦迪的朋友常常取笑他得了"气管炎",但他还是尽量不和丽莎争吵,遇事总让着丽莎,朋友们都认为邦迪是一个懦弱、没有主见的男人。

一年一度的秋收来临,邦迪想邀请朋友们到家里聚聚,玩个痛快,可又担心一旦他向丽莎提出来,丽莎马上会反对。怎么办呢? 突然,邦迪的脑子里闪过一个念头……对,既然直说不行,那就这么干!

一天,邦迪对丽莎说:"收割节眼看就要到了,今年你不要再做任何甜糕,因为家里太穷了,朋友们是不会来的。"

"穷? 你在瞎说什么!"丽莎急忙打断了他的话,"我们家从来没有像今年这样富有。我不但要做甜糕,而且还要做得又大又好,请朋友们都来吃。"

"那你就赶快做吧。"邦迪心中暗暗高兴地喊道,脸上却一副央求的样子,他喃喃地说,"好吧,如果你做了甜糕,就不要做布丁,我们不能太浪费了。"

"就要浪费!"丽莎果然中了邦迪设计的"圈套","我要做布丁,而且是大布丁。"丽莎的腮帮子鼓得圆圆的。

邦迪长长地叹了一口气,转了转眼珠,朝丽莎头上泼凉水似地说:"布丁太差劲了,但是如果你做了布丁,吃不了就去喂猪吧。"

"喂猪? 你想喂猪?"丽莎瞪大了眼睛,挥舞着拳头说,"我立刻叫人把那头大猪杀掉。"

"那么,"邦迪显出无可奈何的样子说,"答应我,地窖里那些酒仅仅够我们维持过冬,你就不要拿出来,我们对付不了那场面!"

丽莎跺着脚说:"你这家伙,疯啦? 谁听说过吃猪肉没有酒? 我们不但要有酒,而且还要去买咖啡。"

"哦——亲爱的!"邦迪垂头丧气地叹息道,"不管怎样,我自己不喝酒,我不喝,其他人也不会喝。我告诉你,那酒是我们用来过冬的!"

丽莎转过身盯着邦迪,命令似的对他吼道:"你要拿出主人的样子,和朋友们一起把每瓶酒都喝干。要不,我可对你不客气!"

丽莎说完,转过身就去忙乎了。邦迪装出很驯服的样子,心里却高兴极了。

收割节那天,朋友们都被请来了,酒宴十分丰盛,他们围着桌子喝酒,玩啊喊啊,快乐极了。邦迪的声音压倒了所有的人,朋友们也对他另眼相看了。

这个故事听了让人发笑。邦迪的妻子固执倔强,而且喜欢同他对着干,而邦迪正是掌握了妻子的这种心性。于是抓住妻子的性情,顺"藤"说话,终于达到了自己的目的,从而避免了一场激烈的争吵。

夫妻之间经过一段时间的相处之后,总能对对方有一个大概的了解。当你想表达自己的意见时,如果能够抓住对方的性情,顺"藤"说话,就可以避免许多不必要的争执。

无所畏惧谏成帝

西汉后期,汉成帝执政以后,起用自己以前的亲信,尤其重用自己以前的老师张禹,并封他为安昌侯。但张禹是个道貌岸然的伪君子,实际上贪婪淫奢,位高权重之后,他对奢侈生活的追求更是登峰造极。人民都对他深恶痛绝。

朱云是当朝的一位官吏,是个敢怒敢言的硬汉子,他的这种名气朝中上下已是众所周知。他查实了张禹的种种罪行之后,立即上书求见皇帝。朱云当着满朝公卿的面慷慨陈词:"现在朝廷有些大臣,只图一己之利,上不能辅佐君主,下不能益于百姓,惹得民怨沸腾,微臣请陛下杀一儆百,斩一奸佞之人,以平民怨,以儆效尤!"

成帝好奇地问:"哦? 竟有此等事! 不知你要斩的奸佞之臣是何人?"

朱云上前一步,毫不犹豫地说:"恕臣大胆,就是安昌侯张禹! 他……"

汉成帝

正当朱云打算一一陈述张禹的罪状时,成帝大声喝断,顿时龙颜大怒:"你这个逆臣,简直是不知天高地厚,居然敢以下犯上,公然在朝堂上侮辱我的老师! 罪在不赦! 来人,拿下!"

两边的侍卫立即奉命捉拿，朱云一路挣扎，被拉至金銮宝殿前，朱云死死地抓住栏杆不放，不料竟将栏杆折断。他大声呼叫道："我能到九泉之下与已故的忠臣为友，也没有任何的遗憾！现在陛下任恶人大行其道，日后还能以圣明自居吗？"

汉成帝怒火正旺，听得叫声更烦，又下令道："拉出去，斩首！"在一旁几次欲言又止的左将军辛庆忌摘去官帽，解下将军的大印，双膝跪地，对皇上说："陛下息怒！陛下息怒！朱云这个人素来狂放不羁，说话做事喜欢直来直去，相信您也有所耳闻。今日他进谏也是为民着想，并无恶意。如果他所言属实，那岂不是杀错了；如果他是信口雌黄，也罪不该死！陛下何不查明真相后再做判决呢？今日我愿以死相救！"

说罢，连连叩头，磕破了额头，染红了地面。汉成帝想想觉得有理，平息了怒气，收回了成令，并派人查证张禹之事，不再追究朱云。

后来，有人提议把折断的栏杆修整翻新，汉成帝连忙阻止："栏杆勿修了，把那些坏的部分收拾一下就行了。我要让来来去去的大臣都知道朱云和辛庆忌不计自己得失而直言进谏的事迹。这种人是我一直都需要的啊！我差点犯下一个不可挽回的错误！"

内揵中有"或结以道德"之交。朱云的劝谏就属于以臣子的赤胆忠心之德感动了成帝。虽然劝谏的技巧性运用不多，但却是道德、仁义、忠信的具体表现。采用直谏的方法，最好知道君主是个圣贤明君，如果是个平庸无能的昏君，那很可能会招来杀身杀身之祸。只有忠臣明君，才能做到以德相交。

从德行来看：对朱云而言，不计个人得失的正直和诚实永远不会过时；对于汉成帝而言，能够及时转变观念，吸取教训，控制自己，虚心纳谏，并下令栏杆勿修，以示警诫，难能可贵。

忠直谏臣魏国公

有一年，唐太宗派人征兵。有个大臣建议，不满 18 岁的男子，只要身材高大，也可以征。唐太宗同意了。但是诏书却被魏征扣住不发。唐太宗催了几次，魏征还是扣住不发。唐太宗大发雷霆。魏征不慌不忙地说："我听说，把湖水弄干捉鱼，虽能得到鱼，但是到明年湖中就无鱼可捞了；把树林烧光捉野兽，也会捉到野兽，但是到明年就无兽可捉了。如果把那些身强力壮、不到 18 岁的男子都征来当兵,以后还从哪里征兵呢?国家的租税杂役,又由谁来负担呢?"良久,唐太宗说道:"我的过错很大啊!"于是,又重新下了一道诏书,免征不到18岁的男子。

一次,唐太宗从长安到洛阳,中途在昭仁宫(现在的河南省寿安县)休息,因为对他的用膳安排不周到而大发脾气。魏征当面批评唐太宗说:"隋炀帝就是因为常常责怪百姓不献食物,或者嫌进献的食物不精美,遭到百姓反对,灭亡了。陛下应该从中吸取教训,兢兢业业,小心谨慎。如能知足,今天这样的食物陛下就应该满足了,如果贪得无厌,即使食物好一万倍,也不会满足。"唐太宗听后不觉一惊,说:"若不是你,我就听不到这样中肯的话了。"

魏征为人耿直,有才干,是个忠臣,李世民不记前仇,任用他为谏议大夫。魏征不断向李世民提出好的建议,使李世民对他十分佩服,经常将魏征请入居室,询问得失,魏征越来越被重用,先后被李世民提升为秘书监、侍中、宰相,并封他为魏国公。

李世民曾说:"我好比山中的一块矿石,矿石在深山是一块废物,但经过匠人的锻炼,就成了宝贝。魏征就是我的匠人!"

魏征去世后,李世民痛哭流涕地说:"用铜制成的镜子,可以照见衣帽是否端正;用古史的镜子,可以参照政治的兴衰;用人作为的镜子,可以知道自己的成绩与过错。我经常保持着这三面镜子,现在魏征去世了,我少了一面镜子呀。"

"或结以党友"指以同道朋友相结于君王。纵观古今中外历史,君臣之间能以良师益友般的感情相交的莫过于魏征与唐太宗了。唐太宗把魏征喻为明镜来体察得失,把自己比作矿石,把魏征比作匠人,足见其与魏征的"党友"之交。

投其所好连升迁

裴延龄是唐德宗时掌管财政的大臣。虽然他对财政一窍不通,可为了显示自己的能干,就任之初,他便上书皇帝说:"我通过清账查库,发现有20万贯的钱没有人账,请将这笔钱放在另外一个钱库中贮存起来,以供陛下随时取用,永无匮乏。"不久他又上书皇帝说:"朝廷仓库收藏的钱物多有失落,最近我在废品中收得银钱13万两。丝绸及其他物品又有100多万。这些钱物也都没有人账,应当算作节余,也该转移到别的仓库收藏,以供陛下支用。"

唐德宗本来贪财,当他得知裴延龄意外发现了这么多钱物,奢侈的欲望便迅速膨胀起来,今日修这个,明日建那个,都伸手朝裴延龄要钱。其实,裴延龄所说的那些意外之财,全都是子虚乌有,只不过是为了炫耀自己能干、讨好皇帝而瞎编出来的。可面对着皇帝越来越多的索取,他又不敢暴露真情,只好加紧对百姓的勒索和巧取豪夺。

有一次,德宗要建造一所寺庙,需用一根长 50 尺的松木,却无处可得。裴延龄说:

"我最近在同州发现一座山谷长满树木,大约有数千株,长度都在 80 尺左右。"

德宗听了十分惊异,说:"听说开元、天宝年间,在附近连五六十尺长的树木都寻找不到,不得不到远方采购。如今怎么能出现这么多的大树呢?"

裴延龄回答道:"我听说贤材、珍宝、异物,只有在国君圣明时才会出现。如今这批树木生长在京师附近,也是因为陛下圣明啊!开元、天宝时候怎么会有呢?"

其实根本没有这些大树,全都是他信口雌黄瞎编出来的,只不过是用来欺骗皇帝、讨好皇帝罢了。当时就有人指责他愚弄朝廷,欺骗君主,虽然后来唐德宗也知道了他的荒诞虚妄。可是毕竟他的谎言很受用。他后来就不断地给他加官晋爵,只不过裴延龄不到 50 岁就死去了,否则就能当上宰相了!

内揵中有"或结以财货"之交,而裴延龄正是利用了唐德宗贪图财利、爱慕虚荣的性格,以花言巧语来投其所好,得以使自己青云直上,官至显位。

人人都有趋利避害的本性,都喜欢得到别人的赞扬,从而增加自尊心和虚荣心,自己即使在恶劣的情况下也能生存。唐德宗清楚,却并未识破,反以之为重臣,其深得此道,裴延龄的宦途生涯也因此而顺畅。

因势利导进谏言

春秋时期,齐国国相晏子生活非常俭朴,齐景公经常看着他身上的粗布衣裳叹气道:"你真是个乡下人啊!"

晏子的住宅和普通老百姓的房子没什么区别,家中陈设甚至比老百姓的还要简陋。

齐景公知道后,便想给他建造一所好一点的房子。

一天,退朝后,齐景公叫住晏子说:

"您的住宅靠近集市,每天在嘈杂的声音中度日,实在让你受苦了,更何况灰尘满街,地势很低,狭窄且又潮湿的环境实在不能适合像您这样的人居住,请您还是搬到宽敞明亮的地方去吧!一切费用都由我来负担,你看得怎么样?"

晏子摇头道:"感谢大王美意。住宅的好坏不一定是以豪华和简陋来区分的,况且我所住的地方是齐国的先代贤士们住过的。我有时想,自己住在这里是不是有资格,会不会有辱先贤们啊。再说,我住在靠近集市的地方,买东西很方便,怎么可以麻烦百姓再为我另建房屋呢? 还是算了吧!"

齐景公见他不肯换房,便转换话题,笑着问:"您住在集市附近,可知什么东西最贵,什么东西最便宜吗?"

晏子一听,不由得想起自景公继位以来频繁施用的一大酷刑——刖刑,即把人的双腿砍断。有很多老臣冒死进谏要求废除此酷刑,都徒劳无功。晏子多次想劝谏,但一直苦无机会。今日齐景公问起物价贵贱来,晏子想了一想,说道:

"假肢是最贵重的,鞋子是最便宜的。"

齐景公脸色微微的一变,若有所悟地低下头,沉思了许久。

"好了!"齐景公严肃地对晏子说道,"从明天开始我就废掉刖刑。"

晏子身居高位,却甘居贫贱;尽管想谏止刖刑,却要耐心等候时机,可谓深得顺其自然之道。一个人如果享尽荣华富贵,必遭天妒人怨,灾难随时可能加身。晏子贵而不富,就不会被人视为眼中钉、肉中刺了。所以他能安然当权 57 年之久。至于进谏时机的把握,晏子处理得恰到好处,似谏非谏,点到为止,却力压千钧,一击而中。

以棋为喻劝庄公

春秋时期,齐相国晏婴,是一位家喻户晓、德高望重的政治家,人们尊称他为晏子。他博闻强记,知古通今,他历任齐灵公、庄公、景公三世,达 57 年。他提倡节俭,并能以身作则。尽忠进谏,对国君从来是知无不言,言无不尽。

一日,齐庄公在花园里与妃子下棋,听说晏子求见,就撇下妃子,与这位棋坛高手在棋盘上厮杀起来。

晏子也不多话，稳稳坐在那里，出车跃马，摆开阵势，一会工夫就吃了庄公不少棋子，占尽优势。但接下来，晏子横冲直撞，走了几步废棋，棋局发生了变化。庄公沉着应战，居然转败为胜，赢了一局。

齐庄公疑惑地问："为什么这局棋你会下得如此差呢？"

"臣有勇无谋，输棋自在情理之中。"晏子手指棋盘说，"下棋是这样，治理国家也是这样，如今各国的状况，对我而言已经很难胜任相国的重任了。"

庄公吃了一惊。晏子又说："近年来，由于您偏爱勇武有力的大臣，使武夫们滋长骄傲情绪，傲视文臣，欺压百姓，闹得京城临淄乌烟瘴气。许多有才干的文臣得不到重用，官风民风越来越坏。若这些人不加以严格约束，势必会出乱子。"

齐庄公有些自知之明，但身为国君，怎可轻易接受一个臣下的批评呢？于是不服气地问："请相国直言，古代有没有哪一个国君，依靠武力而安邦治国的呢？"

晏子说："夏朝末年有大力士推侈、大戏，殷朝末年有勇士弗仲、恶吏，这些人都是神力无边、万夫莫挡之辈，可他们却不能挽救夏桀、殷纣的灭亡。夏、商的覆灭告诉后世一个道理：光靠勇力而不行仁政，是行不通的。"

庄公仔细体会晏子的肺腑之言，认为他说得很对，就恭敬地表示感谢，并同意从今后省刑轻赋，施仁政以固国本，让万民敬仰自己，让文臣亲近自己。

"方来应时"意思是反复揣摩，以适应时势的要求去进言，以求其交通。晏子下棋，开始时猛如虎，顾前不顾后，待到后来欲挣扎时，早已成败局。他以此吸引庄公提出话题，并顺势转到以武治国和以仁治国上面来，当庄公不服气时他又举出实例，证明以武治国是不可行的。其婉转自如的口才技巧，令人叹服。

晏子在此便巧妙地抓住了进谏的时机，他不急于进言，而是在下棋中创造有利时机。先是采用投石问路的方法，以下棋使庄公对棋局的变化莫测而深感迷惑，而后再把话题转到以仁政治国上来，阐述了自己的立场与观点，接着又举出实例。说得庄公心服口服。

顺水推舟阻景公

齐国到齐景公在位时，政治更加清明，国力更加强盛，在众多诸侯国中是屈指可数的大国，这不仅因为有开明、有作为的齐景公，还有一流的政治家晏子辅佐。

一次,有个人得罪了齐景公,齐景公大发脾气。盛怒下,他下令将那个人绑在大殿下面,要把他一节节地砍掉,这可是一种非常残酷的刑罚。

同时,齐景公下令,谁都不能来劝阻这件事。如果有人来劝阻,就和那人同罪,也要被肢解。作为国君,他的话一言九鼎,谁都不愿意冒险进谏。

晏子听了以后,便把袖子一卷,装出一副凶狠的样子,拿起刀来,把那人的头发揪住,同时在鞋底下磨刀,做出要亲自动手杀掉此人、为君王泄怒的姿态。

然后,晏子仰起头来,向坐在上面正发脾气的景公询问:"大王,我看了半天,但感到不知怎样下手,好像史书上没有记载过。尧、舜、禹、汤、文王这些贤明的君主要肢解杀人时,到底应该先砍哪一部分才对? 对这个人应该从哪个部位下手去砍,才能做得像那些圣主们一样杀得好呢?"

齐景公听了晏子的话,立即警觉,自己若要做个明君圣主,又怎么能用这种残酷的方法杀人呢! 所以他对晏子说:"好吧! 我错了,放掉他吧!"

晏子在此运用了"言往者,先顺辞也;说来者,以变言也。"先是顺着景公的意图佯装要杀掉此人,却在行动中用暗示的语言警醒了景公,达到了自己劝谏的目的。

晏子知道如果当时直言规劝,直说心言,必定会事与愿违。因为此时的齐景公正在气头上,如此一来不仅会使之下不来台,还会火上加油,不但救不了要被杀之人,甚至连自己的性命也保不住。正是晏子看清了这个道理,才将计就计,很巧妙地充当"刽子手",以委婉的方法劝阻了齐景公。

史蒂文斯巧献策

许多跟随英国首相丘吉尔身边的人给了他一个很有趣的绰号——"一架老的 B-2 轰炸机"。因为这种轰炸机的最大特点是,任何优质燃料只要进入它的发动机,都会被毫无例外地检测为不合格的油品而禁止进入燃烧室。

与之相似的是,丘吉尔拥有卓越的才能,却相当自负,对于别人的意见或建议常常看不起。要么不采纳,要么根本不予理睬。

有一次,他的助理史蒂文斯被丘吉尔单独召见,史蒂文斯提出了一个方案,尽管他明知首相不容易接受别人的建议,但因为是经过苦心研究的,他自认为这个方案相当可行,所以说得理直气壮,十分自信。

但他没有得到幸运之神的惠顾,丘吉尔听完他的话,尖刻地说:"在我愿意听废话的时候,欢迎你再次光临。"

令史蒂文斯吃惊的是,在数天之后的一次宴会上,他听到丘吉尔正在把那天他的建议当作自己的见解发表。这件事使史蒂文斯"大彻大悟",原来并非是他的建议本身不好,而是他提出建议的表达方式不够完美。

终于,他找到了向首相提建议的最好方法:低调建议,不再强调某个计划是他想到的,就好像那是首相自己的想法一样。在首相不知不觉地感兴趣以后,再将这个计划作为首相自己的"天才构思"公之于众。这样,这个计划就被"移植"到首相的头脑中了,他就会坚定不移地相信这是一个好主意。

史蒂文斯决定,为了使一个好计划得以实现,他甘愿牺牲自己的功劳。

后来史蒂文斯奉命到美国做外交上的接洽,这一次他已经掌握了提出建议的最好方式。出发前,丘吉尔虽然在原则上同意了史蒂文斯的计划,不过态度却相当谨慎,看起来这个计划短期内很难被批准。

史蒂文斯到纽约以后不久,向丘吉尔寄回了他同美国国务卿的谈话记录。在谈话中,史蒂文斯把自己想出的那个只是首相谨慎同意的计划说成是"首相的创见",并且对这个"天才、勇气、先见之明"的主张热情赞扬。

结果丘吉尔看了这个记录后,毫不犹豫地正式批准了这个计划。

员工可以从一点一滴的小事甚至只言片语中揣摩出领导的喜好,由于掌握了领导的特点,摸准了领导的喜好,就可以在每一次的接触中使所说的和所做的符合领导的心意,使领导产生"正中下怀"之感,由于话语顺耳,事事妥帖,极容易拉进和领导的距离,产生亲近感,为与领导和睦相处、向领导献计献策奠定了良好的感情基础。

触龙智说赵太后

据《战国策·触龙说赵太后》中记载:公元前265年,赵国的国君惠文王去世,其子孝成王继承了王位,因为年少,便由其母赵后执政。当时正处于诸侯国混战的局面,所以国内形势动荡不安。秦国见有机可乘,便发兵攻打赵国,在分析到自身的力量绝不是秦国对手的情况下,赵太后不得不向齐国请求援助。齐王虽然答应出兵,但要求赵国以长安君作人质为条件才肯出兵。

平日赵太后对幼子长安君极为宠爱,怕他有什么危险,所以不肯答应。大臣们都极力劝说,结果赵太后大为生气,对大臣们说:"若再有敢说让平原君到齐国作人质的,我必唾其一脸口水。"

有一天,德高望重的大臣触龙来求见赵太后。他知道如果直说必定会惹怒太后,于是在见到赵太后便装作若无其事的样子说:"由于我最近身体不安,好久没有来向太后问好了,不知道你最近身体怎么样?"

赵太后说:"最近我活动得很少,每天吃饭也不多。"触龙说:"我也是这样,但还是支撑着散散步,这样对身体有好处。"太后说:"我可没那份心情。"几句日常的相互问候后,赵太后的怒气渐渐消了些。

触龙接着说:"我有个小儿子叫舒棋,就是不成材,多是平时宠爱的缘故呀。我已经老了,所以想让太后允许他来宫中当一名侍卫吧,这就是我此次前来的目的。"太后说:"好吧,他多大了?"触龙说:"15岁了。年纪虽小,但我希望在死前能由太后好好照看。"太后说:"没想到父亲也宠爱孩子呀?"触龙说:"当然,甚至比母亲还要厉害。"太后笑着说:"不会吧,女人家才格外宠爱自己的小儿子呢。"

触龙见太后情绪好多了,便说:"父母疼爱子女,也应该替他们做长远的打算。"赵太后点了点头。触龙随即转换话题说:"但我觉得太后为儿子打算得不够长远。"赵太后不解地问为什么这么说。触龙说:"如今太后抬高长安君的地位,给他很大封地和诸多财宝,却不让他及时为国家立功,一旦太后去世,长安君怎能在赵国立足呢。所以我认为太后替长安君打算得不够长远。"

此时太后才知触龙的真正来意,也深深被触龙说服了。于是赵太后为长安君准备百余辆车马,以及诸多随从,送他到了齐国,齐国也终于出兵援助了赵国,使其转危为安。

"得其情,乃制其术。"此处触龙说服赵太后,正是在了解对方的基础上运用了迂回的策略,而不是直言相劝,用共有的爱子之情达到心灵上的共振,然后在谈话中控制住了太后,使自己游刃有余、"可出可入"。后来便以此为突破口用动之以情、晓之以理的言辞说服了赵太后。从与赵太后拉近关系到找到共同语言,以致最后使赵太后接受自己的主张,正是内揵术的运用——得其情,乃制其术。

鬼谷子全书

·《鬼谷子》释义通解·

图文珍藏版

智用妾喻得信任

　　纵横家苏秦为燕昭王效力,前往齐国,凭三寸不烂之舌,说服了齐王归还燕国十个城池。苏秦劝说有功而返,以为将受到燕昭王的礼遇,可是没料到有人在燕王面前诋毁自己。燕昭王偏听偏信,不但没有以相国之礼相待,反而对他心存成见。苏秦为自己的处境深觉委屈,他忍受着压力,想方设法摆脱他人的控制。

　　一次在拜见燕昭王的时候,苏秦说:"近日我听到一个故事,发人深省,愿意和大王您一起分享。"

　　燕昭王不知道苏秦什么意思,只好耐着性子说:"说来听听无妨。"说完就闭上眼睛,不再理会。

　　苏秦知道只要自己有讲话的机会,就可能改变自己的处境,就专心致志地讲故事。

　　"从前,一个男子世代经商。为了让自己的家人生活得更好,他常年在外面做生意,只剩下原配夫人和一个小妾在家中独守空房。他的夫人耐不住寂寞,和一个游手好闲的男子私通,这一切都被小妾看在眼里,但是她什么也不说。一天,那名男子和原配夫人在房中商量她的丈夫回家后应该怎么办。女的说:'我们真要在一起,他就必须得死。到时我准备一杯毒酒对付他,一切就好办了。'不巧,小妾正路过,隐隐约约地听到了他们的对话,记在心上,日日忧虑不止。

　　"不久,丈夫回来,给妻子和小妾带回了许多金银首饰。两个女子忙碌着迎接丈夫,端上来一道道美味的菜肴。一切都准备好,原配夫人吩咐小妾为丈夫倒酒。小妾左右为难。不倒,害怕丈夫和原配夫人说自己不懂规矩和礼法;倒吧,又害怕毒死丈夫,说不定还要把自己牵扯进去;要是直接说明酒里有毒,又担心丈夫赶走原配夫人,自己于心不忍。她灵机一动,假装被脚下的东西绊了一下,打个趔趄,把手中的酒壶摔破了。可不知情的男主人却破口大骂,后来还打了小妾一顿。"

　　燕昭王听得津津有味。故事讲完后,他沉思片刻,似有所悟地问苏秦:"你不会仅仅是要我听个故事吧? 你想说什么?"

　　苏秦见大王已明白几分,便笑着说:"我是想说,有许多在大王您身边的人就像小妾,对大王忠心耿耿。而您却还不能像对待原配夫人那样信任他们,更何况想陷害小妾的原配还不止一个!身陷小妾处境的人最终要被大王遗弃啊!"

燕昭王看看苏秦,对他会心一笑,说:"你的意思我明白了!"

不几日他便赏赐苏秦,以相国之礼厚待他。苏秦因此才得以逃脱了"小妾"的命运。

"得其情,乃制其术。"此处苏秦知道了燕昭王身边有人说自己的坏话,这便是"得其情",需要找机会在燕王面前澄清自己,于是便想到了智用妾喻的"制其术"。因为苏秦的策略非常有创意,巧用比喻,变被动为主动,重新取得了燕昭王的信任。

玩具商"得情制人"

靠纸牌起家的日本玩具商——任天堂公司,"善窥形式,因应变化",获得巨大成功。

1969 年,任天堂向家用电脑玩具发起总攻。当时,日本、美国几家公司也推出这种电脑玩具,售价为 2 万-6 万日元,销量不大。任天堂公司推出成本低、功能比美国好的家用电脑的大型集成电路,几乎一夜间,压倒所有对手。

现在每 5 个美国家庭,就有一台任天堂公司的娱乐系统。难怪美国的杂志上说:"美国的孩子,没有任天堂,就会像没有棒球手套一样遗憾。"

美国任天堂子公司的经理荒川发现:美国的父母担心孩子们迷上任天堂的产品后,减少体育活动,于是任天堂迅速推出一种叫"动力台"的游戏机,孩子们在玩时,必须用跑、跳、蹦等方式控制荧光屏上的人物。如此挖空心思,使任天堂生意红火。

通常,任天堂日本总公司的产品一经设计完成,就会立即把它寄到在美国的分部,而早已等候在那里的办公室人员收到快递后,立即开箱检查审视,看美国的市场能否接受这种产品。所有的文字、图画都要被仔细审查,等到确信没有问题后才正式投放美国市场。

由于国情不同,玩具产品很容易引起"水土不服",甚至民族矛盾。比如,有一次在日本开发出来的一套电视游乐系统中的人物形象就经过了更改才推向美国市场的。因为其中扮演坏蛋的那个角色一看就是印第安人;还有一套

"赌博"游乐系统,唯一的贼是一位黑人,为了避免种族歧视问题,有关人员就把"印第安人"的面孔改变,把黑人的肤色"淡化"一番;等等。如果放任有问题的产品推出,后果不堪设想。

产品设计不仅要符合目标市场政治文化环境的需要,而且要符合目标市场审美观念和传统习俗的特点。比如"富翁"电玩,在日本版本中是吃了寿司而增强体力的,而到了美国,这个版本就将寿司改变为热狗;相应的,主角的眯眯黑眼也变成浓眉大眼,这样就容易被美国消费者接受。

任天堂公司的成功在于敏锐把握市场信息,"善窥形式,因应变化",推出了一系列符合国情、民情、商情的产品,正所谓"得其情,乃制其术。"

"扬家丑"赢得顾客

在传统的文化观念中,人们是很忌讳"家丑外扬"的,在商品经营中更是如此。

"王婆卖瓜,自卖自夸""卖瓜的说瓜甜",为了提高销售额,厂商一般都不能恰如其分,二来时间一长,人们对此都有不同程度的厌恶感。

"家丑外扬"则恰恰相反,它直接站在消费者立场上,设身处地为顾客着想,主动披露产品存在的多方面问题,以诚为本、以诚相见、以心换心,在人们心目中树立诚实的企业形象,以此而招来顾客对产品的青睐,扩大市场占有率。

"家丑外扬"巧妙地利用顾客的逆反心理,对顾客适当地"纵",这样比直接"擒"反而具有更大的吸引力。

美国亨利食品加工工业公司总经理亨利·霍金斯先生突然从化验鉴定报告单上发现,他们生产的食品配方中具保鲜作用的添加剂有毒,虽然不大,但长期服用对身体有害,如果悄悄地在配方中删除添加剂,会影响食品鲜度。如果公布于众,会引起同行强烈反对。

然而,最后他毅然向社会宣布:防腐剂有毒,对身体有害。

所有从事食品加工的老板联合起来,用一切手段向他反扑,指责他别有用心、打击别人、抬高自己,一起抵制亨利公司的产品。亨利公司到了濒临倒闭的边缘。

这场争论持续了4年。霍金斯在近于倾家荡产之时,名声却家喻户晓并得到了政府支持,产品成了人们放心的热门货。

亨利公司在很短时间内恢复了元气,规模扩大了两倍。霍金斯一举登上了美国食品加工工业的第一把交椅。

揭产品之"家丑",扬经营者之真诚,一时间可能限产,降低效益。但这种"防守"却打消了顾客的担心和不信任感,赢得了顾客对企业和产品的信赖。企业从而扩大产品销路,日后长久增产,更大幅度地提高效益就指日可待了。

陆伯言软退反进

陆逊,字伯言,是东吴继周瑜、鲁肃、吕蒙之后的又一三军统帅。公元234年,孙权亲自率兵10万,去攻魏国的合肥新城(今安徽合肥西北),派陆逊、诸葛瑾领一小部分兵马去打魏国的襄阳(今湖北襄樊)。

但围攻不久,吴兵却多染时疾,魏明帝又亲率大兵增援合肥,故孙权无奈撤兵而回,同时派使者通知陆逊、诸葛瑾。哪知使者半路上被魏兵掳去。诸葛瑾闻知大惊,忙派人告诉陆逊,赶紧撤兵。

陆逊接到信后,毫无动静,依旧催促手下种植生长周期短的蔓菁以供军队食用,依旧和手下众将下棋玩乐。诸葛瑾不知就里,忙亲自来见陆逊。陆逊说:"要退,也得用计撤退。魏兵知大帝退去,必全力对付我们。我们若落荒而逃,必被全歼。"当下,陆逊命诸葛瑾率人督管战船,陆逊不但没撤,反而率兵拔营,向襄阳进逼。

魏兵久已畏忌这位曾出奇谋火烧刘备阵营700里的大将,见吴军逼来,不知玩什么花招,忙退守城里。这时,诸葛瑾已派人沿江排开战船,吴军有秩序地登上战船,安全撤走了。

"环转因化,莫知所为",实要退,表面上却在进攻,让敌人摸不清真实意图,不敢贸然围击,这就是"环转退却术"。

朱可夫计调敌兵

1943年秋,苏军反攻德国法西斯,发动了德涅伯河会战。

按最高统帅部命令,沃罗涅什方面军渡河夺取了基辅东南的希克林登场。德国军组织强大力量反击,经过两次大交锋,苏军受挫。朱可夫元帅决定把主攻力量转移到敌人防御力量较弱的基辅北侧。但是,这样一支机械化大部队在敌人面前转移,很难保守机密。于是,朱可夫元帅运用起"环转退却术",先假造一个暂停进攻、就地防御的命令,故意放在阵亡军官的皮包内,让敌人得去。将部队悄悄撤回第一线后,仍留下少量兵力,制造声势,并让前线电台照旧工作,以造成大部队重新集结、固守待攻的假象。直惹得德军调动大批飞机,对希克林苏军阵地轰炸了一星期,并调集预备部队,准备决战。

这时,苏军主力已转移到柳捷日,在那里发起了总攻。

金蝉脱壳,以假乱真,不但可以用于退却、逃命,还可以用于吸引敌方注意力,以转移主力,发动更有效的攻势。

邹忌讽齐王纳谏

《鬼谷子·内楗篇》中指出:"以变求内者,若管取楗。"就是说要能够及时变化,选择适当的游说策略,提出你的计谋。鬼谷子在文中还强调说,如果游说者的计谋与君王意向不一致,原因是你还没有进入对方的心理。反过来说,只有真正触动对方的心理,对方才可能接受游说。这一点,战国时的邹忌运用得可谓娴熟。邹忌曾担任齐威王(田因齐)的国相,齐威王之所以乐于倾听不同意见,邹忌起了很大的作用。

邹忌身高八尺多,体形容貌美丽。有一天早上,他穿好衣服,戴上帽子,照着镜子,对他的妻子说:"我跟城北的徐公谁漂亮?"他的妻子说:"您漂亮极了,徐公哪里比得上你呀!"原来城北的徐公,是齐国的美男子。邹忌自己信不过,就又问他的妾说:"我跟徐公谁漂亮?"妾说:"徐公哪里比得上您呢!"第二天,有位客人从外边来,邹忌跟他坐着聊天,问他道:"我和徐公谁漂亮?"客人说:"徐公不如你漂亮啊。"又过了一天,徐公来了,邹忌仔细地看他,自己认为不如他漂亮;再照着镜子看自己,更觉得相差太远。晚上躺在床上反复考虑这件事,终于明白了:"我的妻子赞美我,是因为偏爱我;妾赞美我,是因为害怕我;客人赞美我,是想要向我求点什么。"

于是,邹忌上朝廷去见威王,说:"我确实知道我不如徐公漂亮。可是,我的妻子偏爱我,我的妾怕我,我的客人有事想求我,都说我比徐公漂亮。如今齐国的国土方圆一千多里,城池有一百二十座,王后、王妃和左右的侍从没有不偏爱大王的,朝廷上的臣子没有不害怕大王的,全国的人没有不想求得大王(恩遇)的。由此看来,您受的蒙蔽一定非常厉害的。"

威王说："好！贤卿所说很有道理。"于是就下了一道命令："各级大小官员和老百姓能够当面指责我的过错的，得头等奖赏；书面规劝我的，得二等奖赏；能够在公共场所评论(我的过错)让我听到的，得三等奖赏。"命令刚下达，许多大臣都来进言规劝，宫门口和院子里像个闹市；几个月后，偶尔还有人进言规劝；一年以后，有人即使想规劝，也没有什么说的了。

燕国、赵国、韩国、魏国听说了这件事，都到齐国来朝拜。这就是人们说的"在朝堂上征服了别国"。

邹忌在齐王得意而听不进谏言之时，采用了"以变求内"的策略，用刚刚发生在自己身边的事来讽谏齐王，真正触动了齐威王的内心，使他的劝谏达到了目的。

孟子巧引齐宣王

一心想称霸的齐宣王向孟轲请教一个问题："怎样才能统一天下，像我这样的人能不能统一天下？""能。"孟轲深知当时所有的国君都是爱听颂扬的话的，他略沉思了一下，接着说："我听说，有一次新钟铸成，准备杀头牛祭钟，您因为看见无罪而被杀的牛在发抖，感到不忍，不让杀那头牛，是有这么回事吧？"

孟子

齐宣王别提多高兴了，他想不到孟老夫子也听说了自己的善举，赶紧回答说："是啊，有。"孟子说："大王，凭您这种恻隐之心，就可以行王道，统一天下。"齐宣王越发高兴起来，急于听下面的话，孟子接着说："问题是您肯干不肯干罢了。比如有人说：'我的气力能举起千斤的东西，但却举不起一根羽毛，我的眼睛能看得清鸟兽毛的尖端，却看不见满车的木柴，'您相信这话是真的吗？"齐宣王答道："我当然不相信这种话。"孟子继续说，"现在大王的恩惠足以推到禽兽的身上，但这样的功德却推不到百姓的身上，这就和不肯举一根羽毛和看不见一车木柴一样,也同样叫人不能相信。如今老百姓所以不能安居乐业,这是因为您根本不去关心的缘故,而不是能不能做到的问题。所以我说,您能行王道,能统一天下,问题是您不愿意去做,而不是做不到。"齐宣王说:"不愿意做和做不到有什么区别呢?"孟子说:"要一个人把泰山夹在胳膊下跳过北海,这人说:'我做不到。'这是真的做不到。要一个人为老年人折一根树枝,这个人说:'我做不到。'这是不愿意做,而不是做不到。大王您没有做到用道德来统一天下,不是属于把泰山夹在胳膊下跳过北海的一类,而是属于为老年人折树枝的一类。'老吾老以及人之老,幼吾幼以及人之幼',做到了这一点,整个天下便会像在自己的手掌心里运转一样容易治理了。古代的圣贤之所以能远远超过一般人,不过是善于推广他们的好行为罢了。如今大王您的恩惠能够施及动物,却不能够施及老百姓,这是为什么呢?"

孟子在向齐宣王宣扬其保民而王的王道主张的过程中,运用了一些论辩技巧,使齐宣王心服口服。

鬼谷子说:"欲说者务隐度,计事者务循顺。"也就是说,要想说服他人,务必要暗中揣测对方的心意,顺势而为,迎合人意,顺其自然。孟子知彼知己,善于揣摩听者之心,懂得取悦于对方,以便使谈话继续。然后,又从不同角度提出问题,问题有正反夹杂,有明知故问,变化多端;一接一问,使谈话内容层层深入,说服力极强。

苏代善说屡建功

苏代,东周洛阳人,是曾佩六国相印的苏秦之弟,战国时有名的纵横家。苏代善于学习,研究形势,奔走于各国之间,成为当时的合纵连横发动者、组织者。由于各国之间的矛盾复杂,形势变化无常,政局动荡不定,合纵连横的基础也就不稳固。但是,苏代还能驾驭风云,掌握主动权。特别是提出以楚、魏为援国,共制齐、秦的主张;为燕国游说诸侯,约请诸侯合纵,在历史上产生了深远的影响。

由于各国力量不断发生变化,在七国中不论强国或弱国都在寻找自己的盟友,目的是为壮大自己,排斥打击异己。当时,齐国和赵国是燕国的仇敌,经常发生矛盾和战争;而楚国和魏国是燕国的盟国,互相友好往来不断,关系比较密切。燕王为了对付齐国,就派苏秦出使齐国进行离间活动,使齐王与大夫互相猜疑,制造紧张气氛,从中取得齐宣王信任,并命为客卿。齐宣王死后,齐湣王即位,苏秦因与大夫争宠,被人暗中刺杀。苏秦死后,他行间乱齐的阴谋暴露了。引起了齐国对燕国的极大仇恨,誓言要报复燕国。燕王哙觉得势单力薄,缺乏与齐抗衡的信心,担心有覆国的危险,听信鹿毛寿的花言巧语,竟把王位让给子之。公元前314年,燕子之为王第三年,朝廷官员和百姓对子之不满,国内出现动乱,几个月里,死亡几万人,百姓惊恐不安。齐国乘乱出兵占领燕国达三年之久。

公元前312年,燕国军民纷纷起来反抗,齐军被迫撤出燕国。于是,燕人立太子平,就是燕昭王。昭王即位后,决心复兴国家和报仇雪恨。有一次苏代去拜见昭王时说:"我听说大王睡不好觉,吃不好饭,常常想着如何报齐国的仇。"昭王说:"我对齐国有深仇大恨,想报仇。齐国是燕国的仇国,我想攻打齐国。但是,我感到燕国国力还疲惫,力量不足。"苏代分析了燕国的情况后,着重就对齐国采取什么策略谈了自己的看法。他认为,"燕国弱小,国力不足以与齐国单独抗衡,只有同别国结盟,才有可能打败齐国。"同时,他指出:"齐国由于连年征战,人力、财力明显不足,一定很贪财了。国王应先派去人质,主动与之和好,再送珍珠、绸绢去贿赂齐王和亲信。这样,齐国就不会把燕国放在眼里,而去攻打宋国了,待之不攻自破。"

于是,燕国在长达二十年的时间里,表面上对齐友好,背地秘密与各国来往,结成广泛同盟,耐心等待报仇的时机。当齐灭宋后,国力逐步衰竭。公元前284年,燕组织一次同盟国对齐国的重大进攻。燕派乐毅领兵,统帅燕、秦、楚、赵、魏、韩六国之兵攻齐。结果齐军大败,燕军乘胜前进,长驱直入,一举攻占了包括齐国都临淄在内的70多座城池。齐国一败涂地,国王被杀,这在战国史上是很少有的。

在战国中后期秦国的发展史上,穰侯魏冉是一位颇有影响的人物。他的姐姐是秦武王后,秦武王死后称宣太后,她的儿子和惠文后的儿子争王位,各不相让,异常激烈。结果,魏冉从中帮忙立了宣太后的儿子为王,这就是秦昭王。昭王即位后,对魏冉很器重,言听计从。魏冉自恃功高,不可一世,多次率兵对外征战,屡建奇功。

公元前273年,穰侯魏冉与将军白起等率秦军进攻赵、韩、魏三国,一举夺取赵国的观津。接着穰侯为拉拢赵国,又把观津退还给赵国,同时增派四万秦兵到赵国，准备共同对齐国宣战。齐襄王闻讯后，惊恐不安，焦急万分，即召谋士苏代商量对策。苏代显得很沉着，不慌不忙对齐襄王说："大王不用着急，待臣修书一封，与穰侯陈说利害，或许可阻止他们进犯齐国。"齐王听后甚为高兴，即令苏代写信退敌。

苏代在给魏冉的信中写道："我听使者说秦国打算派四万人马帮助赵国进攻齐国，我不相信穰侯会这样做，就对齐王说：'秦王贤明而熟悉谋略，穰侯明智而深谙军事，必然不赞成派兵帮助赵国攻打齐国。'我之所以冒险断言，原因很清楚，如果韩、赵、魏三国联盟，显然对秦国十分不利。如今攻破齐国是使赵国得到好处，秦国是不会甘愿做傻事的。因为赵国与秦国世代有仇，这样做不符合秦国的利益。再说，或许秦国的仁人志士会问：'攻破齐国，拖垮赵国，秦可腾出力量南下制服楚国，岂不是两全其美吗?'事实上，齐国已疲惫不堪，经不起秦、赵的合击了。这样做，不仅使赵国从中渔利，而且也制服不了楚国。其次，如果秦国只出少量的兵力，赵国和楚国就认为秦国讨伐齐国没有诚意；万一大量出兵，赵国和楚国必然对秦国怀有疑虑，不会齐心协力攻齐。同时，由于大兵压境，齐国势必背秦投入赵、楚的营垒，这是秦国所不愿看到的结果。另外，一旦齐国割地向赵、楚求和，两国无疑乐于接受，肯定不会继续履行与秦国的协约，甚至停止向齐国进攻。齐国欲报复秦国，也许会举兵与赵、楚两国结盟反击秦国，那就措手不及了。这等于赵、楚两国用秦国来对付齐国，又用齐国来算计秦国，岂不是坐山观虎斗吗，为什么赵国和楚国这般聪明而秦国和齐国却被蒙在鼓里还不知道呢? 因为，我认为秦得到安邑，只要悉心经营，就不会有祸患的。尔后逐步会取得天下的中央地盘，这与冒险出兵进攻齐国相比，哪一面更有利，是不难判断的。所以，我自信在权衡利弊后，秦王和穰侯肯定不会轻易派四万兵士帮助赵国讨伐齐国的。"细读了苏代的书信，穰侯左思右想，觉得是那么回事，匆忙下令撤军，取消增兵攻齐的作战计划。后人称赞苏代棋高一筹，书退秦兵，不战而胜。

以上例子中，都有内楗术的运用。在"合纵伐齐，大获全胜"中，苏代先顺应燕昭王的意图——"想报齐国之仇"，然后分析燕、齐两国形势，提出合时宜的计策——"合纵伐齐"，这样，苏代的计策正如内楗术篇中所要求的那样"既合时宜，又合君意"，所以苏代进献说辞获得成功。

再看在"棋高一筹,书退秦军"中,苏代也有内楗术的运用:劝穰侯不要派兵给赵国对齐宣战,陈说利害;不对齐宣战不会出现赵、楚两国用秦国来对付齐国,又用齐国来算计秦国的现象——合乎时宜,如此也就合乎君意了——秦悉心经营安邑,没有祸患,逐步取得天下的中央地盘。

萧何表忠讲策略

《鬼谷子·内楗篇》中提到了"用其意",也就是说谋臣应揣摩君王的意图、嗜好而和君王交往,获取信任。只有了解了君王的真正想法,知道其心意,才能投其所好,得宠固宠于君王。汉代的萧何之所以避免了兔死狗烹的命运,正是由于他能够在其食客的帮助下知悉刘邦的意图,"用其意",然后采取相应的策略,终于化解了刘邦的疑虑,使自己得以保全。

萧何是汉初三杰之一,是刘邦的一位肱股大臣,忠心耿耿,留名青史。

沛丰起义,萧何跟着刘邦出谋划策;进入关中,萧何不失时机地做了许多刘邦没有做到、没有想到的事情;退守汉中,萧何月下追韩信;平定三秦,萧何当上了刘邦的"后勤部长",他稳定了后方,输送军粮、兵员……刘邦夺得天下后,萧何管理国家,计杀韩信……

可是,就是这样一个萧何,却经常受到刘邦的怀疑!

刘邦何以成为皇帝,萧何为什么成为良臣,在这里似乎可以找到谜底。

萧何与刘邦是老乡。萧何一直在沛县里做文字工作,主管人事,大致相当于人事组织部长。刘邦还是一个平头百姓的时候,萧何经常帮助他免去不少官事。刘邦当上了亭长之后,经常与萧何交往,关系很深。刘邦到咸阳去服徭役,很多人都去送礼,一般人都只送刘邦三吊钱,而萧何独送五吊。

刘邦起义为沛公之后,萧何为丞督事,协助刘邦进入关中。一帮泥腿子推翻了大秦王朝,诸将众兵都纷纷抢拿秦府库之中的金银财宝,而萧何却带人搬走了秦国的各种档案资料,刘邦因此知道天下的地势形胜,户口出产,百姓疾苦,为夺取天下提供了莫大便利。刘邦进入汉中之后,竭尽全力向刘邦举荐韩信,为刘邦的江山立下第一流的功勋。

刘邦跟着韩信东定三秦,萧何留守汉中,收缴巴、蜀粮草,安定后方,供应军粮,为韩信很快平定三秦大地,做出了杰出的贡献。

汉二年,刘邦带领诸侯之兵出关中击楚,萧何镇守关中,辅佐太子,治理栎阳,制定法律,建立宗庙社稷,设置郡县官吏。刘邦经常打败仗,萧何及时补充兵员,转运粮草,刘邦因而能够常败常战。因此,刘邦把关中之事全权委托给了萧何。

汉三年,刘邦与项羽在荥阳、成皋对峙,战事十分紧急,但是却经常派使者慰问萧何,说萧何劳苦异常。刘邦的这一举动,萧何倒没有觉得有什么意外,但是萧何的手下人却看出了其中的微妙之处。

有一个叫鲍生的人对萧何说:"汉王风餐露宿,披荆斩棘,日间拼杀,夜闻刁斗,但是却屡次派人来慰问您,说您辛苦了!丞相虽然辛苦,但是哪里能够跟战场上相提并论? 这一定是汉王对您产生了疑心,所以派人来慰问您。名义上是慰问,而实际上是监视。我替丞相反复计议,最好是把您只要能够从军的亲属子女全部送到战场上,汉王一定会更加信任您,也可免去汉王疑心。"

萧何认为鲍生言之有理,照鲍生的话去办,刘邦果然"大悦"。刘邦是不是真有此心,只有刘邦知道,但是他的此举,的确让人不得不产生疑心。

刘邦消灭项羽,平定天下,论功行赏。群臣争功,岁余不决。刘邦深信萧何,认为萧何功劳最大,封侯赐邑,独居功臣之首。

到了汉十一年,刘邦的心腹陈豨起兵造反,刘邦御驾亲征。战事正在紧张进行,淮阴侯韩信谋反关中,吕后采用萧何之计,诛杀韩信。刘邦听说韩信被诛,立即派使者拜萧何为相国,加封五千户,下令增加五百人作为相国卫队,并令一个都尉率领。朝中文武皆来祝贺,庆祝萧何高升。

萧何的一个食客叫作召平的人看出了刘邦的用心所在,忙去给萧何出主意。

这位召平,是原秦国的东陵侯。秦国灭亡之后,沦落为一个平民百姓,生活无着,只得在长安城东种瓜为生。召平很会种瓜,人们把他种的瓜誉之为"东陵瓜"。萧何听说他有贤才,授以掾属之职。

召平在一片赞歌声中,忙私见萧何。

萧何问:"足下何事?"

召平说:"相国可知大祸将要临头?"

"你怎么突然说起此事?"

"相国怎么不细细思量一下,皇上御驾亲征,顶风雨,冒严寒,时刻都有生命之虞,而丞相镇守关中,可以说是过清闲日子,无刀箭之险,无严寒之苦,而皇上还加封您为相国,增加您的卫队,加封您的食邑,这是为什么呢?"

"这是为什么呢?"萧何来不及多想。

召平说:"淮阴侯韩信新近在都中谋反,因此对您也产生了疑心。皇上赏赐卫队,名义上是对您的宠爱,而实际上是为了防范您。希望丞相推辞不受、赶快拿出自己的家产去充军费,这样或许可以转祸为福,取悦皇上之心。"

萧何觉得召平的话很有道理,急忙上表辞封,拿出家产充当军费。刘邦果然大喜。

庄辛为国说襄王

战国末期,楚怀王被张仪骗到了秦国,被秦国扣留,最终死在了秦国。怀王的儿子即位,史称楚顷襄王。顷襄王即位时,楚国国势已经日益衰弱。他不仅不励精图治,富国强兵,为父报仇,反而贪图享乐,不理朝政。

楚国有一位老臣名叫庄辛,是楚庄王的后人。他看到这种情况,很是为楚国的前途担忧,便直言不讳地向楚王劝谏说:"大王的左右侍奉着周侯和夏侯,后边跟着鄢陵君和寿陵君,整日花天酒地、吃喝玩乐,不理朝政,楚国已面临大难"。

顷襄王听了很不高兴,说:"先生是越老越糊涂了,您是把我看成楚国的不祥之君了。"

庄辛解释说:"臣确实看到了危险。如果大王始终宠爱这四个人不改,那么楚国一定会危在旦夕,请大王允许我躲到赵国去吧。"

庄辛离开楚国不久,秦国大将白起果然率兵攻占了楚国的鄂、巫、上蔡、陈等地区。楚顷襄王这时才后悔不听庄辛的劝告,便派人到赵国去请回庄辛。顷襄王见到庄辛后,先道歉说:"当初我没有听先生的话,很是后悔,先生看现在怎么办才好?"

庄辛说:"我听说'亡羊补牢,犹未晚也'。从前,商汤王、周武王只占有方圆百里的地方,而能逐渐兴盛起来,最终得了天下;夏桀王、殷纣王虽然拥有天下,而最终丧失了王位。如今楚国虽然残破,方圆还有千里,还是有希望的。"

接着他又说道:"大王难道没见过蜻蜓吗?它有六只脚、两对翅膀,能在空中飞翔,向下可捕捉蚊虫吃,向上可承接露水喝。它自以为同别人没有什么争端,因而没有什么祸患。可它哪里想到正有个儿童将甜糖涂在丝线上,把丝线扣系在竹竿上,举到空中,对准蜻蜓下手。儿童想把它粘住,给蚂蚁做食物呢!蜻蜓还是小东西,那黄雀也是如此。黄雀能飞到地上啄食米粒,飞上大树上栖息,它常常拍打着翅膀,无忧无虑地飞翔,自以为没有什么灾难。可它哪里知道,有些公子王孙们正左手摸着弹弓,右手拿着弹子,瞄准它的脖子,一下把弹子射到它的身上。一刹那,那黄雀就落到公子王孙们的手里。它白天还在茂密的森林里飞翔,晚上就被人调上佐料,成了口中的佳肴了。黄雀还是小东西,天鹅也是这样的。天鹅在高空中自由自在地飞翔,它自以为与人没有什么争端,不会有什么灾难。可它哪里会料到,那些射猎的人,正握着角弓,按上带丝线的箭,一箭射到高空那天鹅的身上。它白天还在大江大河的上空飞翔,晚上就被人放到锅里烹煮了。天鹅的事还是小事,蔡国的灵侯也是如此啊!他驱车游览南边的高丘、北边的巫山,拥抱着年轻貌美的妃子,只顾游山玩水,却不拿国家大事当回事儿。可他哪里料到,楚国大夫发已接受了楚灵王的命令,率领军队攻入蔡国,将他活捉,绑着去见楚王呢?蔡灵侯的事是小事,大王的事情也是如此啊!陪伴身边的周侯,夏侯,鄢陵君和寿陵君,耗费着国家大量的钱财,只顾在云梦泽中游山玩水,却不理朝政。大王哪里料到秦王已命令大将白起进军楚国,把大王赶出了都城呢?"

顷襄王听到这里,脸也变了颜色,这才意识到问题的严重性。

从此,顷襄王一改以前的作为,任用庄辛为辅佐大臣。庄辛为顷襄王出谋划策,对付秦国,终于收复了江南的十五座城池。庄辛也被顷襄王授予了楚国最高的爵位,封为阳陵君。

《鬼谷子·内楗篇》中指出:"乃揣切时宜,从便所为,以求其变。"就是说游说的要诀在于选择适当的时机,顺应时宜,使自己的计谋与对方的意图相一致。庄辛说顷襄王的一个特色便是,适当说话的时宜和环境。当楚王沉溺于玩乐时,他直言不讳地指出楚国已经危在旦夕,是向顷襄王敲响警钟,以促使楚王猛醒。当楚国蒙难,楚王情绪低落时,庄辛先使用俗语说明为时不晚,以唤起楚王复国的决心。然后使用象比论证法,由蜻蜓、黄雀、天鹅、蔡灵侯说到顷襄王,由小到大，由物及人，层层递进，反复论证了贪图享乐、宠信小人，必然导致灾难降临的道理。在这里既有内楗术的运用，又有反应术的应用，其游说之术可谓巧妙。

张仪巧言行连横

"内楗术"是《鬼谷子》中关于进献计谋的方法，主张拉近与游说者对象的关系，找准对方的心理契合点，在心理上让对方对自己有认同感，从内心上去打动对方，然后再向对方提出自己的建议和谋略，进而影响对方的决策。战国时的张仪可算是运用"内楗术"的又一高手。

战国末期，秦惠王任用张仪做国相，用连横政策对付诸侯的合纵政策，取得巨大成功。

张仪先后去魏国四次，终于劝说魏哀王尊秦王为帝。接着，张仪以商於之地欺骗楚怀王，引起秦、楚两国在蓝田大战，结果楚军惨败，被迫与秦国结为盟邦。

张仪又趁势去威胁韩王，他说："韩国的地势险恶，百姓都居住在山区，赶上一年粮食歉收，就得吃糠度日。土地方圆不满九百里，国库没有积存两年的粮食。大王的军队全国不足三十万，而且还包括那些砍柴煮饭的杂役。如果除去防守驿站边防的兵卒，现有的军队只不过二十万罢了。然而，秦国的军队却有一百多万，有战车上千辆、战马上万匹。那些勇猛的战士，能弯弓射箭、挥戈上阵的，多得不计其数。那些精良的战马，一跃两丈、奔驰迅速的，也多得数不尽。山东六国的兵士披甲戴盔，汇合在一起与秦军作战，秦国的士兵却赤膊上阵，左手提着人头，右手拿着兵器，结果大败六国的军队。秦国的兵士真像孟贲、乌获那样的古代勇士一样勇敢，他们攻击弱小的国家，就像千钧的力量砸在鸡蛋上面，没有不胜利的。而那些诸侯国们多数不衡量自己国家土地的狭小、军队的怯弱，反而听信结党营私的小人的甜言蜜语，说什么'听从我的计策，可以称霸天下'。没有比这种不顾及长远利益，而听从短浅的意见的做法更贻误国君您的了。假如大王不臣服于秦国，秦国会派军队占领宜阳，断绝韩国通往上党地区的道路，然后再向东取得成皋、荥阳，大王的国家便被分裂了。服从秦国，便能得到安定；不服从秦国，便遭受危险。如果顺从楚国，背叛秦国，就会招来仇怨,要想国家不灭亡,是不可能的。秦国最希望的事,是削弱楚国。如果,大王西面侍奉秦国,而攻打楚国,秦王必定高兴,大王也能从楚国那里得到土地,实在没有比这计策更好的了。"韩王听从了张仪的建议。张仪返回,秦惠王封赏给张仪五个都邑,封他为武信君。

秦王又派张仪去劝说齐王。张仪到了齐国见到齐王,对他说:"当今天下论富足没有能够超过齐国的,朝中的大臣都是同姓父兄,人民众多,富足安乐。但是,为大王出计策的人,都是只求暂时的愉快,而不顾国家长远的利益。那些主张合纵的人游说大王,必定会说齐国西面有强大的赵国,南面有韩国和魏国。齐国是背靠大海的国家,土地广大,人民众多,兵卒强健,战士勇敢,秦国再强大也对齐国毫无办法。大王赞许他们的说法,却不衡量实际情况。我听说,齐国和鲁国打了三次仗,三次都是鲁国胜利,但是鲁国却因此而衰弱,随之而灭亡了。名义上虽战胜,而实际上却亡国,这是什么原因呢?那是因为齐国大而鲁国小啊!如今秦国和赵国相比,就同齐国同鲁国相比一样。秦、赵两国在涨水边上交战,打了两次,赵国都战胜了秦国。但是等到第四次交战后,赵国损失了几十万军队,最后仅存下都城邯郸。赵国虽然名义上取胜了,但国家却破烂不堪,这是为什么呢?还是因为秦国强大而赵国衰弱啊!"

"如今,秦、楚两国已经联姻,结为兄弟之邦。韩国向秦国献上宜阳、魏国向秦国献上河外,赵国也在渑池与秦国会盟,割让河间一带地方侍奉秦国。假如大王不臣服秦国,秦国必将让韩、魏两国攻打齐国南边,让赵国的军队全力渡过清河,指向博关。这样一来,齐国的都城临淄将受到威胁,到那时,齐国想臣服也来不及了。望大王考虑一下吧!"

齐王说:"齐国地处偏僻,远在东海边上,从来就不曾考虑过国家的长远利益,多亏您为我们打算。"于是,他答应了张仪的服从秦国的要求。

张仪便离开齐国,到赵国去劝赵王:"秦国派遣我这个使臣,来给大王您献上一个计策。大王率领天下诸侯来共同抗拒秦国,使得秦兵十五年之久不敢走出函谷关,大王在山东各国声名远扬,秦国非常畏惧和佩服。这期间,秦国只能修治战车,磨砺兵器,练兵习武;努力种田,积存粮食,防守边境。不敢稍微有所行动,唯恐大王责备我们的过失。如今依靠大王的督促,秦国已经攻下巴、蜀,兼并了汉中,占领了东、西二周,得到了传国的九鼎,防守着黄河南岸的白马津。

秦国虽处在偏僻荒远的地方，但心怀愤懑的日子已经很久了。"

"现在，秦国有一支不算精良的军队，驻扎在渑池，正准备渡过黄河，越过漳水，进占番吾，聚集到邯郸城下，并准备效法武王伐纣的做法，在甲子这一天，与赵国交战。秦王因而慎重地派遣我为使臣，来敬告大王。"

张仪接着说："算来大王最相信的，而且依靠他来推行合纵政策的人，就是苏秦。苏秦蛊惑诸侯，颠倒黑白，混淆是非。他想暗中颠覆齐国，却使自己被车裂在刑场上。现在各国诸侯无法再联合为一体，已经是显而易见的事了。如今，秦、楚结为兄弟之邦，韩、魏都已经向秦国称臣，成了秦国东边的藩属国。齐国也献上生产鱼盐的地方给秦国，这就等于斩断了赵国的右臂。断去右臂而和人争斗，失去同党而孤立，赵国的危险是迫在眉睫啊！"

"现在假设秦国联合四国军队共同攻打赵国，赵国将不得不将土地分成四份给参战的四国。我私下里为大王着想，最好的办法是和秦王在渑池会谈，互相见面，在口头上做个约定，请求军队不要进攻。希望大王早做决定。"

赵王听了，急忙解释说："先王在世的时候，奉阳君专权，蒙蔽欺压先王，那时我还身居在宫内，跟随师傅读书，不参与国事。等先王去世后，我年纪还小，继承王位的时间还不长。后来，我也暗自揣摩，诸侯联合而不服从秦国，不是国家的长远之计。所以，我将改变以往的做法，准备割让土地给秦国，以赎回以前的过错。我正在预备车辆，前去请罪，正好接到使者您明智的劝告。"

赵王答应了张仪的建议。于是张仪又动身北去燕国，去劝燕王，成功地说服燕王献上五座城池，亲秦弃赵，实现了连横策略。

张仪凭一己之力说服六国，运用语言的艺术令人叹服。善于观察和揣摩各国国君的心理，加以区别的进行劝说是其成功之处。劝韩王时刻意对比韩国的弱小和秦国的强大；劝赵国则利用外交方面的优势，从全局分析。另外，紧抓住和纵联盟的失败对各国君主造成的心理影响，能恰到好处地找到各国君主最担心之处，也是游说成功的基础。

游说的目的是让对方接受自己的观点，关键在于知道对方怎么想。做到知己知彼，方能百战不殆，这也是"内揵术"运用中的关键之处。

情理相生，通情达理

使用"内楗术"时，最值得注意的一点是要以情动人，以理服人。这一点不仅适合于古时游说帝王，也适合于现代的交际、交流。

卡耐基在《怎样使你的谈吐更动人》中说："言出心声，动之以情，是任何消极对立的观点都难以招架的。"

接着他谈了自己的切身经历和深刻感受。有一次，他应邀担任哥伦比亚大学柯蒂斯演讲金奖赛评审委员。竞争者是六名本科生，都受过一系列有计划的训练。其中除了一人之外，其他人的目的都单纯是为了赢得奖章，他们压根儿就不曾想到要通过演讲使别人信服。他们选择话题只是根据演讲技巧的需要，对自己所提出的论点原本并无多大兴趣，争取演讲的成功在他们看来也仅仅是演讲技巧的一次练习而已。

可那位例外者，祖鲁部族首领的儿子，则选择了《非洲对现代文明的贡献》作为自己的题目。他对自己的每一句话都注入了深厚的感情。他是在代表他的人民和美国对话。他以自己杰出的智慧、高尚的人格和美好的向往，表达了非洲人民的追求和愿望。

尽管他在技巧上可能难以胜过对手，卡耐基等评委们还是把奖章给了他。因为他的话语中燃烧着真诚的火焰，而其他的演讲者却普遍华而不实。

这位祖鲁王子以他自己的方式，在那遥远的土地上领悟到：同别人谈话，光用理性往往难以使别人信服，还必须让人知道，对自己所说的话是如何深信不疑。

他的成功昭示：无论成功的演讲，还是成功的辩论，都必须有明确的目的和深厚的感情；对辩题的选择和论辩的内容，既要使人信服，更要让自己深信不疑；要通过情理相生的手段，达到通情达理的目的。

情感是理论的激活素，是辩论的原动力。这道理我们还是通过具体的故事来阐释。

法国企业家拉梯哀专程来到新德里，找拉尔将军谈一桩飞机销售的大买卖。

拉梯哀到了新德里，几次约将军洽谈，都没能如愿。

最后总算逮着通话机会了,可他只字不提飞机合同的事,只是说:"我将到加尔各答去,这只是专程到新德里以私人名义来拜访将军阁下,只要十分钟,我就满足了。"拉尔勉强地答应了。

秘书引着拉梯哀走进将军办公室,板着脸嘱咐说:"将军很忙!请勿多占时间!"拉梯哀心想,太冷漠了,看来生意十有八九要告吹了。

"您好!拉梯哀先生!"将军出于礼貌伸出了手,想三言两语把客人打发走。

"将军阁下!您好!"拉梯哀表情真挚、坦率地说:"我衷心向您表示谢意……"

"……"

将军一时莫名其妙。

"因为您使我得到一个十分幸运的机会,在我过生日的这一天,终于又回到了自己的出生地。"

"先生!您出生在印度吗?"将军微笑了。

"是的!"拉梯哀打开了话匣子,"1929 年 3 月 4 日,我出生在贵国名城加尔各答。当时,我的父亲是法国歇尔公司驻印度代表。印度人民是好客的,我们全家的生活得到很好的照顾……"

拉梯哀娓娓动情地谈了他对童年生活的美好记忆:"在我过三岁生日的时候,邻居的一位印度老大妈送我一件可爱的小玩具,我和印度小朋友一起坐在大象背上,度过了我一生中最幸福的一天……"

拉尔将军被深深感动了,当即提出邀请说:"您能来印度过生日真是太好了,今天我想请您共进午餐,表示对您生日的祝贺。"

汽车驶往餐厅途中,拉梯哀打开公文包,取出一张颜色已经泛黄的照片,双手捧着,恭恭敬敬地展示在将军面前:"将军阁下,您看这个人是谁?"

"这不是圣雄甘地吗?"

"是呀!您再瞧瞧左边那个小孩,那就是我。四岁时,我和父母一道回国,途中,十分幸运地和圣雄甘地同乘一艘轮船,这张合影照就是那次在船上拍的,我父亲一直把它当作最珍贵的礼物珍藏着。这次,我要去拜谒圣雄甘地的陵墓……"

鬼谷子全书

图文珍藏版

"我非常感谢你对圣雄甘地和印度人民的友好感情!"拉尔说。

自然,午餐是在极为亲切融洽的气氛中进行的。当拉梯哀告别将军时,这宗大买卖已经成交了。

试想,如果拉梯哀一见拉尔将军,就义正词严地批评将军仙踪难见,秘书态度冷漠,尽管将飞机销售的大道理讲得再头头是道,结果能成交这笔大买卖吗?

绝对不能!可能那些"批判"的话没有讲完,拉梯哀就已经被拒之于大门之外了。

拉梯哀用的就是"情理交融法":

先是"只要十分钟",专程拜访将军,不占多少时间,将军是无法拒绝的;而这十分钟的专程拜访所为何来呢?这就制造了引导谈话深入的悬念。

接着谈自己的出生地与生日,口里讲的是印度人民对自己的友好,眼里盯的还是将军:作为印度人民的儿子和代表的你呢?

将军果然被感动了,请他共进午餐,就有了更多的"十分钟"的洽谈机会。

去餐厅途中,又拿出自己和圣雄甘地的合影,表明自己对印度人民的英雄和领袖的崇敬,于是与将军有了更多的共同语言,直至签订飞机销售协议。

有了互相了解,有了感情交流,就有了心理共容的基础,话就能够说到对方心里——通过"通情"而"达理"了。